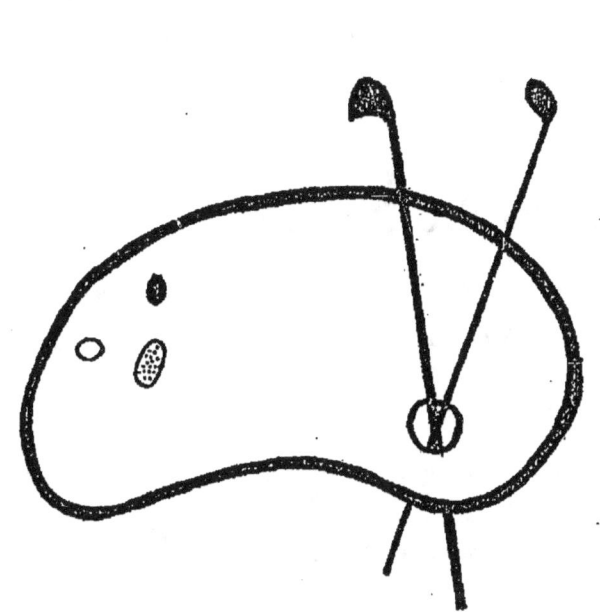

**COUVERTURE SUPERIEURE ET INFERIEURE
EN COULEUR**

# DROIT MUSULMAN

## DU STATUT PERSONNEL

ET

## DES SUCCESSIONS

D'APRÈS LES DIFFÉRENTS RITES ET PLUS PARTICULIÈREMENT
D'APRÈS LE RITE HANAFITE

Par Eug. CLAVEL

AVOCAT PRÈS LA COUR D'APPEL D'ALEXANDRIE
ANCIEN PROFESSEUR DE DROIT ET D'ÉCONOMIE POLITIQUE
ANCIEN PRÉSIDENT DE LA CHAMBRE DES AVOCATS-AVOUÉS PRÈS LE TRIBUNAL CIVIL
DE PREMIÈRE INSTANCE DE BÔNE (ALGÉRIE)

---

DEUXIÈME PARTIE

### DES SUCCESSIONS

TOME SECOND

PARIS
LIBRAIRIE
DU RECUEIL GÉNÉRAL DES LOIS ET DES ARRÊTS
ET DU JOURNAL DU PALAIS
L. LAROSE, ÉDITEUR
22, RUE SOUFFLOT, 22
1895

IMPRIMERIE
CONTANT-LAGUERRE

BAR-LE-DUC

# DROIT MUSULMAN

## DU STATUT PERSONNEL

ET

## DES SUCCESSIONS

*D'APRÈS LES DIFFÉRENTS RITES ET PLUS PARTICULIÈREMENT
D'APRÈS LE RITE HANAFITE*

Par Eug. CLAVEL

AVOCAT PRÈS LA COUR D'APPEL D'ALEXANDRIE
ANCIEN PROFESSEUR DE DROIT ET D'ÉCONOMIE POLITIQUE
ANCIEN PRÉSIDENT DE LA CHAMBRE DES AVOCATS-AVOUÉS PRÈS LE TRIBUNAL CIVIL
DE PREMIÈRE INSTANCE DE BÔNE (ALGÉRIE)

---

DEUXIÈME PARTIE

### DES SUCCESSIONS

TOME SECOND

---

PARIS
LIBRAIRIE
DU RECUEIL GÉNÉRAL DES LOIS ET DES ARRÊTS
ET DU JOURNAL DU PALAIS
**L. LAROSE, ÉDITEUR**
22, RUE SOUFFLOT, 22
1893

# LIVRE PREMIER.

## DES CONDITIONS ET DE L'ORDRE DE LA DÉVOLUTION SUCCESSORALE.
## DU PARTAGE DES SUCCESSIONS.

# DROIT MUSULMAN

## DU STATUT PERSONNEL

ET

DES SUCCESSIONS

D'APRÈS LES DIFFÉRENTS RITES ET PLUS PARTICULIÈREMENT
D'APRÈS LE RITE HANAFITE

II

# TRAITÉ
## THÉORIQUE ET PRATIQUE
# DE DROIT CIVIL
### CONTENANT
## LA DOCTRINE ET LA JURISPRUDENCE

PAR

### G. BAUDRY-LACANTINERIE
DOYEN ET PROFESSEUR DE DROIT CIVIL A LA FACULTÉ DE DROIT DE BORDEAUX

*Cet ouvrage comprendra environ 20 volumes.*

### En vente :

**SUCCESSIONS** avec la collaboration de A. WAHL, professeur agrégé à la Faculté de droit de Lille, 3 vol. in-8° (1895)............................... 30 fr. »

**DONATIONS** avec la collaboration de M. COLIN, professeur agrégé à l'Ecole de droit d'Alger, 2 vol. in-8° (1895).................................. 20 fr. »

---

**PRÉCIS DE DROIT CIVIL**, contenant : *dans une première partie*, l'exposé des principes, *et dans une deuxième*, les questions de détail et les controverses, suivi d'une table des textes expliqués et d'une table analytique très développée, par G. BAUDRY-LACANTINERIE, doyen et professeur de droit civil à la Faculté de droit de Bordeaux, officier de l'instruction publique, 4e et 5e éditions, 1893-1894, 3 vol. gr. in-8°.................................................... 37 fr. 50
   Chaque volume séparément........................... 12 fr. 50

**TRAITÉ THÉORIQUE ET PRATIQUE DE PROCÉDURE**, organisation judiciaire, compétence et procédure en matière civile et commerciale, par E. GARSONNET, professeur à la Faculté de droit de Paris. 1882-1893, tomes I à V in-8°.. 50 fr. »
   (*L'ouvrage formera 6 volumes.*)

**TRAITÉ DE L'APPEL EN MATIÈRE CIVILE**, par T. CRÉPON, conseiller à la Cour de cassation. 1888, 2 vol. in-8°............................. 16 fr. »

**Cour de cassation, origines, organisation, attributions. — DU POURVOI EN CASSATION** en matière civile, par T. CRÉPON, conseiller à la Cour de cassation. 1892, 3 vol. in-8°............................................. 30 fr. »

**TRAITÉ PRATIQUE DES CHEMINS DE FER**, par A. CARPENTIER, agrégé des Facultés de droit, avocat à la Cour d'appel de Paris, membre du Comité de contentieux et d'études juridiques au Ministère des Travaux publics, et G. MAURY, docteur en droit, conseiller à la Cour d'appel de Pau, 3 vol. in-8° (1894). 30 fr. »

**DE LA COMPÉTENCE DES TRIBUNAUX FRANÇAIS** à l'égard des étrangers en matière civile et commerciale, d'après la jurisprudence française, avec le texte des principaux arrêts et jugements, par CHARLES LACHAU, avocat à la Cour de Paris. 1893, 1 vol. in-8°............................................. 10 fr. »

**COURS DE DROIT INTERNATIONAL PUBLIC**, par FRANTZ DESPAGNET, professeur à la Faculté de droit de Bordeaux, associé de l'Institut de droit international. 1894, 1 vol. in-8°................................................... 10 fr. »

**DE L'EXÉCUTION DES JUGEMENTS ÉTRANGERS**, d'après la jurisprudence française, avec le texte des principaux arrêts et jugements, par CHARLES LACHAU, avocat à la Cour de Paris, et CHRISTIAN DAGUIN, docteur en droit, avocat à la Cour de Paris, secrétaire de la Société de législation comparée, lauréat de la Faculté de droit de Paris. 1889, 1 vol. in-8°................................ 6 fr. »

**EFFETS INTERNATIONAUX DES JUGEMENTS EN MATIÈRE CIVILE**, par FÉLIX MOREAU, avocat, docteur en droit, 1884, 1 vol. in-8°............. 5 fr. »
   (*Ouvrage couronné par la Faculté de droit de Bordeaux.*)

# HISTORIQUE ET PRINCIPES GÉNÉRAUX.

Sommaire :

550. Transmission successorale dans les anciennes tribus Arabes et chez les Juifs.
551. Principes édictés par le Koran.
552. La transmission successorale fait partie du statut personnel.
553. Rites non orthodoxes; Kanouns Kabyles.
554. Division du livre.

**550.** — Le principe de la transmission successorale des biens aux proches parents de celui qui en est propriétaire se retrouve, dès la plus haute antiquité, dans les coutumes et les législations primitives. Cette transmission découle de la constitution même de la famille, du groupement qui se forme dans la collectivité entre personnes unies par les liens de la parenté, de l'alliance ou du patronat, et il est certain que ce principe, combattu aujourd'hui par les écoles socialistes, est un des plus puissants leviers de l'activité humaine, une des principales assises de la société elle-même.

La transmission héréditaire, attribut essentiel du droit de propriété, existait bien avant la venue de Mahomet; mais elle était régie par les principes qui avaient présidé à la constitution familiale des peuples primitifs, principes en désaccord avec la doctrine d'égalité et d'émancipation relative apportée par le Prophète et, avant lui, par le Christianisme.

Chez les tribus arabes, la grande préoccupation était la prédominance de la famille, sa richesse, sa puissance, son accroissement et son élévation. Les femmes se trouvaient dès lors et fatalement dans un état d'infériorité absolue, n'ayant pas l'aptitude nécessaire à l'acquisition des biens, résultat le plus souvent de la violence et de la force brutale, à leur conservation, et sortant d'ailleurs de la famille, à leur mariage, pour entrer dans une autre, quelquefois rivale. « Les arabes idolâtres, dit Kasimirski[1], regardaient la naissance des filles comme un malheur, et souvent s'en débarrassaient en les enterrant vivantes. » L'exclusion des femmes de la succession était la conséquence forcée et immédiate de leur situation sociale.

Chez les tribus juives, le rôle de la femme, quoique effacé, est cependant plus relevé au point de vue de ses droits civils et de famille. Elle est appelée, en certains cas, à la succession de ses proches; mais les droits des mâles priment généralement les siens et on retrouve dans la législation hébraïque la même préoccupation que dans les autres législations primitives, celle d'assurer la continuation et la grandeur du groupe familial en transmettant le patrimoine aux hommes, dans la plus large mesure. Les deux grandes règles du droit successoral chez les Juifs sont les suivantes : 1° l'homme exclut généralement la femme, 2° le droit d'aînesse assure au premier né des garçons une situation privilégiée et prépondérante, lui permettant d'être le continuateur du *de cujus*.

**551.** — Mahomet ne proclama pas la femme égale à l'homme; il la déclara au contraire inférieure à celui-ci, mais il lui donna une place bien plus large et bien plus

---

[1] Le Koran, note sur le verset 8 de la Sourate LXXXI.

équitable dans la famille et voulut qu'elle reçût une part des biens laissés par ses proches parents.

Le principe sur lequel est basé l'ordre de transmission édicté par le Koran diffère essentiellement de celui qui se retrouve dans les législations sur lesquelles nous venons de jeter un simple coup d'œil général; Mahomet ne prit plus pour base de la dévolution l'intérêt collectif du groupe familial mais l'affection présumée que tout individu doit ressentir pour ceux qui sont unis à lui par les liens du sang ou de la parenté. Il admit donc que certains proches parents du défunt, généralement exclus avant lui, auraient droit à une partie déterminée de ses biens, à une réserve ou légitime, et ce n'est qu'après ces prélèvements que les héritiers universels furent appelés à la succession. Les héritiers réservataires sont appelés en arabe *Fards,* les héritiers universels sont dénommés *Acebs.*

Telle est la grande division qui s'opère entre les successibles, et nous verrons, en étudiant la dévolution successorale, combien sont abstraites les règles spéciales de cette dévolution et la détermination de la part revenant aux héritiers en concours les uns avec les autres.

Nous ne faisons ici qu'indiquer le principe général de transmission édicté par le Koran.

**552.** — La transmission des biens par voie de succession fait partie du statut personnel; les quatre rites orthodoxes diffèrent souvent entre eux sur l'ordre de dévolution, jamais sur le principe qui, étant écrit dans le livre sacré, ne peut être modifié, et les coutumes qui tendraient à apporter une dérogation à la règle civile et religieuse tracée par le Prophète devraient être repoussées comme contraires à l'orthodoxie. La jurisprudence a reconnu le caractère des dispositions du Koran en matière de successions; on peut citer notamment un arrêt de la Cour d'Alger du 21 octobre 1875, d'où nous extrayons ce qui suit : « les règles d'hérédité des Musulmans sont basées sur leur droit national et religieux. La naturalisation des membres de la famille indigène ne peut ni annihiler ou modifier les effets de la loi musulmane sous l'empire de laquelle s'est ouverte la succession du *de cujus,* ni porter atteinte aux droits successifs des héritiers restés Musulmans. » Nous ne retenons, dans cette décision, que le principe général qu'elle contient : ses derniers mots sembleraient indiquer que, dans l'espèce citée, des héritiers *restés Musulmans* se trouvaient en concours avec des parents ayant perdu cette qualité. La naturalisation comme citoyens français ne faisant nullement perdre à ceux qui l'ont obtenue leur qualité de musulmans, il est certain que le changement seul de nationalité ne modifie en rien l'ordre successoral.

Il en serait autrement si un successible avait abjuré la foi musulmane; nous verrons plus loin qu'un infidèle n'hérite pas d'un croyant et par conséquent si l'abjuration avait été antérieure à l'ouverture de la succession, la dévolution successorale se trouverait modifiée par l'exclusion de celui de qui elle émanerait. Si, au contraire, l'abjuration était postérieure, elle ne modifierait en rien l'ordre successoral qui est basé sur la capacité des parties appelées, au moment du décès du *de cujus.*

**553.** — Le droit héréditaire des femmes, basé sur le Koran, par cela même qu'il rompait avec un état de choses antérieur plus profitable aux hommes, n'a pas été accepté partout ni sans difficulté. Certaines tribus, après l'avoir admis, ont ensuite adopté des coutumes contraires. La Cour d'Alger a décidé, par un arrêt du 18 mars 1874, que ces coutumes dissidentes et non orthodoxes ne pouvaient jamais prévaloir contre les dispositions formelles et essentielles de la loi musulmane et elle a proclamé, malgré tout, le respect de la dévolution successorale édictée par le Prophète.

Certains peuples musulmans mais non orthodoxes ont continué à garder sur ce point leur législation préislamique ou y sont revenus. Tels sont les Kabyles algériens régis par les Kanouns, lois spéciales faites dans les assemblées des délégués de la nation. MM. Hanoteau et Letourneux [1] rapportent plusieurs de ces Kanouns ayant trait au droit successoral des femmes, notamment une délibération en date du 21 décembre 1748 où nous lisons ce qui suit : « L'assemblée, à l'unanimité des voix, abolit chez les Béni-Bethroun et leurs voisins et alliés le droit d'héritage de la femme, le droit de chefaa sur les biens habous (wakfs) et tout droit de chefaa pour les filles, les sœurs et les orphelins. Enfin la dot de la femme répudiée ou veuve fut déclarée perdue pour elle. » Les Kabyles ayant conservé, de par les capitulations, le droit d'être régis par leurs coutumes, leurs Kanouns sont encore applicables ; c'est ce qu'a décidé la Cour d'Alger par arrêt du 17 novembre 1873. Mais c'est là une disposition de droit public qui ne touche en rien la législation musulmane et qui n'a trait qu'à des tribus non orthodoxes, c'est-à-dire séparées des quatre rites dont l'étude seule doit nous préoccuper.

**554.** — Nous étudierons dans le présent livre :

1° Ce qui a trait à l'ouverture des successions ;
2° Les qualités requises pour succéder ;
3° La dévolution successorale Hanafite ;
4° Les divergences des autres rites quant à cette dévolution ;
5° La liquidation et le partage des successions.

---

[1] *Coutumes kabyles*, t. II, p. 294 et t. III, p. 451.

# CHAPITRE PREMIER.

## DE L'OUVERTURE DES SUCCESSIONS.

SOMMAIRE :

555. La succession s'ouvre au décès du *de cujus*.
556. La loi musulmane n'admet pas de présomption de survie.
557. De la saisine des héritiers.

**555.** — La succession ne s'ouvre que par le décès du *de cujus;* ce décès est réel ou déclaré en cas d'absence. Nous avons vu à quel moment s'ouvre la succession de l'absent (art. 578). Le décès doit toujours être déclaré par une décision judiciaire pour que les droits successoraux puissent s'exercer. Rappelons brièvement que lorsqu'un individu a disparu, celui de ses successibles qui veut faire déclarer la succession ouverte doit intenter une action dans ce but contre le mandataire conventionnel ou judiciaire de l'absent. Si la preuve du décès est rapportée, le magistrat déclare la succession ouverte; à défaut, l'absent n'est réputé décédé que lorsque tous les hommes de sa génération sont morts ou lorsque sa naissance remonte à quatre-vingt-dix ans. Jusque-là, ses biens sont réservés et ce n'est qu'au moment où intervient le jugement déclaratif du décès qu'ils sont dévolus à ses héritiers, suivant le rang qu'ils occupent au jour de l'ouverture de la succession (Voir en ce sens arrêts de la Cour d'Alger des 22 janvier 1862 et 9 février 1874).

**556.** — Il peut se faire que deux personnes successibles l'une de l'autre trouvent la mort dans une catastrophe, sans qu'on puisse déterminer celle qui est morte avant l'autre, chose indispensable pour établir la dévolution successorale qui se sera produite par le seul effet de la loi, au profit de celle des deux qui aura survécu à l'autre, ne serait-ce que pendant quelques instants. Les articles 720 et suivants du Code Napoléon établissent, en ce cas, une présomption de survie résultant des circonstances du fait, et à défaut, de l'âge ou du sexe. On ne rencontre rien de semblable en droit musulman. Aux termes de l'article 635 du Code Hanafite, « les parents morts dans un naufrage, un éboulement ou un incendie, lorsqu'on ignore positivement lequel est le premier décédé, n'héritent pas les uns des autres et leurs biens sont dévolus aux héritiers suivants. » Cette doctrine enseignée par Sidi Khalil, Ebn el Motakanna, Mohamed Assem, El Téoudi, Ibrahim Halébi, etc., est admise dans les quatre rites. Elle s'applique dans tous les cas où un individu viendrait à la succession d'un autre comme héritier ou même comme simple légataire, s'il était vivant à l'instant de la mort du *de cujus,* et où il est impossible de déterminer lequel, du *de cujus* ou de son ayant-droit présomptif, a succombé le premier. Il n'est pas indispensable que les personnes parmi lesquelles on cherche à reconnaître le prédécédé aient péri dans un même événement, par exemple dans un même naufrage, dans une même inondation ; la règle serait donc applicable dans le cas où les deux personnes réciproquement successibles seraient montées sur des navires qui auraient péri par des causes différentes, mais sans qu'on puisse savoir laquelle des deux catastrophes a précédé l'autre.

**557.** — Les héritiers, quels qu'ils soient, sont saisis par la mort du *de cujus* et par le seul fait du décès; ils ont, dès cet instant, la saisine légale qui fait immédiatement passer dans leur patrimoine les biens à eux dévolus. C'est donc au moment que se produit le décès qu'il faut se placer pour apprécier les droits successoraux qui viennent en concurrence et la capacité des parties auxquelles ils peuvent appartenir.

# CHAPITRE DEUXIÈME.

## DES QUALITÉS REQUISES POUR SUCCÉDER.

Sommaire :

558. Pour être héritier, il faut réunir cinq conditions.
559. Le prédécès du *de cujus* doit être établi.
560. Droits de l'enfant conçu.
561. Pour hériter, l'enfant doit naître vivant.
562. L'absent est réputé vivant.
563. Influence du sexe ; de l'hermaphrodite.
564. De la différence de religion.
565. Influence de la conversion à l'Islamisme sur le statut personnel et la nationalité.
566. Les Musulmans étrangers établis dans l'Empire ottoman doivent-ils être jugés d'après le rite auquel ils appartiennent ?
567. De quelle juridiction relèvent, en matière de statut personnel, les Musulmans non sujets de l'Empire.
568. L'héritier doit être de condition libre ; de l'état de guerre.
569. Des liens de parenté, d'alliance et de patronage.
570. Contestations à ce sujet ; des preuves ; de la possession d'état.
571. De la cession de droits successifs.
572. Le meurtre est la seule cause d'indignité ; de la successibilité des enfants après l'anathème.
573. Cas où le meurtre n'entraîne pas l'indignité ; de l'homicide par imprudence.
574. Dans quel cas le meurtre commis par un mineur entraîne son indignité.
575. L'indignité n'est pas subordonnée à une condamnation ; effet de l'indignité reconnue après l'attribution de la succession.

**558.** — Pour succéder, il faut : 1° être vivant, 2° professer la même religion que le *de cujus*, 3° être de condition libre, 4° être uni au *de cujus* par un lien de parenté, d'alliance ou de patronage déterminé par la loi, 5° ne pas en être indigne.

**559.** — Lorsque l'héritier est vivant au moment où il réclame ses droits successoraux ou tout au moins lorsque son existence au jour du décès du *de cujus* est certaine, il n'y a pas de difficulté. Cette difficulté peut naître lorsque ce sont les ayants-droit de l'héritier, lui-même décédé, qui réclament la part leur revenant du chef de celui-ci. Il faut alors établir que l'héritier aux droits duquel les parties qui réclament sont substituées, était vivant au jour de l'ouverture de la succession, sa qualité d'héritier ne lui ayant été acquise que par le prédécès du *de cujus*. Cette preuve se fait conformément au droit commun et, généralement, au moyen de témoignages consignés dans un acte de notoriété.

**560.** — Le droit musulman admet la règle de droit romain : *puer conceptus pro nato habetur quoties de commodis ejus agitur*. L'enfant conçu a donc un droit successoral, mais un droit incertain dans son existence comme dans son quantum : le droit est incertain dans son existence car il est subordonné à un événement futur et incertain, à savoir que l'enfant naîtra vivant; il est incertain dans son quantum puisque la quotité dépendra, dans la plupart des cas, de son sexe.

Nous avons vu que la durée maxima de la gestation est, légalement, de deux ans, chez les Hanafites; l'enfant né moins de deux ans après le décès du *de cujus* doit donc être compté parmi les héritiers, s'il réunit d'ailleurs les autres conditions de capacité lui conférant un droit successoral.

En cas de grossesse d'une femme dont l'enfant aurait

des droits successoraux par le fait de sa naissance, il est réservé, sur les biens qui composent la succession ouverte, une part égale à la quotité la plus élevée à laquelle cet enfant pourra prétendre. « Il sera réservé, dit l'article 631, la quotité la plus forte de la part qui reviendrait à un enfant mâle ou de celle qui reviendrait à un enfant du sexe féminin, si l'enfant conçu appartient à un degré qui concourt avec les héritiers présents ou les exclut partiellement. Si l'enfant conçu appartient à un degré qui exclut complètement les héritiers présents, toute la succession sera mise en réserve jusqu'à la naissance. » Cela revient à dire que l'enfant conçu a un droit suspendu jusqu'au moment de sa naissance et qu'il doit être réservé de quoi faire face intégralement à ce droit.

Le paragraphe 3 de l'article 631 autorise le partage entre cohéritiers présents, dans le cas même où l'enfant conçu rendrait ce partage caduc, soit qu'il amoindrît les droits des autres successibles, soit même qu'il les annihilât en absorbant la totalité de la succession. Mais, en ce cas, les copartageants doivent fournir caution afin que les droits éventuels de l'enfant conçu se trouvent complètement garantis.

**561.** — L'enfant conçu devient héritier s'il naît vivant. Le droit musulman n'exige pas, comme la loi française, que l'enfant soit né viable; il suffit que la majeure partie de son corps soit sortie vivante de celui de sa mère. Dès que cette condition s'est accomplie, l'enfant a la qualité d'héritier, mourût-il aussitôt. La preuve des moindres circonstances de l'accouchement est donc d'une extrême importance, puisque c'est d'elle que dépend la dévolution successorale. Elle se fait d'ordinaire par le témoignage de la sage-femme et des personnes présentes.

**562.** — De ce qu'un individu vivant peut seul hériter, il résulte qu'en cas d'absence du successible sa qualité d'héritier est suspendue jusqu'à son retour, à la preuve réelle de sa mort ou au jugement qui le déclare décédé. Nous avons examiné sous les n°ˢ 543 à 547 les règles applicables en ce cas.

Si l'absent absorbe (en le supposant vivant) la totalité de la succession, il ne peut être procédé à aucun partage, même moyennant caution, par ceux qui viendraient, à son défaut, à l'hérédité. Si au contraire l'absent n'a droit qu'à une part, il peut être passé outre au partage, mais en réservant la quotité à laquelle l'absent peut prétendre à son retour.

**563.** — Nous verrons que le sexe a une influence très grande au point de vue de la dévolution successorale et de la quotité attribuée aux héritiers d'un même degré. Le verset 12 de la Sourate IV est ainsi conçu : « Dieu vous commande, dans le partage de vos biens entre vos enfants, de donner au garçon la portion de deux filles. » Dans le cas d'hermaphrodisme, le sexe prédominant chez l'individu le fait classer soit parmi les hommes, soit parmi les femmes. Si les deux sexes sont également caractérisés, l'hermaphrodite prend la part la moins forte qui serait dévolue à l'un ou à l'autre sexe.

**564.** — La seconde condition de successibilité est qu'il n'y ait pas, entre le *de cujus* et celui que son degré de parenté appelle à sa succession, différence de religion. Tel est le principe qui admet cependant des exceptions et qui donne lieu à des applications différentes, en cas de changement de religion du *de cujus* et selon qu'il s'agit d'un infidèle qui a embrassé l'Islamisme ou d'un croyant qui a abjuré la foi musulmane.

Lorsqu'un infidèle s'est converti, ses parents, qui ont conservé leur religion, n'héritent pas de lui. Ainsi, si un Juif se fait Musulman, ses parents, qui ne l'ont pas suivi dans son changement de croyance, n'ont aucun droit à sa succession. C'est ce qu'a décidé la Cour d'Alger, par arrêt du 26 décembre 1854. Si, au contraire, le *de cujus* a abjuré la foi musulmane, il faut distinguer suivant qu'il s'agit d'un homme apostat ou d'une femme : le parent musulman peut hériter de tous les biens acquis avant l'abjuration. Ceux qui ont été acquis après « reviennent de droit au beit-el-mal » (art. 587, § 3). Cette dernière disposition ne doit pas être acceptée dans sa généralité et doit être complétée par ces mots : « à moins qu'il n'existe un héritier non exclu par la différence de religion. » Il est certain, en effet, que le beit-el-mal n'hérite qu'à défaut de successibles ; on ne saurait écarter de la succession l'enfant que le père, devenu chrétien, aurait eu après son abjuration et qu'il aurait élevé dans sa nouvelle religion. Il se fait alors une division de l'héritage : les biens acquis avant le changement de croyance peuvent être attribués à des héritiers musulmans, ceux acquis ensuite ne peuvent l'être qu'à des héritiers qui ne sont pas séparés du *de cujus* par une différence de religion. Ce n'est qu'à défaut de successible pour cette partie des biens que cette partie est acquise à l'État.

Lorsqu'il s'agit de la succession d'une femme apostate « tous ses biens acquis avant ou après son abjuration reviennent à son parent musulman » (art. 387, § 4). Nous pensons, ici encore, que la loi n'a pas voulu exclure les enfants que la femme aurait eus après son changement de croyance et qu'elle aurait élevés dans sa nouvelle religion. Il n'y a, en effet, aucun motif juridique d'exclusion, puisque la différence de religion n'existe pas ; mais l'apostasie n'a pas pu nuire aux parents restés musulmans : ceux-ci viendront donc en concours avec les héritiers de la même croyance que la *de cujus* et cela sans distinction entre les biens acquis avant ou après l'apostasie.

**565.** — Ici se pose une importante question, résultant du caractère tout à la fois civil et religieux de la loi musulmane. Dans les législations modernes, le changement de religion n'influe en rien sur le statut personnel, sur l'exercice des droits civils et la nationalité de l'individu. Un juif français, qui embrasse le christianisme, ne subit aucune modification, quelle qu'elle soit, au point de vue légal, relativement à son statut personnel et à l'état juridique de sa personne.

En est-il de même lorsqu'un individu adopte la religion musulmane? Un chrétien embrasse la doctrine de l'Islam : continuera-t-il à être régi par le statut personnel de son pays ou par le statut musulman ?

La question a donné lieu à de sérieuses difficultés. En embrassant l'Islamisme, il est certain pour nous que l'individu se soumet au statut musulman. Ici, la religion et le statut personnel ne font qu'une seule et même chose; on ne peut adopter la religion sans être régi par le statut personnel qui en fait partie intégrante. Mais les rares auteurs et les non moins rares décisions judiciaires qui ont été appelés à se prononcer sur la question nous paraissent avoir fait une confusion peu juridique en admettant, comme règle absolue, que le statut personnel est la conséquence de la nationalité, principe qui est vrai généralement mais qui admet des exceptions; et nous sommes précisément dans un cas d'exception.

La Cour d'Alger a eu à se prononcer sur la question, ce qu'elle a fait par arrêt du 14 avril 1874, dans les circonstances de fait suivantes : Une femme chrétienne espagnole habitant l'Algérie embrassa la religion musulmane. Elle se maria ensuite devant le Cadi avec un musulman dont elle eut un enfant qu'elle éleva dans sa nouvelle croyance. Son mari étant mort, elle revendiqua, tant en son nom personnel qu'au nom de son fils, la succession du défunt, en conformité du statut musulman. Les frères du *de cujus* soutinrent que leur belle-sœur, en embrassant la religion musulmane, avait néanmoins conservé sa nationalité, que dès lors elle n'eût pu être valablement mariée que par son consul, non par le Cadi, que le mariage n'avait par conséquent aucune valeur légale, qu'on n'en pouvait déduire un droit successoral quelconque. La Cour a repoussé ce système et a posé les principes suivants que nous n'acceptons qu'avec des réserves au sujet desquelles nous aurons à nous expliquer : « il ne faut pas perdre de vue que les principes de la religion musulmane ont une portée plus grande dans ses effets que les autres religions; ainsi, s'il est vrai que l'on peut indifféremment adopter telle religion, comme, par exemple, la religion catholique ou protestante, sans que le droit civil ou *la nationalité* puissent en être modifiés, il n'en est pas de même quand on embrasse l'Islamisme, cette religion ayant par elle-même et par ses conséquences une influence directe et principale sur la personne et les droits qu'elle peut revendiquer. » Nous nous rangerions sans restriction à cette doctrine, si la Cour n'avait proclamé l'influence directe de la religion musulmane sur la nationalité qu'elle considère comme indissolublement unie au statut personnel.

MM. Sautayra et Cherbonneau critiquent avec raison cette décision, mais tombent, en le faisant, dans une erreur analogue. « Poser en principe, disent ces estimables auteurs, que celui qui embrasse l'Islamisme perd, par le seul fait de son changement de croyance, *son statut personnel et sa nationalité,* c'est une théorie contre laquelle proteste notre législation tout entière. *Le Français reste soumis à son statut personnel tant qu'il conserve sa qualité de Français;* et ce n'est certainement pas en venant en Algérie et en embrassant la religion des indigènes *qu'il perd sa qualité et les droits qui y sont attachés.* L'article 17 du Code civil, qui règle la matière, porte que la qualité de Français se perd par la naturalisation en pays étranger ; or l'Algérie est si peu une terre étrangère que les indigènes musulmans ont été déclarés Français par l'article Ier du sénatus-consulte des 14 juillet-16 août 1865, et qu'ils sont placés, lorsqu'ils voyagent à l'étranger, sous la protection de notre drapeau. La femme avait donc, malgré son abjuration, *conservé son statut personnel et sa nationalité.....* »

On le voit, les deux doctrines, quoique opposées et aboutissant à des solutions absolument contraires, admettent toutes deux que le statut personnel est inséparable de la nationalité. En est-il réellement ainsi? Si l'affirmative doit être admise dans la grande majorité des cas, il n'en est pas ainsi, selon nous, dans la situation spéciale que nous examinons. La qualité de Français, c'est-à-dire la nationalité, a si peu pour résultat forcé de rendre applicable aux Musulmans le statut personnel français tel qu'il est réglementé par le Code civil que les capitulations de 1830 ont déclaré que les musulmans indigènes resteraient régis par leur statut personnel et que le sénatus-consulte de 1865, en les déclarant français, n'a en rien modifié cet état de choses.

Cela sera rendu plus évident encore si on se place dans une hypothèse inverse à celle que nous étudions, c'est-à-dire si on suppose qu'un musulman s'est fait naturaliser français. La naturalisation fait bien, en ce cas, acquérir à celui à qui elle est conférée la qualité de citoyen, mais il ne viendra à l'esprit de personne de soutenir que le statut personnel que le musulman tient de sa religion en soit en rien modifié. Le cas se présente fréquemment en Algérie où de nombreux indigènes sollicitent et obtiennent la naturalisation française; il n'en résulte pas que leur statut personnel subisse un changement quelconque. On peut citer comme analogue à la question spéciale qui nous occupe et dans laquelle il s'agit de Musulmans, des cas où la nationalité de l'individu change sans que son statut personnel soit régi par les lois de sa nouvelle patrie relatives à l'état des personnes. C'est ainsi qu'un arrêté colonial du 16 janvier 1819 qui a déclaré les Indiens *sujets français* dispose qu'ils continueront, quant à leur statut personnel, à être régis par les lois et coutumes de leurs castes.

C'est donc à tort, selon nous, que l'arrêt dont nous étudions la doctrine a considéré le fait par un individu d'avoir embrassé l'Islamisme comme lui ayant fait perdre sa nationalité pour lui conférer une sorte de nationalité musulmane. Si on se place dans l'hypothèse d'un Français établi en Algérie et converti à l'Islamisme on voit bien le changement qui s'opère dans son statut personnel, mais on ne peut concevoir aucun changement de sa nationalité.

Nous estimons également que MM. Sauteyra et Cherbonneau ont à tort posé comme principe que le statut personnel originaire régit l'individu tant qu'il conserve sa nationalité.

La législation française n'admet pas pour ceux qui y sont soumis un statut personnel unique, uniforme pour tous, nous venons de le démontrer; elle admet au contraire que le musulman a un statut personnel propre, que l'Indien a le sien, statut qu'ils conservent quoique sujets français, même lorsque la naturalisation leur a conféré la qualité de citoyens, et nous ne voyons pas pourquoi celui qui se serait converti à la religion musulmane se trouverait dans une autre situation juridique que l'individu né dans cette croyance. Il y a en réalité un dédoublement, une distinction essentielle à faire entre le statut personnel, la nationalité et la naturalisation qui permettent de donner à la question sa véritable solution juridique.

La question que nous venons d'examiner en prenant pour exemple un cas tiré de la jurisprudence algérienne, c'est-à-dire française, nous paraît devoir être résolue identiquement en pays ottoman. Un individu peut être musulman et ne pas être sujet de l'Empire; ce cas se présente fréquemment, notamment à l'égard des musulmans algériens qui conservent, quoique habitant la Turquie, l'Egypte, ou tout autre pays de l'Islam, leur nationalité française. Si donc un Français ou tout étranger non musulman, établi dans un territoire ottoman, embrasse la religion musulmane, il se soumet bien au statut personnel musulman, mais il ne devient pas par cela seul sujet de l'Empire.

**566**. — Les Ottomans sont régis par le rite Hanafite. En est-il de même des musulmans qui ont conservé une autre nationalité, par exemple la nationalité française? Nous ne le croyons pas. Le musulman algérien qui se trouve en pays ottoman est un étranger et il est certain que le statut personnel suit l'individu qui quitte son pays tant qu'il conserve sa nationalité; c'est là une règle générale qui n'a rien d'incompatible avec ce que nous avons dit plus haut. Or, ce serait apporter une modification évidente et profonde au statut personnel que de soumettre aux règles du rite Hanafite le musulman étranger Malékite ou Chaféite. La Cour d'Alexandrie, dans un arrêt du 18 décembre 1889, après avoir proclamé que le statut personnel des Algériens musulmans, sujets français, est régi par la loi musulmane, a appliqué aux parties en cause et qui étaient des sujets Français les dispositions des articles 590, § 2, et 592 du Code Hanafite relatifs à la dévolution successorale. Or, nous verrons que l'ordre et l'attribution héréditaires diffèrent sensiblement en ce qui concerne les acebs dans les rites Hanafite et Malékite et nous croyons que c'est à tort que la Cour a appliqué, dans l'espèce rapportée, des dispositions ayant pour effet de modifier le statut personnel que les parties en cause avaient incontestablement conservé. Il faudrait admettre pour cela que les successions sont régies, quant à la dévolution, par les règles du pays dans lequel est mort le *de cujus*, ce qui est repoussé par le droit public et contraire aux règles primordiales du statut personnel. Un exemple rendra plus évident la justesse de la thèse que nous soutenons : Un musulman algérien Français, appartenant au rite Malékite, ayant sa famille et ses biens en territoire français est décédé en Egypte. C'est dans ce dernier pays que sa succession s'est légalement ouverte. S'ensuivra-t-il que l'ordre de dévolution successorale en ait été modifié et que tel héritier venant à la succession d'après le rite Malékite en soit exclu par application des règles du rite Hanafite, étranger aussi bien à lui-même qu'au *de cujus* ? On ne saurait certainement admettre une telle doctrine, conséquence forcée de la thèse contraire à celle que nous soutenons; nous estimons par conséquent que si tous les sujets de l'Empire sont régis par les règles du statut Hanafite, il n'en est pas de même quant aux musulmans étrangers qui, bien que se trouvant hors de leur pays, ont conservé leur nationalité.

**567.** — La conséquence de ce qui précède est incontestablement, au point de vue de la compétence, que tout ce qui concerne le statut personnel des musulmans étrangers ressortit des juges de la nationalité à laquelle appartiennent les parties. Les Cadis locaux sont donc incompétents en ces matières et chaque fois qu'une mesure relative à la tutelle, aux successions, etc..., en un mot à l'état des personnes, devra être prise, elle appartiendra au magistrat français pour les musulmans algériens. Ce magistrat devra incontestablement appliquer les règles du statut musulman auquel appartiennent ses justiciables, ainsi que le font les magistrats français, notamment en Algérie, lorsque une question de statut personnel musulman est portée devant eux. C'est ce que les tribunaux d'Algérie ont décidé avant l'annexion du M'zab pour les Mozabites qui appartiennent au rite Ibadite, fixés en Algérie. La Cour d'Alger a, en effet, déclaré que les Mozabites étant musulmans *étrangers* ne pouvaient être soumis à la juridiction des Cadis Malékites ou Hanafites d'Algérie et que, comme tous étrangers, ils étaient justiciables des tribunaux français (lesquels sont compétents entre tous étrangers domiciliés en Algérie) qui doivent leur faire application des règles de leur statut personnel (Arrêt du 7 mai 1884). Cet arrêt a trop d'importance pour que nous n'en citions pas les principales dispositions.

« Les Mozabites, dit la Cour, qui appartiennent au rite orthodoxe (?) Ibadite, ont toujours décliné la juridiction des Cadis Malékites ou Hanafites; en conséquence, les Mozabites domiciliés en Algérie doivent être traités comme les Européens étrangers; ils relèvent des tribunaux français et conservent leur statut personnel.

« Dans les litiges entre Mozabites, les tribunaux français, seuls compétents, doivent tenir compte des coutumes et usages du M'zab.

« L'incompétence de la juridiction des Cadis doit être soulevée, même d'office, par les tribunaux. »

Peu après l'arrêt que nous venons de rapporter, le M'zab a été annexé définitivement à l'Algérie et est devenu terre française. Aussi est-ce avec raison que deux arrêts de la Cour d'Alger des 28 juillet 1884 et 9 janvier 1885 ont déclaré que les Cadis algériens étaient désormais compétents entre Mozabites, « l'annexion du M'zab ayant eu pour effet de placer les habitants de ce pays dans la même situation que les musulmans algériens. » Mais, en Algérie, les Cadis doivent juger conformément au rite auquel appartiennent les parties en cause; aussi le premier de ces arrêts déclare-t-il que les Cadis appelés à statuer entre Mozabites devront le faire d'après le rite Ibadite. Admettre le contraire eût été porter atteinte au statut du peuple annexé, statut qui lui a été réservé.

La question de compétence qui nous occupe a encore été tranchée, et d'une façon très explicite, par le tribunal civil de Tunis dans un jugement en date du 28 avril 1884 dont nous extrayons ce qui suit : « Les indigènes algériens résidant en Tunisie ne sont pas, en leur qualité de sujets français, justiciables des Cadis tunisiens. *Même en ce qui touche leur statut personnel ils sont placés sous la juridiction du tribunal français. En conséquence, c'est à ce tribunal qu'il appartient de désigner le tuteur d'un mineur, à défaut par le père d'avoir institué un tuteur testamentaire.* »

Nous croyons donc avoir pleinement démontré qu'entre musulmans étrangers établis en pays ottomans, les Cadis et tribunaux locaux sont incompétents, même en matière de statut personnel.

**568.** — En troisième lieu, la loi exige, pour pouvoir succéder, que l'individu appelé à la succession comme héritier soit de condition libre. Cette disposition est la conséquence de l'incapacité légale qui frappe l'esclave. La règle étant que les successions sont régies par les lois sous l'empire desquelles elles s'ouvrent, il est certain que l'ancien esclave, affranchi par une loi abolitive de l'esclavage, est capable de recueillir les successions ouvertes depuis cette loi.

L'article 598 du texte édicte une incapacité qu'on peut rattacher à la condition civile de l'individu ; il est ainsi conçu : « un hostis établi dans les terres musulmanes, est incapable d'hériter de son parent Zimmi ou placé sous la puissance musulmane. Il en est de même de l'hostis établi hors les territoires musulmans vis-à-vis d'un hostis qui y est établi. Les biens appartenant à un hostis établi dans les terres musulmanes seront conservés pour ses héritiers résidant en pays étranger. »

L'incapacité résultant de cet article provient de l'état de guerre et cesse avec lui. Les sujets tributaires héritent d'ailleurs entre eux, sans distinction de croyances, d'après Mouradja d'Ohsson, tome V, page 180.

**569.** — La quatrième condition de capacité est relative à l'union de l'héritier au *de cujus* par un lien de parenté, d'alliance ou de patronage. C'est toujours au moment où s'ouvre la succession, c'est-à-dire à l'instant du décès, qu'il faut se placer pour apprécier la capacité de celui qui se prétend héritier. La femme est unie au mari par l'alliance, pourvu toutefois que le mariage ne soit pas frappé de nullité radicale. El Téoudi enseigne que « le mariage conclu, alors même qu'il serait nul, confère des droits à l'époux survivant, à moins que la nullité ne fût reconnue par tous les rites. » L'article 135 du texte porte également que le mariage radicalement nul ne donne aux conjoints aucun droit successoral vis-à-vis l'un de l'autre. Dans les mariages frappés de nullité relative, le droit successoral existe, mais seulement tant que le mariage n'a pas été déclaré dissous, car, après le jugement de dissolution, il n'y a plus de mariage, plus de lien entre l'homme et la femme.

Le patronage est un lien de droit qui continue à subsister entre l'ancien maître ou patron et son ancien esclave ou affranchi; nous verrons, en étudiant la dévolution successorale, quels sont les droits héréditaires provenant de cette situation juridique et comment ils s'exercent.

**570.** — En cas de contestation sur la qualité de parent, d'allié ou de patron, c'est à celui qui se prévaut de cette qualité qu'il incombe d'en faire la preuve. Nous avons vu comment s'établissent la parenté, l'alliance, le mariage. La preuve testimoniale est le mode ordinaire et le plus fréquent; nous avons étudié les conditions de sa validité. Il faut joindre à ce mode de preuve : l'aveu, l'acte écrit, enfin tous les modes ordinaires de droit commun.

La possession d'état peut être admise si elle remonte à vingt ans au moins d'après Ibn Rouchd, à quarante ans d'après le Moudaouana. Lorsque la notoriété publique a consacré cette possession d'état pendant le temps voulu, la parenté, l'alliance, le patronage, sont établis par cette notoriété elle-même, c'est-à-dire par des témoins dignes de foi qui en affirment l'existence sans cependant se prononcer sur un fait formel, précis et positif. Si le temps exigé par la loi n'est pas acquis, la notoriété est insuffisante; il faut alors que le témoignage porte, non plus sur un fait que les témoins savent par commune renommée ou pour l'avoir appris d'un tiers, mais sur des faits catégoriques, à leur connaissance personnelle; le mariage doit être établi par la déposition de personnes qui y ont assisté ou qui ont eu une connaissance directe de sa célébration; la filiation est prouvée par le témoignage de ceux qui ont été présents à l'accouchement, etc.

**571.** — Le droit héréditaire, lorsqu'il existe et que la succession est ouverte, peut être, comme toute autre propriété, cédé à titre gratuit ou à titre onéreux. Le cessionnaire ou l'acheteur viennent au lieu et place de l'héritier qu'ils représentent. Ce droit de transmission est admis par la doctrine et la jurisprudence (Arrêts de la Cour d'Alger des 17 novembre 1868, 5 mai, 14 juin et 28 juillet 1869). Il a été jugé, à tort selon nous, que la vente de droits héréditaires ne pouvait être attaquée pour cause de lésion. Le principe ainsi formulé nous semble peu juridique dans sa généralité et nous croyons que cette question doit être résolue suivant les règles générales du statut réel comme toutes celles auxquelles peuvent donner lieu la cession ou la vente des biens en général.

**572.** — Enfin, et en dernier lieu, l'indignité est une cause d'incapacité absolue. « Est indigne d'hériter tout individu qui aura attenté à la vie de son auteur volontairement, avec ou sans préméditation, ou involontairement » (art. 586). Le texte doit être rétabli ainsi : « celui qui aura attenté à la vie du *de cujus*, » car l'indignité frappe tout héritier encore que le *de cujus* ne soit pas son auteur. Cette cause d'indignité est la seule admise par la loi musulmane. C'est à tort, selon nous, que MM. Sautayra et Cherbonneau (n° 616) en voient une autre dans la privation des droits successoraux entre époux après le serment d'anathème. L'ex-conjoint n'est pas, dans ce cas, repoussé de la succession comme indigne; il n'y est pas appelé parce qu'il n'y a aucun droit de par le fait même du jugement qui a déclaré le mariage dissous. Les ex-conjoints ont perdu réciproquement tous leurs droits successoraux. Quant aux enfants désavoués par suite de l'anathème, ils n'héritent pas, par la même raison, de celui qui les a désavoués et qui dès lors n'est pas réputé leur père; mais ils héritent de leur mère et même des enfants non désavoués dont ils sont, en tous les cas, les frères utérins. Les deux jumeaux de la femme qui a renvoyé l'anathème héritent comme germains (Sidi Khalil). Nous croyons que cette dernière disposition doit être interprétée en ce sens que les deux jumeaux sont considérés entre eux comme germains, ce qui est logique, mais qu'ils ne doivent pas être regardés comme frères germains des enfants non désavoués ainsi que l'enseignent MM. Sautayra et Cherbonneau (n° 616). Une pareille doctrine est la négation de la conséquence immédiate et la plus importante du désaveu puisqu'elle suppose que tous les enfants, ceux qui sont légitimes aussi bien que ceux qui ont été désavoués auraient été conçus des œuvres du même père, alors que le contraire résulte incontestablement du désaveu.

**573.** — L'article 586 porte que le meurtre constitue l'indignité sauf les exceptions qu'il détermine et alors même qu'il aurait été commis involontairement. Les docteurs font, quant au meurtre involontaire, une distinction qui nous paraît très juridique. Lorsque le successible a porté au *de cujus* des coups qui ont déterminé la mort, mais sans intention de la donner, quoique le meurtre soit en réalité involontaire dans ses conséquences, il n'en constitue pas moins un acte volontaire en lui-même, et cela suffit pour exclure son auteur. Mais si la mort a été occasionnée par une simple imprudence, nous pensons qu'il n'y a plus de motif de déclarer indigne celui qui n'a eu aucune intention mauvaise ou coupable envers le *de cujus*. Il est si vrai que le meurtre involontaire n'est pas fatalement et toujours une cause d'exclusion que parmi les exceptions admises par la loi nous trouvons : 1° le cas où le meurtrier est mineur ou frappé d'aliénation mentale, ce qui exclut le libre arbitre ou du moins la volonté libre et réfléchie ; 2° le cas où le successible n'a été qu'une cause indirecte de la mort du *de cujus* ; 3° le cas de légitime défense qui suppose cependant la volonté homicide mais qui rend cette volonté nécessaire et légitime ; 4° le cas où le meurtrier a exercé à l'égard du *de cujus* le droit du talion ou du had qui le rend légitime. Les auteurs ajoutent à ces quatre exceptions celle résultant de ce que le meurtrier a agi dans l'exercice d'une fonction publique ou lorsqu'il a été commandé par une autorité légale, par exemple lorsqu'il a donné la mort comme exécuteur d'une sentence judiciaire ou en combattant contre des révoltés (El Téoudi, chap. X). Nous croyons donc que le meurtre par imprudence ne constitue pas une cause d'indignité.

**574.** — L'article 586 *in fine* fait, nous venons de le voir, une exception en faveur du mineur ; de quelle minorité s'agit-il ? de celle relative à la personne ou de celle relative aux biens ? On pourrait, à la rigueur, soutenir qu'en présence du terme général employé par la loi, on doit donner à ce terme son acception la plus large. Nous pensons, toutefois, que l'esprit de la loi répugne à cette interprétation et, allant bien plus loin, nous estimons qu'il ne s'agit même pas ici de la minorité quant à la personne, telle qu'elle est définie par le texte. Le mineur qui va atteindre sa puberté peut avoir parfaitement conscience de ses actes ; il est même présumé avoir une volonté personnelle et intelligente dès qu'il est parvenu à l'âge de raison. Cela est si vrai que le Code Hanafite le déclare civilement responsable de ses actes délictueux ou criminels. Nous pensons, dès lors, que le mineur peut être déclaré indigne s'il est reconnu avoir agi volontairement, avec discernement, et cette interprétation nous paraît conforme à l'esprit de la loi, qui fait résulter l'indignité de la volonté coupable. On ne comprendrait pas que la loi obligeât le mineur à réparer le préjudice résultant de son délit et qu'elle l'admît, quelques articles plus loin, à en profiter lorsque, conscient de ses actes, il a attenté à la vie du *de cujus*.

**575.** — La loi musulmane n'exige pas, comme la loi française, qu'il y ait eu condamnation du meurtrier. L'indignité frappe celui-ci dès que le fait qui l'entraîne est commis et l'incapacité de succéder en est le résultat immédiat. L'indigne est donc exclu par la force de la loi elle-même et toute personne qui y a intérêt a le droit de l'écarter de la succession; le magistrat a également ce pouvoir de par la tutelle qu'il exerce sur tous ses justiciables. Si l'incapacité n'est reconnue qu'après le partage, le cas est le même que lorsqu'un tiers étranger et sans droit a indûment reçu ou appréhendé des biens ne lui revenant pas, il y a lieu à restitution conformément au droit commun. L'indigne est tenu, non seulement de rendre les biens par lui reçus, mais encore les fruits qu'il a perçus, comme tout possesseur de mauvaise foi. Il nous paraît, toutefois, que les ventes, locations et autres contrats par lui consentis à des tiers de bonne foi, relativement aux biens par lui indûment détenus, quoique consentis *a non domino*, ont une valeur légale et parfaite à l'égard de ces tiers, comme émanant de l'héritier apparent.

# CHAPITRE TROISIÈME.

## DES DIVERS ORDRES D'HÉRITIERS.

Sommaire :

576. Division. — Héritiers fards, légitimaires ou à réserve légale ; héritiers acebs ou universels.

**576.** — Le droit musulman divise les héritiers en deux grandes classes : les héritiers fards, légitimaires ou à réserve légale, les héritiers acebs ou universels. Les premiers prennent dans la succession une part déterminée par le Koran ; les seconds prennent l'universalité de ce qui reste après les prélèvements faits par les réservataires, prélèvements qui peuvent, d'ailleurs, absorber la totalité de la succession.

## SECTION I.

### Des héritiers fards.

Sommaire :

577. Subdivision des héritiers fards.
578. Tableau A indiquant les divers héritiers fards.
579. Rectification de l'article 589 du Code Hanafite.
580. Fractions héréditaires fixées par le Koran.
581. Dispositions de la sourate IV, versets 12, 13 et 14.
582. Droit de l'aïeul masculin.

**583.** Droit des aïeules.
**584.** Droit des conjoints.
**585.** Héritiers appelés comme fards en l'absence de descendance mâle.
**586.** Tableau B indiquant à quels héritiers sont attribuees les fractions koraniques.
**587.** Règles du concours des héritiers fards avec d'autres.
**588.** Tableau C résumant ces règles.

**577.** — Les héritiers fards se divisent eux-mêmes en deux classes : 1° ceux qui ont droit à la réserve dans tous les cas, sans pouvoir être exclus par des acebs : ce sont les ascendants et le conjoint survivant; 2° ceux qui n'ont droit à la réserve qu'autant qu'ils ne sont pas exclus par des acebs plus rapprochés qu'eux, en degré, du *de cujus*. Ce sont : la fille, la petite-fille (fille du fils), le frère utérin, la sœur germaine, la sœur consanguine et la sœur utérine.

Dans la ligne ascendante l'aïeul et l'aïeule paternels sont appelés dans certains cas ainsi que l'aïeule maternelle.

On peut donc établir le tableau suivant des héritiers fards ou légitimaires :

**578.**                TABLEAU A.

I. Conjoint survivant. 1° mari ou femme,
II. Ascendants. . . . . 2° le père,
                       3° le père du père ⎱ en certains
                       4° la mère du père ⎰   cas.
                       5° la mère,
                       6° la mère de la mère, en certains cas,
III. Descendants . . . . 7° la fille,
                       8° la petite-fille (fille du fils),
IV. Collatéraux. . . . . 9° le frère utérin,
                       10° la sœur germaine,
                       11° la sœur consanguine,
                       12° la sœur utérine.

**579.** — L'article 589 du texte énumère les ayants-droit à la part légitime; mais nous trouvons dans cette énumération deux erreurs : la première consiste en ce qu'il place parmi les héritiers fards « la nièce issue du fils. » On ne comprend pas cette descendance et comment la nièce du *de cujus* peut être issue de son fils. Il s'agit certainement de la petite-fille issue du fils. Il est d'ailleurs certain que la nièce ou la petite-nièce ne sont jamais réservataires. C'est ce qu'a reconnu surabondamment la Cour d'Alger dans un arrêt du 28 mai 1862 en déclarant que « la loi musulmane, conforme en cela au livre sacré, n'assigne à la nièce ou à la petite-nièce aucune quote-part d'hérédité. » En second lieu, l'article 589 a omis dans son énumération l'aïeule maternelle qui est cependant appelée comme héritière fard en certains cas, conformément à ce passage de la sounna : « si la mère (du *de cujus*) est prédécédée et qu'elle ait laissé sa propre mère, vous traiterez l'aïeule comme vous auriez traité la mère qui a des enfants, vous lui accorderez le sixième de la succession de son petit-fils ou de sa petite-fille. » L'omission est d'ailleurs rendue évidente par cette disposition de l'article 607 : « le sixième de la succession revient à la grand'mère paternelle *ou maternelle*, qu'il y en ait une ou plusieurs de même degré. »

**580.** — Les fractions héréditaires fixées par le Koran sont : 1/2, 1/4, 1/8, 2/3, 1/3, 1/6. Ce sont là les fractions simples. Ces fractions peuvent être changées en septièmes, huitièmes, neuvièmes, etc... lorsque la réunion des parts héréditaires fards dépasse l'unité, ce qui oblige à recourir à l'*aoûl* ou réduction proportionnelle dont nous étudierons plus loin les règles.

**581.** — Nous avons vu que la première classe d'héritiers fards, celle qui n'est jamais exclue, se compose du père et de la mère du *de cujus* et du conjoint survivant. Les droits de ces héritiers sont ainsi fixés par le Koran, sourate IV, versets 12, 13 et 14[1] : « les père et mère du défunt auront chacun le sixième de ce que l'homme laisse, s'il a un enfant; s'il n'en laisse aucun et que ses ascendants lui succèdent, la mère aura un tiers; s'il laisse des frères, la mère aura un sixième après que les legs et dettes du testateur auront été acquittés. Vous ne savez pas qui de vos parents ou de vos enfants vous est le plus utile. — Telle est la loi de Dieu. »

« A vous, hommes, la moitié de ce que laissent vos épouses, si elles n'ont pas d'enfant, et si elles en laissent vous aurez le quart, après les legs qu'elles auront faits et les dettes payés. »

« Elles (les femmes vos épouses), auront le quart de ce que vous (leurs maris) laissez, après les legs que vous aurez faits et les dettes payés, si vous n'avez pas d'enfants; et si vous avez des enfants, elles auront le huitième de la succession après les legs que vous aurez faits et les dettes payés. »

**582.** — L'aïeul ne vient à la succession que si le père n'y est pas appelé, soit que ce dernier soit décédé, incapable ou indigne. Le père exclut son père (grand-père du *de cujus*) qui lui-même exclut son auteur (bisaïeul). El Téoudi le constate en ces termes : « L'aïeul le plus éloigné est exclu par l'aïeul le plus proche et celui-ci par le père. » L'aïeul paternel a les mêmes droits que le père, sauf les exceptions suivantes :

1° La mère du père du défunt est exclue par le père; elle ne l'est pas par le grand-père;

---

[1] Traduction Kasimirski, p. 65.

2° Si le *de cujus* a laissé pour héritiers fards son père, sa mère et un conjoint, la mère prend un tiers de ce qui reste après prélèvement de la part du conjoint; si, au contraire, le *de cujus* a laissé son aïeul paternel venant au lieu de son père, la mère du défunt prend un tiers de toute la succession;

3° Le père du patron, en présence de son fils, prend, à l'exclusion du grand-père, un sixième des biens laissés par l'affranchi;

4° En présence du père, les frères germains ou consanguins du *de cujus* et le grand-père sont exclus de l'héritage, mais les frères héritent en présence de l'aïeul paternel.

Cette dernière doctrine, aujourd'hui généralement admise et aux termes de laquelle l'aïeul paternel n'exclut pas les frères, a été enseignée par Mohamed et Ben Youssef; elle est contraire à celle d'Abou Hanifa qui exclut tous les frères en présence de l'aïeul paternel.

**583.** — La mère exclut par sa présence les aïeules, tant celle du côté du père que celle du côté de la mère (art. 607 et 619). Si la mère est décédée, la présence du père du *de cujus* exclut l'aïeule paternelle, non l'aïeule maternelle. L'aïeul paternel appelé exclut également les aïeules paternelles sauf la mère du père qui concourt avec lui; enfin l'aïeule héritière exclut les bisaïeules paternelles ou maternelles.

L'aïeule parente d'un seul côté partage le sixième avec l'aïeule parente de deux côtés, par portions égales (art. 607). Mohamed Assem s'exprime ainsi : « L'aïeule a droit à un sixième quand elle est seule et elle partage ce sixième avec les autres quand elles sont plusieurs. »

**584.** — Les droits successifs entre époux naissent au moment de la conclusion. Nous nous sommes expliqué sur ce point sous le n° 71. Ils cessent lorsque l'union est dissoute par répudiation, divorce, etc..... En cas de répudiation radjii, le mariage n'étant véritablement dissous qu'à l'expiration de l'edda, les conjoints conservent pendant ce temps leurs droits réciproques.

Le droit de la femme à la succession de son conjoint est de un quart si celui-ci n'a pas laissé de descendants, et de un huitième s'il en a laissé. Lorsqu'il y a plusieurs veuves, il ne leur est attribué que la réserve ainsi déterminée (quart ou huitième) qu'elles se partagent entre elles par portions égales. Si donc le *de cujus* a laissé un fils et quatre veuves et que l'actif net de la succession soit de 3,200 francs, les veuves prendront un huitième, soit 400 francs, et auront droit sur cette dernière somme à 100 francs chacune.

La Cour d'Alger a jugé par arrêt du 9 mai 1870 que lorsqu'une femme a eu, par suite de répudiation, plusieurs maris tous vivants au jour de son décès, le dernier seul, celui sous la puissance duquel elle se trouvait au moment de sa mort, avait droit à sa succession, à l'exclusion des premiers conjoints de la défunte. On ne comprend même pas que la question ait pu se poser ; il est bien certain en effet qu'après la rupture baïn du mariage, les ex-conjoints sont étrangers l'un à l'autre et on ne saurait admettre qu'un droit quelconque ait survécu à la dissolution de l'union.

**585.** — Lorsque le *de cujus* laisse une descendance mâle, les ascendants et le conjoint survivant sont seuls considérés comme héritiers fards. Lorsqu'au contraire il n'y a pas de descendant mâle la loi élève au rang de légitimaires les descendants et les collatéraux, c'est-à-dire la fille, la petite-fille issue du fils, le frère utérin, la sœur germaine, la sœur consanguine et la sœur utérine.

Nous avons dit que les parts légitimes sont : la moitié, le quart, le huitième, les deux tiers, le tiers et le sixième. Nous allons indiquer sous forme de tableau dressé conformément aux dispositions des articles 590 et suivants du Code Hanafite à quels héritiers fards sont attribuées ces fractions.

**586.**                Tableau B.

### I. La moitié est attribuée :

1° Au mari.................. en cas de décès de la femme sans enfants ou petits-enfants issus du fils.
2° A la fille unique.
3° A la fille du fils........... lorsqu'il n'y a pas de fille héritière directe.
4° A la sœur germaine....... lorsqu'elle est seule de son degré.
5° A la sœur consanguine.... lorsqu'elle est seule de son degré.

### II. Le quart est attribué :

1° Au mari................. lorsque la femme a des descendants de l'un ou de l'autre sexe.
2° A la veuve ou aux veuves.. lorsque le *de cujus* n'a pas de descendants.

### III. Le huitième est attribué :

A la veuve ou aux veuves..... en cas de concours d'un fils ou d'un petit-fils issu du fils.

### IV. Les deux tiers sont attribués :

1° Aux filles................. quand elles sont plusieurs du même degré.
2° Aux filles du fils.......... quand elles sont plusieurs et en cas d'absence de toute fille directe.
3° Aux sœurs germaines...... quand elles sont plusieurs.
4° Aux sœurs consanguines... quand elles sont plusieurs et en cas d'absence des sœurs germaines et des filles issues du fils.

V. Le tiers est attribué :

1° A la mère.............. lorsque le *de cujus* n'a pas laissé de fils ou de petit-fils, de frère ou sœur. Le tiers n'est attribué que sur ce qui reste après prélèvement de la réserve du conjoint survivant.
2° Aux frères et sœurs utérins. quand ils sont plusieurs.

VI. Le sixième est attribué :

1° Au père ou à l'aïeul paternel de quelque degré qu'il soit. si le *de cujus* a laissé un fils ou un petit-fils, quel qu'en soit le degré.
2° A la mère.............. s'il y a un fils, un petit-fils ou s'il y a plusieurs sœurs ou frères.
3° A l'aïeule ou aïeules paternelles ou bisaïeules.
4° Au frère utérin ou à la sœur utérine................ venant l'un ou l'autre seul à la succession.
5° A la fille du fils.......... en cas de concurrence avec la fille directe.
6° A la sœur consanguine..... quand elle est en concours avec la sœur germaine.

**587.** — Nous avons dit que les héritiers fards se divisaient en deux classes, la première comprenant les ascendants et le conjoint qui ont, en tous les cas, la qualité de réservataires ; la seconde composée de certains parents, parmi lesquels les femmes sont en plus grand nombre ; les héritiers de cette catégorie ne sont appelés comme légitimaires qu'à défaut d'acebs plus rapprochés.

Il faut donc rechercher dans quelles circonstances les héritiers fards de la seconde classe sont appelés en cette qualité à la succession, quelle est la quotité de leurs droits, comment s'établit cette quotité en cas de concours avec d'autres héritiers. Après avoir indiqué ces principes, nous les réunirons dans un tableau que nous avons dressé conformément au chapitre IV de la deuxième partie du Code Hanafite.

## § I.

Si le *de cujus* a laissé une descendance mâle, un fils, un petit-fils issu du fils, etc., les seuls héritiers fards sont : les ascendants et le conjoint survivant.

## § II.

Si le *de cujus* n'a pas laissé de postérité mâle, mais des filles ou des petites-filles issues d'un fils, il faut ajouter aux ascendants et au conjoint survivant : la fille et la petite-fille. La fille, lorsqu'elle n'a pas de sœur venant en concours avec elle, prend la moitié de la succession. S'il y a plusieurs sœurs, il leur est attribué les deux tiers qu'elles se partagent entre elles.

La petite-fille qui n'est pas en concours avec une fille prend la moitié. Si elle concourt avec d'autres petites-filles, ses sœurs ou cousines, il leur est attribué les deux tiers que toutes les petites-filles du *de cujus* se partagent par tête. Lorsque la petite-fille vient en concours avec une fille, il lui est réservé un sixième lequel se subdivise par tête s'il y a plusieurs petites-filles. Enfin, si le défunt a laissé deux filles ou un plus grand nombre, les petites-filles sont exclues.

Dans l'hypothèse que nous examinons, celle où le *de cujus* n'a pas laissé de descendance mâle, le père, en outre de sa part de réservataire prend, à titre d'aceb, tout ce qui reste de la succession après prélèvement des héritiers fards en concours avec lui; il exclut donc les collatéraux (art. 586, § II).

Si le défunt n'a pas de descendants, le père absorbe toute

la succession tant à titre de fard qu'à titre d'aceb après prélèvement de la part de la veuve ou des veuves si le *de cujus* en a laissé.

## § III.

Si le *de cujus* n'a ni descendants ni ascendants mâles, le frère utérin et la sœur utérine deviennent héritiers fards ; s'il n'y a qu'un frère utérin et aucune sœur utérine ou bien une seule sœur utérine sans frère utérin, il est attribué un sixième. S'il y a plusieurs frères ou sœurs utérins, l'attribution est d'un tiers lequel se divise entre les ayants-droit par tête et par fractions égales sans tenir compte du sexe, c'est-à-dire sans que l'héritier du sexe masculin ait le double de celui du sexe féminin ainsi que cela aurait lieu si on suivait la règle générale. Cette dérogation au principe a lieu dans tous les cas où des parents utérins concourent entre eux. « Les utérins, dit Mohamed Assem, lorsqu'ils sont appelés à la succession, prennent chacun une part égale sans distinction de sexe. » El Téoudi ajoute que « cette disposition est basée sur la sourate IV, verset 15°, relative aux frères et sœurs utérins et qui ne reproduit pas la règle de la double part en faveur des mâles. » Ce verset est ainsi conçu : « Si un homme hérite d'un parent éloigné ou d'une parente éloignée et qu'il ait un frère ou une sœur, il doit à chacun des deux un sixième de la succession ; s'ils sont plusieurs, ils concourent au tiers de la succession. »

## § IV.

Les frères germains viennent en concours avec les frères et les sœurs utérins, comme acebs, et excluent tous autres collatéraux; s'il n'existe pas de frères germains la loi appelle comme héritiers fards : la sœur germaine et la sœur consanguine.

La sœur germaine, lorsqu'elle est seule, a droit à la moitié ; s'il y a plusieurs sœurs germaines il leur est attribué les deux tiers qu'elles se partagent par tête. L'existence d'une seule sœur germaine n'exclut pas les sœurs consanguines qui se partagent entre elles, en ce cas, un sixième de la succession ; mais si les sœurs germaines étaient au nombre de deux ou en plus grand nombre, les sœurs consanguines ne seraient pas appelées.

Si on rapproche ces règles des indications fournies par le tableau B, on verra leur parfaite concordance. Nous complétons ce travail par un troisième tableau qui indique les parts des légitimaires dans les différents cas de concours.

**588.**         Tableau C.

Le père... { 1/6° lorsqu'il concourt avec un fils ou un petit-fils du défunt. Lorsqu'il concourt avec une fille ou une petite-fille issue du fils, le père, en outre du 1/6° qu'il reçoit comme héritier fard, recueille ce qui reste, comme aceb, après prélèvement de la fille ou petite-fille et la part des veuves s'il y en a.

Lorsque le *de cujus* n'a pas laissé de descendants, le père prend 1/6° comme fard, le reste de la succession comme aceb, après prélèvement de la réserve des veuves.

| | |
|---|---|
| L'aïeul paternel... | a les mêmes droits que le père, à défaut de ce dernier, sauf les exceptions qui suivent : <br> 1° La mère du père du défunt est exclue lorsqu'elle concourt avec le père, mais elle hérite avec l'aïeul paternel. <br> 2° Si le *de cujus* a laissé pour héritiers son père, sa mère et son conjoint, la mère prend 1/3 de ce qui reste après prélèvement de la réserve du conjoint ; mais si le *de cujus* a laissé un aïeul paternel au lieu de son père, la mère prend 1/3 de toute la succession. <br> 3° Le père du patron, en présence de son fils, prend, à l'exclusion du grand-père, 1/6° des biens laissés par l'affranchi. <br> 4° En présence du père, les frères germains ou consanguins et le grand-père sont exclus, mais les frères héritent s'ils sont en présence de l'aïeul paternel. |
| Les frères ou sœurs utérins.... | 1/6° s'il n'y a qu'un frère utérin ou qu'une sœur utérine, 1/3 s'il y en a plusieurs — le partage a lieu par tête et par portions égales sans qu'on tienne compte du sexe. <br> Ils sont exclus par les descendants et par les ascendants paternels. |
| Le mari... | 1/2 s'il n'est pas en concours avec un descendant mâle ; 1/4 dans le cas contraire. |
| La veuve ou les veuves. | 1/4 à défaut de descendance masculine et par les mâles ; 1/8 dans le cas contraire. <br> La réserve des veuves se partage entre elles également et par tête. |

| | |
|---|---|
| La ou les filles du *de cujus* . . . | 1/2 lorsqu'il n'y a qu'une seule fille ; 2/3 lorsqu'il y en a plusieurs. La réserve se partage entre elles et par tête. Lorsqu'il y a concours entre fils et filles, les premiers prennent une part double de celle des secondes qui viennent alors comme héritières acebs. |
| La ou les petites-filles issues du fils . . . . | 1/2 lorsqu'il n'y en a qu'une ; 2/3 lorsqu'elles sont plusieurs ; 1/6ᵉ si elles concourent avec *une seule* fille du *de cujus*. S'il y a un fils ou plusieurs filles du *de cujus* les petites-filles sont exclues. Lorsqu'elles concourent avec un petit-fils de degré égal au leur ou plus éloigné, elles viennent à titre d'héritières acebs, l'héritier mâle prenant une part double de celle des femmes. |
| Les sœurs germaines. | 1/2 lorsqu'il n'y en a qu'une seule ; 2/3 s'il y en a plusieurs. Si elles concourent avec des frères germains, ces derniers prennent double part ; les sœurs germaines viennent alors comme acebs. |
| Les sœurs consanguines . . . . | 1/2 lorsqu'il n'y en a qu'une ; 2/3 lorsqu'il y en a plusieurs et qu'il n'existe pas de sœurs germaines ; 1/6° lorsqu'elles concourent avec une seule sœur germaine, avec une fille directe ou avec une petite-fille issue du fils. Deux sœurs germaines excluent les consanguines à moins qu'il y ait un frère consanguin, auquel cas elles passent au rang d'acebs. |

Les sœurs consanguines .....
> Nota : Les frères et sœurs germains et consanguins sont exclus par le fils ou le petit-fils et par le père. — Les frères et sœurs consanguins sont exclus par le frère germain et par la sœur germaine, quand il y a concours avec une fille directe ou avec une fille du fils.

La mère. ..
> 1/6° lorsqu'il y a des descendants, des frères ou sœurs.
>
> 1/3 de la totalité de la succession à défaut des héritiers prénommés, ou 1/3 de ce qui reste après prélèvement de la réserve du conjoint et de celle du père.
>
> Si le *de cujus,* au lieu du père, a laissé l'aïeul paternel, la mère reçoit 1/3 de la totalité de la succession après prélèvement de la part légitime du conjoint survivant

Les aïeules.
> 1/6°. Les degrés les plus rapprochés excluent les degrés les plus éloignés ; ainsi la présence de la mère du *de cujus* exclut les aïeules paternelles et maternelles, celle du père exclut les aïeuls paternels, et celle de l'aïeul paternel exclut aussi ces dernières, sauf la mère du père qui concourt avec l'aïeul paternel. — Enfin l'aïeule héritière exclut les bisaïeules.
>
> L'aïeule, parente d'un seul côté, partage le sixième avec l'aïeule parente des deux côtés, par portions égales.

## SECTION II.

### De l'aoûl.

SOMMAIRE :

**589.** Règle générale de l'aoûl.
**590.** Changement de 1/6 en 1/7, 1/8, 1/9 et 1/10.
**591.** Conversion des fractions koraniques.
**592.** Transformation de 1/12 en 1/13, 1/15 et 1/17.
**593.** Le 1/24 se transforme en 1/27.
**594.** Exception à la règle générale faite au profit des frères germains.
**595.** Exceptions basées sur le principe de la double part au profit des mâles.
**596.** Hypothèses dans lesquelles les parts réservées absorbent la succession mais ne dépassent pas l'entier.
**597.** Résumé des règles de l'aoûl.

**589.** — Il arrive fréquemment que les fractions réservées aux héritiers fards réunies dépassent l'unité.

Supposons qu'une femme meure, laissant, comme héritiers fards, son mari et deux sœurs germaines.

Conformément à ce que nous venons de dire (Voir le tableau C) :

| | | |
|---|---|---|
| le mari a droit à. . . . . . . . | 1/2 ou. . . . | 3/6 |
| les deux sœurs ont droit à. . | 2/3 ou. . . . | 4/6 |
| | Total. . . . . . . | 7/6 |

Il y a lieu, en ce cas, à l'aoûl ou réduction proportionnelle. L'article 637 est ainsi conçu : « L'aoûl ou réduction des légitimes a lieu dans le cas où il y a plusieurs héritiers légitimaires et que les biens de la succession sont insuffisants pour couvrir intégralement toutes les légitimes. » La rédaction est vicieuse, car il ne s'agit pas de la plus ou moins grande consistance des biens, ainsi que l'article le ferait supposer au premier abord. L'aoùl est une réduction proportionnelle, qui s'opère sur les parts légitimes, lorsque la réunion des fractions qu'elles représentent dépasse l'entier. Ces fractions sont alors ramenées à l'unité.

En règle générale, cette réduction s'opère en élevant le dénominateur des fractions à la somme de tous les numérateurs, qui restent eux-mêmes invariables.

**590.** — Dans le cas qui nous occupe, les sixièmes se changent en septièmes. On attribuera donc :

|  |  |
|---|---|
| au mari. . . . . . . . . . . . . . . . . . . . . . . . . | 3/7 |
| aux sœurs. . . . . . . . . . . . . . . . . . . . . . . | 4/7 |
| Total. . . . . . . | 7/7 |

Ce premier cas fut soumis au kalife Omar qui le résolut, comme nous venons de le faire, conformément à l'aoûl.

Nous allons examiner les divers cas dans lesquels le sixième est modifié en une fraction moindre :

Le premier cas est celui que nous avons cité plus haut, dans lequel le sixième est remplacé par le septième.

Le second est celui dans lequel une femme laisse pour héritiers : son mari, sa mère et une sœur germaine. D'après la loi,

| | | |
|---|---|---|
| le mari a droit à. . . . . . . . | 1/2 ou. . . . | 3/6 |
| la mère a droit à . . . . . . . | 1/3 ou. . . . | 2/6 |
| la sœur germaine a droit à . | 1/2 ou. . . . | 3/6 |
| Total. . . . . . . | | 8/6 |

On prend alors pour numérateur le chiffre 8 et on attribue :

| | |
|---|---|
| au mari. | 3/8 |
| à la mère. | 2/8 |
| à la sœur germaine. | 3/8 |
| Total. | 8/8 |

Le troisième cas fait changer le numérateur 6 en 9. Il se présente en deux circonstances : 1° lorsque la femme meurt en laissant pour héritiers le mari, deux sœurs consanguines et deux sœurs utérines :

| | | | |
|---|---|---|---|
| le mari a droit à | 1/2 | ou | 3/6 |
| les deux sœurs consanguines à | 2/3 | ou | 4/6 |
| les deux sœurs utérines à | 1/3 | ou | 2/6 |
| Total. | | | 9/6 |

La réduction donnera :

| | |
|---|---|
| au mari. | 3/9 |
| aux deux sœurs consanguines. | 4/9 |
| aux deux sœurs utérines | 2/9 |
| Total. | 9/9 |

2° La femme a laissé pour héritiers :

| | | | |
|---|---|---|---|
| son mari qui a droit à. | 1/2 | ou | 3/6 |
| son grand-père qui a droit à. | 1/6 | ou | 1/6 |
| sa mère qui a droit à. | 1/2 | ou | 3/6 |
| sa sœur germaine ou consanguine qui a droit à | 1/3 | ou | 2/6 |
| Total. | | | 9/6 |

L'aoûl donnera :

| | |
|---|---|
| au mari.................... | 3/9 |
| au grand-père................ | 1/9 |
| à la mère................... | 3/9 |
| à la sœur................... | 2/9 |
| Total......... | 9/9 |

Nous verrons plus loin que l'aïeul peut, par droit d'option, partager avec la sœur.

Le quatrième cas convertit le sixième en dixième.

L'hérédité se compose alors :

| | | |
|---|---|---|
| du mari qui a droit à........ | 1/2 ou.. | 3/6 |
| de la mère............... | 1/6 ou.. | 1/6 |
| de plusieurs sœurs consanguines. | 2/3 ou.. | 4/6 |
| de plusieurs sœurs utérines.... | 1/3 ou.. | 2/6 |
| Total......... | | 10/6 |

Les parts seront ramenées aux suivantes :

| | |
|---|---|
| au mari.................... | 3/10 |
| à la mère................... | 1/10 |
| aux sœurs consanguines........ | 4/10 |
| aux sœurs utérines........... | 2/10 |
| Total....... | 10/10 |

Nous voyons donc que la fraction 1/6 doit être remplacée par : 1/7, 1/8, 1/9 et 1/10 dans les cinq hypothèses que nous venons d'examiner.

**591.** — Les fractions koraniques, sauf la fraction 1/8, peuvent être converties en douzièmes sans changer leur valeur, 1/2 devenant 6/12, 1/4 devenant 3/12, 2/3 devenant 8/12, etc...

**592.** — Les règles de l'aoûl transforment le dénominateur commun 12 en 13, 15 et 17.

**1ᵉʳ Cas.** — Le dénominateur commun 12 est remplacé par le dénominateur 13 lorsque les héritiers sont :

| | | |
|---|---|---|
| le mari qui a droit à............ | 1/4 | 3/12 |
| la mère............ | 1/6 | 2/12 |
| plusieurs filles............ | 2/3 | 8/12 |
| Total............ | | 13/12 |

L'aoûl donne :

| | |
|---|---|
| au mari............ | 3/13 |
| à la mère............ | 2/13 |
| aux filles............ | 8/13 |
| Total............ | 13/13 |

**2ᵉ Cas.** — Le dénominateur 12 se transforme en 15 dans le cas où, aux parents qui composent l'hérédité dans l'hypothèse qui précède, se joint le père. On attribue alors :

| | | |
|---|---|---|
| au mari........ | 3/15 | |
| à la mère........ | 2/15 | |
| aux filles........ | 8/15 | |
| au père........ | 2/15 | au lieu de 1/6 ou 2/12. |
| Total........ | 15/15 | |

Il y a également lieu à transformation du chiffre 12 en 15 lorsque l'hérédité se compose :

| | | |
|---|---|---|
| de la veuve (ou des veuves) qui a droit à............ | 1/4 | 3/12 |
| des sœurs consanguines............ | 2/3 | 8/12 |
| des sœurs utérines............ | 1/3 | 4/12 |
| Total............ | | 15/12 |

La réduction donne :

| | |
|---|---|
| aux veuves... | 3/15 |
| aux sœurs consanguines... | 8/15 |
| aux sœurs utérines... | 4/15 |
| Total... | 15/15 |

3° *Cas.* — Le dénominateur commun 12 se transforme en 17 dans l'hypothèse où la succession est dévolue à :

| | | |
|---|---|---|
| la veuve qui a droit à... | 1/4 ou... | 3/12 |
| plusieurs sœurs consanguines. | 2/3 ou... | 8/12 |
| plusieurs sœurs utérines... | 1/3 ou... | 4/12 |
| deux aïeuls... | 1/6 ou... | 2/12 |
| Total... | | 17/12 |

On attribue :

| | |
|---|---|
| à la veuve... | 3/17 |
| aux sœurs consanguines... | 8/17 |
| aux sœurs utérines... | 4/17 |
| aux aïeuls... | 2/17 |
| Total... | 17/17 |

**593.** — Le dénominateur 24 auquel on peut ramener toutes les fractions koraniques se transforme en 27 dans l'hypothèse où le *de cujus* a laissé :

| | | |
|---|---|---|
| une veuve qui a droit à... | 1/8 | 3/24 |
| son père... | 1/6 | 4/24 |
| sa mère... | 1/6 | 4/24 |
| plusieurs filles... | 2/3 | 16/24 |
| Total... | | 27/24 |

Le partage s'opère ainsi :

| | |
|---|---|
| à la veuve. | 3/27 |
| au père. | 4/27 |
| à la mère. | 4/27 |
| aux filles. | 16/27 |
| Total. | 27/27 |

**594.** — Tous les cas que nous venons d'examiner ne présentent, en somme, aucune difficulté. Il s'agit d'une simple réduction proportionnelle pour laquelle une règle est établie, règle qui consiste toujours à élever le dénominateur commun à la somme des numérateurs, afin de ne pas dépasser l'unité. Mais en outre de ces cas simples il en existe d'autres dans lesquels l'équité fait admettre certains héritiers aceb ou universels au rang de légitimaires lorsqu'on ne pourrait les exclure du partage des biens sans injustice évidente et lorsque l'observation de la dévolution koranique aurait cependant pour effet leur complète exclusion. Cette dernière condition est indispensable car si l'héritier aceb était appelé à ce titre, quelque minime que fût sa part, quelque peu équitable que fût la répartition, il ne concourrait pas avec les héritiers fards.

Si on suppose qu'une femme a laissé : son conjoint, sa mère, des frères utérins et des frères germains, il est facile de voir que ces derniers ne sont appelés, si on s'en tient aux règles générales, que comme aceb. Comme il faut commencer par prélever les parts dévolues aux réservataires, on donnera :

| | | |
|---|---|---|
| au mari | 1/2 | 18/36 |
| à la mère | 1/6 | 6/36 |
| aux frères utérins | 1/3 | 12/36 |
| Total. | | 36/36 |

L'hérédité se trouve dès lors épuisée et le droit des acebs, dans l'espèce celui des frères germains, s'évanouit. Cette solution est contraire à toute justice. Les frères germains tiennent par le sang au *de cujus* à un plus haut degré que les utérins; ils sont, en tous cas, issus de la même mère qu'eux et on ne comprendrait pas leur exclusion.

Le kalife Omar, après avoir lui-même décidé dans le sens strict et littéral des dispositions légales, est revenu à une solution plus juste qui est aujourd'hui universellement admise. Les germains sont appelés, exceptionnellement dans ce cas, comme héritiers fards et viennent en concours avec les utérins. Mais, nous l'avons dit, pour que ce concours ait lieu, il faut absolument que les germains ne trouvent plus rien comme acebs; si les parts réservées n'épuisaient pas la succession, les frères germains devraient prendre comme acebs la fraction restant, aussi minime fût-elle. Si, dans l'hypothèse que nous venons d'examiner, on suppose qu'au lieu de plusieurs frères utérins (qui ont droit à 1/3 ou 12/36) il n'y en a qu'un seul, la situation change car celui-ci n'a plus droit au 1/3 mais à 1/6 ou 6/36 et si on additionne alors les fractions réservées on n'arrive qu'à 30/36. L'hérédité n'est donc pas épuisée. Les frères germains ne viennent plus alors en concours avec les utérins; ils prennent comme acebs ce qui reste, soit 6/36 qu'ils se partagent entre eux. Leurs parts respectives peuvent donc être de moitié, d'un tiers, d'un quart, etc..... moindres que celles du frère utérin.

**595**. — Un second cas d'exception aux règles générales se produit lorsque le *de cujus* a laissé une veuve, sa mère et son père.

La part de la veuve est normalement de............................ 1/4 3/12
celle de la mère .................... 1/3 4/12   } 9/12
celle du père. .................... 1/6 2/12

Il reste 3/12 que le père prend comme aceb en outre de sa légitime. On remarque que la part dévolue au père est de $\frac{2}{12} + \frac{3}{12} = \frac{5}{12}$ et que celle de la mère est de $\frac{4}{12}$. Cela est contraire à la règle d'après laquelle (hors le cas où des utérins concourent entre eux) l'homme doit recevoir une part double de celle de la femme. Pour arriver à une attribution conforme à ce principe, on diminue la part de la mère de 1/12, ce qui la ramène à 3/12 et on augmente la part du père de ce douzième, ce qui la porte à 6/12.

Il en est de même lorsqu'une femme meurt en laissant son mari, sa mère et son père.

La règle normale attribuerait :

au mari.......................... 1/2 3/6
à la mère......................... 1/3 2/6
au père........................... 1/6 1/6

Total ....... 6/6

Il y a alors interversion entre les droits du père et ceux de la mère. Cette dernière prend 1/6 et le père 2/6.

Ainsi qu'on le voit, les cas que nous venons de citer sont des cas d'exception que les jurisconsultes musulmans ont admis pour concilier les prescriptions du Koran avec l'équité et avec le principe de la double attribution au profit des mâles. MM. Sautayra et Cherbonneau font remarquer avec raison que c'est là une grave atteinte portée au Livre Sacré qui détermine d'une façon précise les parts des héritiers fards.

**596.** — Les parts réservées aux héritiers fards absorbent, en certains cas, toute la succession sans la dépasser. Cela se produit dans les hypothèses suivantes :

1° Une femme est décédée en laissant :

| | | |
|---|---|---|
| sa mère qui a droit à . . . . . . . . . . . . | 1/3 | 2/6 |
| sa sœur. . . . . . . . . . . . . . . . . . . | 1/2 | 3/6 |
| son grand-père. . . . . . . . . . . . . . | 1/6 | 1/6 |
| Total. . . . . . . . | | 6/6 |

2° La femme a laissé :

| | |
|---|---|
| son mari qui a droit à . . . . . . . . . . . | 1/2 |
| sa sœur . . . . . . . . . . . . . . . . . . | 1/2 |
| Total. . . . . . . . . | entier. |

3° La femme a laissé :

| | | |
|---|---|---|
| son mari qui a droit à . . . . . . . . . . | 1/2 | 3/6 |
| son grand-père. . . . . . . . . . . . . . | 1/6 | 1/6 |
| sa mère. . . . . . . . . . . . . . . . . . | 1/3 | 2/6 |
| Total. . . . . . . . | | 6/6 |

4° Le *de cujus* a laissé :

| | | |
|---|---|---|
| sa mère qui prend . . . . . . . . . . . . | 1/6 | 1/6 |
| son grand-père. . . . . . . . . . . . . . | 1/6 | 1/6 |
| plusieurs sœurs . . . . . . . . . . . . . | 2/3 | 4/6 |
| Total. . . . . . . . | | 6/6 |

5° Le *de cujus* a laissé :

| | | |
|---|---|---|
| sa mère qui prend | 1/6 | 1/6 |
| son grand-père | 1/6 | 1/6 |
| plusieurs filles | 2/3 | 4/6 |
| Total | | 6/6 |

**597.** — Nous pouvons donc résumer ainsi les règles qui précèdent : 1° lorsque les parts légitimes fixées par le Koran absorbent la succession sans la dépasser, toute l'hérédité se trouve épuisée et les héritiers acebs ne sont pas appelés.

2° Lorsque la réunion des parts légitimes fixées par le Koran dépasse l'unité, il y a lieu d'appliquer les règles de l'aoûl. Il s'opère, en ce cas, une réduction proportionnelle qui élève le dénominateur commun des fractions héréditaires à la somme des numérateurs, lesquels restent invariables. Par exception, les frères germains viennent comme fards avec les utérins lorsque, sans cela, ils seraient exclus de toute attribution.

Dans le cas de concours du père et de la mère du *de cujus*, la portion de la mère doit être ramenée à la moitié de celle attribuée au père.

3° Enfin lorsqu'après attribution des parts réservées, il reste une quotité quelconque de l'hérédité, cette quotité est attribuée à titre universel aux acebs.

Ces règles doivent être bien comprises et bien retenues car elles sont celles qu'il faut appliquer en premier lieu à toute hérédité, et ce n'est qu'après avoir fait face aux droits qui en découlent au profit des héritiers fards ou légitimes qu'on a à se préocuper, s'il reste une part de la succession, de l'attribution à titre universel qui se produit au profit des acebs.

## SECTION III.

### Des héritiers acebs ou universels et de l'ordre de dévolution.

SOMMAIRE :

598. Division et subdivision. — Les acebs par droit de parenté se divisent en trois classes.
599. Tableau D d'après Mouradja d'Ohsson comprenant huit classes d'acebs.
600. § I. Héritiers acebs par eux-mêmes.
601. Tableau E des acebs par eux-mêmes.
602. § II. Héritiers acebs par un autre parent.
603. § III. Héritiers acebs avec un autre parent.

**598.** — Le Code Hanafite divise les acebs en deux classes : ceux qui sont unis au *de cujus* par un lien de parenté, et ceux qui sont unis à lui par un lien de patronage.

Les acebs par droit de parenté se divisent en trois sections :

1° Les héritiers universels *par eux-mêmes*. Cette section comprend ceux qui n'ont pas besoin du concours d'un autre parent pour être appelés à la succession et dont le lien avec le défunt ne comprend pas de femmes. Cette classe ne comprend que des hommes.

2° Les héritiers universels *par un autre parent*. Cette section comprend : la fille, la petite-fille, la sœur germaine et la sœur consanguine qui ne deviennent acebs que par leur concours avec un aceb *proprio jure* (frère ou neveu).

3° Les héritiers universels *avec un autre parent*. On ne trouve encore dans cette section que des femmes qui sont appelées comme acebs avec d'autres parents qui deviennent acebs eux-mêmes sans l'être *proprio jure*.

« La différence entre les héritiers universels par un autre et les héritiers universels avec un autre consiste, dit l'article 614, en ce que l'aceb universel par un autre peut devenir seul héritier universel, tandis que l'héritier universel avec un autre ne peut le devenir. »

Avant d'étudier ces trois sections nous croyons devoir donner la classification Hanafite des acebs telle qu'elle est établie dans Mouradja d'Ohsson et dans l'article 584 du Code Hanafite [1].

[1] Voir le tableau ci-contre.

599. Tableau D.

HÉRITIERS ACEBS.

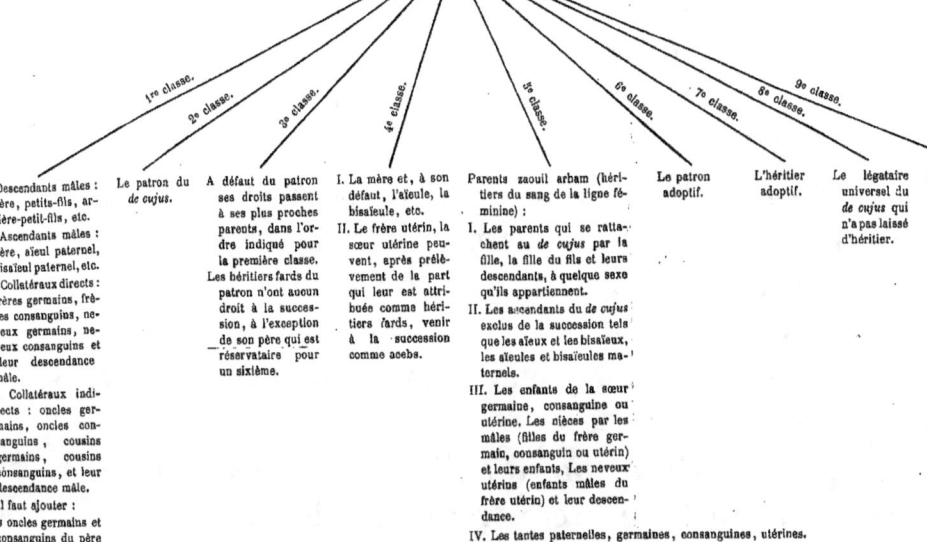

1re classe. — 2e classe. — 3e classe. — 4e classe. — 5e classe. — 6e classe. — 7e classe. — 8e classe. — 9e classe.

**1re classe :**

I. Descendants mâles : père, petits-fils, arrière-petit-fils, etc.
II. Ascendants mâles : père, aïeul paternel, bisaïeul paternel, etc.
III. Collatéraux directs : frères germains, frères consanguins, neveux germains, neveux consanguins et leur descendance mâle.
IV. Collatéraux indirects : oncles germains, oncles consanguins, cousins germains, cousins consanguins, et leur descendance mâle.
Il faut ajouter :
Les oncles germains et consanguins du père du *de cujus* et leur descendance mâle.

**2e classe :**

Le patron du *de cujus*.

**3e classe :**

A défaut du patron ses droits passent à ses plus proches parents, dans l'ordre indiqué pour la première classe. Les héritiers fards du patron n'ont aucun droit à la succession, à l'exception de son père qui est réservataire pour un sixième.

**4e classe :**

I. La mère et, à son défaut, l'aïeule, la bisaïeule, etc.
II. Le frère utérin, la sœur utérine peuvent, après prélèvement de la part qui leur est attribuée comme héritiers fards, venir à la succession comme acebs.

**5e classe :**

Parents zaouil arbam (héritiers du sang de la ligne féminine) :
I. Les parents qui se rattachent au *de cujus* par la fille, la fille du fils et leurs descendants, à quelque sexe qu'ils appartiennent.
II. Les ascendants du *de cujus* exclus de la succession tels que les aïeux et les bisaïeux, les aïeules et bisaïeules maternels.
III. Les enfants de la sœur germaine, consanguine ou utérine. Les nièces par les mâles (filles du frère germain, consanguin ou utérin) et leurs enfants, Les neveux utérins (enfants mâles du frère utérin) et leur descendance.
IV. Les tantes paternelles, germaines, consanguines, utérines.
Leurs enfants.......... dans le même ordre.
Les oncles maternels... — —
Leurs enfants ......... — —
Les tantes maternelles.. — —
Leurs enfants ......... — —
Les oncles paternels utérins et les tantes paternelles utérines du même degré.
Leurs enfants.

**6e classe :**

Le patron adoptif.

**7e classe :**

L'héritier adoptif.

**8e classe :**

Le légataire universel du *de cujus* qui n'a pas laissé d'héritier.

**9e classe :**

Le Beit-el-mal.

## § I.

*Héritiers acebs par eux-mêmes.*

**600**. — Ainsi que nous le voyons par le tableau qui précède, les héritiers universels par eux-mêmes se divisent en quatre branches :

1° La ligne descendante de mâle en mâle à l'infini, c'est-à-dire le fils, le petit-fils issu du fils, l'arrière-petit-fils, etc...

S'il n'y a pas d'héritier fard, le fils ou les fils prennent comme acebs toute la succession.

2° La ligne ascendante par les mâles : le père du *de cujus*, l'aïeul paternel, le bisaïeul paternel, etc... Le père ou son auteur ne vient comme aceb qu'en l'absence de descendant mâle. S'il y a un fils du défunt, il hérite comme aceb de toute la succession, après prélèvement de la part ou des parts réservées.

3° La ligne collatérale directe, s'il n'y a pas de père ou d'ascendant paternel : les frères germains, les frères consanguins, les descendants mâles des frères germains, ceux des frères consanguins et leur descendance mâle. Si le *de cujus* laisse son père ou son grand-père paternel et un frère germain ou consanguin, l'ascendant prime le collatéral[1]. S'il y a concours entre un frère et un neveu, le premier exclut le second.

4° La ligne collatérale indirecte à défaut de parent dans la ligne directe : l'oncle germain, l'oncle consanguin, les fils de l'oncle germain, ceux de l'oncle consanguin et leur descendance mâle. Si le *de cujus* laisse un oncle germain

---

[1] Article 609, § 3. — Mais voyez *infrà*, n° 606.

ou consanguin et un frère germain ou consanguin, l'héritage est dévolu au frère germain par préférence. L'oncle prime le neveu.

Ensuite viennent : l'oncle germain du père du défunt, l'oncle consanguin du père, les fils de l'oncle germain du père, les fils de l'oncle consanguin du père, à quelque degré qu'ils soient, à défaut d'oncle germain ou de ses enfants.

L'oncle germain de l'aïeul paternel prime l'oncle consanguin du même aïeul.

Les fils de l'oncle paternel germain priment les fils de l'oncle paternel consanguin, s'il n'y a pas d'aïeul, et ainsi de suite.

Le tableau ci-contre donne l'ordre et le degré des héritiers acebs par eux-mêmes. Les lignes simples comprennent les descendants directs (1<sup>re</sup> branche) et les ascendants directs (2° branche); les lignes ponctuées comprennent les collatéraux directs (3° branche); enfin, les lignes doubles comprennent les collatéraux indirects (4° branche). Le côté gauche du tableau offre la parenté collatérale germaine, le côté droit la parenté consanguine.

Nous avons cru devoir arrêter le tableau généalogique qui précède au sixième degré, le rite hanafite admet cependant comme acebs les parents de tous les degrés, *quelque éloignés qu'ils soient;* nous verrons qu'il n'en est pas de même des autres rites, que notamment les Malékites n'appellent les parents à l'hérédité que lorsque leur parenté ne dépasse pas le sixième degré.

TABLEAU E.

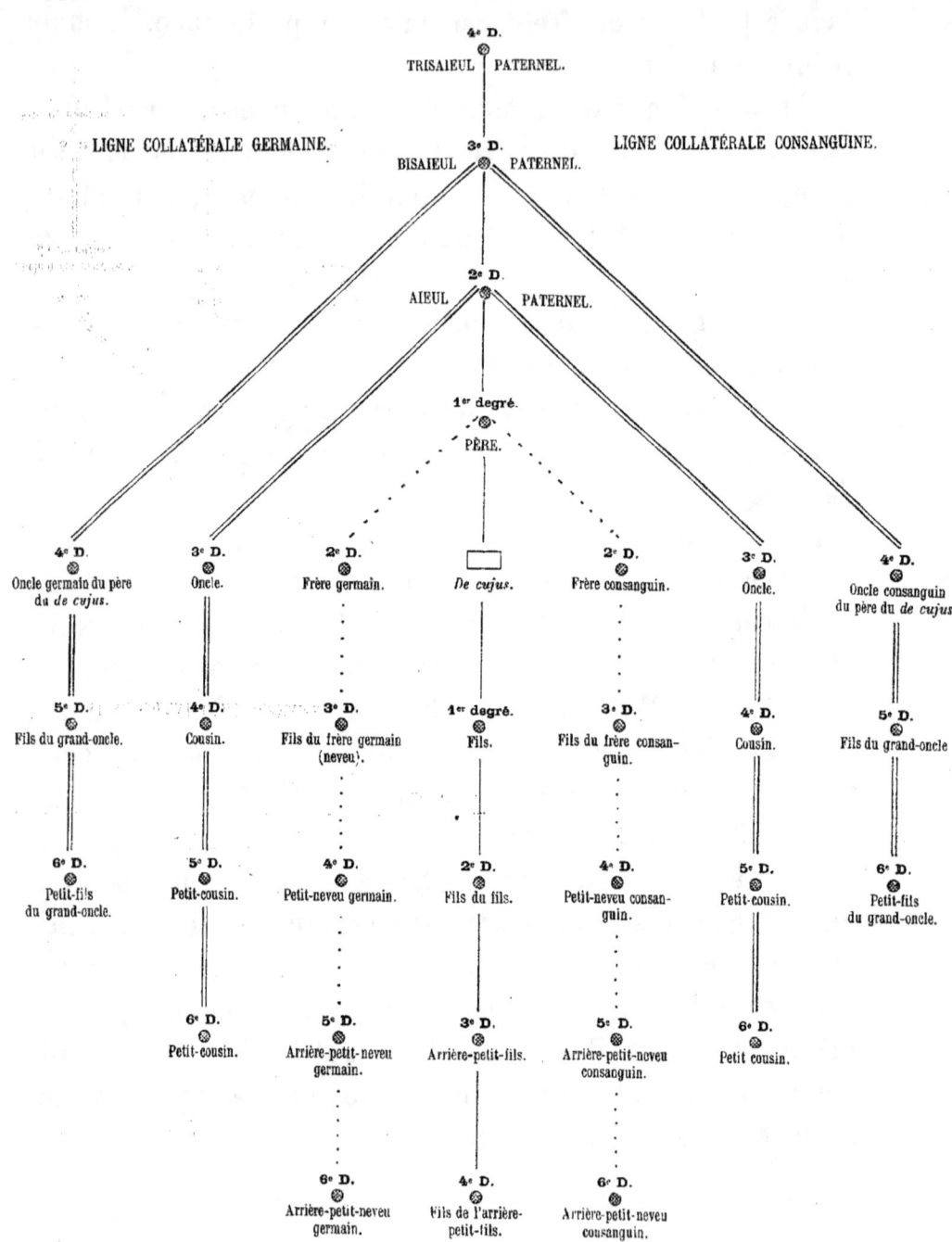

## § II.

*Héritiers acebs par un autre parent.*

**602.** — Les filles du *de cujus,* les filles du fils, les sœurs germaines et les sœurs consanguines deviennent héritières acebs ou universelles lorsqu'elles concourent avec un aceb de leur degré appelé à ce titre *proprio jure*. Les filles et les filles du fils deviennent acebs lorsqu'il existe une descendance mâle du *de cujus,* c'est-à-dire lorsqu'elles viennent en concours, les premières avec leurs frères, les secondes avec un oncle frère de leur père.

Les femmes prennent une part simple et les hommes une part double.

Pour que la femme devienne héritière par un autre parent, il faut qu'elle soit parmi les héritiers fards ou légitimaires; il en est ainsi des filles du *de cujus,* des filles de son fils, de ses sœurs germaines et consanguines, seules parentes d'ailleurs qui composent la classe que nous étudions. Ainsi la sœur d'un oncle germain n'étant pas réservataire, n'hérite pas comme aceb avec lui.

## § III.

*Héritiers acebs avec un autre parent.*

**603.** — Deux sœurs du *de cujus,* l'une germaine l'autre consanguine, deviennent chacune héritière aceb par leur concours avec une ou plusieurs filles ou petites-filles issues du fils, quoique ces dernières ne viennent pas comme acebs *proprio jure*.

Nous aurons à étudier les droits successoraux du patron sur la succession de l'affranchi et ceux des héritiers zaouil ahram.

Il est cependant impossible d'aller plus loin sans exposer les principes généraux de la dévolution successorale aceb, ce qui nous permettra d'étudier les cas d'exclusion et de réduction tels qu'ils sont exposés dans le chapitre VI de la II° partie du Code Hanafite.

## SECTION IV.

**Du mode et des règles de dévolution entre héritiers acebs. — De l'exclusion et de la réduction.**

Sommaire :

**604.** La représentation n'est pas admise en droit musulman.
**605.** Exclusion des plus éloignés par les plus proches.
**606.** Cas où les frères germains ou consanguins se trouvent en concours avec l'aïeul paternel. — Divergences.
**607.** Règles de la dévolution. — De l'exclusion du double lien.
**608.** De l'exclusion et de la réduction.
**609.** Tableau F indiquant par quels parents chaque aceb se trouve exclu.

**604.** — Le droit musulman n'admet pas le principe de la représentation. Les héritiers universels viennent à la succession en vertu d'un droit que la loi attache à leur qualité, à leur degré de parenté (Cour d'Alger, arrêts des 21 avril 1866, 22 avril 1872, etc...).

Le *de cujus* peut, dans une certaine mesure, établir une sorte de représentation au profit d'un de ses successibles, en lui faisant par testament un avantage ramenant ses droits à la quotité de ceux du représenté; mais cette disposition constitue un véritable legs toujours réductible au tiers des biens. L'institué vient, en ce cas, comme légataire *proprio jure,* mais il ne peut, comme héritier, avoir aucun autre droit que celui qu'il tient de la loi.

**605.** — Nous avons vu que les acebs de la première classe (héritiers par eux-mêmes) se divisaient en : descendants, ascendants, collatéraux directs et collatéraux indirects. Le principe général de dévolution est le suivant : la branche la plus rapprochée, dans l'ordre que nous venons d'indiquer, exclut les branches plus éloignées et, en cas d'existence de plusieurs cohéritiers d'une même branche, le plus proche en degré exclut également le plus éloigné. Cette règle générale, contenue dans l'article 610, est universellement admise. Ibrahim Halébi s'exprime ainsi : « Les héritiers les plus proches excluent absolument ceux d'un degré plus éloigné. » Mohamed Assem et El Téoudi développent ainsi le principe : « Les enfants des enfants sont exclus par le descendant le plus rapproché, le petit-fils par le fils ; l'aïeul est exclu par l'ascendant le plus proche et celui-ci par le père ; les frères germains ou consanguins par le père, le fils ou le petit-fils ; les oncles et les neveux par l'aïeul ; l'oncle par le neveu ; le cousin par l'oncle. » La Cour d'Alger a proclamé ces principes par un arrêt du 7 mai 1873 portant que « la proximité du degré est la seule condition à considérer pour l'attribution de la succession. »

**606.** — Le Code Hanafite contient, relativement à la situation faite aux frères germains et consanguins se trouvant en concours avec l'aïeul paternel, deux dispositions qui se contredisent.

Conformément aux principes généraux que nous venons d'exposer, l'article 609 donne à l'aïeul paternel, parent de la branche ascendante, le pas sur les frères, parents de la branche collatérale. La disposition légale est ainsi conçue : « Lorsque le défunt laisse pour héritier le père ou l'*aïeul paternel* avec un frère germain ou consanguin, le père ou l'*aïeul* reçoit *toute la succession* à titre d'héritier universel, le père ou *le grand-père* ayant la priorité à défaut du fils. » L'article 620, § 2, reproduit cette disposition.

D'autre part, l'article 597 *in fine* s'exprime ainsi : « Les frères héritent en présence de l'aïeul paternel. »

Ces deux dispositions, on le voit, sont absolument inconciliables entre elles. Cette contradiction qui ne saurait être considérée que comme une erreur du texte paraît avoir pour cause une divergence doctrinale qui existe entre les rites et même entre les jurisconsultes d'un même rite sur la question du concours des frères germains ou consanguins avec l'aïeul paternel.

Le kalife Omar s'en est tenu au principe général dont l'article 609 n'est que l'application : « l'ascendant prime le collatéral. » Mais certains jurisconsultes ont admis qu'en cas d'existence de frères germains ou consanguins et de l'aïeul paternel, les premiers ne sont pas exclus par le second, sauf dans un cas, dit Malékia, qui se rencontre lorsque l'hérédité est dévolue au mari, à la mère, à l'aïeul paternel, à des frères utérins et à un frère germain. Dans ce cas spécial, disent ces docteurs, les frères excluent l'aïeul, mais hors cette hypothèse les frères germains ou consanguins et le grand-père paternel viennent en concours. Mohamed Assem et ben Youssef donnent à l'aïeul le choix, lorsqu'il n'y a pas d'héritier fard, de partager avec les concurrents ou de prendre un tiers de la succession et, lorsqu'il y a des réservataires, de prendre soit un sixième de la succession, soit un tiers de ce qui reste après prélèvement des parts légitimes, soit enfin de partager avec les frères.

Cette doctrine, universellement admise par les Malékites, a trouvé certains adhérents parmi les docteurs du rite

Hanafite et c'est, croyons-nous, ce qui explique, sans la légitimer, la contradiction que nous avons relevée dans le texte.

**607.** — En somme, les règles du concours entre acebs se réduisent à deux :

1° La branche la plus rapprochée prime la plus éloignée et dans la même branche le degré le plus proche exclut également le plus éloigné.

2° En vertu du principe du double lien, les parents germains priment, à égalité de degré, les parents consanguins. Ainsi le frère du *de cujus,* issu du même père et de la même mère que lui, est préféré au frère issu du même père mais d'une autre mère. Ce principe fondamental qui se retrouve dans le rite Malékite a été proclamé par la Cour d'Alger dans un arrêt du 21 octobre 1875 par lequel la Cour est revenue sur la jurisprudence contraire qui résultait d'une de ses décisions en date du 18 juillet 1870.

**608.** — Le chapitre VI de la II° partie du Code Hanafite traite de l'exclusion d'un héritier par suite de la présence d'un autre héritier. Le texte admet deux sortes d'exclusion, celle qui écarte absolument le successible, qui lui enlève tout droit, et celle qui en réduit seulement la quotité. C'est à tort que l'article 617 appelle exclusion ce qui n'est qu'une réduction de la quotité des droits successifs; l'exclusion n'existe vraiment que lorsqu'un successible n'est pas appelé par suite de l'existence d'un héritier qui lui est préférable. L'article 618 fixe à six le nombre des héritiers qui ne peuvent être exclus; ce sont : le père, la mère, le fils, la fille, l'époux et l'épouse; et à cinq ceux qui sont soumis à une réduction dans certains cas, à savoir : la mère, la fille issue du fils, la sœur consanguine, l'époux et l'épouse. Les articles 619 et suivants relatifs à l'exclusion des successibles par d'autres qui leur sont préférables se résument dans le tableau suivant :

**609.** TABLEAU F.

| | |
|---|---|
| L'aïeul et le bisaïeul.. | sont exclus par le père. |
| L'aïeule et la bisaïeule. | sont exclues par la mère. |
| Le fils du fils et ses descendants. | sont exclus par un descendant direct ou d'un degré plus proche que celui auquel ils appartiennent. |
| Les frères et les sœurs germains ou consanguins.... | sont exclus par le père, le grand-père paternel, le fils et ses descendants mâles.<br>Les consanguins sont exclus par les germains. Dans le cas où des sœurs consanguines viennent avec des germaines, il n'est rien attribué aux premières à moins que la présence d'un frère consanguin ne leur confère la qualité d'acebs.<br>La sœur germaine qui prend comme fard 1/2 de la succession, n'exclut pas les consanguines, lesquelles ont droit à 1/6. |
| Le fils d'un frère germain... | est exclu par :<br>le père,<br>l'aïeul paternel,<br>le fils,<br>le fils du fils,<br>le frère germain,<br>le frère consanguin,<br>la sœur germaine si elle se trouve aceb avec un héritier universel. |
| Le fils d'un frère consanguin.. | est exclu par les sept héritiers qui excluent le fils d'un frère germain et en outre par le fils du frère germain. |

| | |
|---|---|
| Les frères utérins . . | sont exclus par : le père, l'aïeul paternel, le fils, le fils du fils, la fille, la fille du fils. |
| L'oncle germain . . . | est exclu par : le père, l'aïeul paternel, le fils, le fils du fils, le frère germain, le frère consanguin, la sœur germaine, la sœur consanguine { lorsqu'elles se trouvent acebs avec un héritier universel. le fils d'un frère germain ou consanguin. |
| Le fils de l'oncle germain . . . | est exclu par les parents qui excluent les frères utérins et l'oncle germain et en outre par l'oncle germain. |
| Le fils de l'oncle consanguin . . | est exclu par les mêmes parents et par le fils de l'oncle germain. |
| Les filles du fils . . . . | sont exclues lorsque plusieurs filles du *de cujus* viennent à la succession à moins qu'elles ne se trouvent avec un fils du fils du même degré qu'elles ou d'un degré inférieur. En ce cas, la présence du fils du fils les rend acebs et les fait participer avec les filles en excluant toute descendante d'un degré inférieur à celui de ce fils du fils. |

Nota : L'héritier écarté de la succession pour une des causes énoncées en la section II (Code Hanafite) n'exclut aucun héritier. Mais l'héritier qui peut être écarté par la concurrence d'un autre parent, peut, s'il est appelé à la succession, exclure partiellement d'autres héritiers. Ainsi, les frères et sœurs qui sont exclus par le père réduisent à leur tour au sixième le tiers qui, sans leur concours, aurait été dévolu à la mère.

## SECTION V.

### Du droit du patron sur la succession de l'affranchi.

SOMMAIRE :

610. Nature du droit du patron. — L'affranchi n'est jamais appelé.
611. Droit des héritiers du patron sur la succession de l'affranchi.
612. Droits de la patronne.

**610.** — L'affranchissement de l'esclave laisse subsister, entre l'affranchissant et l'affranchi, un lien de droit indestructible, qui constitue le patronage. « Le patronage, a dit Mahomet, est un morceau de chair de la parenté. »

La loi appelle le patron et, à défaut, ses parents, à la succession de l'affranchi, à titre d'acebs avant les parents zaouil arham du *de cujus*. Ce droit héréditaire est la conséquence du pouvoir absolu qu'avait le maître sur l'esclave, pouvoir qui a cessé par l'affranchissement, mais dont il subsiste encore des traces entre le patron et l'affranchi, ce dernier restant, vis-à-vis de son ancien maître, dans un état de quasi-infériorité. Et il convient d'observer que le droit successif appartient au patron après même qu'il a renoncé à toute tutelle.

Le droit à l'hérédité n'est point ici réciproque; l'affranchi n'est jamais appelé comme héritier à la succession de son patron. L'opinion contraire, émise par MM. Sautayra et Cherbonneau, ne saurait être considérée que comme une erreur. M. Zeys[1] en trouve la cause dans la double signification du mot arabe, qui désigne à la fois l'affranchi et l'affranchissant. L'article 584 dit d'ailleurs formellement que « l'affranchi n'hérite jamais de son patron. » Ce dernier vient à la succession à titre d'aceb et à défaut d'héritier plus proche (voir le tableau D).

**611.** — Si le patron est décédé, ses droits passent à ses descendants par les mâles, puis à ses ascendants, à l'exclusion des héritiers acebs par un autre ou avec un autre.

**612.** — La femme n'hérite que de celui qu'elle a elle-même affranchi et des affranchis de ses affranchis à l'infini. Lorsque l'affranchi meurt sans laisser d'héritiers appelés par droit de parenté, la patronne vient comme aceb; si elle est prédécédée, ses parents sont appelés à la succession, dans l'ordre que nous venons d'indiquer pour les héritiers du patron.

---

[1] *Essai d'un traité méthodique de droit musulman*, p. 93, note 1.

# SECTION VI.

### Des héritiers zaouil arham.

Sommaire :

**613.** Définition.
**614.** Division en quatre classes. — Composition de chaque classe.
**615.** Règles de dévolution. — Règles relatives à la première classe.
**616.** Règles relatives à la deuxième classe.
**617.** Règles relatives à la troisième classe.
**618.** Règles relatives à la quatrième classe.

**613.** — L'article 584 définit ainsi cette classe d'héritiers : « Le parent zaouil arham est tout individu qui se rattache au défunt par un lien de parenté et qui n'est ni légitimaire ni universel. » Cette définition est inexacte, car le zaouil arham vient incontestablement à la succession comme héritier aceb ; mais la loi le range dans une classe spéciale, qui n'est appelée qu'à défaut de successible dans une classe qui la prime. Le tableau de Mouradja d'Ohsson place parmi les acebs les parents zaouil arham qui sont tous des héritiers du sang de la ligne féminine. Ces agnats par les femmes se subdivisent en quatre classes, dont la plus proche exclut toujours la plus éloignée dans l'ordre déterminé au tableau.

**614.** — La première classe comprend tout parent qui se rattache au *de cujus* par la fille, la fille du fils et leurs descendants, à quelque sexe qu'ils appartiennent.

La seconde classe se compose des ascendants du *de cujus* non admis parmi les acebs ordinaires qui forment la première classe du tableau D, laquelle ne comprend que les ascendants de la branche paternelle, c'est-à-dire du père et de la mère du *de cujus,* de son bisaïeul et de sa bisaïeule maternels.

La troisième classe comprend :

1° Les enfants de la sœur germaine, consanguine et utérine et leurs descendants ;

2° Les filles du frère germain, consanguin ou utérin et leurs descendants ;

3° Les enfants mâles du frère utérin et leurs descendants.

Il nous faut encore, à ce sujet, rectifier le texte des articles 644 et 645, qui contiennent assurément une grave erreur de droit. L'article 644 place parmi les zaouil arham de la troisième classe les descendants des frères et des sœurs du défunt. Or, nous avons vu que les descendants du frère germain ou consanguin (neveux et petits-neveux germains ou consanguins) font partie des héritiers acebs par eux-mêmes de la première classe (tableau D). Les zaouil arham ne comprennent donc que :

1° Les descendants des deux sexes de la sœur (germaine, consanguine ou utérine) ;

2° Les *descendantes* du frère (germain, consanguin ou utérin) ;

3° Les descendants mâles du frère utérin.

La quatrième classe comprend, dans l'ordre suivant :

Les tantes paternelles ⎫
Les oncles maternels ⎬ germains, consanguins, utérins.
Les tantes maternelles ⎭

Les oncles paternels utérins et leurs descendants des deux sexes.

**615.** — Les règles de dévolution entre parents zaouil arham sont les suivantes :

1° La classe la plus rapprochée du *de cujus* exclut les plus éloignées ;

2° Dans une même classe, le parent du degré le plus proche prime celui d'un degré plus éloigné ;

3° Dans la première classe, entre parents du même degré, celui qui est lié au *de cujus* par un parent intermédiaire qui eût été héritier s'il eût existé au décès du *de cujus*, prime celui qui ne remplit pas cette condition.

Si tous les parents du même degré sont unis au *de cujus* par un successible intermédiaire prédécédé ou si aucun d'eux ne lui est uni de cette façon, ils succèdent par tête et par portions égales (sauf la double attribution au profit des mâles) pourvu que leurs ascendants appartiennent au même sexe. Si ces ascendants étaient de sexe différent, le partage a lieu par souche, en prenant pour base les parts qui seraient revenues aux ascendants s'ils eussent vécu. C'est là un cas exceptionnel de représentation.

**616.** — 4° Dans la deuxième classe, s'il existe parmi les zaouil arham du même degré des parents unis au *de cujus* par un héritier intermédiaire prédécédé et des parents ne remplissant pas cette condition, les premiers ne priment pas les seconds et le partage a lieu entre tous par tête. Si tous les parents du même degré sont unis au *de cujus* par un successible intermédiaire prédécédé ou si aucun d'eux ne lui est uni de cette façon, ils succèdent par souche, en attribuant deux tiers aux héritiers qui tiennent leurs droits du père du *de cujus* et un tiers à ceux qui tiennent leurs droits de la mère. Si les parents intermédiaires avaient des droits égaux, le partage se ferait par tête. La double attribution au profit des mâles est encore ici de rigueur.

**617.** — 5° Dans la troisième classe, comme dans la première, le parent uni au *de cujus* par un successible prédécédé a la priorité sur le parent du même degré qui ne remplit pas cette condition. Si les parents du même degré descendent d'héritiers prédécédés dont les uns étaient légitimaires, les autres universels, le partage se fait par souche, en tenant compte de la nature des droits des intermédiaires.

**618.** — 6° Dans la quatrième classe, s'il y a des parents de la ligne paternelle et des parents de la ligne maternelle, il y a concours entre eux, ceux de la ligne paternelle prenant deux tiers et ceux de la branche maternelle un tiers. En cas de concours de parents d'une même ligne le partage se fait par tête (sauf la double attribution au profit des mâles), lorsque tous les concurrents sont unis au *de cujus* par un parent de même puissance; mais lorsqu'ils sont unis au défunt par des parents de puissance différente, c'est-à-dire les uns par des germains, les autres par des consanguins, d'autres enfin par des utérins, les germains excluent les consanguins et les utérins, les consanguins excluent les utérins.

## SECTION VII.

**Des autres personnes considérées par la loi comme acebs.**

Sommaire :

619. Du mahoula el moualah ou patron adoptif.
620. De l'héritier adoptif ou héritier par suite de reconnaissance de parenté collatérale.
621. Du légataire universel.
622. Du Beit el mal.

**619.** — Le tableau de Mouradja d'Ohsson et l'article 584 du texte indiquent encore comme acebs venant à défaut de ceux que nous avons étudiés jusqu'ici : le patron adoptif, l'héritier adoptif, le légataire universel et le Beit el mal.

Le patron adoptif ou mahoula el moualah est la personne adoptée comme patron par un individu dont la naissance est inconnue, en vertu d'une convention bilatérale par laquelle l'adoptant institue l'adopté son héritier, en compensation de la peine pécuniaire qu'encourrait le premier à la suite d'un crime comportant une peine de cette nature. Cette définition est celle de l'article 584, § 7.

**620.** — L'héritier adoptif est celui qui a été reconnu par le *de cujus* pour frère ou collatéral (Voir, tome I, ce qui a trait à la reconnaissance de la parenté collatérale). Lorsque l'auteur de la reconnaissance meurt sans héritiers autre que son conjoint, l'individu reconnu vient comme aceb à sa succession et devient attributaire de la totalité après prélèvement de la part légitime du conjoint survivant. Mais il faut, pour que l'individu reconnu soit appelé à la succession, que le *de cujus* n'ait pas rétracté avant sa mort la reconnaissance précédemment faite.

**621.** — Lorsque le *de cujus* n'a aucun héritier aceb et qu'il ne laisse comme légitimaire que son conjoint, il peut léguer à ce conjoint ou à un tiers l'universalité de ses biens. Cette disposition est en ce cas valable et le légataire étranger prend toute la succession après prélèvement de la part réservée au conjoint survivant. Si c'est ce dernier qui a été institué légataire, sa double qualité lui fait attribuer l'intégralité des biens.

**622.** — Enfin lorsque le *de cujus* ne laisse aucun héritier, son patrimoine est attribué au Beit el mal ou Trésor public comme bien en déshérence. L'État est alors un véritable héritier universel; c'est pourquoi la loi le range dans la classe des acebs.

# CHAPITRE QUATRIÈME.

## DE LA DÉVOLUTION SUCCESSORALE DANS LES RITES MALÉKITE, CHAFÉITE ET HANBALITE.

---

Sommaire :

**623.** Les divergences n'existent que relativement aux acebs.
**624.** Dans les rites Malékite et Chaféite les acebs sont les parents de mâle en mâle et s'arrêtent au sixième degré. Les femmes sont appelées exceptionnellement.
**625.** Arrêt de la Cour d'Alger définissant le droit exceptionnel des femmes.
**626.** Doctrine de Sidi Khalil.
**627.** Simplicité de la dévolution chez les Malékites et les Chaféites.
**628.** Résumé des règles de dévolution.
**629.** Tableau de l'Iman Ebn Arafa.
**630.** Points communs à tous les rites.

**623.** — Les quatre rites orthodoxes admettent la classification des héritiers en fards et acebs ; il ne saurait en être autrement, cette classification résultant du Koran lui-même. Les parts légitimes étant spécifiées dans le Livre Sacré, il ne peut également y avoir divergence à leur sujet ; il en résulte que tout ce que nous avons dit relativement aux héritiers réservataires ou fards est universellement admis sans distinction de rites. Il n'en est pas de même en ce qui concerne les héritiers universels ou acebs ; ici les principes reçoivent des applications fort différentes suivant qu'on se place au point de vue du rite Hanafite ou au point de vue des trois autres rites qui concordent d'ailleurs entre eux.

**624.** — Nous avons exposé la dévolution universelle Hanafite; il nous reste à signaler les points sur lesquels porte la divergence qui sépare ce rite des trois autres.

Tandis que chez les Hanafites les acebs viennent à la succession quelque éloigné que soit leur degré de parenté, les autres rites n'admettent les parents comme héritiers universels que jusqu'au sixième degré inclusivement. C'est en ce sens que s'est prononcée la Cour d'Alger, notamment par un arrêt du 27 mai 1874 qui a refusé d'admettre comme héritier un parent du huitième degré. Certains auteurs Malékites réduisent encore le nombre des acebs. La Riçala d'Abdallah Ebnouzeïd s'arrête au quatrième degré; Sidi Khalil ne dépasse pas le cinquième degré.

Le tableau E a été arrêté par nous, à dessein, au sixième degré. Il peut se continuer à l'infini dans le rite Hanafite, mais il ne saurait être poussé plus loin dans les autres rites; il contient tous les acebs par eux-mêmes reconnus par ces rites. On remarquera que les mâles seuls y figurent; il est, en effet, de principe que la qualité d'aceb est l'apanage des hommes et que si les femmes viennent parfois en cette qualité, c'est à titre exceptionnel et en vertu du précepte du Koran qui veut que les filles soient attributaires d'une part égale à la moitié de celles réservées aux garçons.

**625.** — La Cour d'Alger a indiqué dans un arrêt du 28 mai 1862 dans quels cas les femmes peuvent être appelées à titre d'acebs. « Attendu, y est-il dit, que la demanderesse ne saurait prétendre à la succession de sa tante en qualité d'héritière aceb, puisque *les femmes n'ont aucun droit par* *elle-mêmes d'être comprises au nombre des héritiers de cette classe...* qu'il y a exception à cette règle toutes les fois qu'un parent masculin vient à l'hérédité en même temps qu'une femme parente du défunt au même degré que lui, et alors que cette femme est déjà, en vertu de son droit propre, héritière légitimaire ou à réserve, comme par exemple la fille ou la petite-fille en concours avec un fils ou un petit-fils lorsqu'il s'agit de la succession d'un ascendant, ou la sœur soit germaine soit consanguine, en concours avec un frère soit germain soit consanguin, lorsqu'il s'agit d'un autre frère défunt. »

**626.** — Sidi Khalil s'exprime ainsi : « Plusieurs héritiers à réserve passent parfois dans la classe des acebs, ce sont : la fille et la petite-fille venant à la succession avec un frère du même degré qu'elles ; la petite-fille devient également aceb lorsqu'elle concourt avec un frère d'un degré inférieur (un neveu à elle).

« La sœur germaine et la sœur consanguine, lorsqu'elles ont des frères du même degré qu'elles, le grand-père, la fille et la petite-fille, placent également la sœur germaine et la sœur consanguine au rang d'acebs.

« L'aïeul partage avec la sœur germaine ou consanguine dans le cas d'akdaria (ainsi appelé parce qu'il fut examiné pour la première fois par le jurisconsulte Akdar qui ne put d'ailleurs le résoudre). La succession comprend, dans cette hypothèse : le mari, le grand-père, la mère et une sœur germaine ou consanguine. Dans les autres cas, l'aïeul concourant avec la sœur prend la part qui lui est dévolue comme héritier réservataire.

« Des héritiers peuvent avoir la double qualité d'héritiers à réserve et d'héritiers acebs ; ce sont : le père, le grand-père en concours avec une ou plusieurs filles ou petites-filles, et le cousin paternel lorsqu'il est en même temps frère utérin. Lorsque les femmes deviennent acebs et qu'elles concourent avec d'autres acebs du sexe masculin, elles prennent chacune une part égale à la moitié de la part de chaque homme. »

**627.** — On voit par cette citation et par la doctrine contenue dans l'arrêt du 28 mai 1862 combien la dévolution universelle est plus simple dans les trois rites que nous étudions que chez les Hanafites.

La mère, les ascendants, les parents par les femmes (zaouil arham), le patron adoptif, l'héritier adoptif, ne deviennent jamais acebs.

A défaut de parents successibles, le patron est appelé à la succession de l'affranchi. Nous avons déjà signalé l'erreur qui a fait dire à MM. Sautayra et Cherbonneau que l'affranchi venait également et par voie de réciprocité à la succession du patron, comme héritier universel. M. Zeys a signalé la cause de cette erreur qu'il attribue à une traduction défectueuse de Sidi Khalil. L'opinion de M. Zeys est corroborée par ce fait que si on se reporte à la traduction de Sidi Khalil qui a servi de base au remarquable ouvrage de MM. Sautayra et Cherbonneau, on trouve dans le texte au rang des acebs l'affranchi; le patron n'y figure pas. Il faut donc simplement remplacer le mot affranchi par celui de patron.

**628.** — Nous pouvons maintenant résumer les différences essentielles qui séparent les rites que nous étudions du rite Hanafite. Chez les Malékites et les Chaféites, ce qui reste de la succession après prélèvement des parts réservées est dévolu aux acebs, soit aux parents de mâle en mâle jusqu'au sixième degré seulement. Exceptionnellement, les femmes sont appelées comme héritières universelles lorsqu'elles sont déjà héritières fards, dans des cas nettement spécifiés et qui ne sauraient être étendus.

A défaut des accbs ainsi limités, la succession est dévolue, à titre universel, au patron.

A défaut du patron, elle est attribuée au Beit el mal.

**629.** — L'Iman Ebn Arafa a dressé un tableau reproduit par les auteurs qui ont étudié les successions musulmanes, notamment par M. le président Solvet dans sa notice, par MM. Sautayra et Cherbonneau, etc..... Nous le reproduisons à notre tour; pour trouver l'indication des droits revenant à deux héritiers en concours, il faut se reporter à l'héritier du degré le plus éloigné et descendre la colonne verticale jusqu'à la case qui correspond, sur la ligne horizontale, à l'héritier du degré le plus proche.

Signification des lettres et chiffres se trouvant dans les cases :

$t$ . . . . . . . . . . . . . . . . totalité.
$r$ . . . . . . . . . . . . . . . . le reste.
$C$ . . . . . . . . . . . . . . . . en concours.
$Ch$ . . . . . . . . . . . . . . . . choix.
$0$ . . . . . . . . . . . . . . . . rien.
$2$ . . . . . . . . . . . . . . . . moitié.
$3$ . . . . . . . . . . . . . . . . le tiers.
$3'$ . . . . . . . . . . . . . . . . les deux tiers.
$4$ . . . . . . . . . . . . . . . . le quart.
$6$ . . . . . . . . . . . . . . . . le sixième.
$8$ . . . . . . . . . . . . . . . . le huitième.

La lettre ou le chiffre qui se trouve au-dessus dans la case indiquent la quotité successorale revenant à l'héritier

Successions Musulmanes
Malékite et Chaféite
d'après
Ebn Arafa.

dont le nom figure à l'extrémité de la ligne verticale en remontant. Ainsi si le *de cujus* a laissé un frère germain et un petit-fils issu du fils, on se reportera à la désignation « frère germain, » on descendra la première colonne verticale jusqu'à la case placée sur la ligne horizontale qui commence par la désignation : « fils du fils » et, dans cette case, qui se trouve à l'intersection des lignes horizontale et verticale, on trouvera $\frac{0}{t}$. Le frère germain n'a en effet droit à rien et le petit-fils a droit à la totalité.

Si l'hérédité comprend l'aïeul paternel et deux filles, on se reportera à l'indication « aïeul paternel, » on descendra la première colonne verticale jusqu'à la case placée sur la ligne horizontale qui commence par la désignation « filles » et dans la case d'intersection on trouvera $\frac{r}{3}$, indiquant que les filles ont droit aux 2/3 et l'aïeul paternel au reste, soit à 1/3.

**630**. — Nous avons vu que s'il y a divergence entre les rites, cette divergence ne porte que sur la dévolution universelle, non sur les héritiers fards ou légitimaires. Les points communs à tous les rites sont les suivants :

Le parent le plus proche exclut le plus éloigné.

L'héritier puise son droit dans sa qualité seule, non dans la fiction qui le place au rang d'un héritier plus proche par voie de représentation. Rappelons toutefois que si les rites sont d'accord sur le principe qui repousse la représentation, les Hanafites admettent cependant ce principe exceptionnellement entre parents zaouil arham.

La parenté germaine prime la parenté consanguine.

La parenté descendante prime les autres.

La parenté ascendante prime la parenté collatérale.

Les mâles venant en concours avec des femmes héritières prennent double part.

# CHAPITRE CINQUIÈME.

## DU PARTAGE DES SUCCESSIONS.

Sommaire :

**631.** Division. — La liquidation des successions fait partie du statut personnel.

**631.** — Nous avons vu que la succession s'ouvre par le décès réel ou déclaré du *de cujus* et que les héritiers ont, dès cet instant, la saisine légale des biens que leur qualité leur attribue. Nous avons étudié l'ordre et les règles de la dévolution successorale; nous avons même examiné un certain nombre de questions qui sont communes aux règles de la dévolution et à celles du partage, notamment ce qui a trait à l'aoûl ou réduction proportionnelle, les cas dans lesquels les héritiers fards absorbent la totalité des biens, etc...

Il nous reste à exposer les règles relatives au partage, que nous diviserons comme suit :

1° de l'indivision,

2° de l'inventaire, de la masse active et du paiement des dettes,

3° de l'acte de partage, des preuves du partage et de ses effets,

4° de la rescision et de la nullité des partages,

C. — II.

La matière des successions touchant essentiellement au statut personnel, leur liquidation appartient au juge de ce statut sans que les tribunaux mixtes, en Égypte, puissent y intervenir directement, ou indirectement. C'est ce qu'a jugé la Cour d'appel mixte d'Alexandrie par arrêts des 7 mars et 18 avril 1878.

## SECTION I.

### De l'indivision.

#### Sommaire :

632. L'indivision est la conséquence de la constitution de la famille arabe. — Principe « nul n'est tenu de demeurer dans l'indivision. » — Décret du 24 zilhedge 1285.
633. Division de l'hérédité en kirats, felous ou dirhems.
634. Qui peut exercer l'action en partage.
635. Par qui doit être fait le partage. — Du partage par groupes.
636. Prescription de l'action.
637. Indivision forcée résultant de la nature du bien commun.
638. Indivision forcée résultant de la personne. — De l'enfant conçu.
639. De l'absent.
640. De la caution à fournir par les copartageants.

**632.** — Le droit musulman, aussi bien que le droit français, proclame le principe que « nul n'est tenu de demeurer dans l'indivision. » Il faut bien reconnaître cependant qu'en fait l'indivision est l'état habituel et en quelque sorte organique de la famille musulmane dans tous les pays de l'Islam. Cette communauté de biens qui réunit, souvent pendant de nombreuses générations, les membres d'une même famille et même de plusieurs familles, est certainement avantageuse pour chacun d'eux et ne l'est pas moins pour la collectivité en évitant un morcellement par trop considérable de la propriété foncière. La polygamie a pour effet inévitable de développer bientôt d'une façon prodigieuse les branches qui partent d'une même souche. L'homme peut avoir simultanément quatre épouses, mais il dépend de lui, de sa seule volonté, de dissoudre à son gré l'union conjugale et de contracter un nombre de mariages presque illimité. Sans se reporter à plusieurs générations dans la ligne descendante, il est aisé de voir qu'au décès de l'auteur commun son patrimoine peut se diviser en fractions fort nombreuses et d'autant plus minimes.

Ses veuves, ses fils, ses filles, ses ascendants, ses légataires, etc..., viendront à la succession pour y exercer des droits inégaux et, à moins de supposer un partage immédiat de l'hérédité, ce qui n'a pour ainsi dire jamais lieu, le décès d'un ou de plusieurs des ayants-droit laissant lui-même des héritiers nombreux, rendra les parts plus minimes encore. On comprend donc combien il est plus avantageux pour les membres de la famille musulmane de vivre dans un communisme qui assure l'existence de chacun, plutôt que de procéder à un partage qui attribuerait à l'ayant-droit une portion infime et très souvent insuffisante. Aussi dans certains pays musulmans trouve-t-on des actes du souverain modifiant ou suspendant le droit de faire cesser l'indivision. En Égypte, un décret du 24 zilhedge 1285 prescrit aux membres d'une même famille de rester dans l'indivision après le décès de son chef afin d'éviter le trop grand morcellement de la propriété. On pourrait discuter la légalité de ce décret qui est en contradiction avec les principes du statut personnel musulman; un arrêt de la Cour d'Alexandrie du 24 janvier 1878 a fait l'application de cet acte de souveraineté; il convient toutefois d'ajouter que sa validité n'était pas mise en question.

**633.** — En Égypte, la succession se divise en vingt-quatrièmes appelés kirats; en Algérie, la fraction ordinaire est le trois cent quatre-vingt-quatrième ou fels (felous au pluriel) ou le cent quatre-vingt-douzième ou drahams. Mais, dans la plupart des cas, ce fractionnement est absolument insuffisant et le dénominateur atteint un chiffre très élevé. Nous avons procédé à une liquidation (Consorts Osman) qui comprenait 455 ayants-droit et dans laquelle le dénominateur commun était 45.021.486. MM. Sautayra et Cherbonneau citent comme exemple la liquidation ben Djemin qui s'étendait à quarante successions et dans laquelle on trouve une fraction ayant pour dénominateur 16.437.913.583.616.

**634.** — Quoi qu'il en soit, le droit de chaque héritier d'exiger le partage, quelqu'infime que soit sa part, est incontestable. Si on s'en tient aux principes juridiques qui régissent les successions, ce droit appartient également au légataire auquel le *de cujus* a laissé une part déterminée de ses biens; il ne saurait, cela va sans dire, être exercé par le légataire d'un corps certain.

La loi admet la vente ou la cession des droits successifs. « L'héritier cessionnaire, dit l'article 636, passe au lieu et place de l'héritier cédant; la base de la répartition reste comme s'il n'y avait pas eu de cession. » Cependant, les créanciers ne peuvent provoquer le partage comme exerçant les droits d'un héritier leur débiteur; ce principe a été généralement admis pour éviter l'immixtion d'un tiers étranger dans une succession que tous les cohéritiers ont intérêt à conserver indivise mais que le créancier a intérêt au contraire à faire partager.

Les créanciers du *de cujus* eux-mêmes n'ont pas, en thèse générale, qualité pour provoquer le partage de la succession. Ils doivent s'adresser aux héritiers qui, nous le verrons, sont tenus des dettes au prorata de ce qu'ils reçoivent. Toutefois, la jurisprudence admet que lorsque le passif laissé par le défunt est égal ou supérieur à l'actif et que, dès lors, les héritiers ont intérêt à ne pas appréhender la succession, les créanciers peuvent s'adresser au magistrat et demander que les biens leur soient distribués proportionnellement aux droits de chacun d'eux.

**635.** — Lorsque les héritiers sont majeurs et capables, ils peuvent faire entre eux un partage amiable et conventionnel. Ce partage est assimilé à une vente, c'est-à-dire qu'il est régi, quant à la validité, par les mêmes principes. Mais le partage doit être fait par le magistrat lorsque les héritiers ne parviennent pas à s'entendre à l'amiable ou lorsqu'il y a parmi eux un incapable ou un absent. Il arrive fréquemment que les cohéritiers s'entendent pour partager les biens héréditaires entre plusieurs groupes dont chacun comprend un certain nombre d'ayants-droit demeurant entre eux dans l'indivision. Ce mode d'attribution a pour but d'éviter un morcellement en parcelles par trop minimes; il a d'ailleurs tous les caractères et tous les effets d'un partage quoique l'indivision continue entre les membres du même groupe (Arrêt de la Cour d'appel mixte d'Alexandrie du 20 février 1890).

**636.** — L'action en partage est imprescriptible entre cohéritiers qui ont la possession commune de l'hérédité (*Sic*, arrêts de la Cour d'Alger des 28 mars 1864 et 18 mars 1884). Mais si un cohéritier ou quelques-uns d'entre eux avaient eu pendant un temps considérable la jouissance à titre privatif et de propriétaire de tels ou tels biens de la succession, ils auraient prescrit, même contre leurs cohéritiers. Cela revient à dire que la possession à titre de communiste est un obstacle à la prescription, laquelle s'accomplit au contraire lorsque cette possession a lieu dans les circonstances de fait qui, aux termes de la loi, sont acquisitives de propriété. L'action en pétition d'hérédité, en cas de possession privative, se prescrit par quinze ans. Les Malékites font une distinction entre le cas où le bien revendiqué est détenu par un parent du revendiquant et celui où il a été appréhendé par un étranger. Dans le premier cas, la prescription s'accomplit par trente ou quarante ans, dans le deuxième cas, elle est acquise après dix ans (Arrêt de la Cour d'Alger du 27 mars 1864).

La même Cour, dans les nombreuses décisions qui ont eu à statuer sur cette matière, n'a pas paru pendant longtemps considérer la prescription *longi temporis* comme véritablement acquisitive, mais plutôt comme faisant présumer, à l'encontre du cohéritier qui n'a pas réclamé, un partage de fait qui l'a rempli de ses droits. C'est ainsi qu'un arrêt du 24 janvier 1871 a jugé que « lorsque la possession *privative* dure plusieurs générations, *il y a présomption légale d'un partage antérieur*. » C'est là une distinction absolument théorique, la Cour ayant eu soin d'ajouter que la possession privative *longi temporis* constituait une présomption *légale*, c'est-à-dire une véritable preuve de propriété. La Cour de cassation a, d'ailleurs, proclamé le vrai principe en déclarant que « d'après la loi musulmane, la prescription est un moyen d'acquérir la propriété » (Arrêt du 16 janvier 1877).

**637.** — Le principe « nul n'est tenu de demeurer dans l'indivision » souffre plusieurs exceptions. Les unes sont relatives à des biens qui, par leur nature, ne peuvent être divisés. C'est ainsi que lorsqu'un terrain commun dessert plusieurs héritages et est nécessaire au passage des hommes ou des animaux, il reste la propriété indivise des ayants-droit, sans être susceptible de partage (Cour d'Alger, arrêt du 4 mars 1874).

**638.** — Les autres cas d'exception sont relatifs à la personne du *de cujus* ou même des cohéritiers et se produisent lorsqu'il y a incertitude quant à leur existence.

Lorsque le mari meurt laissant une ou plusieurs de ses épouses enceintes, les Malékites suspendent le partage jusqu'à la délivrance. L'ordre de dévolution peut être, en effet, totalement modifié par la naissance d'un enfant ou de plusieurs jumeaux, par leur sexe, etc. Sidi Khalil et Mohamed Assem enseignent donc que la grossesse suspend le partage, et ce principe est à ce point rigoureux que le Cadi de la cinquante-huitième circonscription d'Algérie a, par décision du 9 juillet 1867, prononcé la nullité d'un partage intervenu au mépris de cette prohibition.

Les Hanafites ne professent pas la même doctrine. L'article 634 du texte (Voir n° 560) réglemente la situation des cohéritiers, en cas de grossesse de la femme dont l'enfant serait appelé à l'hérédité s'il naissait vivant. La grossesse ne suspend le partage que lorsque l'enfant conçu peut exclure complètement les autres successibles. Dans le cas contraire, la part la plus forte, pouvant revenir à l'enfant, est mise en réserve et il faut remarquer que le § 3 de l'article précité semble autoriser dans tous les cas le partage des biens pourvu que les copartageants fournissent caution. Le texte prescrit de réserver, dans le cas de grossesse, « la part la plus forte à laquelle peut prétendre un enfant mâle. » Abou Hanifa, d'après Sicé, n'aurait autorisé le partage qu'à condition de réserver quatre parts d'enfant mâle pour le cas où la femme enceinte accoucherait de quatre jumeaux de ce sexe. L'iman Mohamed se borne à prescrire la mise en réserve de deux parts d'enfant mâle. Ces opinions n'ont pas prévalu; Abou Youssef, Ibrahim Halébi et les jurisconsultes modernes ne fixent la quotité réservée qu'à une part d'enfant mâle ; c'est cette doctrine que l'article 631 a reproduite.

**639.** — Nous avons dit que la succession de l'absent ne s'ouvre que lorsque son décès a été déclaré, soit que la preuve de sa mort ait été rapportée, soit qu'il ait dépassé l'extrême limite de la vie humaine. L'absence d'un ou de plusieurs cohéritiers qui viendraient à la succession en les supposant vivants a, relativement au principe « nul n'est tenu de demeurer dans l'indivision, » une influence que nous avons examinée sous les n$^{os}$ 543 et suivants et 562.

Les Malékites professent la même doctrine que les Hanafites relativement à l'absent. C'est à tort que MM. Sautayra et Cherbonneau (n° 705) voient une divergence sur ce point entre les rites. Dans l'un comme dans l'autre, la part de l'absent est réservée et le partage a lieu entre les cohéritiers présents. Le partage n'est ajourné, dans les deux rites, que lorsque l'absent, en le supposant vivant, recueillerait toute la succession.

**640.** — Les auteurs que nous venons de citer voient encore une divergence de doctrine dans ce passage d'Ibrahim Halébi : « Avant la remise des quote-parts respectives, le magistrat est en droit d'exiger de chaque héritier une caution valable pour la sûreté des portions qui pourraient appartenir à d'autres héritiers inconnus à l'époque du partage. » Ce passage paraît se rapporter à l'individu disparu.

Il est en effet de principe que le travail qui sert de préliminaire obligé à tout partage est l'établissement d'un état de tous les successibles. Lorsque le magistrat n'a pas personnellement connaissance de la généalogie qui doit servir de base à cet état, il s'éclaire au moyen de témoignages et dresse un acte de notoriété. S'il y a divergence entre les témoignages, que certains par exemple affirment l'existence d'un cohéritier disparu et que d'autres la nient, le magistrat peut, dans le doute, réserver une quotité suffisante pour faire face aux droits de celui qui peut se représenter. Mais nous ne pensons pas que, lorsque la généalogie du *de cujus* est claire et précise, on puisse imposer aux héritiers, pour obtenir la délivrance de leurs parts, une caution dont rien ne vient démontrer l'utilité.


## SECTION II.

### De l'inventaire; de la masse active et du paiement des dettes.

SOMMAIRE :

641. Ce que doit contenir l'inventaire. — Comment il est dressé.
642. Des charges. — Dans quel ordre on doit les acquitter; de la quotité disponible.
643. L'héritier n'est tenu des dettes qu'au prorata de son droit héréditaire et à concurrence de son émolument.
644. Exception.
645. Droits des créanciers contre le tiers détenteur.
646. Droits des créanciers sur les biens de la succession.
647. Situation de l'héritier qui a payé au delà de la dette.

**641.** — Préalablement au partage proprement dit, il faut établir les forces de la succession et la dévolution successorale par laquelle seule on peut connaître la nature et le nombre des héritiers.

Tout ayant-droit peut provoquer l'inventaire qui devrait être fait dès le décès du *de cujus* mais qui, dans la pratique, n'est très souvent dressé que fort longtemps après, alors qu'il devient indispensable pour établir la masse active. L'inventaire doit comprendre autant que possible : la date du décès du *de cujus*, les noms et qualités de ses héritiers, l'actif immobilier, l'actif mobilier y compris les créances actives, enfin le passif c'est-à-dire les dettes à la charge de la succession. On comprend que cette matière ne nécessite pas de longs développements, tout se réduisant le plus souvent à des questions de fait. Lorsqu'il est nécessaire de procéder à l'inventaire plusieurs années après le décès, des difficultés peuvent naître entre les cohéritiers au sujet de la consistance des biens ; elles sont jugées en la forme ordinaire par le magistrat qui peut, dans tous les cas, admettre les témoignages et procéder ainsi à un inventaire par commune renommée. Lorsque les cohéritiers sont tous présents et capables, l'intervention du Cadi n'est pas nécessaire ; elle le devient lorsqu'il y a des incapables soumis à sa tutelle générale parmi les ayants-droit.

**642.** — Aux termes de l'article 583 du Code Hanafite, les charges de la succession doivent être acquittées dans l'ordre suivant :

1° les frais de funérailles et de sépulture,
2° les dettes du défunt,
3° les legs.

Les dettes privilégiées de la première classe se borneraient, si on s'en tenait à la lettre de l'article, aux frais des funérailles proprement dits. La doctrine y ajoute avec raison les frais de dernière maladie et de sépulture.

Les dettes ordinaires sont ensuite acquittées, et enfin les legs. Ces derniers, nous le verrons, ne peuvent d'ordinaire excéder un tiers des biens. Les Malékites et les Chaféites n'admettent en aucun cas que ce tiers qui forme la quotité disponible puisse être dépassé, même en l'absence de tout héritier du sang. Lorsque le *de cujus* n'a pas laissé de parent au degré successible, les legs ne peuvent excéder le tiers; ils sont toujours ramenés à cette quotité et l'excédent est dévolu au Beit el mal. Les Hanafites, tout en considérant le tiers comme formant la portion dont le *de cujus* peut disposer en thèse générale, admettent que le légataire peut, en cas d'inexistence de tout parent ou patron, recevoir la totalité de la succession, et on range en conséquence le légataire au rang des acebs, ainsi que nous l'avons vu dans le tableau de Mouradja d'Ohsson. Ce n'est qu'après ces divers prélèvements que la masse active est établie. Les biens dévolus aux héritiers se composent donc de ce qui reste disponible après le paiement des diverses charges et legs. Le Koran rappelle à maintes reprises ce principe.

**643.** — Le paiement des dettes ne donnerait lieu à aucune observation spéciale puisqu'elles doivent être acquittées avant toute attribution, si elles se produisaient toutes et toujours avant le partage. Mais il arrive fréquemment que divers créanciers se révèlent ultérieurement et il s'agit de savoir quelles sont, en ce cas, les obligations des héritiers. La règle générale est que chacun des héritiers est tenu proportionnellement à sa part héréditaire et seulement à concurrence de son émolument; il n'est pas tenu *ultra vires* (Arrêt de la Cour d'appel mixte d'Alexandrie du 29 mai 1879). La même Cour a jugé que ce principe devait être appliqué relativement aux frais d'administration de la succession. L'administrateur n'a pas contre les héritiers dont il a géré les intérêts communs une action solidaire mais seulement une action personnelle contre chacun d'eux, au prorata de sa part héréditaire (Arrêt du 16 janvier 1889).

Si, parmi les héritiers, certains sont devenus insolvables, le créancier n'a néanmoins de recours que contre eux et ne peut rechercher ceux qui sont en état de payer que conformément au principe que nous venons d'établir. Cela est la conséquence de l'absence de toute solidarité entre cohéritiers, lesquels ne sont même pas des débiteurs conjoints, mais des débiteurs purs et simples, en vertu d'une dette qui leur est devenue personnelle et dont la loi elle-même a fixé la nature et la quotité.

**644.** — Il y a exception à ce principe lorsque la dette a été révélée aux héritiers avant le partage; ils en sont alors solidairement tenus, même après l'attribution à chacun d'eux des biens lui revenant. Ils sont en effet en faute pour n'avoir pas, préalablement à tout partage, acquitté la charge qui grevait le patrimoine non encore divisé. Si donc, après ce partage, l'un ou plusieurs d'entre eux deviennent insolvables, le créancier peut exercer ses droits contre tous ceux qui sont en état de payer. La part des insolvables se répartit alors entre tous les autres, toujours au prorata de leurs parts héréditaires et à concurrence de leur émolument.

**645.** — Lorsque tous les héritiers sont insolvables, les tiers détenteurs auxquels ils ont transmis les biens de l'hérédité ne peuvent être recherchés par les créanciers. Il s'agit, bien entendu, du tiers détenteur de bonne foi, non de celui qui a prêté la main à un acte frauduleux et qui a concouru sciemment à un acte accompli en fraude des droits légitimes des créanciers.

**646.** — Sidi Khalil indique une seconde exception : lorsque parmi les cohéritiers les uns sont devenus insolvables et que d'autres ont conservé des biens provenant de la succession, les créanciers du *de cujus* peuvent poursuivre le paiement de leurs créances sur la totalité de ces biens jusqu'à due concurrence sans que leur droit se borne à exiger de chaque héritier une part proportionnelle à la portion par lui recueillie. L'héritier solvable est alors tenu de payer la dette à concurrence de tout ce qu'il a reçu et il a, pour ce qui excède sa part, un recours contre son cohéritier insolvable. Cette doctrine nous semble contestable et n'est d'ailleurs acceptée par les jurisconsultes qu'avec de grandes hésitations. Elle est la négation du principe plus haut posé qui est la règle des successions, et suppose une sorte de droit de suite au profit de créanciers chirographaires sur les biens que possédait le *de cujus*.

**647.** — La question s'est posée de savoir si le cohéritier qui a payé volontairement une dette de succession au delà de la quotité dont il était tenu, n'a pas, par cela seul, renoncé au bénéfice de la loi qui divise entre les successibles les charges de la succession et s'il n'en résulte pas pour lui l'obligation de les acquitter, même *ultra vires*. La Cour d'Alger, par un arrêt du 6 décembre 1854, a décidé avec raison que le paiement volontaire d'une somme supérieure à celle dont l'héritier était légalement tenu, ne pouvait engendrer à son détriment une obligation plus ample que celle par lui spontanément acquittée. Cela ne saurait faire sérieusement question : l'héritier qui se croit tenu en conscience d'acquitter intégralement une dette de son auteur, alors qu'il pourrait ne l'acquitter qu'en partie, ne saurait, par cela seul, s'obliger à payer à d'autres créanciers ce qu'il ne leur doit pas en réalité.

# SECTION III.

### De l'acte de partage; des preuves du partage et de ses effets.

#### Sommaire :

**648.** Règles du partage; du lotissement.
**649.** Règles de calcul relatives à l'acquit des legs.
**650.** Modes de calcul dans les liquidations.
**651.** Preuves du partage; de l'écrit; de la preuve testimoniale.
**652.** De la possession.
**653.** Du serment.
**654.** Le partage est déclaratif de propriété.
**655.** Détermination des parts des communistes; effet.
**656.** De la garantie entre copartageants.

**648.** — Lorsque les charges et les legs ont été acquittés, il reste à partager la masse, qui constitue le véritable actif héréditaire, entre les ayants-droit. Si parmi les héritiers il s'en trouve qui soient débiteurs envers la succession, leurs dettes sont considérées comme créances actives de l'hérédité qu'on attribue à chacun au prorata de ses droits successifs. Le partage en nature est la règle; il ne doit être procédé à la réalisation de l'actif et au partage en argent que lorsqu'il n'y a pas moyen de faire autrement sans léser certains droits. Généralement, le partage de l'actif mobilier est réel et effectif; si les parties ne parviennent pas à s'entendre ou ne sont pas maîtresses de leurs droits, le magistrat procède à la formation des lots, lesquels sont ensuite tirés au sort. Si le partage en nature est jugé désavantageux ou impossible, la vente est ordonnée et son produit se partage ensuite sans difficulté. Mais le partage des immeubles se borne souvent à une opération qui est plutôt une attribution et une détermination des parts successives qu'un véritable partage. L'indivision subsiste en fait avec ses conséquences, ses avantages et aussi ses nombreux inconvénients.

En Égypte, nous l'avons dit, les successions se divisent en vingt-quatrièmes ou kirats, lesquels se subdivisent eux-mêmes en fractions de kirats.

En Algérie, l'hérédité se partage, dans la province de Constantine, en 384 fractions ou felous, dans la province d'Oran en drahams ou cent quatre-vingt-douzièmes, lesquels se subdivisent eux-mêmes en dekikas ou soixantièmes. Il faut remarquer que ces fractions 1/24, 1/192, 1/384, procèdent toutes d'une même proportion, $192 = 24 \times 8$; $384 = 24 \times 16$.

Le partage des immeubles, lorsqu'il est impossible en nature, porte sur les fonds provenant de la réalisation qui en est faite judiciairement; lorsque l'attribution a lieu en nature, elle a lieu suivant les règles de droit commun, ensuite d'un lotissement dans lequel on s'efforce non seulement de donner à chacun la valeur qui lui revient, mais encore de composer les lots de choses semblables autant que faire se peut.

Les jurisconsultes musulmans ont posé certaines règles relatives au lotissement de l'actif immobilier. Ces règles tendent toutes à assurer, autant que possible, un partage équitable et l'égalité dans les attributions. Ainsi lorsqu'il existe des terres irrigables et d'autres qui ne le sont pas, chaque nature de terrain s'allotit séparément; mais ces prétendues règles souffrent de si nombreuses exceptions qu'elles ne peuvent être considérées que comme des exemples indiquant la façon dont il doit être procédé à la formation des lots. En somme, l'équité et l'intérêt des copartageants doivent présider à ces opérations, indépendamment de toute règle écrite qui, fort souvent, serait une entrave ou préjudicierait aux droits qu'il s'agit de sauvegarder.

**649.** — Nous avons dit qu'il faut, avant de procéder à l'attribution entre les héritiers, acquitter les legs. Cela donne lieu à certaines difficultés de calcul, par exemple, lorsque le *de cujus* a fait plusieurs legs d'une quotité déterminée de ses biens, ainsi lorsqu'il a légué 1/8 à l'un, 1/5 à un autre, 1/24 à un troisième. Les jurisconsultes ont indiqué pour ce cas la règle suivante :

« Lorsque le testateur a légué une fraction simple, par exemple un quart, ou une fraction composée telle que un onzième, on prend pour base l'unité indiquée par la fraction du legs, puis on cherche si la répartition du reste peut s'opérer entre les héritiers; sinon on réduit à la plus simple expression ce restant, ainsi que le nombre des héritiers, puis on multiplie ce nombre par l'unité indiquée dans la fraction du legs. » M. Perron, dans sa traduction de Sidi Khalil, fait l'application de cette règle. « Supposons, dit-il, que le testateur ait laissé un légataire du tiers et quatre fils. Vous prendrez pour base $3 \times 2$ (2 moitié de 4) et vous aurez : 2/6 pour le légataire et 1/6 pour chaque fils, soit 4/6, en tout 6/6. Si les chiffres ne sont pas en rapport, multipliez par le nombre entier. Ainsi : que le testateur ait légué 1/3 et laissé trois enfants; vous aurez pour le légataire 3/9, reste 6/9 à partager en trois, soit pour chaque enfant 2/9. Si un individu lègue 1/6 et 1/7, il faudra multiplier 6 par 7 et vous donnerez au premier légataire 7/42, au second 6/42, ensemble 13/42. Il reste donc à partager le surplus, soit 29/42.

**650.** — Lorsque le partage ne comprend qu'une succession il ne saurait présenter de sérieuses difficultés, la qualité d'héritier, les règles d'exclusion, la quotité des parts héréditaires soit fards, soit acebs, étant déterminées scrupuleusement par la loi. Il s'agit simplement d'appliquer les règles de dévolution que nous avons tracées plus haut.

Les difficultés que présentent certaines liquidations sont des difficultés de calcul et il faut reconnaître qu'elles sont souvent fort grandes lorsqu'il s'agit de liquider, en vue d'un même partage, un nombre de successions parfois considérable.

Le travail préliminaire, le plus délicat et aussi le plus important, consiste à établir d'une façon très exacte l'arbre généalogique par lequel les copartageants se rattachent à un auteur commun. On commence l'attribution en partageant d'abord la succession de l'auteur commun entre ses héritiers. Il s'agit de déterminer exactement l'époque de chaque décès qui seule peut permettre de suivre la transmission chronologique des droits successifs. MM. Sautayra et Cherbonneau se sont très longuement étendus sur les opérations du partage et en donnent dans leur ouvrage un certain nombre d'exemples. Nous ne croyons pas devoir entrer dans de grands développements au sujet d'opérations d'arithmétique qui ne sont, en définitive, que l'application des règles du droit, et ne donnent pas lieu à un exposé doctrinal.

La liquidation peut se faire en divisant simplement les hérédités en fractions réduites au plus simple dénominateur commun. On divise en kirats et fractions de kirats, en dirhems et fractions, en felous et fractions; très souvent le liquidateur se voit obligé de recourir à une fraction ayant un dénominateur de quatre, cinq, six chiffres et davantage.

La méthode notariale prend pour base de ses opérations

non plus un entier à diviser en fractions plus ou moins petites, mais la somme à partager lorsque tous les biens héréditaires ont été convertis en argent ou évalués et attribue à chaque ayant-droit la part effective lui revenant.

Quelle que soit la méthode employée, qu'elle ait pour base une somme déterminée, un entier d'une valeur indéterminée, que la réduction s'opère en convertissant les fractions au même dénominateur ou, ainsi que le font certains jurisconsultes musulmans, en juxtaposant des fractions différentes, il n'y a jamais de différence que dans le mode d'opérer, jamais dans le but et le résultat final de l'opération.

**651.** — Le partage se prouve d'ordinaire par écrit. En Égypte, ces écrits sont des Elam Charcï (actes authentiques). En Algérie, il sont dénommés actes de Fredda. On comprend qu'en cette matière la preuve écrite doit avoir le pas sur toutes les autres; il y a en effet dans presque tous les partages entre cohéritiers musulmans une telle multiplicité de détails qu'il est, la plupart du temps, impossible d'établir les attributions par la preuve testimoniale. Aussi voyons-nous exceptionnellement les docteurs musulmans, d'accord d'ailleurs avec le Koran lui-même, proclamer en cette matière la preuve écrite « la plus juste devant Dieu et la plus propre à ôter toute espèce de doute. »

La preuve testimoniale n'est cependant pas exclue par la loi; elle est admise à défaut de preuve écrite et lorsque les témoins offrent les conditions générales de capacité exigées par le droit commun.

**652.** — Nous avons vu que la possession à titre privatif était susceptible de faire acquérir au possesseur la propriété par suite de prescription; la possession n'est donc pas, ainsi que la Cour d'Alger l'a longtemps jugé, une preuve ou une présomption légale du partage; et cela est si vrai qu'elle serait insuffisante pour faire déclarer le possesseur propriétaire s'il n'avait pas accompli le temps requis pour prescrire. La possession est acquisitive si elle réunit certains caractères et certaines conditions; mais à défaut elle ne saurait être considérée comme preuve du partage, c'est-à-dire déclarative de propriété.

**653**. — Un arrêt de la Cour d'Alger du 1$^{er}$ février 1864 a décidé que le partage ne pouvait être prouvé par la délation du serment. Nous n'admettrions cette doctrine que si le serment était simplement supplétoire, mais nous ne voyons pas le motif juridique qui pourrait faire repousser le serment décisoire déféré au demandeur en partage sur l'existence d'un précédent partage dont exciperait le défendeur sans pouvoir en rapporter la preuve.

**654**. — Le partage est, comme en droit français, déclaratif et non constitutif de propriété. Chaque copartageant est censé avoir été propriétaire dès le jour où il a eu la saisine des biens qui lui sont plus tard attribués pour le remplir de ses droits. Cela a une importance considérable, principalement au point de vue de l'hypothèque qui viendrait à frapper les immeubles du chef de tel ou tel des cohéritiers. Conformément à ce principe, la Cour de cassation a jugé par arrêt du 7 janvier 1883, en matière musulmane, que « l'aliénation consentie pendant l'indivision par l'un des cohéritiers, d'un immeuble de la succession, reste sans résultat à l'égard des autres cohéritiers si cet immeuble, par l'événement du partage, est passé aux mains de ceux-ci au lieu de tomber dans le lot du vendeur. » Cette jurisprudence est conforme aux dispositions de l'article 883 du Code Napoléon.

**655.** — Il arrive très souvent que le partage se borne à la fixation de la quotité revenant à chaque héritier; l'indivision continue en fait mais non en droit; les communistes ont une possession commune et conjointe mais leurs droits sont déterminés et cela est important tant au point de vue de la perception des fruits qu'à celui de la transmission des droits de chacun, soit contractuellement, soit par décès, et aussi au point de vue des actions que peuvent exercer les créanciers particuliers de chaque communiste. En Égypte, la part indivise mais déterminée peut être saisie et vendue; la loi ne contient pas de dispositions analogues à celles de l'article 2205 du Code civil français qui soumet le créancier d'un copropriétaire à l'obligation de faire procéder au partage de l'immeuble commun pour pouvoir exercer ses droits sur la part en nature ou en argent que ce partage attribuera à son débiteur.

**656.** — En droit musulman comme en droit français, les copartageants sont réciproquement garants des troubles et évictions pouvant atteindre la part échue à l'un d'eux, pourvu que la cause en soit antérieure au partage, qu'elle ne provienne pas du fait de celui auquel elle préjudicie, enfin que lors du partage le danger d'éviction n'ait été prévu et n'ait été accepté à titre aléatoire par l'intéressé avec renonciation à l'exercice du droit de garantie. Lorsqu'un copartageant a recours contre ses cohéritiers à raison du trouble ou de l'éviction, il a une action contre chacun d'eux au *prorata* de leurs droits successifs, et si parmi eux se trouvent des insolvables, leur part contributive se répartit entre les autres obligés.

## SECTION IV.

**De la rescision et de la nullité des partages.**

SOMMAIRE :

**657.** Cas où un héritier a été omis.
**658.** Suite.
**659.** Du partage supplémentaire.
**660.** De l'hypothèse prévue par l'article 638 du Code Hanafite.
**661.** Rescision pour cause d'éviction.
**662.** Annulation du partage en cas de dettes révélées après les opérations.
**663.** De l'erreur matérielle.
**664.** De la rescision pour cause de lésion.
**665.** Prescription de l'action en rescision.
**666.** Prescription de l'action en partage supplémentaire.

**657.** — Le partage doit se faire entre tous les héritiers; celui qui n'y a pas été appelé et au préjudice duquel il a été effectué a le droit de demander la nullité des opérations, l'indivision n'ayant pas cessé en ce qui le concerne. L'Hédaya enseigne que lorsqu'un héritier se présente après le partage « les cohéritiers lui fourniront sa part, chacun au *prorata* de ce qu'il aura reçu, sinon le partage attaqué par le nouveau venu sera annulé par le Cadi, et il sera procédé à un partage nouveau, en présence de toutes les parties et en tenant compte des droits du nouveau venu. » La jurisprudence a plusieurs fois proclamé cette doctrine (Cour d'Alger, arrêts des 25 janvier 1869 et 24 janvier 1870).

Dans ce cas, s'il y a parmi les héritiers ayant concouru

au partage des insolvables, la perte sera répartie au *prorata* entre tous ceux qui sont tenus à restitution; il y a en effet faute de leur part de ne pas avoir appelé tous les ayants-droit, et celui qui n'a rien reçu peut exiger la totalité de la part lui revenant.

**658.** — Le cas d'un héritier omis se présente fréquemment dans les instances en partage, en Algérie surtout, vu le grand nombre d'héritiers que présentent d'ordinaire les successions musulmanes. Lorsque l'omission est découverte antérieurement au jugement de l'instance, il n'y a pas de difficulté; on assigne le cohéritier oublié en intervention forcée; si l'omission n'est révélée qu'après le jugement qui a ordonné le partage mais avant les opérations qui le constituent, l'héritier est assigné en déclaration de jugement commun. La situation est plus délicate lorsque c'est après la licitation tranchée au profit d'un tiers étranger que se produit la revendication d'un cohéritier non appelé. Les notaires d'Algérie cherchent autant que possible à couvrir la nullité du partage par une ratification de l'ayant-droit. Si celui-ci refuse de ratifier, l'acquéreur auquel les copartageants n'ont transmis que leurs droits partiels et indivis reste copropriétaire avec le cohéritier qui n'a pas aliéné sa part et celui-ci peut incontestablement demander à sortir de l'indivision sans que rien puisse faire écarter son action. Mais il faut qu'il soit bien établi que le cohéritier qui réclame n'a pas participé au partage. Aux termes d'un arrêt de la Cour d'appel mixte d'Alexandrie du 13 décembre 1888, l'individu qui revendique une part héréditaire doit établir, outre sa qualité, sa non-participation au partage. Cela ne constitue pas une preuve négative qui, comme telle, ne puisse être mise à la charge du revendiquant.

**659.** — Il y aurait lieu à rescision du partage si les opérations n'avaient porté que sur une partie des biens et si la valeur non partagée avait été dissimulée par un des indivisaires. Toutefois pour que le partage soit annulé il faut qu'il y ait à cela un intérêt réel pour celui qui poursuit l'annulation ; si un partage supplémentaire pouvait exactement le remplir de ses droits, il y aurait lieu de recourir à cette mesure plutôt qu'à la rescision de ce qui a été antérieurement fait.

Il y a lieu encore à partage supplémentaire lorsqu'on s'aperçoit que dans un premier partage on a admis à tort un individu non héritier. Chacun des ayants-droit peut demander le rapport à l'hérédité de la part attribuée à tort à un tiers sans droit ni qualité, et cette part est ensuite répartie entre les véritables héritiers par un partage supplémentaire qui s'accomplit d'après les règles du droit commun.

**660.** — L'article 638 du Code Hanafite qualifie à tort de partage supplémentaire la répartition qui se produit entre les héritiers dans le cas suivant : on suppose que l'hérédité a été partagée entre tous les héritiers fards, que les droits de ces héritiers n'ont absorbé qu'une quotité des biens, non leur intégralité et qu'il ne se trouve aucun aceb pour recueillir le reste. En ce cas, dit le texte, l'excédent se répartit proportionnellement entre les légitimaires à l'exception des conjoints. Cela ne constituerait en aucun cas, à notre avis, un partage supplémentaire ; ce serait simplement une règle spéciale d'attribution. Nous avouons d'ailleurs ne pas comprendre l'hypothèse prévue par l'article, les Hanafites admettant une longue série d'acebs qui comprend en dernier lieu le Beit el mal. On ne voit donc pas bien comment, dans une succession, il pourrait ne pas y avoir au moins un héritier universel, le Trésor public.

**661.** — Il peut y avoir lieu à rescision d'un premier partage lorsque l'un des cohéritiers est évincé en partie des biens qui lui ont été attribués. L'Hédaya s'exprime ainsi à ce sujet : « Si, par l'effet du partage, un cohéritier a eu dans son lot une maison et qu'un tiers en réclame et en obtienne une part, la moitié par exemple, le partage sera fait à nouveau. »

Les jurisconsultes admettent que lorsque l'éviction ne dépasse pas le quart de la valeur attribuée à l'héritier, celui-ci ne peut demander un nouveau partage et doit se borner à réclamer à chacun de ses cohéritiers la valeur dont il a été privé, au prorata des droits de chacun d'eux. Si l'éviction porte sur une valeur supérieure à un quart mais inférieure à la moitié, l'évincé a le droit de choisir entre l'action en rescision et l'action en indemnité; enfin si l'éviction atteint ou dépasse la moitié, les premières opérations doivent être annulées et on procède à un nouveau partage. C'est ce qu'a décidé la Cour d'Alger par arrêt du 7 décembre 1864. Les mêmes règles sont généralement suivies lorsque la chose tombée dans le lot d'un copartageant est atteinte d'un vice rédhibitoire.

**662.** — Nous avons vu comment s'exercent les droits des créanciers du *de cujus*, postérieurement au partage; chaque cohéritier est tenu au prorata de sa portion héréditaire et à concurrence de son émolument. Certains docteurs estiment que si les créances révélées après le partage devaient absorber une partie notable de la succession, les opérations pourraient être annulées et les choses remises en l'état où elles se trouvaient avant la division de l'hérédité. La masse active servirait alors à désintéresser les créanciers, à due concurrence, et ce qui en resterait serait l'objet d'une nouvelle attribution.

**663.** — L'erreur matérielle de calcul vicie-t-elle le partage? Il est généralement admis qu'elle ne donne lieu au cohéritier qui en a été victime qu'à une action en indemnité par suite de redressement contre ceux auxquels elle profite. Certains jurisconsultes vont plus loin et enseignent que l'erreur matérielle ne donne aucune action à celui au préjudice duquel elle a été commise. L'Hédaya professe cette doctrine et la base sur ce que le consentement valablement donné par tous aux opérations du partage le rend définitif et inattaquable. C'est là une fausse application d'un principe juridique; l'erreur vicie en effet le consentement et celui qui est obtenu dans ces conditions ne peut être réputé avoir été *valablement* donné; nous croyons donc que l'action en redressement est ouverte à la partie lésée qui devra, une fois l'erreur matérielle reconnue, exercer contre ses copartageants l'action en indemnité.

Le Cadi Hanafite d'Alger a sagement jugé par décision du 29 mars 1889, que l'erreur et le dol étaient des causes d'annulation du partage.

**664.** — La lésion est une cause de rescision; les docteurs sont d'accord sur ce point mais sans fixer de règles précises ainsi que le fait le Code Napoléon. C'est donc là un point d'appréciation laissé à l'arbitrage du juge et nous pensons qu'il y a lieu d'appliquer à la lésion les règles que nous avons précédemment exposées pour le cas d'éviction, les motifs de décision étant les mêmes dans les deux hypothèses. La Cour d'Alger a admis, par un arrêt du 4 août 1877, que la lésion de plus d'un quart donne ouverture à l'action en rescision et que, pour la recevabilité de l'action, il n'est pas nécessaire que l'indivision ait cessé entre tous les cohéritiers. Celui qui a reçu sa part peut exercer l'action, de même que ceux qui ont continué à laisser en commun les biens à eux attribués.

**665.** — Quel que soit le motif sur lequel se base un copartageant pour demander l'annulation ou la rescision du partage, il doit l'exercer dans un bref délai ; il ne serait plus recevable s'il laissait s'écouler plusieurs années pour agir ; cette doctrine professée par le cheik Brahim, Ebnou Sahel, etc..., a été adoptée par la Cour d'Alger qui, par un arrêt du 10 novembre 1877, a déclaré l'action en rescision pour cause de lésion prescriptible par un an.

**666.** — Lorsqu'il y a lieu à un partage supplémentaire, la prescription est la même que celle de l'action en partage elle-même et court seulement du jour du premier partage (Cour d'Alger, 18 mars 1884). Cette doctrine ne nous paraît pouvoir s'appliquer que lorsqu'un immeuble faisant partie de l'hérédité a été omis lors des opérations et est demeuré indivis entre les cohéritiers, car nous avons vu que la possession privative est acquisitive de propriété.

# LIVRE DEUXIÈME.

## DES DONATIONS ENTRE-VIFS ET DES TESTAMENTS.

# CHAPITRE PREMIER.

## DES DONATIONS ENTRE-VIFS.

Sommaire :

**667.** Des diverses espèces de donations.
**668.** Division du sujet.

**667.** — La loi reconnaît trois sortes de donations entre-vifs :

1° la donation à titre gratuit,
2° la donation aumônière,
3° la donation à titre onéreux.

La première a lieu lorsque le donateur transfère au donataire la propriété d'une chose lui appartenant, sans rien recevoir en échange et pour le plus grand avantage de celui-ci.

La seconde, ainsi que son nom l'indique, a pour mobile la charité, un sentiment religieux, l'espérance d'une récompense dans la vie future.

La donation à titre onéreux ou moyennant une compensation est placée par le droit musulman au titre des donations mais constitue en réalité un échange régi par les règles relatives à ce contrat.

La donation rémunératoire est la récompense d'un service rendu ; elle constitue non un contrat de bienfaisance mais une sorte de dation en paiement ou un supplément de rémunération librement consenti par la personne à laquelle le service a été rendu. Elle n'est pas régie par les règles ordinaires qui s'appliquent aux véritables donations (Cour d'appel mixte d'Alexandrie, arrêt du 15 décembre 1887). Il n'y a donc pas lieu de la comprendre dans l'étude des donations proprement dites.

**668.** — Nous étudierons d'abord la donation à titre gratuit et nous aurons à examiner successivement les règles relatives :

1° à la capacité de disposer par donation,
2° a la capacité de recevoir,
3° aux biens qui peuvent être donnés,
4° aux conditions essentielles à la validité des donations,
5° à la révocation des donations,
6° aux formalités et aux preuves.

Nous examinerons ensuite :

7° les règles spéciales à la donation aumônière,
8° celles qui régissent les donations à titre onéreux.

## SECTION I.

### De la capacité de disposer par donation.

SOMMAIRE :

669. Conditions de capacité. — De l'esclave. — Du mineur.
670. De l'insensé, de l'interdit pour cause de prodigalité.
671. Du malade.
672. De la qualité de propriétaire. — Donation de la chose d'autrui. — Incapacité de l'individu en état de déconfiture.
673. Capacité de la femme mariée.
674. La donation peut être consentie par mandataire.

**669.** — Pour faire une donation valable, il faut être libre, majeur, sain d'esprit et propriétaire du bien donné (art. 501).

L'esclave ne peut disposer, n'ayant pas la propriété utile; il ne peut donc donner.

Le mineur ne le peut pas davantage; la majorité qui confère la capacité en cette matière est évidemment celle relative aux biens, non celle relative à la personne; cela ne peut faire difficulté (*Sic*, Arrêt de la Cour d'Alger du 6 juin 1870).

Ces deux premières conditions de capacité ne donnent lieu à aucune difficulté juridique.

**670.** — En troisième lieu, le donateur doit être sain d'esprit. L'incapacité frappe non seulement l'insensé, interdit ou non, mais encore le safi (faible d'esprit). (Jugement du Cadi d'Aumale du 9 avril 1869). On peut se demander si l'interdit pour cause de prodigalité est capable de faire une donation, le texte ne contenant à son sujet aucune prohibition. Il nous paraît évident que l'individu frappé d'interdiction, ayant perdu la faculté générale d'aliéner, doit être protégé surtout lorsqu'il se dépouille de sa propriété à titre gratuit; la donation peut être, en ce cas, elle doit même être présumée un acte de prodigalité et se trouve, par conséquent, entachée de nullité absolue. L'article 532 du Code Hanafite en limitant la capacité du prodigue en matière de dispositions testamentaires à celles faites au profit des pauvres, des établissements pieux ou de bienfaisance, fournit un argument des plus sérieux à l'appui de notre opinion.

**671.** — Le malade n'a qu'une capacité restreinte; aussi le texte assimile-t-il les donations qu'il peut faire aux dispositions testamentaires et déclare-t-il que ces dispositions ne sont exécutoires que sur le tiers du patrimoine. Il s'agit ici des donations faites pendant la dernière maladie; si le donateur revient à la santé, l'acte par lui consenti est valable quand même il porterait sur la totalité de son patrimoine; le donateur est réputé, en ce cas, avoir disposé en état de parfaite santé.

Les maladies qui ne mettent pas l'individu en danger de mort immédiate, telles que la phthisie, la paralysie, etc..., lui permettent de disposer de la totalité de ses biens par donations. Si, après l'aliénation, une année s'écoule sans que sa situation ait empiré au point de mettre sa vie en danger, la donation est valable pour la totalité; dans le cas contraire elle est réputée faite en état de maladie et ne peut être exécutée que sur le tiers de ses biens. L'article 561 étend cette disposition non seulement à la donation proprement dite mais encore à la constitution d'un wakf, d'un cautionnement, en un mot à tout acte de libéralité. La jurisprudence est constante sur ce point dans tous les rites (Arrêts de la Cour d'Alger des 3 janvier 1866, 25 janvier 1870, 15 avril 1872, etc.). Toutefois, la nullité de la donation faite par un malade est relative et non absolue. Les héritiers peuvent parfaitement la ratifier et même, s'il n'existe pas d'héritier, le malade peut disposer de la totalité de ses biens, sans que le Beit el mal qui est cependant, nous l'avons vu, un véritable aceb chez les Hanafites, puisse demander l'annulation ou la réduction de la libéralité.

**672.** — La quatrième condition de capacité, qui se retrouve dans tous les contrats d'où résulte une aliénation, est relative à la propriété que doit posséder le donateur de la chose donnée. Il est incontestable que celui-là seul peut aliéner qui est véritablement propriétaire. Cependant la donation de la chose d'autrui serait valable si elle était ratifiée par le véritable propriétaire ou si le donateur s'en faisait ensuite transférer par celui-ci la propriété afin d'en opérer tradition au donataire. Une telle disposition ne serait pas annulable par ce fait que le donateur n'aurait pas été en possession effective de la chose au jour de la libéralité. La loi musulmane considère l'individu en état de déconfiture comme n'ayant qu'une propriété précaire dont il ne peut se dépouiller au préjudice de ses créanciers. Les jurisconsultes, notamment Ibrahim Alebi, Ibn El Assem, etc..., regardent l'individu dont le passif dépasse l'actif comme incapable de consentir une donation. L'article 534 du texte édicte cette incapacité en matière de testaments ; elle doit évidemment être étendue, ainsi que l'ont fait les docteurs que nous venons de citer, aux donations entre-vifs. La législation Égyptienne ne laisse aucun doute à cet égard. « Si le donateur après avoir fait donation et tradition de ses biens durant la maladie dont il meurt, soit à son héritier soit à un tiers, laisse à sa mort une succession obérée, la donation sera nulle à l'égard de ses créanciers et ceux-ci pourront faire rentrer les choses données dans l'actif de la succession. » Mais il s'agit ici des créanciers antérieurs à l'aliénation ; ceux qui ne le sont devenus que postérieurement n'ont éprouvé aucun préjudice de l'acte de libéralité et ne peuvent par conséquent l'attaquer (Cour d'appel mixte d'Alexandrie, arrêt du 5 décembre 1889).

**673.** — Les Malékites ne reconnaissent à la femme mariée le droit de disposer de plus du tiers de ses biens qu'avec l'autorisation de son mari ; la jurisprudence Algérienne a constamment annulé les donations faites sans autorisation maritale par la femme, au delà de cette quotité. Certains Cadis sont allés plus loin et ont refusé à la femme mariée le droit de disposer de ses biens à titre gratuit, même avec l'autorisation maritale, conformément à la doctrine de Mohamed el Arbi ; mais cette jurisprudence n'a pas prévalu et elle ne peut d'ailleurs invoquer aucun argument sérieux à l'appui de cette incapacité qu'on ne trouve dans aucun texte.

**674.** — Il va sans dire que le donateur peut agir personnellement ou par un mandataire ; le mandat devra, en ce dernier cas, être établi conformément aux règles du droit commun.

## SECTION II.

### De la capacité de recevoir par donation.

#### SOMMAIRE :

675. Pour être capable de recevoir il faut être vivant ou tout au moins conçu.
676. De l'indignité.
677. Les donations ne sont pas sujettes à rapport.
678. Des donations entre époux ; capacité du mineur et de l'infidèle.

**675.** — Tout individu capable d'être propriétaire peut recevoir par donation entre-vifs : on peut donc disposer au profit d'un enfant conçu et la validité de l'acte est, en ce cas, subordonnée à ce fait qu'il naîtra vivant. On ne peut faire une donation à un individu décédé. La Cour d'Alger a appliqué ce principe dans une espèce tranchée par arrêt du 28 avril 1874 dans laquelle le donataire était un marabout décédé à l'époque de la disposition.

**676.** — La loi musulmane n'admet pas la révocation des donations pour cause d'indignité; le meurtrier du donateur n'est donc point frappé d'incapacité.

**677.** — Il y a, quant à la capacité de recevoir, une très grande différence entre le droit musulman et les législations modernes. En droit français notamment, les donations faites au profit d'un successible sont sujettes à rapport pour ce qui excède la quotité disponible; il n'en est pas ainsi en droit musulman. Tout propriétaire capable de disposer peut, aux termes de l'article 503 du Code Hanafite, faire donation de la totalité de ses biens au profit d'un successible aussi bien qu'au profit d'un étranger et ces dispositions ne sont jamais sujettes à rapport lorsque la succession vient à s'ouvrir. Un ascendant, un descendant, un conjoint, un collatéral peuvent donc être donataires de la totalité du patrimoine du disposant; il y a là une liberté illimitée qui permet d'éluder les règles de la dévolution successorale et d'avantager un successible, même au détriment des héritiers réservataires. Tous les rites sont d'accord à ce sujet. La Cour d'Alger a sanctionné souvent ce principe, notamment par un arrêt du 16 octobre 1860 aux termes duquel « rien ne s'oppose dans la loi musulmane à ce que le père de famille fasse à l'un ou à quelques-uns de ses enfants, au détriment des autres, donation de tout ou partie de ses biens. »

**678.** — L'article 503 qui proclame ce droit de disposer de la totalité de ses biens au profit d'un successible par donation entre-vifs ne parle pas des donations entre époux. Les conjoints bénéficient cependant de cette disposition légale permise en faveur de toute personne, même d'un étranger. Toutefois, certains auteurs refusent à la femme le droit de recevoir de son mari certaines choses, par exemple la maison qu'ils occupent en commun parce que, disent-ils, cela placerait l'époux dans un état de quasi-infériorité. Cette opinion, professée par El Karchi et qui paraît avoir été adoptée par M. Zeys[1] (n° 652), n'a pas été admise par la Cour d'Alger qui, dans un arrêt du 30 avril 1861, a validé une pareille donation, rien dans le texte ne permettant de faire cette exception au droit commun aux termes duquel tout individu capable d'être propriétaire peut recevoir par donation.

La législation Égyptienne dispose même que « l'époux atteint de la maladie dont il meurt et qui n'a d'autre héritier que son conjoint, peut valablement faire donation et tradition de tous ses biens à celui-ci, et, à la mort de l'époux donateur, le fisc n'aura aucun droit sur sa succession. »

Le mineur, qui n'a pas capacité pour s'obliger, a certainement capacité pour recevoir à titre gratuit, cela ne saurait faire difficulté et nous verrons plus loin que la loi a pris soin de définir comment la tradition s'opère à son égard. Il en serait autrement s'il s'agissait d'une donation avec compensation qui constitue un contrat à titre onéreux ; dans ce cas, il faut recourir aux conditions générales de capacité des mineurs relatives aux actes d'aliénation à titre onéreux.

Les non-musulmans qui, en thèse générale, n'héritent pas d'un musulman, ont cependant capacité pour recevoir par dispositions gratuites entre-vifs.

[1] *Traité élémentaire de droit musulman algérien.*

## SECTION III.

### Des choses qui peuvent être données.

SOMMAIRE :

679. Existence de la chose; de la tradition; divergence des rites; de la chose incertaine.
680. De l'individualité de la chose donnée.
681. De sa détermination.
682. Des choses illicites.
683. De la donation viagère et de la donation mutuelle *mortis causâ*.
684. Règles relatives aux donations de biens indivis.
685. Peut-on donner un bien vendu à réméré ou donné en gage?

**679.** — Pour qu'une chose puisse faire l'objet d'une donation, il faut : 1° qu'elle existe au moment de la transmission; 2° qu'elle ait une existence propre et individuelle; 3° qu'elle soit nettement déterminée. On ne peut donc faire donation d'une récolte à venir, du produit à naître d'une jument pleine. Peut-on donner un chameau égaré, un esclave en fuite? M. Zeys (n° 648), enseigne l'affirmative. Cette opinion conforme aux règles Malékites est contraire aux principes du rite Hanafite d'après lesquels la propriété de la chose donnée n'est transférée au donataire que par la tradition réelle et entière (art. 502 du Code Hanafite). M. Zeys considère l'acceptation comme transférant, à elle seule, la propriété, la tradition n'étant qu'une condition extrinsèque donnant à la transmission un effet utile. Cela est si vrai, dit cet auteur, que le donataire qui a accepté a une action pour contraindre le donateur à lui livrer la chose. En admettant cette distinction juridique repoussée certainement par le texte de l'article 502 il n'en résulterait pas, à notre avis, que le donataire d'un animal égaré ou d'un esclave en fuite pût en exiger la tradition, l'objet du contrat n'étant susceptible, de par les circonstances dans lesquelles ce contrat est intervenu, que d'une mise en possession incertaine, aléatoire, remise à un temps indéterminé. Nous croyons donc qu'une telle donation ne serait pas valable.

**680.** — De ce que l'objet donné doit avoir une existence individuelle, il résulte qu'on ne pourrait (dit l'art. 508) faire donation « de la farine dans le blé, de l'huile dans le sésame, du beurre dans le lait. »

**681.** — Enfin la chose donnée doit être connue et déterminée. Ainsi serait nulle la donation faite en ces termes : « Je vous donne une de mes maisons, un de mes chevaux. » Mais si le donateur s'exprimait ainsi : « Je vous donne celle de mes maisons, celui de mes chevaux que vous désignerez, » la donation serait valable pourvu que le donataire acceptât et désignât sur-le-champ la chose par lui choisie : « La désignation que le donataire ferait de la chose après la séparation des parties serait de nul effet » (*Répertoire*, v° *Donation* (majallé), art. 858)[1].

**682.** — On ne peut donner les choses illicites dont la possession est défendue, telles que des boissons fermentées, du porc. Mais on peut donner des choses dont la vente est interdite, par exemple un chien. Bokari rapporte en effet un hadits du Prophète défendant de recevoir le prix d'un chien, quoique la possession de cet animal soit parfaitement licite, et les commentateurs enseignent que, si la vente en est interdite, la donation à titre gratuit en est cependant valable.

---

[1] *Répertoire de la législation et de l'administration Egyptiennes*, par P. Gelat.

Certains objets ne peuvent être vendus ou donnés par un musulman à un non-musulman, notamment un exemplaire du Koran; d'autres ne peuvent être transmis lorsqu'ils sont manifestement destinés à être transformés en choses dont la détention est illicite; ainsi on ne pourrait donner du raisin pour en faire du vin, du bois pour en faire une croix, etc...

**683.** — La donation viagère est valable; on peut donner l'usufruit d'un bien qui reviendra à la mort du donataire au donateur ou à ses ayants-droit.

La donation mutuelle à cause de mort est celle par laquelle deux personnes conviennent que tout ou partie de leurs biens deviendra la propriété du survivant; cette donation est nulle dans tous les rites comme présentant un caractère aléatoire, rien ne permettant de déterminer, au moment où l'acte intervient, auquel des deux contractants elle profitera.

La remise de dette est une véritable donation qui devient parfaite par l'acceptation du débiteur et qui a pour effet d'éteindre la dette. De même, on peut donner une créance qu'on possède sur un tiers, mais pour que la donation soit valable il faut qu'il y ait une véritable cession, que le donataire ait pouvoir d'encaisser et qu'il y ait recouvrement effectif opérant tradition réelle.

**684.** — La donation de biens indivis ou de parts indivises est réglementée par la section II, chapitre III de la deuxième partie du Code Hanafite. Il faut distinguer entre les biens partageables et ceux qui ne le sont pas.

Est réputé partageable tout bien qui admet la division sans dépréciation et qui peut être utilisé, après la division, de la même manière qu'il pouvait l'être antérieurement. Est au contraire réputé impartageable tout bien non susceptible d'être divisé, que la division rendrait impropre à tout usage ou même impropre à l'usage auquel il était destiné avant la division. Lorsque tous les copropriétaires d'un bien indivis en font donation à un individu, cette donation est valable. Si le bien est partageable il ne peut être donné en bloc à plusieurs personnes aisées; la part de chacune doit être déterminée par un partage préalable, à peine de nullité; il en serait autrement si les donataires étaient pauvres, la donation qui leur serait faite collectivement serait valable, aux termes de l'article 509.

Lorsqu'il s'agit de la donation d'une part indivise, il faut distinguer suivant que la chose est partageable ou non. Si la chose est partageable, la donation, même consentie à un copropriétaire, ne transfère la propriété, quoiqu'elle soit accompagnée de tradition, que si la part donnée a été séparée de la partie non donnée, qu'elle ne communique pas immédiatement avec elle et que sur la partie aliénée ne se trouve aucun bien restant la propriété du donateur. Si au contraire la chose est impartageable, la propriété de la part donnée est transférée par la tradition pourvu que cette part soit connue et nettement déterminée.

Dans le cas où le propriétaire d'un fonds fait donation soit d'une partie de ce fonds soit d'un autre qui communique avec un bien restant au donateur et occupé par lui, la donation ne devient valable que par la séparation de la chose donnée d'avec la partie restant au donataire, séparation qui opère tradition ou prise de possession. Tant que la chose donnée reste unie à un autre bien du donateur, la propriété n'est pas valablement transmise, le donataire ne peut disposer de la chose, s'il en a pris possession il est tenu de la restituer et il est responsable des cas fortuits. Tels sont les principes contenus dans l'article 507 dont la rédaction vicieuse est presque incompréhensible.

**685.** — On ne peut faire donation d'un bien qu'on a vendu à réméré ou qu'on a donné en gage parce qu'on en a perdu la possession et que la tradition ne peut, dès lors, être opérée. La Cour d'Alger cependant a, par arrêt du 18 mai 1874, admis la validité de la donation dans une espèce où le donataire s'était engagé à payer le créancier gagiste, où celui-ci l'avait accepté comme débiteur et où le donataire avait fait acte de propriétaire avec l'adhésion du détenteur. Cette jurisprudence est rationnelle, les faits qui ont donné lieu à l'arrêt dont s'agit constituant au profit du donataire une véritable tradition à laquelle, d'ailleurs, le créancier gagiste avait concouru.

## SECTION IV.

**Des conditions essentielles à la validité des donations.**

Sommaire :

686. Trois conditions sont essentielles chez les Hanafites; du consentement.
687. Comment se formule l'autorisation de prendre la chose; autorisation expresse et tacite.
688. Divergence des Malékites.
689. La tradition est, chez les Hanafites, une condition de validité.
690. Le dessaisissement doit être immédiat.
691. De la tradition lorsque le donataire est majeur.
692. De la tradition lorsque le donataire est mineur ou incapable, des donations consenties au profit des incapables par leurs représentants légaux; règles relatives à la tradition en ce cas.

**686.** — La donation étant un acte consensuel n'est valable qu'autant qu'on y rencontre : 1° le consentement du donateur, 2° l'acceptation du donataire. A ces deux conditions vient se joindre une troisième : la tradition. En d'autres termes, la donation se forme par l'offre et l'acceptation, et devient parfaite par la tradition de la chose donnée.

Le consentement doit être libre et émaner d'une personne ayant capacité d'aliéner à titre gratuit, il y a donc nullité de la donation faite par un incapable aussi bien que de celle qui est le résultat de la contrainte, de la violence ou de l'erreur.

L'offre se fait en termes qui n'ont rien de sacramentels mais qui doivent exprimer d'une façon non équivoque l'intention de donner; elle résulte d'ordinaire de ces termes : « Je donne, je fais donation, je fais présent. » Il y a également offre suffisante lorsqu'un mari, en remettant à sa femme une paire de boucles d'oreilles ou quelque autre bijou emploie des termes exprimant l'intention de lui en transférer la propriété à titre gratuit, tels que : « prends cela et porte-le. »

La donation peut se conclure aussi tacitement, par la remise et la réception effective de la chose donnée; « la réception par le donataire, dit l'article 500, équivaut à son acceptation. » La donation est donc parfaite lorsque le donateur ayant formulé son offre, par exemple en ces termes : « je vous donne cette chose, » le donataire, sans répondre : « j'accepte, » prend simplement la chose donnée, séance tenante.

**687.** — L'offre d'une chose, la manifestation de la volonté de donner autorise le donataire à prendre possession; il y a autorisation tacite. L'autorisation est formelle lorsqu'elle se formule ainsi : « Je vous donne cette chose, prenez-là. » Ou bien, si la chose donnée ne se trouve pas au lieu où se conclut le contrat et n'est par conséquent pas susceptible de prise de possession immédiate, par ces expressions : « Je vous donne telle chose, allez la prendre. »

Lorsqu'il y a autorisation expresse, le donataire peut prendre possession de la chose soit pendant que les deux parties sont encore réunies, soit même après. Mais si l'autorisation n'est que tacite, elle ne subsiste que tant que les parties sont en présence l'une de l'autre. Après leur séparation, le donataire ne peut plus valablement prendre possession de la chose donnée : par exemple, après que le donateur a dit : « Je vous fais don de cette chose, » le donataire ne peut prendre valablement possession que tant que dure la réunion des parties. Si le donateur a dit : « Je vous fais donation de ma chose qui se trouve à tel endroit » sans ajouter : « Allez la prendre, » le donataire ne peut non plus prendre possession en se rendant à l'endroit désigné.

Lorsque la chose donnée se trouvait déjà en mains du donataire, la tradition résulte de la simple acceptation de la libéralité manifestée par celui-ci.

**688.** — Les Malékites professent au sujet du droit de mise en possession une opinion diamétralement opposée à celle des Hanafites. La tradition n'est chez les Malékites que la réalisation d'un contrat parfait par le concours seul des deux consentements; le donataire devient propriétaire dès l'instant de son acceptation et indépendamment de toute mise en possession. Si le donateur refuse de livrer la chose, le donataire a contre lui une action en délivrance ; le donateur n'est plus que l'indû détenteur de la chose d'autrui. « Le donataire, dit Sidi Khalil, prend possession des biens compris dans la donation sans qu'il soit besoin de l'autorisation du donateur, et même malgré lui s'il y a lieu; » et les auteurs Malékites déduisent juridiquement de cette disposition que si le donateur vendait l'objet par lui donné, au mépris des droits du donataire, la vente serait nulle comme portant sur la chose d'autrui.

**689.** — La tradition est si bien une condition essentielle à la validité de l'acte, chez les Hanafites, que dans ce rite le décès du donataire ou du donateur arrivé avant la prise de possession de la chose donnée rend le contrat nul, encore que les parties aient l'une manifesté la volonté de donner et l'autre son acceptation. Cette disposition indique jusqu'à l'évidence que la tradition n'est pas une condition extrinsèque de la donation, la simple réalisation utile de la commune intention des parties, mais qu'elle est constitutive de transfert de la propriété et doit donc être regardée comme une des trois conditions essentielles de validité.

**690.** — Le dessaisissement du donateur doit être immédiat, non soumis à une condition ou à terme. Ainsi une donation serait nulle si elle était faite en ces termes : « Je vous donne ma maison pour que vous en preniez possession dans un mois, ou dans un an. » Les docteurs enseignent même que la donation serait nulle malgré le dessaisissement immédiat du donateur si celui-ci rentrait, peu de temps après, en possession de la chose donnée. Mais il faut, pour que la disposition soit déclarée nulle, que le retour de la chose au donateur ait lieu avec l'assentiment du donataire et dans un délai qui n'excède pas une année; il faut encore que ce retour soit une véritable remise en possession; ainsi celui qui, ayant donné une maison, y serait ensuite reçu à titre d'hôte, ne serait pas réputé avoir pris possession de la chose et sa présence n'aurait aucun effet sur la validité du contrat.

**691.** — Aux termes de l'article 512, § 4, « la donation faite au profit d'un majeur n'est parfaite qu'autant qu'elle est reçue par la personne du donataire, vivant même en commun avec le donateur, ou par un fondé de pouvoirs. Il n'y aurait donc pas donation valable si, après le concours des deux consentements, le donateur faisait tradition de la chose donnée à un tiers chargé d'en faire lui-même la remise au donataire, à moins que ce tiers n'eût reçu, de ce dernier, mandat de recevoir la chose pour lui et en son nom. Le mari ne peut recevoir la donation consentie à sa femme majeure; celle-ci doit prendre elle-même possession des biens qui lui sont donnés.

**692.** — En règle générale, lorsque la donation est faite au profit d'un incapable, celui-ci est représenté tant pour l'acceptation que pour la tradition par son représentant légal. Mais ici, comme il s'agit d'une libéralité, d'un acte qui ne peut qu'enrichir l'incapable et non l'appauvrir, la loi lui donne capacité dès qu'il est en âge de discernement, de même qu'elle regarde comme suffisante l'intervention dans son intérêt de tiers qui ne sont pas juridiquement ses représentants. Ainsi, après le mariage, le mari peut recevoir la donation consentie en faveur de son épouse mineure, même alors qu'elle a lieu en présence de son père.

La donation faite au profit d'un mineur peut être acceptée et reçue par lui s'il est parvenu à l'âge de raison. La loi reconnaît capacité pour accepter au nom du mineur non seulement au tuteur, mais encore à toute personne qui a la garde de l'enfant, même à son précepteur. Lorsque le donateur est le père du donataire, on applique les règles de droit commun si ce dernier est majeur; mais s'il s'agit d'une donation faite à un mineur par son père, son tuteur ou un individu qui a la garde de sa personne, l'acte est parfait par le fait seul de la volonté du donateur nettement exprimée, à condition toutefois que celui-ci soit en possession réelle de la chose dont il se dépouille ou tout au moins que cette chose se trouve entre les mains d'un tiers dépositaire. Dans cette hypothèse, en effet, il y a réunion en une même personne de la qualité de donateur et de celle de représentant du donataire et la tradition s'opère fictivement, la chose étant déjà en la possession de celui qui réunit cette double qualité; l'objet donné passe, de par le fait seul de son consentement, de son propre patrimoine dans celui de l'incapable.

Ces règles s'appliquent à tous les incapables, notamment aux interdits. Elles ont pour conséquence de faire du père, du tuteur, de celui qui a la garde du mineur, un dépositaire relativement aux choses par eux données. Si donc ils viennent à mourir insolvables (en supposant, bien entendu, que leur insolvabilité soit survenue postérieurement à la donation), l'incapable a le droit de réclamer à leur succession la restitution du dépôt.

Les jurisconsultes décident cependant, relativement aux donations faites à des incapables par leurs représentants, que lorsqu'il s'agit de choses fongibles ou n'ayant pas une individualité propre, comme du numéraire, la tradition ne s'accomplirait pas fictivement; il faudrait, en ce cas, que la numération des espèces, la tradition des choses fongibles, eussent lieu effectivement en mains d'une tierce personne désignée par le magistrat.

## SECTION V.

### De la révocation des donations.

Sommaire :

693. Les donations sont, de leur essence, révocables.
694. Exceptions à ce principe.
695. Doctrine opposée des Malékites et des Chaféites.

**693.** — La donation à titre gratuit faite dans un but de libéralité envers le donataire est, par son essence, révocable au gré du donateur, lors même que celui-ci, par l'acte constitutif, aurait renoncé au droit de révocation. Tant que le donataire n'a pas pris possession, le bien n'étant pas passé dans son patrimoine, la révocation résulte du simple refus de tradition, de la défense d'appréhender; la donation devient, par cela seul, caduque et inexistante.

Après la tradition, il s'agit de réintégrer dans le patrimoine du donateur le bien qui en est sorti; il faut pour cela, à défaut du consentement du donataire, que la résolution soit prononcée en justice; le retour au donateur n'a lieu qu'après la décision du magistrat ou, s'il y a consentement, après que le donataire a formulé sa renonciation. Si, jusque-là, le donateur reprend possession de la chose, il le fait arbitrairement, par suite d'usurpation, et, en cas de perte survenue entre ses mains, il en est responsable envers le véritable propriétaire.

**694.** — Le principe de la révocabilité souffre de nombreuses exceptions que nous allons examiner. La donation est irrévocable :

1° Lorsqu'elle est faite à un parent au degré prohibé, même chrétien ou juif, soumis ou non à la puissance musulmane, et bien que demeurant hors des pays de l'Islam.

2° Lorsqu'elle est faite entre époux. La donation n'est pas révocable, même en cas de dissolution du mariage par voie de répudiation, de divorce, etc... L'article 519 du texte étend cette disposition aux donations faites par le mari à sa femme avant la célébration du mariage.

3° Lorsqu'il survient à la chose donnée un accroissement qui s'unit et s'incorpore à elle, par exemple lorsque s'agissant d'un terrain, le donataire y a fait des constructions ou des plantations, ou bien lorsque, s'agissant d'un animal chétif, il a été engraissé chez le donataire. Il en est de même lorsque la chose donnée a subi un changement tel que son individualité première a disparu, par exemple lorsque le blé donné a été converti en farine.

L'accroissement ne met pas obstacle à la révocation lorsqu'il peut être séparé de la chose sans détérioration pour celle-ci. S'il s'agit de la femelle d'un animal, la donation ne peut être révoquée tant qu'elle est pleine; elle peut l'être après qu'elle a mis bas, le part restant au donataire.

En cette matière donc, la disparition de la cause d'empêchement fait revivre le droit de révocation.

La hausse de prix ou de valeur de la chose donnée ne fait pas obstacle au droit de reprise, sans que le donataire puisse prétendre à la plus-value.

4° Lorsque le donateur ou le donataire sont décédés. L'action en révocation est attachée à la personne et ne passe pas aux héritiers du donateur; de même les héritiers du donataire ont eu, par le fait du décès du *de cujus*, une saisine qui les a investis irrévocablement de la propriété, laquelle n'était que révocable tant qu'elle résidait sur la tête de leur auteur.

5° Lorsque le donataire a transmis à un tiers la chose donnée, par voie de vente, donation ou tout autre mode qui l'a dépouillé de la propriété. Si l'aliénation n'était pas définitive, comme dans le cas de vente à réméré, le droit de révocation subsisterait, mais à charge par celui qui voudrait l'exercer de se substituer aux obligations du donataire envers le détenteur. Lorsqu'une partie seulement du bien donné a été aliénée, le droit de retour peut être exercé sur la partie restée en mains du donataire.

6° Lorsque la chose donnée a péri, quelle que soit d'ailleurs la cause de la perte. Si l'objet n'a péri qu'en partie, le donateur peut reprendre ce qu'il en reste.

7° Enfin, lorsqu'il s'agit d'une remise de dette assimilée par la loi musulmane à une donation. Lorsque le débiteur a accepté cette remise, il est libéré, tout droit du créancier est éteint et la créance ne saurait revivre.

**695.** — Les Malékites et les Chaféites admettent, en matière de révocation des donations, un principe absolument opposé à celui des Hanafites. Dans ces rites, la donation est essentiellement irrévocable et la révocation permise en certains cas ne l'est qu'à titre très exceptionnel. Et il faut remarquer que la tradition n'étant, dans ces rites, qu'une condition extrinsèque donnant seulement au contrat son caractère utile mais n'ayant aucune influence sur sa validité, la donation devient irrévocable dès qu'il y a eu offre et acceptation, c'est-à-dire indépendamment de toute prise de possession.

La Cour d'Alger a sanctionné ces principes par plusieurs décisions, notamment par arrêts des 8 février 1872 et 14 octobre 1873.

Les docteurs n'admettent que deux cas dans lesquels la donation puisse être révoquée : lorsqu'il s'agit d'une donation faite par le père à son fils, ou d'une donation faite par la mère à son enfant en bas âge, du vivant de son père. Et encore faut-il observer que les donations faites par les parents à leurs enfants deviennent irrévocables : 1° lorsqu'elles sont faites dans un but pieux. La plupart des Cadis insèrent dans leurs actes, pour rendre la libéralité irrévocable, une déclaration par laquelle le donateur énonce qu'il consent la libéralité pour être agréable à Dieu, dans l'espérance d'une récompense dans la vie future, etc...

2° Lorsque la chose n'existe plus, qu'elle a changé de nature, qu'il est venu s'y adjoindre un accroissement ne pouvant en être distrait.

3° Lorsque le donataire a contracté mariage et que l'union a été déterminée par la situation que lui assurait la donation.

4° Lorsque le donataire a obtenu du crédit par suite de la qualité de donataire.

5° Pendant l'état de maladie grave, soit du donataire, soit du donateur.

## SECTION VI.

### Des formalités et des preuves.

Sommaire :

696. De l'acte écrit.
697. De la preuve testimoniale.

**696.** — La donation n'est assujettie à aucune formalité particulière; nous avons vu qu'elle est parfaite par le consentement des deux parties suivi de tradition.

Le mode le plus parfait de preuve est l'acte écrit. Mais il ne faut pas oublier que l'acte n'est que l'instrument destiné à établir le contrat et qu'il ne le constitue pas. La Cour d'appel mixte d'Alexandrie a jugé, par arrêt du 17 juin 1880, que « la donation est parfaite par le concours des deux volontés et l'acte reçu par le Cadi le constatant. Le donataire est propriétaire des biens donnés dès cet instant et non à partir du hodget postérieur qui lui est délivré. » Il est bien certain que la délivrance du hodget n'est pas, par elle-même, constitutive d'un droit; cela ne pouvait faire sérieusement question. La Cour nous paraît même avoir méconnu les véritables principes en déclarant que la donation, pour être parfaite, devait être constatée par acte du Cadi et que la propriété était dévolue au donataire dès l'instant où l'acte est intervenu. Cela serait vrai en droit Français où l'acte authentique est indispensable à la validité de la donation, mais en droit Musulman l'écrit n'est qu'un moyen de constatation, un mode de preuve et nous en revenons à ce que nous avons dit plus haut, à savoir que la donation est parfaite par le double consentement suivi de tradition.

**697.** — Une donation pourrait être établie par témoins dignes de foi, conformément aux règles générales du droit commun. Mais la preuve ne serait admissible que si le prétendu donataire était en possession ou du moins s'il établissait en même temps avoir eu la possession utile, s'il prouvait la tradition qui, chez les Hanafites, est constitutive du droit.

En Algérie, la donation est prouvée le plus souvent par les témoignages. Le Cadi dresse un acte de notoriété constatant le consentement donné par le donateur, l'acceptation du donataire et, si la tradition a eu lieu, la prise de possession. Mais la Cour d'Alger se montre en cette matière d'une sage sévérité; si elle n'exclut pas la preuve testimoniale, elle exige du moins que cette preuve ne laisse aucune espèce de doute et cela se comprend, alors qu'il s'agit d'une libéralité, surtout d'une libéralité non sujette à rapport et qui peut porter une grave atteinte aux règles de la dévolution successorale musulmane.

## SECTION VII.

### De la donation aumônière.

Sommaire :

698. Définition. — Comment elle devient parfaite.
699. Du vœu considéré au point de vue de la loi civile.

**698.** — La donation aumônière est non seulement celle qui est faite au profit d'un pauvre mais encore celle qui est faite à un établissement pieux ou même à une personne non indigente mais dans un but charitable et en vue d'une récompense dans la vie future. L'envoi et la réception de la chose donnée constituent ici le consentement, l'acceptation et la tradition. La chose devient dès lors la propriété du donataire et ne peut plus lui être enlevée par l'exercice de l'action révocatoire : une telle donation est définitive et irrévocable, fût-elle faite à une personne riche.

**699.** — Nous avons dit que la donation à titre gratuit faite sous condition ou à terme est nulle, puisque le donateur ne se dessaisit pas de la propriété ou du moins de la possession au moment de l'acte. En est-il de même en matière de donation aumônière? Lorsqu'un individu promet de donner telle chose s'il échappe à tel péril, si tel événement arrive ou n'arrive pas, cette promesse de donner, qui constitue un vœu, est-elle valable? La question ne saurait, à notre avis, se poser chez les Hanafites qui exigent la tradition, même en matière de donation aumônière pour que la libéralité ait un caractère légal et obligatoire. Chez les Malékites et les Chaféites la question est controversée. Lorsqu'un individu a fait serment de consacrer telle ou telle somme à une œuvre pie, de donner une chose déterminée pour l'accomplissement de bonnes œuvres mais sans spécifier la personnalité du donataire, par exemple s'il a promis de donner aux pauvres, il ne peut être contraint à tenir son serment parce que le donataire n'est pas déterminé et que par conséquent l'action qui tendrait à l'exécution de la donation n'appartient en réalité à personne. M. Zeys pense, toutefois, que la donation aumônière faite en faveur « des pauvres » est valable, que la chose donnée doit en ce cas être remise à l'autorité publique qui la convertit en argent si elle ne consiste pas en numéraire, et en fait la distribution aux nécessiteux.

Si le vœu a été fait au profit d'un pauvre déterminé, d'une mosquée clairement désignée et qu'il y ait acceptation, certains jurisconsultes reconnaissent au donataire une action utile en délivrance de la chose donnée; d'autres, au contraire, ne voient dans une telle promesse, même faite sous serment, qu'une obligation purement morale et religieuse ne donnant lieu à aucune sanction juridique.

## SECTION VIII.

### De la donation à titre onéreux.

SOMMAIRE :

700. Caractère de ce contrat.
701. De la tradition ; de l'irrévocabilité.
702. De l'éviction.
703. De la compensation postérieure à la donation.
704. De la donation à charge de rente viagère.

**700.** — La donation à titre onéreux est un contrat commutatif par lequel le donateur transmet à un tiers la propriété d'une chose déterminée, sous la condition de recevoir à titre compensatoire une autre chose ou un avantage également définis. On voit donc qu'il ne s'agit plus ici d'un contrat de pure bienfaisance mais d'un véritable échange dans lequel il y a toujours obligation de la part des deux parties contractantes, l'importance des obligations pouvant d'ailleurs être disproportionnée.

**701.** — La donation n'est parfaite que par la tradition réciproque qui seule transfère à chacun des contractants la propriété respective des choses échangées. Les principes de la vente et de l'échange sont applicables en cette matière, notamment en ce qui concerne la garantie des vices cachés ou rédhibitoires.

De ce que le contrat que nous examinons est commutatif, il résulte qu'il ne peut, une fois réalisé par le concours des volontés suivi de tradition, être résolu par la volonté d'une seule des parties; l'action révocatoire n'est donc pas ouverte à l'une ou l'autre d'entre elles ; le contrat peut seulement être résolu comme toutes les conventions lorsque l'un des contractants vient à manquer à ses obligations, ou lorsqu'une des parties se trouve évincée de la chose par elle acceptée en compensation.

**702.** — Si le donataire est évincé de la chose reçue en compensation, il peut reprendre la chose donnée pourvu qu'elle se retrouve en nature et s'il n'y a pas d'accroissement ou d'autres causes qui s'opposent à la révocation ; s'il n'est évincé qu'en partie, il peut également exercer l'action en retour mais à la condition de restituer ce qu'il lui reste du bien par lui reçu.

Si, au contraire, c'est le donataire qui est évincé du bien qui a fait l'objet de la donation, il a le droit de réclamer la chose par lui donnée en compensation et, si la reprise en nature est impossible, une chose pareille ou sa valeur. S'il n'est évincé que de la moitié de la chose par lui reçue, il peut se faire restituer moitié de ce qu'il a donné en compensation.

**703.** — Il peut se faire qu'après une donation pure et simple à titre gratuit rendue parfaite par la tradition, le donataire, à son tour, livre au donateur, sans y être tenu, une chose déterminée et à titre compensatoire. L'acceptation de la compensation de la part du donateur a pour effet de transformer le premier contrat, tout de bienfaisance, en un contrat commutatif et d'abolir le droit de révocation ; mais il faut qu'il soit bien établi que le donateur a accepté la chose à lui livrée, en compensation de celle par lui donnée ; il pourrait déclarer qu'il ne l'accepte qu'à titre de compensation partielle, par exemple, à concurrence de moitié, et dans ce cas l'action révocatoire subsisterait en sa faveur, à concurrence de la quotité non compensée.

**704.** — L'article 528 porte que la donation faite à la charge d'une compensation déterminée au moment de l'acte n'est parfaite que par la tradition réciproque. La loi admet cependant que la compensation peut consister en une obligation devant s'acquitter jour par jour. « Lorsque quelqu'un, en faisant donation de ses immeubles, stipule que le donataire devra pourvoir à son entretien, sa vie durant, tant que celui-ci a rempli son obligation, le donataire repenti (qui regrette d'avoir conclu la convention) ne peut révoquer la donation et se faire restituer ses immeubles » (*Répertoire,* v° *Donation,* art. 855).

On voit par ce qui précède que la donation à titre onéreux constitue un contrat *sui generis* qui tient à la fois de la donation proprement dite et de l'échange. Il faut donc, en cette matière, appliquer, en les conciliant, les règles qui régissent ces deux contrats.

# CHAPITRE DEUXIÈME.

## DES TESTAMENTS.

---

Sommaire :

**705.** Définition. — Des différentes espèces de legs. — Divergence des rites. — Division du sujet.

**705.** — L'article 530 du Code Hanafite définit le testament : un acte par lequel le testateur aliène sa propriété à titre gratuit pour le temps où il n'existera plus.

Le legs peut être de trois sortes : particulier, lorsqu'il a pour objet une chose déterminée; à titre universel, lorsqu'il comprend une quotité de l'hérédité; enfin universel lorsqu'il comprend toute l'hérédité. Nous avons vu, au titre des successions, que le légataire universel peut être institué chez les Hanafites lorsque le *de cujus* ne laisse aucun héritier préférable et que, dans ce cas, le légataire est mis au rang des acebs ou héritiers universels. Les Malékites et les Chaféites n'admettent pas le legs universel; le testateur ne peut disposer que du tiers de ses biens, même lorsqu'il ne laisse pas d'héritiers.

Nous suivrons, dans l'examen des questions relatives aux testaments et legs, l'ordre que nous avons adopté dans le chapitre précédent relativement aux donations entre-vifs et nous étudierons successivement :

1° la capacité de disposer par testament,

2° celle de recevoir,

3° les biens susceptibles d'être légués et la quotité disponible,

4° les conditions essentielles à la validité des testaments, les formalités et preuves, et le droit de révocation.

## SECTION I.

**De la capacité de disposer par testament.**

SOMMAIRE :

706. Quatre conditions sont exigées. — Incapacité de l'esclave.
707. Incapacité absolue du mineur.
708. Doctrine des Chaféites et des Malékites.
709. De l'insensé et de l'interdit pour cause de prodigalité.
710. De l'individu en état de déconfiture; caractère relatif de son incapacité.
711. Du malade.
712. De l'influence de la différence de religion; exception au principe de non-hérédité entre personnes de croyances différentes.

**706.** — Pour pouvoir tester, il faut être libre, majeur, sain d'esprit et propriétaire des biens légués.

La première condition ne nécessite aucune explication; celui-là seul a le droit de disposition qui a un droit de propriété; la personne de condition libre est donc seule capable de faire un testament.

**707.** — Le mineur est frappé d'une incapacité absolue; il ne peut faire aucune disposition de dernière volonté si ce n'est relativement à ses funérailles. La loi maintient la prohibition quoique le mineur ait atteint l'âge de discernement, l'adolescence, et qu'il ait été émancipé. Tout testament par lui fait est radicalement nul alors même qu'il l'aurait été avec l'assistance du tuteur ou « sous condition suspensive dépendant de la majorité. » On voit combien le droit musulman est strict en cette matière puisqu'il n'admet même pas la ratification tacite, en état de majorité, du testament fait par un mineur. Cette sévérité se concilie mal, surtout en ce qu'elle a trait au mineur émancipé, avec les dispositions qui donnent à ce mineur le droit de faire le commerce avec l'autorisation de son tuteur, de s'obliger même avec une lésion grave, de transiger, etc..... Que le mineur émancipé n'ait pas le droit de consentir une donation entre-vifs, acte de libéralité qui a pour effet de l'appauvrir dès que le contrat est devenu parfait, cela se comprend; on admet moins facilement l'interdiction faite à un individu reconnu capable d'administrer son patrimoine et même de consentir certains actes d'aliénation, en ce qui a trait aux legs qu'il pourrait faire et qui sont sans effet immédiat. La raison de cette sévérité réside certainement dans ce que, si la loi civile autorise le legs, la loi religieuse ne l'admet qu'avec une sorte de regret, le considérant comme attentatoire aux droits des successibles, c'est-à-dire de la famille; et c'est certainement le motif qui a porté les Hanafites à restreindre, dans les limites du possible, le droit de libre disposition testamentaire. Quoi qu'il en soit, cette disposition de la loi qu'on rencontre chez tous les docteurs du rite, notamment chez Ibrahim Halébi et dans l'Hédaya, est formelle et ne peut être éludée.

**708.** — Les Chaféites reconnaissent entière capacité au mineur dès qu'il est parvenu à l'âge de discernement.

Chez les Malékites, les docteurs sont divisés : les uns adoptent la doctrine des Chaféites et valident le testament du mineur lorsqu'on n'y rencontre aucune clause dénotant le défaut de discernement; les autres ne reconnaissent les legs faits par le mineur que lorsqu'ils sont consentis au profit des pauvres ou d'établissements pieux.

**709.** — L'insensé est incapable de tester, étant dépourvu de discernement. Nous croyons cependant que celui qui a des intervalles lucides peut, alors qu'il possède sa raison, faire des dispositions valables. Cette opinion, admise par la généralité des auteurs, est conforme au texte de l'article 483 qui déclare valables les actes civils faits par un aliéné pendant ses intervalles lucides.

MM. Sautayra et Cherbonneau regardent comme capable l'interdit pour cause de prodigalité à moins que les héritiers ne prouvent qu'il était privé de son libre arbitre, d'un discernement complet, lorsqu'il a disposé de ses biens par testament. Les articles 490 et 532 du Code Hanafite ne permettent pas cette interprétation et ne donnent capacité au prodigue que lorsque les dispositions testamentaires sont faites au profit des pauvres, des établissements pieux ou de bienfaisance.

**710.** — L'individu en état de déconfiture ne peut disposer de ses biens au préjudice de ses créanciers; la loi le déclare en état d'interdiction légale et lui enlève le droit de libre disposition. « Le testateur, dit Ibrahim Halébi, ne peut pas préjudicier à ses créanciers dont les droits sont supérieurs à ceux des légataires et même des héritiers du sang. » Cette disposition formellement contenue dans le Code Hanafite est surabondante; il est en effet de principe, en matière de successions, que l'actif héréditaire sert d'abord à acquitter les dettes, les legs ensuite, enfin à remplir les héritiers de leurs droits. Il est donc évident que si, au décès, le passif du *de cujus* dépasse l'actif, les créanciers absorberont toute l'hérédité et que les legs deviendront par cela même caducs. Mais il résulte de ce qui précède que le testament fait par un individu en état de déconfiture n'est pas frappé de nullité ainsi que l'est celui du mineur ou de l'insensé; il est simplement annulable ou plutôt non susceptible d'exécution; si les créanciers font remise de ce qui leur est dû ou consentent à l'acquit des legs, le testament est valable et doit être exécuté.

**711.** — MM. Sautayra et Cherbonneau enseignent que, chez les Hanafites, le malade a capacité complète en matière de dispositions testamentaires et appuient leur opinion sur un texte qu'ils citent en ces termes : « Si un homme, même en état de maladie, se constitue débiteur d'une somme quelconque et dispose par là de tout son bien, ses héritiers seront exclus. » Il y a là certainement une confusion. Une telle disposition ne saurait s'appliquer aux testaments et ce qui le démontre bien c'est qu'elle reconnaîtrait le droit d'aliéner le patrimoine entier au préjudice des héritiers, droit qui n'existe dans aucun rite. La rédaction même du passage cité prouve à l'évidence qu'il s'agit non d'une disposition testamentaire mais d'une reconnaissance de dette. L'article 563 du Code Hanafite donne en effet au malade le droit de se reconnaître débiteur vis-à-vis d'un tiers non héritier et, en excluant la reconnaissance faite au profit de l'héritier, il ne fait que démontrer encore la préoccupation de la loi qui veut qu'un héritier ne puisse être avantagé au détriment des autres. Est-ce à dire que les successibles puissent être lésés par un acte qui dissimulerait sous une prétendue reconnaissance de dette un legs dépassant la quotité disponible? Nous ne le pensons pas, la loi ne pouvant autoriser indirectement ce qu'elle défend. L'article 560 est d'ailleurs formel : « Les dispositions subordonnées au décès sont exécutoires sur le tiers des biens du disposant, quoiqu'elles soient consenties à un moment où il jouissait de la plénitude de sa santé. » Citons enfin l'article 561, aux termes duquel « les dispositions à titre gratuit consenties par un malade… sont assimilées aux dispositions testamentaires et, partant, exécutoires sur le tiers du patrimoine. » Cette disposition ne laisse aucun doute sur la capacité du malade et son étendue.

Il est inutile de rappeler qu'il s'agit toujours de la dernière maladie, celle qui a entraîné la mort du *de cujus*.

**712.** — La religion n'a pas d'influence sur la capacité du testateur; un infidèle peut tester aussi bien qu'un croyant, au profit d'un autre infidèle, aussi bien qu'en faveur d'un Musulman. Ibrahim Halébi s'exprime ainsi : « La différence de religion entre le testateur et le légataire n'attaque pas la légitimité du legs; par conséquent, un Musulman peut tester en faveur d'un infidèle, de même qu'un infidèle peut tester en faveur d'un Musulman. Loi qu'il ne faut pas confondre avec celle qui exclut de la succession ceux qui ne professent pas la même croyance. » La dernière partie de ce texte nous semble peu juridique, tout au moins d'après la doctrine Hanafite. Il ne faut pas oublier en effet que dans ce rite le légataire peut, en certains cas, être universel et avoir le rang d'aceb; il n'est donc pas exclu de la succession du *de cujus*, malgré sa différence de croyance. Ne pourrait-on même pas soutenir que le légataire à titre universel vient en réalité directement à la succession? Il faut donc rétablir le véritable principe en disant que la loi musulmane n'appelle pas un infidèle à l'hérédité d'un croyant, mais que le testateur peut l'y appeler par le fait de sa volonté et lui donner la qualité d'aceb en tant, bien entendu, qu'il n'y a pas d'héritier préférable.

## SECTION II.

**De la capacité de recevoir par testament.**

SOMMAIRE :

713. Pour hériter, il faut être vivant ou tout au moins conçu ; réfutation de la doctrine qui permet d'instituer comme légataire un individu décédé.
714. De l'enfant conçu ; des jumeaux.
715. Incapacité relative du meurtrier.
716. Des legs pieux ; comment ils sont attribués.
717. Incompatibilité entre la qualité d'héritier et celle de légataire ; des moyens quelquefois employés pour éluder la prohibition légale. — A quelle époque faut-il se placer pour apprécier la qualité d'héritier ?
718. Du legs au profit du conjoint.

**713.** — On ne peut disposer par testament qu'au profit d'un individu vivant ou tout au moins conçu.

Le texte de l'article 331 est formel à cet égard : « Il faut que le légataire soit *réellement vivant* ou au moins conçu. » Les Malékites admettent cependant, aux termes de la doctrine de Sidi Khalil, que le legs fait au profit d'une personne dont le testateur a connu le décès est valable ; le legs est en ce cas employé à payer les dettes du légataire et, s'il n'en a pas, il passe à ses héritiers. Nous avons vu que la Cour d'Alger a jugé le contraire en matière de donation et nous croyons sa décision très juridique quoiqu'en désaccord avec l'opinion du plus grand docteur du rite.

Nous ne comprenons pas en effet comment un mort peut devenir dévolutaire d'une propriété. La personnalité ne survit pas à l'individu et on est forcé, pour admettre la validité du legs, de reconnaître qu'en réalité il n'est pas fait en faveur de la personne décédée mais bien au profit de tiers héritiers. Les héritiers ne succèdent qu'à ce qui se trouve dans le patrimoine du *de cujus* au jour du décès ou aux biens qui y rentrent plus tard par suite d'un droit propre à leur auteur; ils ne sauraient, à notre avis, puiser dans leur qualité un droit à une chose sur laquelle le défunt n'en avait lui-même aucun.

**714.** — L'enfant conçu peut recevoir par testament pourvu qu'il naisse vivant avant l'expiration de six mois, si le mari de la femme enceinte est vivant, ou avant l'expiration de deux ans à compter du jour du décès du mari ou de la répudiation, si le mariage est dissous par la mort ou par une répudiation irrévocable, parfaite ou imparfaite, prononcée au moment de la confection du testament.

Si la mère met au monde deux jumeaux vivants, ils se partagent le legs par moitié, sans qu'il y ait lieu de tenir compte de la différence de sexe.

**715.** — L'article 539 édicte une incapacité à l'encontre de celui qui a été l'auteur direct du meurtre du testateur, avant ou après la confection du testament, que la mort ait été donnée volontairement ou soit la suite d'un accident. Il faut rapprocher cette disposition de l'article 586, relatif aux cas d'indignité, qui font écarter l'héritier de la succession. Nous renvoyons aux développements que nous avons donnés à ce sujet sous les n°s 573 et suivants. Il faut remarquer cependant que le légataire n'est pas déclaré indigne de plein droit et par le seul fait de l'acte par lui commis; il n'est déchu de ses droits qu'à la demande des héritiers qui peuvent, dit le texte, couvrir la nullité par leur consentement.

L'article 539 nous offre plusieurs dispositions qui doivent certainement être respectées puisqu'elles sont écrites dans la loi, mais qui n'en sont pas moins bizarres et inexplicables. Si on suit le texte à la lettre, on arrive à cette conséquence que celui qui, par imprudence, a causé directement la mort du testateur, est déchu du legs fait à son profit, tandis que celui qui est la cause volontaire mais indirecte de la mort, par exemple celui qui, en temps de guerre, a livré le testateur à l'ennemi, ne perd pas le bénéfice de la disposition.

Mais là où le texte nous offre une disposition tellement extraordinaire qu'il en devient incompréhensible, c'est lorsqu'il édicte que l'auteur direct du meurtre encourt la déchéance du legs fait à son profit « à moins que l'auteur du crime ne soit héritier unique du testateur. » Pour être héritier et héritier unique le légataire doit être universel, ce qui le met au rang d'aceb. Or nous avons vu que l'auteur du meurtre du *de cujus* encourt *de plano* une déchéance comme indigne et ne peut être appelé à la succession ; on ne comprend nullement d'ailleurs comment le meurtrier, le criminel, puisque la loi emploie cette expression, pourrait être relevé de son indignité par cette circonstance qu'il serait seul héritier du testateur, c'est-à-dire qu'il aurait eu à sa mort un intérêt d'autant plus grand. Nous ne pouvons attribuer qu'à un vice de rédaction, à une erreur de texte, une disposition aussi extraordinaire.

**716.** — Les legs pieux peuvent être faits au profit de personnes ou d'établissements désignés et aussi sans désignation spécifiant à quelles œuvres ils doivent être appliqués. C'est ainsi qu'on peut faire un testament au profit des mosquées, des établissements de bienfaisance, des hospices et des écoles, ou même disposer à titre général de bienfaisance. Le legs est alors employé au soulagement des pauvres, à l'entretien ou à la construction des mosquées, des ponts, des fontaines et autres établissements d'utilité publique et générale non susceptibles de propriété privée.

Lorsque la spécification du légataire est ambiguë, il y a lieu à interprétation par le magistrat de la volonté présumée du testateur. Les jurisconsultes ne sont pas d'accord sur les règles à suivre en ce cas; les uns pensent que lorsqu'un legs a été fait en faveur des pauvres de telle localité, des gens de telle tribu, le montant doit en être distribué entre tous; les autres estiment, au contraire, qu'il est satisfait au vœu du testateur par la distribution faite dans les meilleures conditions possibles à tels ou tels pauvres de la localité désignée, à tels ou tels membres de la tribu. Lorsqu'un testateur a disposé au profit d'une famille par lui désignée, Abou Hanifa estime que le chef de cette famille a seul qualité pour recevoir; Ibn Youssef et Mohamed pensent, au contraire, que chaque membre peut en réclamer sa part.

**717.** — Il y a incompatibilité entre la qualité d'héritier et celle de légataire. Les parts héréditaires sont fixées par le Koran et la loi n'admet pas qu'un héritier puisse recevoir plus que ce qu'elle lui attribue, qu'il puisse être avantagé. Par conséquent, si l'héritier est en même temps institué légataire il ne viendra à la succession qu'en la première qualité; le legs sera caduc.

Cependant les héritiers appelés ensuite du décès du *de cujus* peuvent respecter le legs et, s'ils sont maîtres de leurs droits, renoncer à se prévaloir de sa caducité. Si, parmi eux, quelques-uns seulement font cette renonciation, le legs sera confirmé seulement pour la part qui leur serait revenue, sans préjudice des droits de ceux qui n'ont pas couvert la nullité de la disposition. Une fois la nullité couverte, les ayants-droit ne peuvent plus revenir sur leur libre renonciation; ils sont tenus d'acquitter le legs avant tout partage et peuvent, en cas de refus, y être judiciairement contraints. La nullité du legs fait à l'héritier n'est donc pas absolue mais simplement relative.

Il arrive fréquemment qu'un individu a recours à des moyens détournés pour avantager un héritier et échapper à la prohibition qui interdit le cumul des qualités d'héritier et de légataire. Les moyens le plus souvent employés sont : la donation entre-vifs, la vente fictive, la reconnaissance d'une dette simulée et la substitution de personnes.

La donation entre-vifs est incontestablement valable pourvu qu'elle réunisse les conditions exigées par la loi, notamment que le dessaisissement du donateur ait été actuel, immédiat et réel. La vente fictive et la reconnaissance d'une dette simulée sont, au contraire, susceptibles d'annulation et les tribunaux n'hésitent jamais à les déclarer nulles lorsqu'il apparaît des circonstances qu'elles n'ont été faites par le *de cujus* que pour éluder la loi, pour frustrer les héritiers, enfin pour faire indirectement ce qui est prohibé.

Il en est de même de l'interposition de personnes. Lorsqu'un legs a été fait, en réalité, à un héritier par personne interposée, la disposition peut être annulée; c'est ainsi que la Cour d'Alger a annulé, par arrêt du 8 juillet 1861, un legs fait à une femme non héritière mais qui devait en réalité profiter à son mari qui se trouvait, par sa qualité d'héritier, incapable de recevoir. Il ne faudrait pas déduire de là que le parent non héritier soit incapable d'être légataire et que sa proche parenté avec un héritier suffise, à elle seule, pour le faire réputer personne interposée. La liberté laissée au testateur de disposer du tiers de ses biens serait le plus souvent illusoire s'il lui était interdit d'instituer légataire un de ses successibles, un membre de sa famille exclu de l'hérédité par l'existence d'héritiers qui lui sont préférables. C'est ainsi que lorsque les fils du *de cujus* viennent comme héritiers, le père peut valablement léguer la quotité disponible à ses petits-enfants issus de tel ou tel de ses fils. Il y a donc là une question d'appréciation que les tribunaux tranchent suivant les circonstances. La règle générale, en la matière, reconnaît au testateur le droit de disposer d'une partie de son patrimoine par testament au profit d'un parent non héritier aussi bien que d'un étranger. La prohibition ne porte que sur le parent héritier; le legs ne peut donc être annulé que si le magistrat reconnaît que le légataire apparent, capable par lui-même de recevoir, n'est dans l'espèce qu'une personne interposée, un fidéi-commissaire choisi pour faire parvenir à l'héritier un legs qu'il est incapable de recevoir directement.

La qualité d'héritier se fixe au moment du décès du testateur et non au jour de la confection du testament; il en résulte qu'une disposition caduque par elle-même peut devenir valable par suite d'un événement ultérieur; par exemple, lorsqu'un héritier a été institué légataire, si dans l'intervalle qui s'est écoulé entre le testament et le décès du testateur sa qualité disparaît par la survenance d'un parent plus proche, le legs est valable et doit être exécuté. En d'autres termes, il faut se placer au jour du décès du *de cujus*, pour apprécier la capacité du légataire; si à ce moment il est appelé à l'hérédité de par les règles de la dévolution successorale, le legs devient caduc.

**718.** — Le conjoint qui n'a pas d'autre héritier que son conjoint peut tester au profit de celui-ci; il n'y a alors préjudice pour aucune des personnes auxquelles la loi a voulu assurer une partie de la succession. Mais s'il existe un seul héritier, le legs est caduc à moins que l'intéressé ne le confirme et ne consente à le regarder comme valable.

## SECTION III.

### Des biens susceptibles d'être légués et de la quotité disponible.

Sommaire :

719. Les biens doivent être susceptibles de propriété privée; des choses prohibées; de la condition illicite.
720. De la chose incertaine; de la chose d'autrui.
721. De la perte de la chose léguée. — De l'accroissement.
722. Le testateur qui n'a pas d'héritier peut disposer de tout son patrimoine.
723. La prohibition de dépasser la quotité disponible n'est pas d'ordre public.
724. Comment s'établit la valeur de la quotité disponible.
725. De la réduction.
726. Des legs qui doivent être acquittés par préférence.
727. Legs de la part d'un fils.
728. Règles applicables en cas de décès d'un des légataires avant le testateur.
729. Spécification de la chose léguée.
730. Du legs d'usufruit; de l'usufruit temporaire, sans limitation de durée et perpétuel.
731. Suite.
732. Du droit d'habitation et du legs de revenus.

**719.** — On peut disposer par testament de tous biens meubles et immeubles susceptibles de propriété privée. Le testateur peut disjoindre l'usufruit de la nue-propriété et léguer la jouissance à une personne, la nue-propriété à une autre. Nous étudierons plus loin les règles spéciales au legs d'usufruit.

Les choses illicites ne peuvent faire l'objet d'un legs, pas plus qu'elles ne peuvent être données entre-vifs; les règles que nous avons exposées en matière de donation sont applicables aux dispositions testamentaires. La condition illicite mise à une institution testamentaire, par exemple la stipulation qui aurait pour objet d'imposer au légataire une action défendue ou criminelle, entraînerait-elle la nullité du legs? MM. Sautayra et Cherbonneau, se basant sur un passage de Sidi Kkalil, enseignent l'affirmative. Quant à nous, la loi ne contenant aucune disposition formelle à ce sujet, nous pensons que le legs serait valable mais que la condition illicite devrait être réputée non écrite. Cette solution nous paraît plus conforme à l'esprit de la législation Hanafite.

**720.** — On peut léguer une chose incertaine ou un bien dont le testateur n'est pas propriétaire. Les considérations qui font déclarer nulle la donation de la chose d'autrui ou d'une chose incertaine n'existent pas en matière de testament. Dans le premier cas, en effet, le dessaisissement doit être immédiat, l'acte n'est valable que par la tradition réelle et sans délai; le bien qui n'est pas susceptible de prise de possession concomitante à la donation ne peut, par cela même, faire l'objet de ce contrat. Dans le second cas, au contraire, la tradition ne doit avoir lieu qu'à une échéance incertaine, au décès du testateur, sans même qu'après ce délai il y ait aucun terme de rigueur. La chose existante quoique incertaine peut donc être léguée, sauf au légataire à n'en prendre possession que lorsque cela deviendra possible; la chose d'autrui peut également faire l'objet d'un legs pourvu qu'étant dans le commerce elle soit de nature à être acquise. S'il s'agit d'un bien déterminé seulement quant à son espèce, tel qu'un cheval, une maison, les héritiers sont tenus d'exécuter le legs en achetant et livrant une chose de qualité moyenne ou dont la valeur sera arbitrée en tenant compte de l'intention présumée du testateur. S'il s'agit d'un bien faisant l'objet d'une spécification individuelle, telle que le cheval appartenant à Zeid, les héritiers devront acheter ce cheval et en faire tradition au légataire; si Zeid refusait de vendre le cheval ou en exigeait un prix absolument exagéré, le legs serait nul, selon les uns, comme non susceptible d'exécution; d'autres jurisconsultes pensent que les héritiers devraient, en ce cas, au légataire la valeur de la chose augmentée d'un tiers.

**721.** — Le légataire doit prendre les biens dans l'état où ils se trouvent au décès, c'est-à-dire au moment où son droit à la tradition prend réellement naissance; il profite donc des améliorations survenues depuis la confection du testament, de même qu'il supporte la moins-value. Si la chose a péri entre les mains du testateur, même par sa faute, le légataire n'a droit à aucune compensation; il en est de même si la chose a péri par cas fortuit, en mains des héritiers, après la délivrance; mais si la perte ou même la détérioration avaient pour cause l'usage qu'en auraient fait les héritiers, ceux-ci en seraient responsables, n'ayant pas le droit de se servir d'une chose qui n'est point passée dans leur patrimoine.

Si l'accession a augmenté la valeur du bien dans une mesure telle qu'il devienne évident que le testateur n'a pas eu l'intention d'en faire bénéficier le légataire, l'accroissement reste la propriété de l'hérédité et il y a alors indivision entre les héritiers et le légataire. Ainsi lorsqu'après avoir légué un terrain nu, le testateur y élève des constructions importantes, ces dernières ne sont pas réputées l'accessoire du sol; elles deviennent la propriété des héritiers. Le légataire peut seulement demander la vente de la chose non susceptible de partage en nature et la valeur du sol déterminée par voie de ventilation lui est attribuée.

Certains docteurs pensent que lorsque le testateur a légué une maison et qu'il la fait ensuite démolir, le legs devient absolument caduc; d'autres estiment que le légataire a droit au terrain sur lequel elle était édifiée ou qui en dépendait.

**722.** — Nous avons vu que tout propriétaire ayant capacité peut disposer de la totalité de ses biens par donation entre-vifs et que cette donation n'est pas, en droit musulman, sujette à rapport. Le droit de libre disposition par voie testamentaire est également illimité chez les Hanafites lorsque le testateur décède sans héritiers. L'article 534 est ainsi conçu : « Toute personne non grevée de dettes absorbant ses biens, et qui n'a point d'héritier, peut disposer par testament de tout ou de partie de ses biens en faveur de toute personne. Le testament est exécutoire indépendamment du consentement du fisc. » Il va sans dire que cet article doit être concilié avec les dispositions légales qui réglementent la capacité de disposer et celle de recevoir par testament.

Les Malékites et les Chaféites n'admettent pas ce droit de libre disposition s'étendant à la totalité du patrimoine. Les dispositions testamentaires doivent toujours, dans ces rites, être réduites au tiers des biens, lors même qu'à défaut d'héritier le surplus en serait dévolu au Beit el mal.

**723.** — Lorsque le testateur laisse un ou plusieurs héritiers, les legs ne peuvent dépasser le tiers et nous avons vu que si ce tiers peut être légué à un étranger ou à un parent non héritier, il ne saurait, en aucun cas, être attribué à un héritier. Cette règle est absolue et l'observation peut toujours en être réclamée par les ayants-droit; mais comme elle est faite dans l'intérêt de ceux-ci, la loi ne la considère pas comme étant d'ordre public, en ce sens que les héritiers peuvent toujours s'engager valablement à exécuter les dernières volontés du *de cujus,* quelles qu'elles soient; mais c'est là un abandon qu'ils font de leur propre chose et il en résulte que leur renonciation n'est valable qu'autant qu'elle se produit après le décès du testateur; tout consentement antérieur serait absolument nul comme ayant pour objet un droit non encore ouvert.

**724.** — Pour apprécier si le testateur n'a pas dépassé dans ses dispositions la quotité disponible, on fait masse de l'actif existant au jour du décès, on en déduit les dettes, et le solde constitue l'avoir héréditaire sur lequel doit se calculer le tiers susceptible d'être légué. Si les legs atteignent ce tiers sans le dépasser, ils sont dévolus au légataire, s'ils sont inférieurs, le surplus reste à l'hérédité, enfin s'ils sont supérieurs il y a lieu à réduction. Cette réduction peut, dans certaines circonstances, donner lieu à des difficultés; aussi la loi a-t-elle pris soin de déterminer à ce sujet quelques règles que nous allons examiner.

**725.** — Si le testateur a légué à deux personnes différentes deux parts égales, qui, réunies, excèdent le tiers, la disposition est réduite au tiers disponible qui se partage par portions égales. Mais il peut se faire que les legs additionnés et dépassant la quotité disponible soient d'inégale importance. L'article 548 dispose qu'en ce cas encore ils doivent être ramenés au tiers, qu'on attribue aux divers légataires par parts égales. Cependant, lorsque le legs a pour objet une somme d'argent ou qu'il a été déterminé par considération de la personne, dit la loi, la réduction se fait proportionnellement. En réalité, c'est la réduction proportionnelle que les jurisconsultes admettent le plus volontiers ; elle se fait par une simple opération d'arithmétique dont nous avons donné plusieurs exemples sous le numéro 649, l'attribution devant avoir lieu, bien entendu, après que les fractions ont été ramenées à la quotité disponible.

Lorsque le legs comprend des objets et valeurs autres que des sommes d'argent, on procède à l'estimation des biens légués et on applique, s'il y a lieu, les règles relatives à la réduction. Il peut se faire que le testateur ait légué une part indéterminée et variable : en ce cas les héritiers pourront, dit l'article 549, donner au légataire ce qu'il leur plaira ; s'il n'y avait aucun héritier, une pareille disposition ne constituerait pas l'ayant-droit légataire universel ; il ne pourrait prétendre qu'à la moitié de la succession, l'autre moitié étant alors dévolue au Beit el mal.

726. — Certains legs doivent être acquittés par préférence aux autres et sans subir de réduction, en tant toutefois qu'ils n'excèdent pas la quotité disponible. Ce sont les dispositions ayant un caractère religieux ou de bienfaisance. L'Hédaya veut qu'ils soient acquittés dans l'ordre suivant : 1° le legs pour la purification, 2° pour la prière, 3° pour les aumônes, 4° pour le jeûne, 5° pour le pèlerinage. Viennent ensuite, d'après Sidi Khalil, les œuvres pies : 1° le rachat des prisonniers, 2° l'affranchissement d'un esclave, 3° le paiement de la dot encore due par le testateur, 4° le paiement des impôts, 5° le rachat d'une assimilation injurieuse et d'un crime, 6° l'expiation due au sujet d'un serment, 7° celle due pour infraction au jeûne du Ramadam, 8° pour l'omission d'un vœu, etc...

Il faut remarquer que dans les divers cas cités par Sidi Khalil, il s'agit moins d'un legs proprement dit, c'est-à-dire d'une libéralité, que de l'accomplissement d'une obligation soit religieuse, soit même civile, c'est-à-dire du paiement d'une véritable dette. On comprend donc que les legs faits pour l'acquit de telles obligations soient regardés comme des charges qu'il convient d'acquitter avant les legs proprement dits.

**727.** — Il arrive parfois que le testateur lègue à un proche ou à un étranger la part d'un fils, le met à la place d'un fils. Lorsqu'il y a plusieurs fils et que la part du légataire se trouve, par cela même, ne pas excéder le tiers, il n'y a aucune difficulté; si, au contraire, il n'y a qu'un fils et que celui-ci ne ratifie pas les dispositions testamentaires, le legs est réductible au tiers qu'il ne peut jamais excéder.

**728.** — Lorsque le testateur a légué la quotité disponible à deux personnes dont l'une est décédée ou déclarée absente à l'époque de la confection du testament, le legs profite pour la totalité au légataire vivant ou présent. Si la mort ou la disparition d'un des deux légataires n'a lieu que postérieurement au testament ou encore si l'un d'eux a perdu la capacité de recevoir, le legs devient caduc en ce qui concerne le légataire décédé, disparu ou incapable, et la moitié qui lui eût été dévolue fait retour à l'hérédité.

L'article 550 contient à ce sujet deux dispositions absolument contradictoires. Le § I dispose que « si le testateur a légué le tiers de ses biens à deux personnes déterminées et capables, et qu'au moment du testament l'un des deux légataires se trouve mort ou déclaré absent, le tiers légué appartiendra exclusivement au légataire vivant ou présent. » Cela est fort clair. Mais le § III ne l'est pas moins lorsqu'il dispose que « dans le cas où le testateur dit que le tiers de son bien est entre deux personnes nommées par lui, et que l'une d'elles se trouve morte au moment du testament, le survivant n'aura que le sixième. » Il y a encore là une de ces fréquentes contradictions qu'on rencontre malheureusement dans le Code Hanafite et qui proviennent tantôt d'une traduction vicieuse, tantôt d'une interprétation erronée des textes. Il faut choisir entre les deux systèmes, celui qui attribue la totalité du legs au légataire vivant, par voie d'accroissement, et celui qui fait rentrer l'excédent dans le patrimoine des héritiers. Nous croyons ce dernier plus juridique et plus équitable : le legs fait à une personne décédée, nous l'avons vu, est caduc, du moins chez les Hanafites; l'article 534, § II, le dit formellement. Comment ce legs inexistant irait-il accroître la part d'un légataire dont les droits ont été indiqués et limités par le testament lui-même? Le légataire vivant ne subira aucun préjudice du moment que la quotité à lui léguée lui sera livrée; pourquoi bénéficierait-il aux dépens des héritiers dans le patrimoine desquels le bien légué rentrera par suite de l'impossibilité d'exécuter le legs? Cette interprétation, nous le répétons, nous semble la seule logique et conforme à l'équité.

**729.** — Lorsque le testateur a légué un tiers d'une chose spécifiée quant à son espèce et essentiellement divisible, par exemple le tiers de ses moutons, si une partie des animaux vient à périr, le légataire a toujours droit au tiers de ce qui existait au décès du *de cujus*, quand même il ne subsisterait que ce tiers, à condition bien entendu que la valeur de son legs ne dépassât pas la quotité disponible telle qu'elle se détermine d'après les règles plus haut tracées, c'est-à-dire au décès du testateur.

Mais si le testateur avait légué le tiers d'une chose non spécifiée quant à son espèce, par exemple, le tiers de ses troupeaux (alors qu'ils se composent d'animaux d'espèces diverses), le légataire n'aurait droit qu'au tiers de ce qui n'aurait pas péri.

En cas de legs d'une somme d'argent déterminée, si l'hérédité comprend du numéraire disponible et des créances actives, le legs est acquitté de la façon suivante : Si la somme léguée ne dépasse pas le tiers du numéraire laissé par le défunt, elle est payée en espèces : Si elle le dépasse, le légataire reçoit d'abord en argent le tiers du numéraire, et quant au surplus de ce qui lui est dû, il le touche au fur et à mesure de l'encaissement des créances, à raison du tiers de chaque créance recouvrée, et ce jusqu'à complet paiement.

**730.** — Le testateur peut léguer l'usufruit de la quotité disponible à une personne et la nue-propriété à une autre.

L'usufruit, en droit musulman, peut être constitué à temps ou à perpétuité. Les articles 556 et 557 du texte examinent divers cas dans lesquels le testateur a légué l'usufruit à perpétuité. Il ne faut pas confondre l'usufruit perpétuel avec celui qui a été constitué sans limitation de durée. Les articles précités font d'ailleurs une distinction entre ces deux modes de constitution, quant aux effets qu'ils produisent.

Lorsque le testateur a légué les fruits de sa terre ou de son jardin sans détermination de temps, le légataire ne peut prétendre qu'à ceux pendants par racines au moment du décès du *de cujus*. Si, au contraire, les fruits ont été légués à perpétuité, le droit du légataire s'étendra non seulement sur ceux qui pourront exister au moment du décès, mais encore sur tous ceux qui seront produits par la suite.

Le texte fait une distinction très peu compréhensible entre « les *fruits* de la terre ou du jardin du testateur » et « les *produits* d'une terre. » Nous venons de voir ce qu'il dispose au sujet des *fruits*. En ce qui concerne les *produits*, il ne fait plus de distinction entre l'usufruit constitué à perpétuité et celui dont la durée n'a pas été déterminée ; dans les deux cas, l'usufruitier a droit « à la récolte pendante par racines au moment du décès du testateur, et aux récoltes que la terre produira par la suite. » On ne comprend ni la nature ni les motifs de cette distinction, et nous nous trouvons, une fois encore, en présence de deux dispositions difficilement conciliables.

L'impôt foncier, les frais d'irrigation, d'entretien et d'amélioration des terres sont, aux termes de l'article 558, à la charge des fruits. Mais si la terre n'en produit pas, les impôts et frais accessoires sont à la charge du nu-propriétaire. En présence d'un usufruit perpétuel, on se demande quel intérêt aura le nu-propriétaire à accepter un legs qui ne peut que le grever de charges sans aucune compensation.

**731.** — Ces principes, contenus dans le Code du statut personnel, se trouvent fort heureusement modifiés quant à la perpétuité de l'usufruit par le Code civil Égyptien. Entre particuliers, l'usufruit ne peut être démembré que temporairement de la propriété et le terme le plus long est la vie de l'usufruitier. La durée de l'usufruit peut cependant excéder cette durée, mais à condition que le legs de la nue-propriété ait été fait à un établissement dépendant du ministère des wakfs. En ce cas, le testateur peut léguer l'usufruit à une ou plusieurs personnes et à leurs héritiers en ligne directe à l'infini. Mais il n'y a vraiment pas là un usufruit à perpétuité puisque l'usufruit se réunit à la nue-propriété le jour où il ne reste plus de descendants en ligne directe des premiers usufruitiers.

**732.** — Le testateur peut léguer le droit d'habitation d'une maison ou les revenus. Dans ce cas, que la disposition ait été faite sans limitation de temps ou à perpétuité, elle se réduit à la durée de l'existence du légataire. Si le legs est fait pour une période déterminée, le légataire en bénéficie jusqu'à l'expiration du terme stipulé.

Si le testateur a légué l'usufruit d'une maison pour un nombre indéterminé d'années, le bénéfice du legs s'étend à trois ans au maximum. On remarquera l'anomalie qui existe entre cette disposition contenue dans l'article 553 et celles relatives aux fruits et récoltes des terres réglementées par les articles 556 et 557.

Lorsque l'immeuble grevé du droit d'habitation au profit d'un légataire ou dont les revenus ont été légués n'excède pas, comme valeur, la quotité disponible, il est remis au bénéficiaire pour en jouir dans les conditions que nous venons d'examiner.

S'il excède la quotité disponible, c'est-à-dire le tiers des biens, l'immeuble est fictivement partagé, s'il s'agit d'un droit d'habitation, de façon à ramener la jouissance du légataire à la quotité légale. S'il s'agit d'un legs de revenus, on attribue aux héritiers la portion de ces revenus excédant la quotité disponible. Le legs d'un droit d'habitation ne donne pas au bénéficiaire le droit de louer l'immeuble ; de même le legs des revenus d'une maison ne donne pas au légataire le droit de l'habiter.

## SECTION IV.

**Des conditions essentielles à la validité des testaments. — Des formalités, des preuves et du droit de révocation.**

#### Sommaire :

733. L'expression de la volonté suffit.
734. Règles tracées par Sidi Khalil quant à la validité du testament écrit.
735. Testament authentique.
736. Du droit de révocation ; comment il s'exerce.
737. De l'acceptation.
738. Exceptions aux principes qui exigent une acceptation formelle.
739. Des preuves.

**733.** — Nous avons examiné dans les sections qui précèdent les conditions intrinsèques de validité du testament, tant au point de vue des personnes capables de donner et de recevoir qu'à celui de la nature des biens pouvant être légués. La loi n'exige qu'une condition extrinsèque de validité : l'expression certaine, non équivoque, de l'intention du testateur. Cette intention peut se manifester par écrit, verbalement et même par signes; elle n'est assujettie à aucune formule sacramentelle et résulte des expressions : « Je lègue, je donne. » Lorsque le testateur se sert de l'expression : « je donne, » il faut qu'il spécifie nettement qu'il ne se dessaisit pas de la propriété pour le présent, qu'il ne consent pas une donation entre-vifs, mais qu'il dispose par voie testamentaire, c'est-à-dire pour un terme subordonné à son décès.

**734.** — Sidi Khalil trace, quant aux conditions de validité du testament fait par écrit, certaines règles que nous croyons devoir reproduire : « Lorsqu'il est reconnu qu'un testament a été écrit par le testateur ou lu par lui en présence de témoins, mais qu'il n'est revêtu que de sa signature, ou que cette formule : « exécutez mon testament » fait défaut, cet acte est annulé.

« Les préceptes religieux veulent que la profession de foi Islamique soit mise en tête du testament.

« Quoique le testateur n'ait pas donné lecture de ses dispositions et que le testament n'ait pas même été ouvert, les témoins peuvent valablement affirmer, par signatures, le contenu de cet acte, lequel est exécutoire quand même il serait resté en la possession du testateur jusqu'au moment de sa mort.

« Lorsque sur la demande et les déclarations du testateur, les témoins ont validé un testament contenant entre autres dispositions : « ce qui restera du tiers disponible sera pour les pauvres, » il y aura partage entre les pauvres et la personne désignée.

« On ajoute foi aux déclarations suivantes : « J'ai écrit mon testament et je l'ai confié à un tel en qui je vous prie d'avoir confiance ; j'ai légué le tiers de mes biens à un tel, croyez-le, » lorsque le testateur n'a pas ajouté : « à mon fils. »

Les prescriptions qui précèdent n'ont pas toutes été acceptées par les jurisconsultes, surtout celle qui déclare nul le testament signé en présence de témoins par le testateur mais ne portant pas la signature de ces témoins. Cela équivaudrait à exclure, en cette matière, la preuve testimoniale, chose repoussée par le Koran lui-même, Sourate V, versets 105, 106 et 107. On ne saurait non plus annuler un testament parfaitement explicite par cela seul qu'il ne contiendrait pas une injonction formelle de l'exécuter. On rentrerait ainsi dans le système des formules, on reconnaîtrait que le testament doit contenir à peine de nullité telle ou telle expression sacramentelle, ce qui est contraire au vœu de la loi et ce qui exclurait notamment le testament fait par signes dont tous les docteurs reconnaissent la validité, même lorsqu'il émane d'un individu qui n'est pas privé de la parole. L'acte est donc valable dès que le testateur a manifesté sa formelle volonté de léguer telle chose ou telle quotité de ses biens et les héritiers sont tenus de l'exécuter, en dehors de toute injonction formelle émanant du *de cujus*.

**735.** — Le testament peut donc se faire verbalement, par signes ou par écrit. Il peut être reçu par le Cadi et constitue alors un acte authentique probant par lui-même, sans qu'il soit besoin d'appeler des témoins étrangers à sa confection ou d'appuyer plus tard par des témoignages les dispositions qu'il contient.

En Algérie, les notaires ont capacité pour recevoir les testaments des indigènes Musulmans.

**736.** — Le testateur a toujours le droit de révoquer un testament. La révocation est expresse ou tacite : elle est expresse lorsque le disposant fait une déclaration à ce sujet; il faut que cette déclaration soit formelle; ainsi, aux termes de l'article 545, « la dénégation d'une disposition testamentaire ne constitue pas une révocation du legs. » Elle est tacite lorsqu'elle s'induit de circonstances qui impliquent la volonté chez le testateur de revenir sur ses premières dispositions. La loi considère que cette volonté est suffisamment manifestée par tout fait qui détermine un changement substantiel de la chose léguée, en modifie le caractère et l'usage, y détermine une augmentation qui ne peut en être séparée ou l'adjoint à une autre chose avec laquelle elle se confond. Il en serait de même, à plus forte raison, de tout acte par lequel le testateur aliénerait la chose léguée. La loi ne regarde pas, comme constituant une révocation, la démolition de la maison léguée; le légataire reste alors propriétaire du terrain et des matériaux qui peuvent s'y trouver au jour de l'ouverture de la succession. L'article 545 indique que le crépissage de la maison ne constitue pas une accession modifiant la chose au point de la transformer et de rendre par conséquent le legs caduc. Cela est certain; les réparations, les améliorations, même lorsqu'elles n'apportent pas à l'objet légué un accroissement qui en modifie totalement l'importance, ne peuvent être regardées comme des actes emportant révocation du legs.

**737.** — Le legs n'est parfait que par l'acceptation qu'en fait le légataire après le décès du testateur; nous disons l'acceptation et non la tradition parce que la propriété est transférée de par le concours des deux volontés, indépendamment de toute prise de possession. L'acceptation ne pourrait être faite avant le décès du *de cujus,* le testateur ayant toujours la faculté d'annuler le legs et celui-ci ne devenant disponible que par le fait du décès lui-même.

Tant que le légataire n'a pas fait connaître son acceptation ou sa répudiation, la chose léguée, dit l'article 543, reste en suspens, n'appartenant ni aux héritiers ni au légataire. Ces expressions ne sont pas exactes, car il faudrait en conclure juridiquement que la chose léguée serait alors *res nullius.* Il n'en est évidemment pas ainsi; le légataire a un droit subordonné à sa volonté ou plutôt à la manifestation de sa volonté, et cela est si vrai qu'après cette manifestation les héritiers sont obligés de livrer non seulement la chose mais encore les fruits par elle produits depuis le décès du testateur.

**738.** — Lorsque le légataire décède sans avoir formellement accepté le legs, la propriété en est acquise à ses propres héritiers. Cette disposition contenue dans l'article 543 ne s'applique, d'après Mouradja d'Ohsson, que lorsque le décès du légataire suit de très près celui du testateur.

Une autre exception est faite à la nécessité de l'acceptation lorsqu'il s'agit de dispositions au profit des pauvres ; le legs est valable par lui-même et l'autorité compétente s'en fait mettre en possession comme représentant la collectivité à laquelle il est dévolu.

**739.** — Les testaments se prouvent : 1° par l'acte écrit, authentique ou privé, 2° par les dépositions de témoins dignes de foi. La jurisprudence admet également la possession lorsqu'elle a lieu pendant un temps suffisant, publiquement et à titre de légataire. C'est ce qu'a décidé la Cour d'Alger par arrêt du 27 avril 1874.

# LIVRE TROISIÈME.

## DU WAKF OU HABOUS.

# CHAPITRE PREMIER.

Sommaire :

740. Définition.
741. Historique.
742 Etude générale de la matière.
743. Division.

**740.** — Le wakf ou habous est l'immobilisation de l'usufruit d'un bien pour une durée égale à celle de la chose elle-même, faite au profit de personnes déterminées et ayant pour dernier dévolutaire une œuvre religieuse ou pieuse.

**741.** — Le wakf était inconnu avant Mahomet qui paraît l'avoir institué dans les circonstances suivantes rapportées par El Bokhari : Amar ben El Khattab, propriétaire d'une terre connue sous le nom de Tamgh, située à Kaïbar, ayant demandé au Prophète de quelle façon il devait disposer de ce bien pour être agréable à Dieu, Mahomet répondit : « Immobilises-en les revenus et distribue-les aux pauvres. » Telle est, d'après les docteurs Musulmans, l'origine de l'institution qui ne se trouve pas réglementée dans le Livre sacré. Le principe à peine indiqué par le Prophète fut très diversement appliqué par les Imans et les docteurs, les uns y puisant un moyen de déroger à l'ordre légal des successions, reléguant au second rang le but pieux de l'institution, les autres cherchant à concilier le principe d'immobilisation avec les préceptes édictés par le Koran au point de vue de la dévolution successorale, et allant même, comme Chouraïh, jusqu'à déclarer « qu'il ne peut y avoir de wakf en contravention à la loi successorale établie par Dieu. »

Nulle matière ne prêtait davantage à interprétation que celle du wakf; le principe primordial une fois admis, il fallait établir toute une réglementation et suppléer au silence absolu de la loi sur ce point. Aussi chaque rite a-t-il posé en cette matière des règles différentes, souvent inconciliables, et trouve-t-on de nombreuses divergences doctrinales entre les jurisconsultes d'un même rite. Les docteurs ne se trouvant plus liés par la lettre du Koran, n'étant plus en présence de prescriptions auxquelles l'orthodoxie défend de déroger, ont plutôt légiféré qu'ils n'ont cherché à expliquer. Il en résulte que chaque pays musulman a adopté des règles particulières et qu'ici l'acte du souverain est tout puissant puisque, quel qu'il soit et encore qu'il porte atteinte à la tradition, il ne se heurte pas contre un texte sacré non susceptible de modification.

S'inspirant de cet état de choses, la jurisprudence algérienne s'est toujours montrée très large en ces matières, laissant aux constituants des wakfs une liberté illimitée dans le choix des rites auxquels ils entendent se soumettre. La presque totalité des musulmans algériens suit le rite de l'Imam Malek; mais lorsqu'il s'agit d'établir un wakf, beaucoup déclarent adopter pour la circonstance le rite Hanafite qui offre au constituant de nombreux avantages, notamment celui de se désigner, s'il le désire, comme premier dévolutaire. La Cour d'Alger a toujours reconnu la validité d'un wakf constitué par un Malékite, même devant un Cadi de son rite, avec déclaration qu'il adoptait la réglementation établie par le grand Imam Abou Hanifa. Elle a même jugé que « lorsque dans une contrée, il existe, indépendamment de la loi musulmane primitive, des coutumes locales acceptées comme ayant force de loi, les actes de habous (wakfs) rédigés selon ces coutumes sont valables. » Mais il n'est pas permis au constituant de recourir à deux rites à la fois, de choisir dans l'un les dispositions qui lui plaisent et d'éliminer les autres en les remplaçant par les règles d'un autre rite. « Le wakf constitué tout à la fois selon les principes du rite Hanafite et du rite Malékite est nul parce que ces deux rites sont inconciliables » (Arrêt de la Cour d'Alger du 31 mai 1864).

**742.** — Il n'entre pas dans le cadre de cet ouvrage qui doit se borner à l'étude du statut personnel musulman, d'entreprendre un exposé et un commentaire des règles particulières sur la matière à chaque pays de l'Islam, règles susceptibles de continuelles modifications et qui ressortissent bien plutôt du statut réel que du statut personnel. Nous nous contenterons d'exposer les principes qui régissent chaque rite, en faisant ressortir autant que possible les divergences qui existent entre eux et en suivant pour le wakf la méthode déjà adoptée pour les matières que nous avons traitées jusqu'ici. Nous avons cru cependant devoir donner, à la fin de notre second volume et comme complément au texte Hanafite, les divers documents législatifs qui régissent les wakfs en Égypte. MM. Benoit Adda et Elias D. Ghalioungui ont publié sur cette matière un traité spécial [1] contenant la traduction de la doctrine Hanafite puisée dans les ouvrages des jurisconsultes musulmans les plus autorisés; nous y renvoyons le lecteur qui trouvera certainement dans ce cons-

---

[1] Alexandrie, imprimerie Farag Haïm Migrahi, 1893.

ciencieux travail les questions spéciales que nous ne pouvons développer dans notre ouvrage.

**743.** — Nous examinerons dans les sections suivantes :
1° quels biens on peut constituer wakfs,
2° les conditions de capacité du constituant,
3° qui peut être dévolutaire d'un wakf,
4° les formalités générales de l'immobilisation,
5° ses effets,
6° les modes de preuve.

Nous rappelons une fois encore que nous traitons ces matières au point de vue du statut personnel dont elles sont en quelque sorte l'appendice et que, pour les questions de réglementation particulière et locale, le lecteur devra recourir à la législation spéciale de chaque pays.

## SECTION I.

### Quels biens on peut constituer wakfs.

Sommaire :

744. Du wakf des meubles; trois systèmes dans la doctrine.
745. Jurisprudence de la Cour d'Alger sur le wakf mobilier dans le rite Hanafite.
746. Doctrine et jurisprudence Malékites.
747. On ne peut constituer en wakf les choses illicites.
748. Du wakf des immeubles ; règles générales d'interprétation.
749. Du wakf de la chose d'autrui, de la chose non payée.
750. Du wakf des biens à venir, d'un immeuble non encore acquis par prescription, d'un bien engagé.
751. Du wakf de l'immeuble indivis et de celui d'une part indivise.

**744.** — On peut constituer wakfs tous les immeubles susceptibles de propriété privée, cela n'est pas douteux.

Peut-on également immobiliser des biens meubles? La question est diversement résolue par les docteurs Hanafites. Abou Hanifa, le fondateur du rite, ne l'ayant pas tranchée, il y a lieu de recourir, en première ligne, à l'opinion de ses disciples immédiats Mohamed et Abou Youssef; mais même entre ces deux jurisconsultes il y a divergence d'opinions.

Abou Youssef n'autorise le wakf des objets mobiliers que lorsqu'ils sont l'accessoire d'un immeuble, lui-même constitué en wakf ou qu'ils sont réputés immeubles par destination.

Mohamed subordonne la solution de la question à l'usage de chaque localité. « On peut, dit-il, admettre le wakf pour tout ce qu'on a l'habitude de constituer en wakf comme le Koran, les livres, les marmites, à la différence de ce qu'on n'a pas l'habitude d'immobiliser comme les vêtements et les meubles. » Les jurisconsultes Hanafites se sont, en grande partie, ralliés à cette opinion de Mohamed; c'est ainsi qu'ils enseignent, relativement au wakf des buffles et autres animaux, que la constitution, pour être valable, doit être faite dans une localité où elle est habituelle. En résumé, tout se réduit à une question d'usages locaux.

Une troisième opinion enseignée par Zofar, El Ensari, Ali Effendi, etc..., reconnaît, d'une façon générale, la validité du wakf des meubles, même des choses fongibles, notamment du numéraire. Les choses qui se consomment par l'usage sont vendues et la somme qui en provient est placée, les intérêts devant en être employés et distribués conformément aux intentions du constituant.

745. — La Cour d'Alger a été plusieurs fois appelée à se prononcer sur la question de savoir si les meubles peu-

vent être constitués wakfs dans le rite Hanafite, et sa jurisprudence a varié avec chaque décision.

Par un arrêt du 19 novembre 1862 cette Cour a posé ce principe que « dans le rite Hanafite le habous ne peut, dans aucun cas, porter sur les meubles. »

Le 4 mai 1868, la Cour reconnaissait la validité du habous des meubles mais seulement « si dans l'intention du constituant ils devaient être vendus et si leur valeur devait être employée à l'achat d'un immeuble. » Ce système s'inspire des mêmes principes que celui de l'arrêt précédemment cité ; il ne reconnaît en définitive que l'immobilisation portant sur un immeuble et c'est seulement lorsque la valeur habousée est devenue immobilière, de mobilière qu'elle était dans le principe, que le wakf acquiert son caractère légal et par conséquent sa validité.

Un troisième système, beaucoup trop général et qui ne saurait s'appuyer sur de bien sérieuses autorités doctrinales, admet l'immobilisation des meubles, mais seulement lorsque le constituant a, au préalable, immobilisé ses immeubles (Arrêt du 22 mai 1872). Cette doctrine ne serait soutenable, à notre avis, que si les meubles constitués en wakfs étaient l'accessoire d'immeubles appartenant au constituant et eux-mêmes immobilisés. On en reviendrait alors à la doctrine d'Abou Youssef qui permet d'immobiliser les accessoires mobiliers d'immeubles constitués wakfs.

Une quatrième doctrine, résultant d'un arrêt du 21 juillet 1869, déclare, d'une façon générale, que le habous peut porter indistinctement sur des meubles ou sur des immeubles. C'est la doctrine de Zofar et de ses disciples.

Enfin, la Cour nous paraît avoir adopté la véritable doctrine par un arrêt du 23 février 1886, aux termes duquel « d'après le rite Hanafite, les animaux, les créances et les objets mobiliers ne peuvent, en principe, être frappés de habous. Toutefois et par exception, lorsque le habous porte sur un immeuble, il est permis d'y comprendre les objets mobiliers destinés directement ou indirectement à l'exploitation de cet immeuble et pouvant se reconstituer périodiquement, bien qu'ils se consomment par l'usage qui en est fait. » C'est, en somme, la doctrine d'Abou Youssef.

La Cour de cassation appelée à se prononcer sur ce point a refusé de le faire et avec juste raison. La Cour suprême constate en effet, par son arrêt du 28 avril 1873, que la loi musulmane est muette sur la question et n'a pu dès lors être violée, qu'il n'y avait donc pas lieu à pourvoi, la question se résumant à la discussion d'opinions contradictoires émanant de docteurs ou jurisconsultes et dont aucune ne saurait être mise au rang des prescriptions ou dispositions légales.

**746.** — Dans le rite Malékite, les opinions sont également très partagées quant à l'immobilisation des objets mobiliers. D'après M. Perron, une telle constitution est bien conforme aux principes du rite ; et, en effet, si on a recours à Sidi Khalil dont la doctrine fait autorité dans les pays malékites, on trouve chez ce jurisconsulte la question ainsi résolue : « Est licite le habous de la chose qu'on possède en pleine propriété. » Et loin de restreindre ce principe après l'avoir émis, Sidi Khalil ajoute : « On peut constituer habous même un prix de location, un animal, un esclave. » Peut-on constituer habous des denrées alimentaires ? « Il y a divergence. »

La jurisprudence algérienne n'a pas admis le wakf des biens meubles d'une façon aussi générale. On peut même dire qu'elle n'en reconnaît la validité que lorsque la chose immobilisée est destinée à être vendue et que le prix doit servir à une acquisition d'immeuble (Cour d'Alger, arrêt du 4 mai 1868), ou lorsque les biens habousés, meubles par leur nature, rentrent dans la classe des immeubles par destination (Arrêts des 2 juin 1862 et 1er décembre 1863), soit qu'ils se trouvent incorporés à un immeuble, soit qu'ils soient affectés à son usage comme le sont les animaux de travail et les instruments agricoles sur une propriété rurale.

En dehors de ces cas d'exception, la jurisprudence des Cadis et de la Cour d'Alger refuse de considérer comme valable le habous mobilier et se fonde sur ce que la constitution d'un wakf, démembrant l'usufruit de la nue-propriété réservée à un dernier dévolutaire (Établissement religieux ou œuvre pie), on ne trouve pas ce caractère essentiel à l'acte dans l'immobilisation d'une chose mobilière destinée à périr par l'usage ou dans un temps relativement court (Midjelès de Dellys, décision de juin 1862. — Arrêts de la Cour d'Alger des 2 juin 1863 et 27 novembre 1867).

**747.** — Les choses illicites ne peuvent jamais être constituées en wakfs. Nous avons vu que ces biens, non susceptibles d'être dûment possédés, ne peuvent donner lieu à aucun contrat commutatif; il en est à plus forte raison ainsi en matière de wakfs, alors que le but du constituant doit être de faire une œuvre agréable à Dieu, œuvre qui ne saurait, en aucun cas, avoir pour objet une chose défendue par la loi civile ou religieuse.

**748.** — Tous les immeubles susceptibles de propriété privée peuvent être constitués wakfs et la constitution comprend, en thèse générale, les choses qui sont l'accessoire du bien immobilisé ou qui servent à son exploitation.

Ainsi, le wakf d'une ferme, lorsqu'il est établi sans plus ample spécification, comprend les constructions existant sur le terrain, les animaux attachés à l'exploitation et le matériel agricole. Il y a là, d'ailleurs, une question d'intention laissée à l'appréciation des tribunaux : ainsi lorsque le propriétaire d'une terre l'a constituée wakf pour y établir un cimetière, les constructions et les objets immeubles par destination qui s'y trouvent ne sont pas compris dans l'immobilisation et demeurent en pleine propriété au constituant ou à ses héritiers.

**749.** — Le wakf de la chose d'autrui est nul. Mohamed et Abou Youssef sont d'accord sur ce point. Une telle constitution ne serait valable que si le véritable propriétaire y donnait son assentiment.

On peut constituer wakf une chose qu'on a achetée mais dont on n'a pas encore payé le prix; seulement l'acte est soumis à l'action résolutoire du vendeur et si le bien rentre par suite de cette action dans le patrimoine de celui-ci, la constitution est de nul effet. Il peut se faire toutefois que l'action résolutoire ne porte que sur une partie de l'immeuble. En ce cas, d'après Abou Youssef, le wakf est valable pour toute la partie qui n'en a pas été distraite.

**750.** — Les Malékites admettent la constitution des biens à venir. Les Hanafites repoussent une pareille immobilisation comme portant sur des choses incertaines et qui ne sont pas dans le patrimoine du constituant.

La Cour d'appel mixte d'Alexandrie a proclamé le véritable principe dans un arrêt en date du 23 novembre 1883 par lequel elle a déclaré que « pour que la constitution d'un immeuble en wakf soit valable, il faut qu'au moment de la constitution, le constituant soit déjà propriétaire incommutable de cet immeuble; en conséquence, celui qui a commencé de prescrire mais qui n'a pas encore prescrit l'immeuble ne peut pas le constituer en wakf. »

Un immeuble donné en gage peut être constitué en wakf, le constituant en ayant toujours la propriété. Mais ce principe, admis par les docteurs, notamment par Bourhan el Dine, doit être concilié avec les droits du créancier gagiste. Si donc le constituant a des biens permettant de dégager l'immeuble, le Cadi les fait vendre et désintéresse le créancier ; le wakf est dès lors valable. Dans le cas contraire, le magistrat annule le wakf fait au mépris des droits acquis d'un tiers.

**751.** — La constitution en wakf d'un immeuble indivis est-elle valable? Les docteurs enseignent l'affirmative dans le cas où l'immeuble entier est constitué car, alors, l'immobilisation porte sur la totalité de la chose, non sur une part indivise. Mais il y a divergence en ce qui concerne la constitution d'une part indivise et déterminée, c'est-à-dire dans le cas où un seul des copropriétaires déclare immobiliser sa part de l'immeuble. Abou Youssef regarde la constitution comme valable en tous les cas ; Mohamed fait une distinction selon que l'immeuble est partageable ou ne l'est pas. Dans le premier cas, l'immobilisation de l'indivis ne serait pas permise ; le copropriétaire devrait, au préalable, faire distraire par voie de partage la portion lui revenant et constituer ensuite la chose qui a ainsi revêtu un caractère de spécialité qui seule la rend susceptible d'être immobilisée. Dans le second cas, celui d'impossibilité d'un partage en nature, le wakf pourrait porter sur la part indivise du constituant.

Les Malékites admettent sans controverse la constitution d'une part indivise d'immeuble, que celui-ci soit ou non partageable (Arrêt de la Cour d'Alger du 27 juillet 1864).

Un arrêt de la même Cour, en date du 22 décembre 1884, a nettement posé en la matière des principes qu'elle a ainsi formulés :

« Le propriétaire d'un immeuble indivis avec d'autres copropriétaires peut constituer habous au profit d'un établissement religieux la part de l'immeuble lui appartenant, et il supprime par suite les droits que des héritiers collatéraux auraient pu faire valoir sur cet immeuble, s'il était demeuré libre dans sa succession.

« La vente sur licitation poursuivie par les copropriétaires n'ayant pas constitué leurs portions en habous contre les bénéficiaires de la portion habousée n'emporte pas annulation de plein droit de l'acte de habous établi par le constituant.

« Par suite, les héritiers collatéraux exclus par le habous ne peuvent pas faire revivre leur droit sur le prix provenant de la portion de l'immeuble ayant appartenu au constituant et prétendre que, le habous ayant disparu avec l'immeuble vendu, le prix provenant de la vente doit leur être attribué à l'exclusion des bénéficiaires.

« La vente sur licitation que les bénéficiaires du habous ont subie comme une nécessité légale, par suite de l'indivision, ne peut être assimilée à une vente volontaire.

« Il y a lieu de maintenir à l'acte de habous toute sa force lorsque le service pieux auquel il doit pourvoir est toujours assuré et n'a pas cessé d'être utile, et le prix provenant de la portion de l'immeuble indivis frappé de habous doit être remployé par l'acquisition d'un nouvel immeuble sur lequel l'acte du constituant portera désormais. »

La même doctrine a été admise en cas d'expropriation partielle de l'immeuble habousé. Un jugement du Cadi de Constantine, en date du 6 février 1864, confirmé par arrêt de la Cour d'Alger du 27 juillet suivant, a décidé que lorsqu'une partie indivise seulement d'une maison avait été vendue pour payer les dettes du constituant, l'immobilisation continuait à avoir effet sur la partie non expropriée.

## SECTION II.

### De la capacité chez le constituant.

SOMMAIRE :

752. Conditions de capacité.
753. L'individu grevé de dettes peut-il constituer un wakf?
754. Doctrine de Sidi Khalil et jurisprudence algérienne.
755. Du wakf constitué en état de dernière maladie.
756. Du wakf des non-musulmans.
757. Capacité de l'apostat.

**752.** — Pour constituer un wakf il faut avoir la capacité générale d'aliéner à titre gratuit, c'est-à-dire être libre, majeur, sain d'esprit, avoir le domaine utile, ne pas être en état de dernière maladie. Il n'est pas nécessaire d'être musulman, les docteurs reconnaissent la validité du wakf constitué par le Zoummi. Toutefois, la capacité des non-musulmans en cette matière est l'objet de quelques restrictions sur lesquelles nous aurons à nous expliquer.

Nous n'avons pas à nous étendre sur l'incapacité résultant de la condition d'esclave, de la minorité, de l'insanité d'esprit; nous avons traité ces diverses causes d'incapacité au chapitre des donations et il n'y a pas lieu d'y revenir, la matière qui nous occupe ne donnant lieu à aucune dérogation aux principes généraux précédemment étudiés.

Citons toutefois un arrêt de la Cour d'Alger du 20 mars 1861 aux termes duquel « une constitution de habous faite sous l'empire d'un état mental qui a provoqué ultérieurement l'interdiction du constituant doit être annulée. » C'est l'application du principe qui veut que les actes antérieurs à l'interdiction pour cause de démence soient annulables lorsqu'ils ont été consentis par une personne privée de raison.

**753**. — L'individu grevé de dettes peut-il constituer habous au préjudice de ses créanciers? Cette question divise les jurisconsultes qui distinguent, en général, entre le débiteur interdit par sentence du Cadi et celui qui ne l'est pas, tout en se trouvant en état de déconfiture. Quant à l'interdit, il est admis que son incapacité est absolue. Le jugement d'interdiction lui a enlevé le droit de libre disposition : cependant, d'après Ebn El Houmam et quelques autres docteurs, cette incapacité ne serait que relative et l'interdit pourrait constituer un wakf avec l'autorisation du magistrat. Tant que l'interdiction n'a pas été prononcée, l'individu grevé de dettes a le droit, d'après Bourhan El Dine, de constituer un wakf « bien qu'il soit fait au préjudice de ses créanciers, vu qu'alors les dettes auraient une relation directe avec la conscience du débiteur, non avec ses biens. » L'argumentation, il faut le reconnaître, n'est guère convaincante; le passif dont un débiteur se trouve grevé, peut bien avoir (pour employer l'expression du jurisconsulte) une relation directe avec sa conscience, mais elle en a une non moins directe avec ses biens. En somme, une pareille théorie est la négation du principe admis par toutes les législations et qui veut que les actes consentis par le débiteur, en fraude des droits de ses créanciers, puissent être annulés. Au point de vue

« de la conscience » il est bien certain qu'avant de disposer de ses biens, même au profit d'une œuvre pie, le premier devoir du débiteur est de payer ses créanciers. L'économie générale du droit musulman, loin d'admettre la théorie de Bourhan El Dine, y est opposée, car elle considère le débiteur en état de déconfiture comme placé sous le coup d'une véritable interdiction légale.

Abou El Séoud, El Alaï, et d'autres docteurs proclament la nullité du wakf constitué au préjudice des créanciers, et il faut reconnaître que cette doctrine est à la fois la plus juridique et la plus morale.

**754.** — Les Malékites refusent à l'individu en état de déconfiture la capacité de constituer un wakf. Sidi Khalil s'exprime ainsi : « Est nulle la constitution d'un habous faite par une personne grevée, *lorsqu'on ignore si cette constitution a précédé ou suivi les dettes contractées.* » Le grand jurisconsulte Malékite se montre, on le voit, plus sévère qu'aucun docteur Hanafite ; il est certain en effet que la capacité ne disparaît qu'avec la déconfiture qui vient enlever au débiteur le droit de libre disposition ; or, la capacité est la règle en toute matière et il semble bien rigoureux d'annuler un wakf tant qu'il n'est pas établi que le constituant était devenu incapable antérieurement à la constitution. Admettre, dans le doute, l'incapacité, c'est-à-dire risquer d'annuler une immobilisation faite par le légitime propriétaire, à un moment où rien ne prouve qu'il était grevé de dettes, nous paraît peu conforme aux principes généraux du droit ; c'est transformer l'exception en règle.

La jurisprudence algérienne a toujours annulé le habous constitué par un individu en état de déconfiture, sans d'ailleurs subordonner l'incapacité à un jugement d'interdiction préalable à la constitution (Arrêts de la Cour d'Alger des 23 novembre 1863, 24 décembre 1867, 19 février 1878). Ce dernier arrêt a décidé que « le créancier doit intenter son action en nullité avant que le habous soit entré dans les biens d'un dévolutaire. » Cette doctrine nous paraît créer une sorte de prescription de l'action en nullité qu'on ne trouve pas dans la loi. Elle nous semble aussi violer ce principe que la dévolution, si elle fait passer un bien du patrimoine du constituant dans celui du bénéficiaire, ne peut le transmettre qu'avec les vices qui l'affectaient en mains du premier, vices qui ne sont pas purgés par le fait seul de la transmission.

**755.** — Tout wakf constitué pendant la dernière maladie est assimilé aux dispositions testamentaires et, partant, exécutoire sur le tiers du patrimoine (texte, art. 561). Tous les auteurs sont d'accord à ce sujet et ne font qu'appliquer au wakf établi dans ces conditions les règles qui régissent les testaments, notamment en ce qui concerne la quotité disponible, l'interdiction d'instituer légataire un héritier, etc... Nous ne pouvons que renvoyer sur ce point au chapitre dans lequel nous avons traité des dispositions testamentaires.

Ces principes sont admis par les Malékites ; plusieurs arrêts de la Cour d'Alger, en date des 25 janvier 1870, 15 avril et 27 mai 1872, ont prononcé la nullité du habous constitué par un malade au profit de ses héritiers.

**756.** — Les docteurs reconnaissent aux non-musulmans le droit de constituer un wakf, quelle que soit la religion à laquelle ils appartiennent, qu'ils soient ou non sujets tributaires, résidant ou non sur un territoire musulman. Mais, pour que le wakf soit valable, il faut qu'il ait pour mobile une œuvre agréable à Dieu, tant au point de vue de la croyance musulmane qu'à celui de la religion à laquelle appartient le constituant. Ainsi, le wakf est nul si, constitué par un chrétien, il a pour dernier dévolutaire les mosquées de la Mecque et Médine ou simplement une mosquée, parce qu'un chrétien ne fait pas, d'après sa croyance, une œuvre agréable à Dieu en disposant au profit des temples d'une religion à laquelle il n'appartient pas. De même, un chrétien ne peut constituer wakf au profit des églises, des moines, des prêtres, une telle dévolution n'ayant, au point de vue de la foi musulmane, aucun caractère religieux. Mais un zoummi peut constituer un wakf au profit des pauvres, et, à défaut de plus complète spécification, la dévolution s'opère tant en faveur des pauvres musulmans qu'en faveur des pauvres zoummis, sans distinction de croyances. De même, un chrétien peut disposer au profit des pauvres de telle Église ou de ceux de sa religion ou des chrétiens pauvres de telle localité.

Ebn Abdine s'exprime en ces termes : « La constitution par le zoummi d'un wakf, au profit d'une mosquée, est nulle, mais elle est valable si elle est faite au profit du temple de Jérusalem, étant une kourba (action agréable à Dieu) chez nous et chez eux. »

**757.** — Certains docteurs refusent à l'apostat le droit de constituer un wakf, même au profit d'une œuvre charitable et, à plus forte raison, d'une œuvre religieuse dépendant de sa nouvelle croyance. Mais Abou Youssef et la grande majorité des auteurs reconnaissent à l'apostat le droit de disposer par wakf aussi bien que par donation ou testament; il est, au point de vue légal, dans la situation juridique du zoummi.

Lorsque le wakf a été constitué par un Musulman et que celui-ci abjure ensuite l'Islamisme, son apostasie rend la constitution nulle, à ce point que le retour à l'Islamisme lui-même ne ferait pas revivre le wakf. Pour que celui-ci pût exister, il faudrait qu'après le retour à la religion musulmane une nouvelle immobilisation fût faite dans les conditions ordinaires.

## SECTION III.

### Qui peut être dévolutaire d'un wakf.

Sommaire :

758. Conditions générales de capacité chez le dévolutaire.
759. La volonté du constituant fait loi. — Exceptions.
760. Le constituant peut-il se désigner lui-même comme premier dévolutaire ? — Doctrine et jurisprudence Malékites.
761. Doctrine Hanafite.
762. De l'exclusion des enfants du premier degré. — Revue critique de la jurisprudence Malékite sur la matière.
763. L'exclusion des descendants du deuxième degré et au delà est admise par tous les rites.
764. Effets du wakf au point de vue des attributions successorales.
765. Nature du droit conditionnel attribué dans certains actes aux filles exclues. — C'est un droit *in rem*.
766. Ce droit conditionnel est-il cessible ?
767. La dévolution est réglementée par l'acte constitutif.
768. Ce que comprend l'expression : « enfants actuels. »
769. La parenté n'est pas réglée en matière de wakfs comme en matière de successions. — Principes généraux.
770. La représentation n'est pas admise.
771. De la dévolution par têtes et par branches.
772. Le privilège de la double part au profit des mâles n'existe pas en matière de wakf.
773. Résumé des principes généraux.

**758.** — Tout individu capable de posséder peut être dévolutaire d'un wakf et le constituant, ayant le droit de réglementer l'acte de dévolution *in futurum,* peut disposer au profit d'individus à naître, d'une postérité à venir, aussi bien qu'en faveur de personnes existantes au moment de la constitution.

Le bénéficiaire peut donc être : un homme ou une femme, un majeur, un mineur ou un interdit, un héritier du constituant, un légataire, un successible, un parent ou un étranger, un Musulman ou un non-Musulman, pourvu que celui-ci habite un pays de l'Islam ou une contrée tributaire; enfin une personne morale, un établissement de bienfaisance ou d'utilité publique, une collectivité, par exemple : l'assistance publique, les mosquées, les fontaines, les hospices, les cimetières, les étudiants d'une ville.

**759.** — Le constituant a, chez les Hanafites, un pouvoir à peu près illimité quant au choix des dévolutaires et à la réglementation du wakf. Ebn Abdine dit que « la prescription du constituant a force de loi. » Cependant il est fait, à ce principe, un certain nombre d'exceptions, qu'on trouve dans Mahmoud El Hamzaoui et qui sont les suivantes :

1° Si le constituant a stipulé que le nazir (administrateur) ne pourra être révoqué, on peut cependant le remplacer lorsqu'il ne réunit pas les conditions de capacité ou de moralité que doit présenter un bon administrateur.

2° On ne tient pas compte de la défense faite par le constituant de louer les immeubles pour plus d'une année, s'il y a intérêt à consentir un bail d'une plus longue durée.

3° La prescription « de la lecture sur le tombeau » n'est pas obligatoire.

4° Si le constituant a affecté une partie des revenus au

profit des pauvres qui mendient à la porte d'une mosquée déterminée, la spécification est réputée non écrite en ce sens que les revenus peuvent être distribués aux pauvres en général, même non mendiants.

5° N'est pas obligatoire la clause qui prescrit de délivrer à chaque bénéficiaire une portion déterminée de pain ou de viande. La redevance peut être payée en argent.

6° Lorsque le constituant a fixé les appointements de l'imam, le Cadi peut les augmenter en cas d'insuffisance.

7° La substitution des biens wakfs est admise malgré toute clause contraire.

**760**. — Une des questions qui divisent le plus profondément les docteurs des différents rites est celle de savoir si le constituant peut se désigner lui-même comme premier dévolutaire.

Les Malékites exigent qu'il y ait dessaisissement immédiat de la chose au profit d'un tiers et considèrent comme absolument nul le wakf dont le constituant s'est réservé la jouissance. Les auteurs et la jurisprudence sont unanimes sur ce point; la Cour d'Alger notamment a jugé, par arrêt du 25 mai 1880, que « le constituant d'un habous ne peut se réserver pour lui-même la jouissance d'un bien habousé, s'il ne déclare pas dans l'acte de constitution qu'il entend se conformer au rite de l'Imam Habou Hanifa..... Le rite Malékite ne permet pas cette réserve et le défaut de cette déclaration dans l'acte de habous, de la part du constituant, suffit à entraîner la nullité du habous » (*Sic*, Jugement du tribunal de Constantine du 3 mai 1884).

**761**. — Chez les Hanafites, la question a divisé les disciples du Grand Imam, Mohamed et Abou Youssef. Le premier regarde le wakf comme nul lorsque le constituant s'est désigné comme premier bénéficiaire; mais Abou Youssef reconnaît la validité d'une telle constitution, et sa doctrine est aujourd'hui universellement admise. Ibrahim Halebi la formule en ces termes : « Le fondateur peut se constituer lui-même dévolutaire. Il est absolument le maître de disposer à son gré de l'usufruit de ses biens. »

Ebn Abdine dit également : « On peut disposer à son profit personnel des revenus du wakf ainsi que de l'administration. » Mais il faut observer que l'usufruit n'est pas légalement réservé au constituant, que celui-ci doit l'avoir expressément stipulé à son profit pour pouvoir y prétendre, et aussi que l'administration pourrait être retirée au fondateur malgré ses réserves formelles à ce sujet « s'il n'est pas digne de confiance. » D'après cet auteur, la révocation prononcée par le Cadi est absolue et le constituant ne saurait, plus tard, être nommé nazir, alors même qu'il offrirait toutes les garanties désirables; sa déchéance est définitive.

**762.** — Les rites sont également très divisés sur la question de savoir si le constituant peut exclure ses enfants, garçons ou filles, ou tels d'entre eux, de la dévolution. Les divergences qui existent sur ce point dérivent évidemment du défaut de toute réglementation légale, des controverses qui ont toujours existé entre les docteurs Musulmans sur le mode de fonctionnement et même sur le caractère de l'institution. La plupart des jurisconsultes Malékites ont cherché à concilier les règles du wakf avec les droits des héritiers formulés par le Koran, tout en reconnaissant que la dévolution des biens immobilisés est indépendante des règles applicables en matière de successions. Cette préoccupation, qu'on retrouve d'ailleurs chez quelques docteurs Hanafites, a donné lieu chez les Malékites à une jurisprudence peu homogène, de laquelle il est assez difficile de déduire des règles de droit, dépourvue de ce caractère de fixité et de précision qui seul permet de formuler une doctrine.

Il n'est pas sans intérêt toutefois de passer en revue les différents systèmes entre lesquels cette jurisprudence paraît fluctuer.

Les premiers arrêts rendus par la Cour d'Alger sur la matière ont décidé « que la distribution des biens, telle qu'elle est réglée par le Koran, attribue aux enfants du sexe féminin une quote-part d'hérédité dont ils ne sauraient être dépouillés au profit des descendants mâles, sans que la volonté du législateur fût méconnue; qu'en conséquence, une constitution de habous qui aboutirait à ce résultat serait entachée de *nullité radicale* comme faite au mépris des commandements du Prophète » (Arrêt du 30 décembre 1864. — *Sic*, Arrêt du 23 novembre 1868).

La même doctrine a été appliquée dans des espèces où le habous avait été constitué au profit des filles, à l'exclusion des garçons. Un arrêt du 20 mars 1865 dispose « qu'en vertu du verset 12, chapitre IV du Koran, le fils a droit à une part déterminée dans la succession paternelle [1], et ne peut en être exclu ni directement ni indirectement; que l'acte de habous dressé par le père au profit de sa fille et à l'exclusion de son fils, contrairement à ces dispositions, doit être considéré comme n'étant en réalité qu'une donation déguisée ayant pour objet de contrevenir aux dispositions de la loi musulmane; que dès lors *il doit être annulé* » (*Sic*, Arrêts de la Cour d'Alger du 1er avril 1865 et du 13 mars 1866.)

---

[1] Les expressions dont se sert l'arrêt sont absolument malheureuses car elles semblent placer le fils parmi les héritiers acebs, tandis qu'il vient à la succession comme héritier fard, c'est-à-dire non réservataire.

La Cour déclare donc la constitution elle-même vicieuse et nulle lorsque le wakf a été constitué au profit de quelques-uns des enfants du constituant, quel que soit leur sexe, au préjudice des autres. Cette opinion semble justifiée par un passage de Sidi Khalil, aux termes duquel « la constitution d'un habous en faveur des fils, à l'exclusion des filles, *est illicite.* » La Cour a déduit du caractère illicite de la constitution son absolue nullité et, recherchant les motifs qui ont déterminé Sidi Khalil à formuler ainsi qu'il l'a fait sa doctrine, motifs qui résident certainement dans le respect de la dévolution successorale korannique, elle a prononcé la nullité, aussi bien dans le cas d'exclusion d'un fils que dans celui d'exclusion d'une fille.

La jurisprudence paraissait bien fixée par les décisions que nous venons de rapporter, lorsqu'un arrêt de la Cour d'Alger, du 4 février 1876, et, sur pourvoi, un arrêt de la Cour de cassation du 16 janvier 1877 ont proclamé une doctrine contraire. La Cour d'Alger a jugé que « si d'après la doctrine Malékite l'exclusion des femmes dans une constitution de habous est un acte blâmable, et même une cause d'invalidation, cependant la nullité n'est prononcée ni par les principes du droit musulman ni par aucun texte de loi. » Et la Cour de cassation, acceptant cette théorie, a émis ce principe dont on remarquera l'absolue généralité qu' « en Algérie, la constitution de habous modifiant l'ordre légal des successions, peut être faite avec exclusion des filles. » C'est, on le voit, appliquer au rite Malékite la doctrine Hanafite, contrairement à toute la jurisprudence algérienne qui, si elle permet au musulman Malékite de constituer wakf d'après les règles Hanafites, déclare nulle toute constitution ainsi faite lorsque le constituant n'a pas formellement déclaré qu'il se soumettait pour la circonstance au rite d'Abou Hanifa. La doctrine admise par la

Cour de cassation en opposition avec celle de Sidi Khalil et des docteurs Malékites nous paraît fort contestable au point de vue du droit musulman. Sans doute, il n'y a, en matière de wakf, aucun texte *de loi,* c'est-à-dire aucune disposition du Koran, réglementant la constitution, la dévolution, les effets de l'immobilisation, et on ne saurait dire en aucun cas que *la loi* ait été violée. S'ensuit-il que le constituant soit affranchi de toute règle, qu'il puisse réglementer à son gré et suivant son bon plaisir une matière aussi importante, qu'il ait le droit, en s'appuyant sur l'opinion isolée d'un jurisconsulte, de modifier les principes admis par la tradition? Evidemment non, et ce serait jeter encore une plus grande confusion dans une matière qui, pour les causes que nous avons exposées, est déjà un véritable labyrinthe. Il faut donc absolument se rapporter aux préceptes tracés par la majorité des docteurs du rite auquel appartient le constituant ou sous lequel il déclare se placer, conformément aux principes du droit musulman qui veulent qu'en cas de divergences doctrinales l'opinion de la majorité des jurisconsultes serve de règle.

La Cour avait fait pressentir ce changement de jurisprudence par un arrêt du 29 juillet 1869 dans lequel elle proclame avec raison que « la constitution de habous *sous le rite Hanafite* modifiant l'ordre normal des successions, peut être faite avec réserve d'usufruit en faveur du constituant, immobilisation d'objets mobiliers et exclusion des filles ou femmes, » mais dans lequel elle ajoute : « il en est de même sous le rite Malékite alors que de telles constitutions sont autorisées par les coutumes locales qui ont force de loi. » La Cour de cassation a sanctionné ces principes par arrêt du 25 mars 1873. Ces décisions qui font pressentir une doctrine contraire à toute la jurisprudence antérieure de la Cour d'Alger, semblent s'être produites dans un cas tout exceptionnel où les principes généraux du rite Malékite se seraient trouvés modifiés par un usage contraire constant et immémorial. Si on peut, à la rigueur, accepter cette doctrine, il n'en est pas de même de celle beaucoup trop générale contenue dans les arrêts précités des 4 février 1876 et 16 janvier 1877. Les termes de la première de ces décisions sont à retenir; la Cour constate que dans le rite Malékite l'exclusion des femmes est une chose blâmable (Sidi Khalil dit *illicite*), qu'elle peut entraîner l'invalidation du wakf, et on est en droit de s'étonner qu'après une proclamation aussi formelle des vrais principes, l'arrêt, au lieu d'annuler la constitution, l'ait déclarée valable.

Enfin, la Cour d'Alger paraît être revenue sinon à sa première jurisprudence, du moins à une doctrine intermédiaire par un arrêt du 25 mai 1880 aux termes duquel « il est interdit au constituant d'un habous d'exclure ses filles du premier degré ou partie d'entre elles; et si semblable exclusion avait lieu, les tribunaux auraient le droit, nonobstant cette exclusion, d'*admettre les filles exclues au bénéfice du habous.* » Cette doctrine proclame formellement une interdiction, mais elle diffère essentiellement de celle que la Cour avait adoptée en premier lieu et par un nombre considérable de décisions, aux termes de laquelle l'exclusion des filles est une clause *de nullité* de la constitution ; la Cour ne déduit plus de la violation du principe une nullité, elle valide même l'immobilisation, mais elle appelle les héritiers légitimes à en bénéficier malgré leur exclusion. Nous estimons que le premier état de la jurisprudence était plus conforme aux principes du rite Malékite, notamment au précepte de Sidi Khalil qui déclare illicite une constitution de habous dont les filles ont été exclues.

**763.** — Il faut bien remarquer que si, dans ce rite, l'exclusion des enfants directs du constituant est une cause de nullité, tout au moins une chose blâmable et prohibée, il n'en est nullement ainsi lorsque cette exclusion porte sur la descendance du deuxième degré ou d'un degré subséquent. La volonté du constituant doit alors être respectée et l'ordre de dévolution par lui établi doit être suivi. C'est ainsi qu'on peut exclure du wakf :

Un petit-fils (Arrêt de la Cour d'Alger du 20 juillet 1865).

La descendance féminine des filles (Arrêt du 2 novembre 1865).

La descendance masculine et féminine des filles (Arrêt du 10 mai 1865).

La descendance féminine des fils (Jugement du Cadi d'Alger de 1862, rendu sur un habous constitué en 1774).

**764.** — Dans le rite Hanafite, l'ordre de dévolution est absolument laissé au bon plaisir du constituant et on voit combien le wakf modifie profondément les principes tracés par le Koran en matière de transmission successorale, alors surtout que ce rite admet la réserve d'usufruit au profit du fondateur du wakf. Les donations, par le fait qu'elles ne sont pas sujettes à rapport, permettent déjà au père de famille d'avantager tel ou tel de ses successibles ou même un étranger et de transmettre, de son vivant, tous ses biens, au préjudice des héritiers naturels, même réservataires : mais il y a dans ce mode de disposition un correctif inhérent à la nature même du contrat, le dessaisissement immédiat, la tradition réelle de l'objet donné. Il arrive rarement en effet qu'un individu se dépouille de son vivant de tout son patrimoine ; un tel abandon est, en thèse générale, aussi contraire à ses propres intérêts qu'à ceux de ses héritiers. Mais le pouvoir donné à toute personne capable de constituer ses biens en wakfs, de s'en réserver l'usufruit viager et de régler le mode de dévolution qui se fera après lui à l'infini, est un moyen facile d'exclure tel héritier, telle ou telle classe d'héritiers. Tels sont néanmoins les principes admis, et les Hanafites reconnaissent, en ce point, au constituant, la plus entière liberté; sa volonté, disent les docteurs, fait loi. Il peut donc exclure tel ou tel de ses fils, telle ou telle de ses filles, cela est universellement reconnu.

**765.** — Lorsque l'exclusion est pure et simple et par cela même définitive, et sans réserves, il n'y a aucune difficulté, l'exclu n'a aucun droit d'aucune nature; il n'en est pas de même dans l'hypothèse que nous allons examiner.

Il arrive quelquefois que les filles sont exclues, le père de famille ayant été déterminé à cette mesure par le désir de ne pas voir les revenus de ses biens profiter indirectement à des étrangers par suite des mariages que peuvent plus tard contracter celles-ci. D'autre part, le constituant ne veut pas que ses filles soient privées de toutes ressources, alors qu'indigentes ou non mariées elles auront besoin de leur part de jouissance. Aussi trouve-t-on dans certains actes de habous, après la clause d'exclusion des filles, cette restriction : « à moins que celles-ci soient indigentes *et* non mariées, » ou même la suivante dans laquelle une des deux conditions suffit pour que la personne exclue soit appelée : « à moins que celles-ci soient indigentes *ou* non mariées. » Quelle est, en ce cas, la nature du droit éventuel des filles? Est-ce un droit personnel ou un droit réel? La question divise profondément la jurisprudence et la doctrine modernes.

MM. Sautayra et Cherbonneau estiment que dans l'hypothèse que nous examinons, les garçons « ont un droit qu'ils puisent dans leur seule qualité de descendants et ils l'exercent pendant toute leur vie, quelle que soit leur situation de fortune. » Quant aux filles, elles n'ont qu'un droit éventuel à une pension alimentaire qu'elles doivent même, en thèse générale, recevoir en nature et non en argent.

Faisons remarquer tout d'abord que le garçon, pas plus qu'aucun dévolutaire de habous, ne peut puiser son droit dans sa qualité de descendant si on considère ce mot comme l'équivalent de successible; le droit, en cette matière, nous l'avons dit, ne découle que d'une source unique : la volonté du constituant. Mais le droit de la fille est-il bien réduit à une simple pension alimentaire? Nous ne le croyons pas : d'abord parce que la créance alimentaire ne donne lieu qu'à une action essentiellement personnelle, alors que celle réservée à la fille, dans le cas qui nous occupe, est réelle, nous le démontrerons plus loin. En second lieu, la créance alimentaire a des caractères spéciaux et définis qui ne se retrouvent pas dans la situation que nous examinons : la pension alimentaire n'est due que dans les proportions des besoins du créancier; or, lorsque le droit réservé à la fille se réalisera, celle-ci sera appelée à l'exercer d'après les règles générales qui régissent l'attribution et le partage des revenus du wakf, et si ces revenus sont supérieurs à ses besoins, même dans une large mesure, elle n'en aura pas moins le droit d'exiger sa part entière.

La Cour d'Alger a été appelée à se prononcer sur le caractère personnel ou réel du droit éventuel des filles dans les conditions suivantes :

Un sieur El hadj Mohamed El Drissi avait constitué un wakf d'après le rite Hanafite et dans les termes suivants :

« Le constituant réserve à son profit la jouissance des terres constituées et, après lui, au profit de ses enfants mâles, à l'exclusion des filles, qui n'auraient droit à la jouissance que dans le cas où elles seraient indigentes ou veuves : dans l'un de ces deux cas, le garçon devant avoir une part égale à celle de deux filles, les enfants des dites filles n'y ayant pas droit; ensuite au profit des enfants des garçons et des enfants de leurs enfants et, à l'extinction complète de la race, le habous passera définitivement aux deux villes nobles et sacrées de La Mecque et Médine. » Une fille du constituant, nommée Messaouda, avait cédé à un tiers ses droits éventuels et, d'autre part, les garçons appelés sans restriction à la dévolution avaient aliéné les immeubles habousés, en vertu de l'ordonnance de 1844 et du décret du 31 octobre 1858, qui ont rendu les habous aliénables en Algérie. Messaouda devint veuve et indigente et son cessionnaire, exerçant ses droits, demanda la nullité de l'aliénation consentie au mépris des droits de sa cédante. La question se posait, dès lors, de savoir si les droits de celle-ci étaient réels ou si, au contraire, ils ne constituaient qu'une créance éventuelle et personnelle ne lui conférant aucun droit sur l'immeuble.

La Cour d'Alger, par un arrêt très étudié, en date du 10 février 1873, s'est prononcée pour le caractère réel du droit et a annulé la vente consentie sans le concours des femmes ayant-droit éventuelles. L'arrêt se fonde : 1° sur ce que les filles ont un droit héréditaire dont, en dehors de la constitution du habous, elles ne peuvent être privées; qu'en fait, la part conditionnellement attribuée à Messouada dans le habous était égale à sa réserve légale, que, par conséquent, si la constitution tombait, elle aurait eu un droit à exercer de par sa qualité héréditaire, droit essentiellement réel; 2° sur ce que le droit réservé devait s'exercer dans le cas où il sortirait à effet, sur les immeubles habousés; l'arrêt ajoute :

« Attendu, sur un autre caractère essentiel de ce droit, que, malgré les différences qui existent entre la législation française et la législation musulmane, il y a des principes juridiques généraux applicables à l'une et à l'autre, à moins de règles contraires;

« Attendu qu'on doit tout au moins assimiler le droit réservé aux filles par la constitution de habous au legs dont parle l'article 1040 du Code civil, fait sous une condition dépendant d'un événement incertain et tel que, dans l'intention du testateur, le legs ne doive être exécuté qu'autant que l'événement arrivera ou n'arrivera pas;

« Que c'est là, sans doute, une condition suspensive, dont la dénomination même exprime qu'elle tient l'existence du legs en suspens, un droit éventuel, il est vrai, mais qui appartient si bien au légataire qu'il peut y renoncer ou prendre des mesures conservatoires;

« Que ce n'est pas l'événement qui crée le droit, il le fait seulement apparaître en le dégageant de l'éventualité qui le tenait en suspens;

« Que, la condition une fois accomplie, a un effet rétroactif au jour de la mort du testateur, de sorte que le droit au legs doit être considéré comme ayant été acquis au légataire, non du jour de l'événement, mais du jour du décès; qu'ainsi, il est incontestable que les aliénations consenties par l'héritier dans l'intervalle seraient résolues comme son propre droit;

« Attendu que....., l'événement arrivé, ce droit est réputé né le même jour que celui des frères, d'où il suit que la fille serait qualifiée à tort dévolutaire éventuelle, l'idée de dévolution impliquant, non la coexistence et la simultanéité du même droit sur la tête de deux personnes, mais la transmission successive d'une première tête à une autre, les appelés en matière de substitution, dans l'espèce les enfants des mâles et, en définitive, La Mecque et Médine, devant seuls, après le décès du constituant, recevoir le nom de dévolutaires éventuels. »

Cette argumentation très serrée est combattue par M. Robe (*Journal de jurisprudence de la Cour d'Alger*, 1873, p. 50) qui réfute tout d'abord l'argument tiré du droit héréditaire des filles. Le savant commentateur dit avec raison qu'on ne saurait assimiler le habous ni à un testament, ni à une donation, ni à une substitution proprement dite, qu'il constitue un acte *sui generis*, n'ayant pas de similaire dans nos Codes. Cela est très vrai; en matière de wakf il n'y a d'autres attributaires que ceux désignés par le constituant, et l'arrêt ne pouvait, à notre avis, tirer argument de ce qu'en fait la part héréditaire de la fille Messaouda était précisément la même que celle que lui attribuait le habous dans le cas de veuvage ou d'indigence. Les règles de la dévolution successorale n'ont rien à faire dans la matière.

M. Robe essaie ensuite de réfuter le raisonnement par lequel l'arrêt fait remonter le droit de la bénéficiaire au jour de la constitution et non à celui de l'événement qui a donné à ce droit un caractère actuel et utile. Selon lui, le droit n'étant créé qu'en vue d'une situation déterminée, ne peut *naître* que lorsque cette situation qui l'engendre se produit; jusque-là il est inexistant. Et il ajoute que c'est pour avoir méconnu ce principe du wakf que la Cour a appliqué à l'espèce les règles tracées par les articles 1040 et 1041 du Code civil. Enfin M. Robe termine ainsi : « Il ne s'agit pas, pour le droit des filles, d'une condition suspensive, d'une condition suspendant seulement l'exercice du droit, comme dans les articles 1041 et

1179 du Code civil, mais bien d'une condition créant le droit, d'une cause génératrice de la participation, ce qui est bien différent. »

Ce raisonnement a été accepté par la Chambre musulmane de la Cour d'Alger qui, par arrêt du 23 mars 1874, a déclaré qu'il n'y avait aucune analogie entre le droit éventuel de la femme à la jouissance du habous et les articles 1040 et 1041 du Code civil, que le droit réservé éventuellement aux filles n'est qu'un droit de jouissance, c'est-à-dire essentiellement personnel.

Nous nous rangeons, quant à nous, à la doctrine contenue dans l'arrêt du 10 février 1873, sous réserve de ce que nous avons dit quant à l'argument tiré du droit successoral. Cet arrêt ne déduit aucune règle des articles 1040 et 1041 qui, évidemment, n'ont rien à faire dans la matière; mais il considère avec raison, à notre avis, qu'il y a là deux situations qui, quoique parfaitement différentes et se rencontrant dans des législations très souvent en opposition l'une avec l'autre, ont cependant de sérieuses analogies quant à l'actualité et à l'éventualité du droit et au moment où il prend naissance. Le second argument invoqué par l'arrêt et qui consiste à dire que le droit devant forcément s'exercer *sur l'immeuble habousé*, le jour où, de latent qu'il était, il deviendra actuel et utile, est bien un droit *in rem*, nous paraît décisif et nous ne voyons pas qu'il ait été réfuté. Etant donné que la volonté du constituant fait la loi inéluctable des dévolutaires, comment cette volonté sera-t-elle respectée si l'immeuble peut être aliéné sans le concours des filles? Qu'a voulu le constituant? non pas que telle de ses filles devenue par la suite veuve ou indigente puisse exercer contre ses frères une action personnelle tendant à une prestation d'aliments, mais bien que, le cas échéant, la fille ait un droit à la jouissance commune d'un immeuble déterminé, pour une part également définie. Peut-il dépendre de la volonté des dévolutaires du sexe masculin de modifier ou plutôt d'anihiler la disposition, résultat incontestable auquel conduit le système de M. Robe?

Non, il n'y a pas là un droit qui prend naissance au jour du veuvage ou de l'indigence survenue; le droit procède de la volonté même du constituant qui, seule, lui a donné naissance : il ne s'exercera que dans des conditions déterminées, soit, mais aussi sur des biens également déterminés; c'est donc un droit réel et pour qu'il puisse s'exercer, il faut que la chose subsiste. Enfin M. Robe nous paraît avoir fait une confusion entre la naissance et l'exercice du droit.

**766.** — L'arrêt du 10 février 1873 n'a pas eu à se prononcer sur la question de savoir si la cession consentie par la fille Messaouda du droit résultant pour elle de l'acte de wakf était valable. La question n'avait pas d'intérêt, en l'état des circonstances du procès; en tous cas elle n'était pas soumise à la Cour. Nous estimons, quant à nous, que la nature même de ce droit démontre qu'il était attaché à la personne de la bénéficiaire et ne pouvait être cédé par elle. La clause dont nous étudions le caractère et la portée, si elle ne constitue pas une réserve de pension alimentaire, ainsi que nous l'avons démontré, constitue un droit *sui generis* qui, ayant pour but d'assurer des ressources déterminées à une personne désignée et dans des circonstances nettement prévues, revêt, d'après la volonté du constituant, un caractère incontestable d'incessibilité. C'est donc un *jus in rem*, attaché à la personne même qui en bénéficie, dont elle ne peut être dépouillée tant qu'elle existe, qu'elle ne peut céder et qui, né à l'instant même de la constitution du wakf, acquerra son caractère d'utilité par l'événement qu'a prévu le constituant.

**767.** — Pour fixer la dévolution d'un wakf, il faut forcément s'en rapporter à l'acte constitutif et y rechercher l'intention du fondateur. Lorsque l'acte s'exprime en termes précis, lorsqu'il y est dit par exemple que le wakf est constitué au profit des enfants garçons et filles du constituant, nés et à naître et de leur descendance à l'infini, puis, à l'extinction de la descendance, aux villes saintes, la disposition est limpide et ne donne lieu à aucune difficulté d'interprétation. Mais souvent les termes dont s'est servi le constituant sont ambigus et il faut, dès lors, rechercher quelle a été sa volonté. Les auteurs Musulmans, notamment Ebn Abdine, passent en revue un grand nombre de clauses sujettes à controverse et essaient d'en fixer le sens, ce qui n'est pas toujours facile : il est peu de ces stipulations sujettes à interprétation qui ne divisent les docteurs sur la portée qu'il faut y attacher. En somme, on ne peut tracer, en pareille matière, des règles bien absolues, puisque dans toute clause ambiguë il y a lieu de recourir à la volonté présumée du constituant plutôt qu'à des principes qui ne présentent aucun caractère de fixité et de certitude.

**768.** — Lorsque le constituant a désigné comme dévolutaires « ses enfants actuels, » en les dénommant, la majorité des auteurs décide qu'il y a exclusion de ceux qui ne sont pas personnellement désignés; quelques jurisconsultes admettent cependant que tous les « enfants actuels » doivent être appelés, la désignation nominale de certains d'entre eux n'étant pas limitative.

Il n'entre pas dans le cadre de cet ouvrage de passer en

revue les nombreux cas où les termes de la constitution donnent lieu à interprétation; on les trouvera en grand nombre dans l'ouvrage de MM. Adda et Ghalioungui, 2ᵉ partie; nous nous bornerons donc à indiquer les principes généraux.

**769.** — La parenté, en matière de wakf, n'est pas réglée comme en matière de succession.

Les enfants immédiats du constituant sont les plus proches parmi les parents, puis viennent les petits-fils, les arrière-petits-fils et ainsi de suite dans la branche descendante à l'infini. Le constituant doit spécifier cette dévolution car s'il se bornait à désigner « ses enfants, » la dévolution se bornerait au premier degré et passerait immédiatement après eux aux pauvres ou aux villes saintes.

La mère est plus proche que les frères.

Ceux qui sont parents de deux côtés (les germains) priment ceux qui ne le sont que d'un seul, « quand même l'origine de l'un des deux côtés serait étrangère au constituant. » Les frères germains priment donc les frères consanguins ou utérins, en vertu du privilège du double lien.

Abou Hanifa n'admet pas qu'il y ait égalité entre les consanguins et les utérins; il donne le pas aux premiers; mais ses disciples Mohamed et Abou Youssef les font concourir parce qu'ils sont égaux en degré et égaux également quant au simple lien qui les rattache au constituant. En Égypte, les lois du 7 sépher 1284, 4 redjeb 1292 que nous reproduisons à la fin du texte du statut personnel ont admis la doctrine d'Abou Hanifa et appellent les consanguins avant les utérins dans la dévolution.

Les Malékites n'admettent pas, en matière de wakf, le privilège du double lien. Tous les collatéraux d'un même degré sont égaux et appelés au même titre : il y a donc concours entre les germains, les consanguins et les utérins, à moins bien entendu que le constituant en ait autrement disposé. Cette doctrine, universellement enseignée par les docteurs du rite, a été consacrée par arrêts de la Cour d'Alger des 6 juillet 1869 et 2 mai 1870.

**770.** — Le droit musulman n'admet pas la représentation en matière successorale et il semble sans difficulté qu'il ne l'admette pas, à plus forte raison, dans une matière où chaque appelé vient en vertu d'un droit personnel, qui lui est propre, qu'il tient de la volonté du constituant et d'aucune autre cause. Cependant la question donne lieu à controverse chez les Hanafites, ainsi que nous le voyons dans l'ouvrage de MM. Adda et Ghalioungui (page 57), où elle est ainsi exposée : « Les enfants du fils participent-ils au wakf (par représentation)?

« Quelques-uns des auteurs modernes ont dit que les petits-fils participent au wakf; mais d'après Ebn Abdine ils n'y participent pas, vu que le fils décédé ne compte pas parmi les personnes appelées à bénéficier du wakf ni en fait ni en droit; qu'il ne peut non plus acquérir ce droit, étant mort avant le constituant du wakf; que les bénéficiaires d'un wakf sont ceux existant lors de la constitution ou nés postérieurement. En conséquence, les enfants du dit fils, non seulement ne peuvent tenir lieu et place de leur père pour des droits que celui-ci n'avait pas, mais ils ne sont non plus que leur père des personnes appelées à bénéficier du wakf. Ce qui est rapporté dans El Issaaf en est la preuve. »

La Cour d'appel mixte d'Alexandrie a proclamé ces principes dans deux arrêts des 8 mai 1890 et 26 avril 1893, dans les termes suivants : « les descendants d'un constituant d'un wakf succèdent aux revenus de ce wakf en vertu d'un droit propre et d'une vocation personnelle résultant de la volonté du fondateur, *et non en vertu du droit tiré du chef de leur auteur* qui aurait précédemment joui de ces revenus » (Voir cependant les lois précitées des 7 sépher 1284, 4 redjeb 1292).

Les Malékites n'admettent également la représentation qu'au cas de stipulation formelle de la part du constituant; le Cheik Kheir-ed-dine-er-Roumili dit en effet que « la loi n'accorde aucune part aux enfants du fils qui est mort du vivant de son père » et la jurisprudence algérienne s'est constamment prononcée dans le même sens (Arrêts de la Cour d'Alger des 23 mai 1870, 11 février 1874, etc.).

**771.** — Il est admis que si la dévolution au premier degré a lieu par têtes, celle qui s'opère au profit des degrés subséquents a lieu par branches, la branche la plus éloignée étant exclue par la plus proche à moins de stipulations contraires. Tel est le principe général qu'on retrouve dans les rites Hanafite et Malékite et qui est développé par Ebn Abdine dans de nombreuses espèces rapportées par ce jurisconsulte.

**772.** — De ce qu'on ne peut appliquer au wakf les règles tracées pour les successions, il résulte qu'en cas de concurrence entre des dévolutaires du sexe masculin et des dévolutaires du sexe féminin procédant du même degré, il n'y a pas lieu d'attribuer aux premiers une double part, ainsi que cela a lieu en matière de successions. Si donc le fondateur du wakf l'a constitué en faveur de ses enfants, garçons et filles, sans autre indication, la stipulation est interprétée comme si elle contenait ces mots : « par portions égales. » Mais si le fondateur du wakf a stipulé que les dévolutaires partageront entre eux par « portions légales » les jurisconsultes estiment que cette clause crée le privilège de la double part au profit des mâles parce qu'elle fait présumer que le constituant s'est reporté aux règles *légales* des successions. Cependant quelques auteurs, notamment Ebn Minkar et El-Dour-El Mouktar pensent qu'aucune prescription *légale* n'existant en matière de wakf pour la détermination des parts dévolues, la clause devrait s'interpréter dans le sens de l'égalité entre les bénéficiaires du sexe masculin et ceux du sexe féminin.

**773.** — Telles sont les règles principales de la dévolution et qui suffisent à en faire comprendre l'économie.

Résumant ces règles, nous en déduirons les principes suivants :

1° La dévolution est, dans le rite Hanafite, laissée à l'entière liberté du constituant qui peut s'instituer lui-même premier dévolutaire, exclure tel ou tel de ses enfants, même du premier degré.

Chez les Malékites, au contraire, le constituant doit se dessaisir immédiatement de la chose, il ne peut s'en réserver la jouissance, il ne doit pas exclure de la dévolution tels ou tels de ses enfants du premier degré.

2° Le bénéficiaire est appelé en vertu d'un droit réel qui lui est propre et qui n'admet pas la représentation.

3° Toute clause ambiguë doit s'interpréter, en premier lieu, suivant l'intention présumée du constituant, et à défaut, d'après l'interprétation que donne à cette clause la majorité des jurisconsultes.

4° Les règles relatives aux successions ne sont pas applicables en matière de wakf.

5° La dévolution a lieu par têtes pour les bénéficiaires du premier degré et ensuite par branches. Le privilège du double lien admis par les Hanafites est repoussé par les Malékites.

6° Il y a égalité de parts entre les dévolutaires du sexe masculin et ceux du sexe féminin, à moins de stipulations contraires.

## SECTION IV.

### Formalités générales de l'immobilisation.

Sommaire :

774. En principe, il n'y a pas de formalités substantielles.
775. Les Hanafites exigent que le wakf soit consacré par le magistrat.
776. Le dessaisissement du constituant doit-il être immédiat? divergence des rites.
777. De la tradition au dévolutaire incapable.
778. L'acte de constitution doit mentionner son but pieux.
779. Les habous constitués en Algérie au profit des villes saintes sont-ils aujourd'hui valables?
780. De l'acceptation du wakf.

**774.** — Si on se reporte aux principes généraux du wakf, les seuls que nous ayons à étudier ici, aucune formalité spéciale n'est exigée pour la validité de l'immobilisation. Il suffit que le constituant ait énoncé d'une façon précise et catégorique sa volonté de constituer wakf tel ou tel de ses biens et qu'il ait fixé l'ordre de dévolution. Nous verrons, quand nous traiterons des preuves, que les anciens docteurs relèguent, en cette matière comme d'ailleurs dans presque toutes les autres, l'acte écrit au second rang; pour eux, les témoignages constituent la preuve par excellence, « celle qui est la plus agréable à Dieu, » et en cas de concours entre un acte formel et des témoignages présentant les conditions de garantie requises par la loi, ils écartent sans hésiter l'acte écrit.

La doctrine et la jurisprudence modernes tendent de jour en jour à l'adoption du principe diamétralement opposé et considèrent avec raison que l'acte écrit présente seul les caractères de fixité, de netteté et de stabilité qu'on doit rencontrer dans les dispositions relatives à la transmission des biens. En aucune matière, certainement, l'acte écrit n'est plus indispensable ; la dévolution des biens wakfs s'opère, en général, de générations en générations, pour ainsi dire à l'infini, et on comprend quelles difficultés surgissent lorsqu'il n'existe aucun acte constitutif et qu'il faut rechercher la volonté présumée du constituant décédé depuis un siècle et plus, dont les contemporains eux-mêmes ont disparu. Il faut alors s'en rapporter à ce qui a eu lieu depuis la constitution du wakf, c'est-à-dire au fait qui peut parfaitement se trouver en contradiction avec la réelle intention du fondateur.

Les Malékites admettent cependant ce principe qu'aucune formalité substantielle n'est exigée, qu'il n'est pas indispensable que l'acte constitutif soit reçu par le magistrat et que la constitution est valable dès qu'elle est certaine.

La jurisprudence algérienne a essayé de réglementer la matière en se montrant de plus en plus sévère quant aux preuves, mais elle n'a pas cru devoir faire d'un acte écrit une formalité substantielle : elle ne le pouvait pas d'ailleurs, n'ayant pas à légiférer mais à appliquer les principes du rite. Cependant, en Algérie, les habous étant très fréquemment constitués avec adoption du rite Hanafite, nous pensons que lorsqu'il s'agit d'apprécier la validité d'un wakf constitué dans ces conditions, l'acte écrit devrait être exigé, non seulement comme mode de preuve mais encore comme formalité intrinsèque de l'immobilisation. Il serait facile au pouvoir législatif de réglementer la matière, car si le wakf touche par un grand nombre de points au statut personnel, il n'en fait cependant pas partie intégrante, ne se trouvant pas dans le Koran. L'acte du Prince est donc ici licite et légitime et ce ne serait pas porter atteinte à la capitulation d'Alger que de tracer enfin, d'une façon définitive, les règles légales applicables à cette importante matière. C'est ce qui a été fait d'ailleurs dans les pays musulmans et nous allons voir qu'en Égypte l'acte écrit est aujourd'hui substantiel.

**775.** — Les docteurs Hanafites sont divisés quant à la nécessité pour le constituant d'obtenir de l'autorité judiciaire la consécration du wakf. L'imam Mohamed déclare nulle toute immobilisation dans laquelle le magistrat n'est pas intervenu; Abou Youssef, au contraire, ne regarde l'acte dressé par le magistrat que comme un moyen de preuve et nullement comme une condition de validité. Mais cette controverse n'existe plus aujourd'hui en Égypte où le rite Hanafite est seul reconnu, et un décret du 6 zilheggé 1283, que nous reproduisons plus loin, a édicté les formalités suivantes qui doivent être observées à peine de nullité :

Le constituant adresse à la Moudirieh de la situation des biens une demande tendant à ce qu'il soit dressé acte de la constitution du wakf; cette demande est confirmée par une déclaration transcrite sur un registre tenu à cet effet, en présence du Moudir ou de son délégué et du Cadi de la Moudirieh. L'autorité doit rechercher seulement si le constituant a capacité et s'il est bien propriétaire des biens qu'il désire immobiliser. Ces constatations faites, le hodget est passé dans les formes légales et revêt, dès lors, un caractère d'authenticité. La constitution du wakf peut être reçue par une Moudirieh autre que celle de la situation des biens, lorsque le constituant est empêché de s'y rendre : il s'adresse en ce cas à la Moudirieh la plus proche de son domicile et l'acte est transmis administrativement à la Moudirieh dans la circonscription de laquelle se trouvent les biens.

Aux termes d'un arrêt de la Cour d'appel mixte d'Alexandrie, en date du 26 avril 1893, la constitution en wakf enlevant un bien au commerce, *n'existe que tout autant qu'il y a un acte constitutif de wakf*. L'arrêt ajoute avec raison que la représentation du titre constitutif n'est pas indispensable et que le wakf dont le titre a été détruit peut être déclaré valable lorsqu'il est établi, par preuves certaines, que l'acte a été passé dans les conditions exigées par la loi.

**776.** — Nous avons vu que dans le rite Hanafite le dessaisissement du constituant peut ne pas être immédiat; il peut n'avoir lieu qu'au décès du fondateur du wakf puisque celui-ci a le droit de se désigner comme premier dévolutaire. Chez les Malékites, au contraire, une pareille réserve entraînant la nullité du habous, on considère comme condition essentielle de validité qu'il y ait dessaisissement au profit des dévolutaires, que ceux-ci soient mis en possession réelle et effective (Arrêts de la Cour d'Alger des 9 novembre 1863 et 7 août 1866). La tradition, disons-nous, doit être réelle ; on ne pourrait donc habouser un immeuble donné en antichrèse, la jouissance du dévolutaire ne devant commencer qu'à une époque postérieure à la constitution (Arrêt de la Cour d'Alger du 14 novembre 1870). Toutefois, le principe du dessaisissement immédiat n'est pas aussi absolu en matière de habous qu'en matière de donations. La loi étant muette et n'indiquant pas dans quel délai la tradition doit avoir lieu, les jurisconsultes Malékites ont admis que la constitution était valable quand même elle ne serait pas suivie de tradition immédiate, pourvu que le dévolutaire ait été saisi de la jouissance réelle du vivant du constituant, avant sa dernière maladie ou sa déconfiture, en un mot à une époque où le fondateur du wakf avait encore pleine capacité.

777. — Si le dévolutaire est mineur ou incapable, la tradition est faite, pour lui, à son représentant légal et l'on suit, dans ce cas, les règles relatives à la tradition en matière de donations en faveur des incapables. Nous renvoyons sur ce point à ce que nous avons dit au chapitre des donations entre-vifs.

778. — Nous avons vu que le wakf a été institué par le Prophète dans un but pieux. Il en résulte que tous les rites exigent dans l'acte de constitution une stipulation visant une œuvre charitable, une œuvre « rapprochant l'homme de Dieu. » Les docteurs se sont montrés très larges quant à la désignation de l'œuvre pie et relativement à l'époque à laquelle elle peut devenir dévolutaire des biens immobilisés. Indépendamment des œuvres religieuses telles que les mosquées, les zaouias, les cimetières, des institutions de bienfaisance telles que l'assistance publique, les hospices, on peut désigner comme dévolutaires des institutions d'intérêt public et général tels qu'un pont, une fontaine, un lieu de refuge, parce que celui qui stipule en faveur d'une œuvre utile à tous accomplit en réalité une œuvre philanthropique agréable à Dieu.

Ce but final du wakf est de l'essence même de l'institution, de telle sorte que, s'il fait défaut dans la constitution, celle-ci est caduque. Les auteurs Hanafites admettent cependant, en général, que le défaut de désignation d'une œuvre pie ne rend pas nulle l'immobilisation laquelle profite alors, à l'extinction des dévolutaires désignés, aux pauvres « car, dit Abou Youssef, le wakf leur appartient, même à défaut de stipulation. » Hélal estime toutefois qu'une telle constitution est nulle « parce qu'elle n'indique pas dans quel but le wakf a été établi, de sorte qu'on n'a pas affecté ses revenus à la charité; un pareil wakf s'écarte des principes communiqués par le Prophète à Amr el Khattab. »

Bourhan el Dine range également parmi les conditions essentielles de validité le but pieux de l'institution : « la destination qui en est faite par le constituant doit consister dans une œuvre agréable à Dieu (Kourba) par rapport tant au dévolutaire qu'au constituant. »

**779.** — En Algérie, les dotations faites en faveur des villes saintes La Mecque et Médine ont été dévolues, ensuite de la conquête, à l'État français. La question s'est dès lors posée de savoir si les habous constitués au profit de ces villes étaient valables. L'affirmative a été jugée par arrêt de la Cour d'Alger du 20 mars 1867 et par arrêt de la Cour de cassation du 9 juillet 1878. Cette doctrine nous paraît juste quant aux habous anciens, constitués avant l'acte législatif qui a opéré le transport à l'État des dotations dont s'agit; elle nous paraît très contestable relativement aux constitutions faites postérieurement à la disposition légale. Dans le premier cas, en effet, le but pieux existait bien dans l'intention du constituant; ce but ne s'est pas accompli de par des circonstances postérieures à l'immobilisation et indépendantes de la volonté du fondateur; il serait peu équitable d'appliquer, dans l'hypothèse qui nous occupe, une sorte de nullité rétroactive. Dans le second cas, au contraire, le fondateur du wakf n'a pu être déterminé par une idée pieuse, charitable ou même philanthropique puisqu'il était évident, au moment de la constitution, que la dévolution faite au profit des villes saintes ne pouvait en aucun cas profiter à celles-ci, que l'État français était en réalité le dévolutaire définitif. Cette dévolution au profit des zoummis est loin d'être une œuvre pieuse au point de vue musulman et dès lors une des conditions de validité nous paraît manquer à l'institution.

L'arrêt du 20 mars 1867, cité plus haut, a bien reconnu le principe et proclamé que « le caractère essentiel du habous est d'être inspiré par un sentiment de charité et de piété. Ce caractère toutefois, ajoute l'arrêt, n'est pas exclusif de l'intention par le constituant de faire un partage anticipé entre ses héritiers. » Nous sommes absolument de cet avis; aussi croyons-nous que la Cour ne pouvait, après avoir proclamé ces principes, valider un habous institué, en réalité, au profit de l'État français comme dernier dévolutaire.

Une décision de la même Cour, du 13 février 1877, nous paraît avoir fait une plus saine application des principes. Nous en extrayons ce qui suit : « Lorsqu'un habous est fait dans un but déterminé, il devient nul ou annulé du moment où il est certain qu'il ne peut plus recevoir son exécution. Par suite, l'immeuble habousé retourne au constituant ou à ses héritiers. Spécialement, un immeuble habousé au profit d'une fontaine ou d'une zaouia redevient melk au profit de l'héritier légitime du constituant si la fontaine a été supprimée ou si la zaouia a disparu. » Et il faut remarquer que, dans l'espèce rapportée, la constitution était valable au jour où elle avait été faite; à plus forte raison faut-il, à notre avis, considérer comme caduc le wakf dont le dévolutaire définitif est une institution religieuse qui n'existe plus ou qui n'est plus capable de recueillir.

**780.** — Le wakf doit être accepté par les premiers dévolutaires auxquels il profite, à moins qu'il ne s'agisse de personnes indéterminées comme les pauvres. Le bénéficiaire n'a droit aux revenus que du jour de son acceptation; s'il refuse, il est considéré comme décédé et le wakf passe au dévolutaire suivant. On ne peut revenir sur un refus librement exprimé, de même qu'on ne saurait rétracter l'acceptation valablement donnée. Bourhan el Dine enseigne que lorsque le wakf est constitué au profit de Zeid et de ses enfants mineurs, le père ne peut accepter ou refuser que pour sa part seulement. « Quant à celle de ses enfants, dit-il, s'ils sont majeurs, l'acceptation ou le refus leur appartient exclusivement et s'ils sont mineurs leur part est réservée. » Cette doctrine est trop absolue. Le père ne peut refuser l'avantage fait à ses enfants incapables et on comprend que, malgré son refus, la part de ceux-ci soit mise en réserve : mais il peut valablement accepter l'attribution de même qu'il peut accepter la donation faite aux mineurs, parce que cette acceptation ne peut leur être préjudiciable. Lorsque, parmi les dévolutaires, quelques-uns seulement refusent, les revenus du wakf appartiennent entièrement à ceux qui ont accepté; si le refus émane de tous, le wakf est dévolu à l'œuvre pie ou aux pauvres.

## SECTION V.

### Des effets du wakf.

SOMMAIRE :

781. Le wakf a pour effet de démembrer l'usufruit de la nue-propriété; du wakf temporaire.
782. Doctrine Malékite.
783. De la réserve d'exclure et d'admettre exercée par le constituant.
784. De la réserve de vendre l'immeuble constitué wakf et de ses effets.
785. De l'inaliénabilité des wakfs.
786. L'usufruit dévolu aux bénéficiaires est-il susceptible d'hypothèque ?
787. Le droit des dévolutaires peut-il faire l'objet d'une cession ?
788. Exceptions aux principes d'inaliénabilité.
789. Doctrine et jurisprudence Malékites.
790. Modifications apportées par la législation française algérienne à l'institution du habous; le wakf est aujourd'hui aliénable.
791. La prescription en matière de wakf est de trente-trois ans.
792. Le habous est imprescriptible chez les Malékites.
793. De l'administration du wakf; du nazir.


**781.** — Le wakf a pour premier effet de démembrer immédiatement l'usufruit de la nue-propriété, l'usufruit restant aux dévolutaires institués, et la nue-propriété à l'œuvre pieuse désignée comme dévolutaire définitive. « La propriété absolue est à Dieu, dit Ibrahim Halebi, et l'usufruit aux hommes. »

Il s'ensuit que les Hanafites considèrent la perpétuité comme une condition essentielle de validité du wakf; Bourhan el Dine s'exprime ainsi : « la troisième condition de validité, c'est de déclarer la perpétuité ou d'employer des expressions qui l'indiquent comme par exemple « sadaka » ou d'autres expressions de ce genre, ce qui est une condition d'après Mohamed. » L'imam Mohamed exige en effet que le constituant stipule en termes formels la perpétuité ; Abou Youssef au contraire enseigne que la perpétuité étant l'essence même du wakf est de droit, à moins de clauses contraires, que dès lors l'acte de constitution est valable lorsqu'il est muet sur ce point ; il ne serait caduc que si le fondateur avait limité le wakf à une période déterminée.

Les jurisconsultes font même, dans ce dernier cas, une distinction assez subtile. Lorsque le wakf a été fait pour un mois ou pour une année, sans que le constituant ait ajouté autre chose, l'institution est valable ; elle est nulle au contraire si le fondateur a spécifié qu'après la durée par lui fixée la chose immobilisée redeviendrait libre. Les docteurs qui font cette distinction (Hélal, El Hassaf, etc...) s'appuient sur ce que, dans le premier cas, le constituant n'ayant pas précisé ce qu'il adviendrait du wakf après le mois, l'année, en un mot après la période par lui fixée, l'immobilisation continue de droit, ce qui lui donne le caractère de perpétuité, tandis que dans le second cas ce caractère fait défaut de par la stipulation qui limite d'une manière catégorique la durée de cette immobilisation.

**782.** — Les Malékites admettent le habous temporaire. Sidi Khalil enseigne que « la perpétuité du habous n'est pas obligatoire ; » El Kharchi et Abd el Baki professent la même doctrine. Il faut cependant reconnaître qu'en fait il est très rare de rencontrer, dans les pays de droit Malékite, une constitution de habous temporaire, et que la perpétuité est la raison d'être de l'institution.

**783.** — Le constituant peut, dans l'acte de wakf, se réserver le droit de modifier la réglementation première par lui établie; il peut notamment se réserver la faculté d'admettre ou d'exclure (edkhal wa ekhrag) et cette stipulation est parfaitement valable. Ebn Abdine enseigne que lorsque la faculté a été réservée par deux constituants agissant conjointement, l'exclusion faite par l'un d'eux, après le décès de l'autre, est valable. Ces sortes de réserves peuvent donc être valablement stipulées pourvu qu'elles n'autorisent pas le constituant à accomplir un acte prohibé ou contraire à l'essence même du wakf. Telle est l'opinion d'Abou Youssef, de Chéroub el Ali et de tous les docteurs Hanafites. La Cour d'Alger s'est rangée à cette doctrine en matière de habous Hanafite, par arrêts des 12 janvier 1866 et 4 mai 1868.

Mais il faut, d'après Ibrahim Halebi, que l'acte de constitution contienne des réserves formelles pour que le fondateur puisse, par la suite, modifier la dévolution et le fonctionnement du wakf. Un arrêt de la Cour d'Alger du 21 octobre 1872 a méconnu cette doctrine et a même validé un acte par lequel le fondateur avait annulé la constitution de habous par lui faite plusieurs années auparavant. Cette décision isolée est absolument contraire aux principes.

**784.** — Le constituant peut-il se réserver la faculté de vendre l'immeuble constitué wakf? Quel serait l'effet d'une pareille clause?

Les jurisconsultes sont très divisés.

Suivant un grand nombre de docteurs, l'insertion d'une pareille réserve dans l'acte constitutif entraîne la nullité radicale de l'immobilisation. L'imam Mohamed, Ebn Abdine, El Bazzazieh, enseignent que cette stipulation est contraire à l'essence même du habous, au dessaisissement que doit consentir irrévocablement le constituant, à la perpétuité de l'institution, qu'elle vicie dès lors de nullité le wakf lui-même. Abou Youssef et ses disciples pensent que la clause est illicite, mais qu'elle ne vicie pas la fondation ; elle doit simplement être réputée non écrite. La Cour d'appel mixte d'Alexandrie s'est rangée à cette opinion par un arrêt du 11 mai 1892, aux termes duquel « les biens wakfs sont en principe inaliénables. La clause par laquelle un constituant d'un wakf se réserve le droit de disposer du wakf, même par vente, n'a pas pour effet d'annuler le wakf, mais doit au contraire être réputée non écrite. »

La Cour d'Alger est allée plus loin par un arrêt du 19 novembre 1862 duquel nous extrayons ce qui suit : « Attendu que le habous est établi d'après les usages du rite Hanafite, que si d'après le rite de Malek la faculté d'aliéner les biens immobilisés peut être interdite, il résulte de l'opinion des jurisconsultes musulmans et de la coutume généralement admise en droit Hanafite que le constituant habous peut se réserver la faculté de vendre les biens par lui constitués habous. »

Il y a dans ce dernier arrêt une erreur de principe évidente ; il est fâcheux que la Cour n'ait pas indiqué les docteurs Hanafites dont elle invoque la doctrine. Quant aux usages, ils sont, en droit Hanafite, absolument opposés à la décision de la Cour d'Alger qui ne tend à rien moins qu'à proclamer le wakf révocable au gré du constituant.

En somme, il ne saurait y avoir que deux opinions sérieusement en présence, celle de l'imam Mohamed qui est pour la nullité de la constitution elle-même et celle d'Abou Youssef qui respecte l'institution et se borne à déclarer la réserve illégale et non écrite.

**785.** — Les biens constitués en wakf sont, en principe, inaliénables ; ils ne peuvent dès lors être vendus, donnés, saisis ou hypothéqués. Le principe ne fait aucune difficulté

(Voir arrêts de la Cour d'appel mixte d'Alexandrie des 30 avril 1889, 30 avril 1890, 9 juin 1892, 26 avril 1893. — Cour d'Alger, arrêt du 21 octobre 1873).

Le droit du dévolutaire est un droit viager qui lui est propre et qui prend fin au jour de son décès; à ce moment il passe au dévolutaire suivant qui, ne venant pas à la jouissance du wakf par succession mais en vertu de l'acte d'institution qui lui a conféré un droit personnel, n'est en rien tenu des charges dont le précédent bénéficiaire aurait pu grever les revenus du wakf (Arrêts de la Cour d'appel mixte d'Alexandrie des 11 décembre 1889, 13 novembre 1889, 8 mai 1890, etc...).

**786.** — L'usufruit des biens wakfs peut-il être hypothéqué par le bénéficiaire pour une durée égale à celle de sa jouissance? En droit français, il est admis que l'usufruit peut être hypothéqué, l'affectation étant d'ailleurs temporaire comme le droit sur lequel elle repose. Les Codes Egyptiens ne regardant comme susceptibles d'hypothèque que les immeubles qu'on peut aliéner, la jurisprudence en a déduit que les revenus d'un wakf ne pouvaient être grevés d'hypothèque (Cour d'appel mixte d'Alexandrie, arrêts des 25 mai 1882, 30 avril 1889, 30 avril 1890, 11 mai 1892).

**787.** — Ce dernier arrêt a même décidé que « l'usufruit d'un wakf étant personnel, n'est ni susceptible d'hypothèque ni *aliénable.* » Mais, d'autre part, un arrêt de la même Cour, en date du 20 mars 1889, est ainsi conçu : « Le bénéficiaire d'un wakf a un véritable droit de propriété sur la part lui revenant dans les revenus du wakf; ce droit engendre à son profit un droit de créance contre le wakf, jusqu'à concurrence de sa quote-part dans les revenus. Le bénéficiaire qui transporte à un tiers ses droits aux revenus ne fait que céder une créance et le bénéficiaire étant le cédant, c'est le wakf qui est le débiteur cédé. La propriété du droit cédé est transmise entre le cédant et le cessionnaire par le seul consentement. » Nous nous rangeons à la doctrine de ce dernier arrêt quant au droit qu'il reconnaît au dévolutaire d'un wakf de céder sa part de revenus; nous ne trouvons nulle part dans la loi que ces revenus soient incessibles, mais nous estimons que la Cour a mal motivé sa décision, très juridique en elle-même, lorsqu'elle a réduit le droit du dévolutaire à un droit de créance contre le wakf. Il y a d'ailleurs contrariété entre les termes de l'arrêt qui, après avoir proclamé ce principe que le dévolutaire a un véritable *droit de propriété* sur la part lui revenant dans les revenus du wakf, réduit plus loin ce même droit à une simple créance. Il est incontestable qu'on n'a pas une créance sur sa propre chose et cette rectification ne nous paraît pas inutile, surtout au point de vue de savoir si le dévolutaire est investi d'un *jus in rem*, question que nous avons précédemment examinée et tranchée dans le sens de l'affirmative.

**788**. — Nous avons dit que les biens wakfs étaient inaliénables. Ce principe souffre cependant d'assez nombreuses exceptions et il faut rappeler encore qu'en cette matière le fait du Prince est souverain, l'institution n'étant pas réglementée par le Koran mais simplement par les docteurs des différents rites et par les usages des pays Musulmans. C'est ce que la Cour d'Alexandrie a proclamé en ces termes, par arrêt du 28 mars 1888 : « Les biens wakfs ne sont pas frappés d'une inaliénabilité absolue, ils peuvent être aliénés en certains cas, par voie d'échange ou de vente, dans l'intérêt même de l'établissement pieux qui en est le bénéficiaire, en vertu d'une décision rendue soit par l'autorité souveraine, soit par l'autorité religieuse représentée par le Cadi. »

Mais, aux termes d'un autre arrêt du 11 mai 1892 « la vente d'un bien wakf n'est permise, sauf l'accomplissement de certaines formalités et en vertu d'une décision du Cadi, qu'à la condition expresse que le produit de la vente soit employé à l'acquisition d'un immeuble d'égale valeur. »

**789.** — La jurisprudence algérienne se montre très large sur les cas d'exception au principe d'inaliénabilité. Elle a décidé notamment :

Que le Cadi peut autoriser la vente du bien habousé lorsque les revenus sont insuffisants pour pourvoir aux besoins du dévolutaire dénué de toute autre ressource. En ce cas, la valeur du fonds doit être affectée aux besoins du bénéficiaire indigent (Arrêts des 20 mars 1861, 20 décembre 1865, 13 octobre 1868, etc...).

Que l'aliénation peut être autorisée pour payer les dettes du défunt (Arrêt du 27 juillet 1863).

Sidi Khalil permet la vente de l'immeuble affecté aux besoins d'une mosquée lorsque le prix doit en être employé à la reconstruction ou à l'agrandissement de cette mosquée; lorsqu'il s'agit d'immeubles par destination devenus inutiles; mais en ce cas l'aliénation est faite à charge de remploi. Un immeuble habousé peut être échangé, avec l'autorisation du magistrat, contre un autre qui, par ce fait, deviendra wakf, se trouvant substitué au premier (Arrêt de la Cour d'Alger du 13 mars 1854).

Enfin, l'immeuble redevient aliénable lorsque l'œuvre à laquelle il était finalement dévolu a été supprimée, qu'elle n'existe plus. Nous avons vu qu'en ce cas les Hanafites attribuent le wakf aux pauvres.

**790.** — En Algérie, l'institution du habous a subi de très profondes modifications. L'ordonnance du 1ᵉʳ octobre 1844, la loi du 16 juin 1851, le décret du 30 octobre 1858, enfin la loi du 26 juillet 1873 ont enlevé au habous son caractère principal, l'inaliénabilité, et ont restitué à la libre circulation les immeubles qui en étaient grevés. On a souvent soutenu que l'article 1, § 2, de la loi de 1873 avait aboli le wakf. Mais la jurisprudence a toujours jugé que l'institution subsistait avec les modifications que lui ont apporté les divers actes législatifs que nous venons de citer (Arrêt de la Cour d'Alger du 23 mars 1874. — Cassation, 4 avril 1882).

Les biens habous sont donc maintenant aliénables et saisissables, même entre indigènes (Arrêts de la Cour d'Alger des 4 novembre 1863, 8 décembre 1862, 18 novembre 1861, 29 novembre 1876, etc...).

Un arrêt de la même Cour, du 1ᵉʳ mai 1879, a nettement formulé la situation actuelle dans les termes suivants :

« En droit musulman, la constitution de habous crée, pour les immeubles qui en sont affectés, un ordre de succession autre que l'ordre légal et entraîne, comme les substitutions de l'ancien droit français, l'inaliénabilité des biens grevés. Mais en Algérie, aux termes de l'ordonnance du 1ᵉʳ octobre 1844, de la loi du 16 juin 1851 et du décret du 30 octobre 1858, les biens grevés de habous sont devenus libres dans les mains des dévolutaires en possession, en sorte qu'ils forment, comme leurs autres biens, le gage commun de leurs créanciers, et peuvent valablement être hypothéqués et aliénés. Toutefois, de ce que, dans le but de consolider la propriété et de donner des garanties au crédit, la législation algérienne a modifié profondément les effets de la constitution de habous, il n'en résulte pas qu'il soit interdit aux musulmans de recourir à ce mode de transmission de leurs biens. Aucun texte législatif n'a supprimé l'institution de habous qui demeure licite mais ne présente plus aucun danger pour les tiers. En conséquence, toutes les fois que les dévolutaires de biens habousés ne sont pas en conflit avec des acquéreurs ou des créanciers, soit du constituant ou des dévolutaires antérieurs, la dévolution réglée dans l'acte constitutif suit son cours régulier, si d'ailleurs les prescriptions de la loi musulmane ont été observées.

« Dans ce cas, les immeubles habousés ne doivent pas être compris dans la masse à partager, mais doivent être attribués exclusivement pour être répartis entre eux, suivant leurs droits respectifs, à ceux des héritiers auxquels ils ont été transmis. Et il importe peu que dans l'action en partage figure un créancier Français ou résident Européen, si ce créancier ne se présente pas dans la cause comme créancier du *de cujus,* auquel cas seulement les habous ne lui seraient plus opposables. Mais du moment que les habous sont reconnus valables, ce créancier ne saurait avoir aucun droit à exercer sur des biens sur lesquels ses débiteurs ou ses cédants n'ont eux-mêmes aucun droit à réclamer. Tout ce qu'il peut faire, dans ce cas, c'est de provoquer le partage, afin de pouvoir ultérieurement saisir ou se faire attribuer les biens que le partage fera échoir à ses débiteurs ou à ses cédants. »

**791.** — Chez les Hanafites, les actions en matière de wakf se prescrivent par trente-trois ans. Lors donc qu'un individu dévolutaire a joui de l'immeuble grevé de habous pendant une période de trente-trois ans, à titre de propriétaire, il en a prescrit la propriété à son profit et les véritables dévolutaires sont irrecevables dans leurs revendications, pourvu que pendant le temps requis pour prescrire ils n'aient pas été empêchés d'agir. Cette doctrine, qu'on trouve dans Ebn Abdine, a été confirmée par l'article 14 du règlement sur les méhkémés et appliquée par de nombreux arrêts de la Cour d'appel mixte d'Alexandrie (Arrêts des 31 décembre 1890, 17 et 24 novembre 1892).

**792.** — Chez les Malékites, le habous est de sa nature imprescriptible, ce qui est d'ailleurs une conséquence de son inaliénabilité; quelques docteurs du rite cependant, tels que Ebn Rechid, Ebn Kittou, Abou el Hassan, se sont ralliés à la doctrine Hanafite que nous venons d'analyser. Mais la Cour de cassation a jugé, par arrêt du 13 mai 1872, que les biens habous échappaient à la prescription et que, notamment, avant la conquête, aucune prescription n'avait pu courir contre les véritables ayants-droit. La Cour suprême ajoute toutefois que, depuis la conquête, l'État français étant devenu dévolutaire aux lieu et place des villes Saintes, la prescription a pu courir contre lui, conformément à la loi française, l'État ne pouvant revendiquer à son profit le bénéfice de la loi musulmane.

Aujourd'hui, d'ailleurs, la question n'existe plus en Algérie; les immeubles habousés sont redevenus libres et sont soumis à la prescription du droit commun.

**793.** — L'administration des biens wakfs est confiée à un nazir dont le rôle consiste à veiller à la conservation de la chose, à répartir les revenus entre les ayants-droit, à faire en sorte que la dévolution s'opère légalement et conformément aux droits de chacun. Le nazir a les pouvoirs d'administration les plus étendus pourvu que les actes par lui consentis n'engagent pas l'avenir et par conséquent ne puissent préjudicier aux dévolutaires futurs; c'est ainsi qu'il ne peut consentir, en thèse générale, des baux d'une durée de plus de trois années. Il y a cependant quelques exceptions admises à ce principe, mais ces exceptions doivent être soumises à l'appréciation du magistrat.

L'étude de l'administration proprement dite d'un wakf et des fonctions du nazir donne lieu à des questions multiples et complexes qui sortent du cadre de notre travail. On trouvera dans les auteurs Musulmans, notamment dans Ebn Abdine une réglementation très détaillée de l'administration des wakfs.

## SECTION VI.

### Des preuves.

Sommaire :

794. En Égypte, le wakf doit être prouvé par écrit.
795. Opinion des anciens docteurs Hanafites sur les divers modes de preuve.
796. Caractères que doit présenter la preuve testimoniale.
797. Des preuves dans le rite Malékite.

**794.** — Nous avons vu, dans la section IV relative aux formalités, qu'aujourd'hui, en Égypte, l'acte écrit est exigé en matière de wakf, non seulement comme mode de preuve mais encore comme condition essentielle de validité. On ne peut donc plus établir par témoins la constitution d'un wakf, à moins qu'il ne remonte à une époque antérieure aux dispositions législatives qui ont proclamé la nécessité de l'acte écrit.

**795.** — Chez les anciens docteurs, on rencontre un profond dédain de la preuve écrite. Ebn Abdine dit qu'en droit musulman les preuves sont au nombre de trois : les témoins, l'aveu et le refus du serment ; et il ajoute : « Tandis que le titre du wakf n'est que du papier portant des écritures et en conséquence n'ayant pas la force d'une preuve, et ce d'après la généralité des auteurs. »

**796.** — La preuve testimoniale, lorsqu'elle est admise, doit porter sur des faits parvenus à la connaissance personnelle des témoins et non sur des faits qu'ils ne savent que par ouï-dire ; toutefois la preuve par commune renommée est admissible lorsqu'il s'agit d'un wakf constitué depuis un très grand nombre d'années.

**797.** — Chez les Malékites, la preuve se fait conformément au droit commun, c'est-à-dire par écrit, par les témoignages, par l'aveu et par le serment. La jurisprudence algérienne se montre avec raison très sévère en cette matière lorsqu'il n'est produit aucun acte écrit ; il faut alors que les témoignages présentent toutes les garanties de sincérité désirables et aussi qu'ils portent sur tous les faits et circonstances exigés par le droit musulman pour la validité de la constitution. La Cour d'Alger n'admet pas, en cette matière, les actes de notoriété ; elle exige que les témoins produits aient une connaissance personnelle de la constitution et puissent en préciser toutes les circonstances, les conditions et les stipulations.

Aujourd'hui, les constitutions de habous sont, en Algérie, de plus en plus rares, nous en avons donné la raison qui consiste en ce que la législation française a complètement modifié l'institution et lui a enlevé toute raison d'être en proclamant l'aliénabilité des biens habousés.

Elles se font devant le Cadi qui en dresse un acte dont la minute reste aux archives de la Mahakma. La sincérité des anciens actes produits est toujours soigneusement vérifiée par les tribunaux qui ont souvent ordonné les vérifications nécessaires, notamment par voie d'expertise.

Nous avons essayé de donner un aperçu de cette intéressante matière des wakfs. Nous nous sommes surtout appliqué à déduire les principes généraux du droit musulman sur cet important sujet et nous pensons que notre court travail sera cependant suffisant pour en faire comprendre l'économie et le fonctionnement. On a vu quelles profondes modifications le wakf a apportées aux principes koranniques de la transmission successorale des biens, modifications qui touchent en de nombreux points au statut personnel dont l'étude a été le but unique de notre travail.

FIN DU TOME SECOND.

# TABLE DES MATIÈRES.

## VOLUME PREMIER.
## DU STATUT PERSONNEL.

| | Pages. |
|---|---|
| Préface........................................................ | 1 |

### LIVRE PREMIER.
#### Du mariage.

#### CHAPITRE I.
##### DE LA DEMANDE EN MARIAGE.

Nos
| | |
|---|---|
| 1. Forme et termes de la demande........................ | 9 |
| 2. Il faut que le mariage ne soit pas prohibé............ | 9 |
| 3. Existence d'une précédente demande.................. | 10 |
| 4. Effets juridiques de la demande........................ | 10 |

#### CHAPITRE II.
##### DES CONDITIONS REQUISES POUR LA VALIDITÉ DU MARIAGE.

| | |
|---|---|
| 5. Trois conditions sont requises.......................... | 12 |
| 6. Empêchements relatifs ou absolus..................... | 13 |

##### SECTION I.
*Absence de toute prohibition légale.*

| | |
|---|---|
| 7. Empêchements absolus................................... | 13 |
| 8. Empêchements relatifs. — Renvoi..................... | 13 |

C. — II.

| Nos | | Pages |
|---|---|---|
| 9. | Parenté légitime et naturelle. — Alliance. — Parenté civile.. | 14 |
| 10. | De la femme illégitimement enceinte................... | 15 |
| 11. | De la parenté de lait............................... | 15 |
| 12. | De quoi résulte l'allaitement. — Divergence des rites...... | 15 |
| 13. | Preuves de la parenté............................. | 16 |
| 14. | Prohibition résultant de ce que la femme est mariée........ | 17 |
| 15. | Prohibition provenant de l'Edda. — Exception............ | 17 |
| 16. | Reprise de la femme par le mari...................... | 18 |
| 17. | Prohibition de contracter mariage avec deux sœurs par un même acte............................................. | 18 |
| 18. | Prohibition résultant de la répudiation par trois........... | 19 |
| 19. | Libération de cet empêchement....................... | 19 |
| 20. | Prohibition résultant de l'idolâtrie de la femme........... | 19 |
| 21. | Prohibition pour la femme musulmane d'épouser un non musulman................................................. | 20 |
| 22. | Prohibition résultant de ce que le mari a déjà quatre épouses. | 20 |
| 23. | De la mésalliance................................. | 21 |
| 24. | Dans quels cas elle produit une nullité radicale........... | 21 |
| 25. | Ce qui la constitue................................ | 21 |
| 26. | Du défaut ou du vice du consentement. — Renvoi......... | 23 |
| 27. | Appendice : de l'état d'Irham....................... | 23 |

## Section II.

### Du consentement.

| 28. | Division......................................... | 25 |
|---|---|---|
| 29. | Des deux majorités. — De la puberté................... | 25 |
| 30. | Du droit de Djebr................................. | 25 |
| 31. | Sur qui il s'exerce................................. | 26 |
| 32. | Du consentement de la vierge........................ | 26 |
| 33. | Du consentement de la Saïb (non vierge)................ | 27 |
| 34. | Nature du Djebr.................................. | 27 |
| 35. | A qui il appartient. — Divergences.................... | 28 |
| 36. | De la vilaïat ou tutelle en mariage..................... | 29 |
| 37. | Ordre de dévolution hanafite......................... | 29 |
| 38. | Du ouaci quant au droit de Djebr..................... | 30 |
| 39. | De la femme..................................... | 31 |
| 40. | Concours entre parents du même degré................. | 31 |
| 41. | Du magistrat. — Prohibition au wali d'épouser sa pupille... | 31 |
| 42. | Tempéraments apportés au droit de Djebr............... | 32 |
| 43. | Refus du wali. — Intervention du magistrat.............. | 34 |

| Nos. | | Pages. |
|---|---|---|
| 44. | Par qui le consentement est donné..................... | 34 |
| 45. | Du wali chez les Malékites.......................... | 35 |
| 46. | Dévolution malékite................................ | 35 |
| 47. | Dévolution chaféite................................. | 36 |
| 48. | Nullités provenant d'infractions aux règles de la vilaïat...... | 36 |
| 49. | Du mandat en mariage.............................. | 38 |
| 50. | Qui peut donner mandat. — Preuve................... | 38 |
| 51. | Substitution au mandataire choisi..................... | 38 |
| 52. | Mandat général et particulier. — Obligations du mandataire. | 39 |
| 53. | Nature du consentement. — Des conditions............. | 40 |
| 54. | Formes du consentement. — De l'acte écrit............. | 41 |
| 55. | Des vices du consentement. — De l'état de maladie........ | 42 |
| 56. | De l'erreur....................................... | 43 |
| 57. | Moment auquel le consentement doit être donné........... | 44 |

## Section III.

*Présence de témoins et observation des formalités prescrites par la loi.*

| 58. | Droits du prétendant lors de la demande................ | 45 |
|---|---|---|
| 59. | Des témoins, de leur nombre et de leur qualité............ | 45 |
| 60. | Le concours des deux consentements rend le contrat parfait. — Divergences.................................... | 47 |

## CHAPITRE III.

### DE LA DOT.

| 61. | Caractères de la dot. — Du mariage sans dot............. | 49 |
|---|---|---|
| 62. | Division du sujet................................... | 50 |

## Section I.

*De la fixation de la dot.*

| 63. | Dot contractuelle, coutumière, par téfouid et par takim. — Minimum légal. — Divergences...................... | 51 |
|---|---|---|
| 64. | En quoi la dot peut consister. — Mariage Chighar......... | 52 |
| 65. | Fixation de la dot dans les mariages par téfouid et par takim. | 52 |
| 66. | Fixation de la dot coutumière; à quelle époque elle a lieu... | 53 |
| 67. | Nullités. — Renvoi................................. | 53 |
| 68. | Augments à la dot.................................. | 54 |

## Section II.

*Du droit d'attribution de la femme sur la dot.*

Nos.                                                                                           Pages.
69. Distinction entre l'attribution et les circonstances confirmatives.................................................... 54
70. De la conclusion, de la consommation et de la cohabitation.. 55
71. Naissance des droits de la femme dans les différents cas..... 55

## Section III.

*Des circonstances qui confirment les droits de la femme et de celles qui lui font perdre la moitié ou la totalité de la dot.*

72. Cas où la femme a droit à la totalité de la dot. — Effets juridiques de l'entrevue privée.................................. 56
73. Droit de propriété de la femme................................ 57
74. Caractères que doit avoir la cohabitation. — Divergences ... 57
75. Preuves de la consommation.................................. 58
76. Droits de la femme répudiée avant la consommation. — Distinctions.................................................... 58
77. De la mut'ah. — Sa nature. — Quand elle est due.......... 59
78. Des droits de la femme sur la dot en cas d'option.......... 59
79. Du mariage contracté par l'incapable et annulé par son wali. — Perte des droits de la femme................................ 61

## Section IV.

*De la dot conditionnelle.*

80. Le quantum seul de la dot peut être conditionnel. — Hypothèses diverses............................................. 61

## Section V.

*De la perception de la dot. — Du droit de disposition de la femme. — De la restitution.*

81. A quelle époque la dot doit être payée...................... 63
82. Du naqd................................................... 64
83. Du kali.................................................... 64
84. Caractère du kali........................................... 64
85. En mains de qui doit se faire le paiement.................. 65

| Nos. | | Pages. |
|---|---|---|
| 86. | Droit de propriété de la femme ; — de la remise de la dot.... | 66 |
| 87. | Transmission des droits de la femme; par qui la dot doit être payée............................................................... | 67 |
| 88. | Donation en faveur du mari...................................... | 68 |
| 89. | Règles relatives à la restitution de la dot par la femme...... | 69 |

## Section VI.

*De la garantie, de la perte, de la consommation et de la revendication de la dot.*

| | | |
|---|---|---|
| 90. | Du cautionnement. — Qui peut se porter garant........... | 70 |
| 91. | Nature de l'obligation de la caution. — De la répétition contre le garanti....................................................... | 71 |
| 92. | Cautionnement d'une stipulation dotale illicite............. | 72 |
| 93. | Le cautionnement peut être indéterminé.................... | 73 |
| 94. | L'obligation des garants conjoints est divisible et non solidaire. | 73 |
| 95. | Règles générales du cautionnement.......................... | 73 |
| 96. | Responsabilité à raison de la dot ; de l'éviction............. | 73 |

## Section VII.

*Des contestations relatives à la dot.*

| | | |
|---|---|---|
| 97. | Distinction entre les divers genres de contestations dotales... | 75 |
| 98. | Contestations portant sur la fixation de la dot. — Distinction entre les contestations qui se produisent avant la consommation et celles qui se produisent ensuite................ | 76 |
| 99. | Contestations portant sur la quotité. — Serment............ | 77 |
| 100. | Contestations de l'un des conjoints avec les héritiers de l'autre. — Contestations entre les deux hérédités............ | 78 |
| 101. | Capacité pour contester....................................... | 78 |
| 102. | Divergences des rites.......................................... | 79 |
| 103. | La quotité de la dot peut-elle être déterminée au moyen de présomptions?................................................ | 80 |
| 104. | Contestations relatives à la quotité dans les mariages conclus par mandataires............................................... | 80 |
| 105. | De la réduction conventionnelle et des augments............ | 81 |
| 106. | Preuves du paiement de la dot................................ | 81 |
| 107. | De la répétition des sommes et objets fournis à la future pendant l'edda..................................................... | 83 |

## Section VIII.

*Des accessoires de la dot. — Des cadeaux. — Du trousseau. — Des meubles garnissant le domicile conjugal et des contestations y relatives.*

| Nos. | | Pages. |
|---|---|---|
| 108. | Des cadeaux.... | 83 |
| 109. | Des avances sur la dot. | 84 |
| 110. | Contestations sur le caractère des choses et des sommes remises à la future. | 84 |
| 111. | Du trousseau. — Divergences quant à l'obligation de le fournir. | 85 |
| 112. | Propriété du trousseau acheté par le père de la femme. | 86 |
| 113. | Droit de propriété de la femme sur le trousseau pendant le mariage et après sa dissolution. | 87 |
| 114. | Contestations relatives au mobilier. | 87 |
| 115. | Des frais de voyage et du repas de noces. | 88 |

## CHAPITRE IV.

### DE LA DIFFÉRENCE DE RELIGION RELATIVEMENT AU MARIAGE.

| | | |
|---|---|---|
| 116. | Division du sujet. | 90 |
| 117. | Du mariage entre personnes de croyances différentes. | 90 |
| 118. | De la religion des enfants issus de ces unions. | 91 |
| 119. | Formalités. | 91 |
| 120. | Changement de croyance en cours de mariage, hypothèses diverses. | 91 |
| 121. | Conversion des deux époux infidèles à l'Islamisme, ses effets. | 92 |
| 122. | Conversion du mari seul. | 93 |
| 123. | Conversion de la femme seule. | 94 |
| 124. | De l'apostasie et de ses effets. | 95 |
| 125. | De l'effet de la conversion du père et de celle du grand-père, quant à la religion des enfants et petits-enfants. | 96 |

## CHAPITRE V.

### DES PREUVES DU MARIAGE.

| | | |
|---|---|---|
| 126. | Des divers modes de preuve. | 98 |
| 127. | De la preuve testimoniale. — De la capacité des témoins. | 98 |
| 128. | De la récusation. | 100 |
| 129. | Sur quoi doit porter le témoignage. | 100 |
| 130. | De l'acte écrit. | 101 |

| N°. | | Pages. |
|---|---|---|
| 131. | Concours de la preuve par témoins et de la preuve écrite.... | 101 |
| 132. | Reconnaissance par les conjoints de leur qualité d'époux.... | 102 |
| 133. | Du serment................................................... | 103 |
| 134. | De la possession d'état....................................... | 104 |

## CHAPITRE VI.

### DES NULLITÉS DU MARIAGE.

| 135. | Distinctions entre les diverses espèces de nullités.......... | 105 |
|---|---|---|

### Section I.

*Des mariages frappés de nullité absolue et réputés inexistants.*

| 136. | Effets des nullités radicales................................. | 106 |
|---|---|---|
| 137. | Nullité résultant de la parenté et de l'alliance.............. | 107 |
| 138. | Exception..................................................... | 107 |
| 139. | Du mariage avec une femme et sa descendante.............. | 107 |
| 140. | Nullité provenant du mariage de la femme.................. | 108 |
| 141. | Hypothèse de deux mariages successifs de la même femme, dont le second seul a été consommé.................... | 108 |
| 142. | Nullité provenant de l'état d'edda. — De la femme enceinte.. | 110 |
| 143. | Nullité du mariage conclu avec deux sœurs par un même acte. | 111 |
| 144. | Nullité résultant de la répudiation par trois................. | 112 |
| 145. | Nullités résultant de l'idolâtrie de la femme, de ce que le mari a déjà quatre épouses et de la prohibition faite à la femme musulmane d'épouser un infidèle................... | 113 |
| 146. | Nullité du mariage clandestin.............................. | 113 |
| 147. | Autres nullités radicales admises par les Malékites.......... | 113 |

### Section II.

*Des mariages frappés de nullité absolue et dissous
à la réquisition des parties.*

| 148. | Nullité du mariage contracté avec une majeure par son tuteur, sans consentement préalable........................ | 114 |
|---|---|---|
| 149. | Nullité du mariage imposé au mineur, en cas de mésalliance ou de lésion................................................ | 114 |
| 150. | Nullité du mariage entaché de mésalliance contracté par la femme majeure contre la volonté de son parent aceb...... | 115 |
| 151. | Nullités admises par les autres rites. — Mariage chighar. — Mariage contracté pendant l'irham......................... | 115 |

## Section III.

*Des nullités relatives pouvant être prononcées d'office par le magistrat.*

| Nos. | | Pages. |
|---|---|---|
| 152. | Du mariage temporaire........................... | 116 |
| 153. | Nullités de cette catégorie admises par les Malékites. — Clandestinité du mariage. — Etat de maladie.............. | 116 |

## Section IV.

*Des nullités relatives qui ne peuvent être prononcées qu'à la réquisition des parties intéressées. — De la ratification et de l'option non fondée sur un vice rédhibitoire.*

| | | |
|---|---|---|
| 154. | Nature de ce genre de nullité...................... | 117 |
| 155. | Mariage sans assistance du tuteur ou au mépris de l'ordre légal de dévolution............................ | 118 |
| 156. | Du mariage conclu par un tiers sans qualité............. | 118 |
| 157. | Du mariage par mandataire........................ | 118 |
| 158. | Droit d'option du mineur devenu majeur quant au mariage conclu pour lui pendant sa minorité,................. | 118 |
| 159. | Exercice de ce droit par la femme................... | 119 |
| 160. | Mariage contracté par la femme contre la volonté de son parent aceb et entaché de lésion dans la dot.............. | 120 |
| 161. | Erreur sur la condition du mari..................... | 120 |

## CHAPITRE VII.

### DE L'OPTION.

| | | |
|---|---|---|
| 162. | Nature du droit d'option. — Divergence des rites.......... | 121 |
| 163. | Les Hanafites n'admettent que le cas d'impuissance du mari. | 122 |
| 164. | Conditions de l'exercice du droit d'option par la femme...... | 123 |
| 165. | Preuves et procédure............................. | 123 |
| 166. | Déchéance..................................... | 124 |
| 167. | Effets de la séparation prononcée.................... | 125 |
| 168. | Ses effets juridiques............................. | 125 |
| 169. | Rite Malékite. — Cas d'option...................... | 126 |
| 170. | Conditions de l'exercice du droit.................... | 127 |
| 171. | Des preuves; du serment.......................... | 127 |
| 172. | Délai de l'exercice de l'action...................... | 128 |
| 173. | Procédure et formalités; maladie; impuissance; stérilité..... | 128 |

# LIVRE DEUXIÈME.

## Des droits et devoirs respectifs des époux.

### CHAPITRE I.

#### DE LA COHABITATION ET DU PARTAGE ÉGAL DES NUITS.

| Nos. | | Pages. |
|---|---|---|
| 174. | Préliminaires et division du livre.................... | 133 |
| 175. | Droit du mari, chez les Hanafites, de s'abstenir du devoir conjugal.................................................. | 134 |
| 176. | Doctrine opposée des autres rites.................... | 136 |
| 177. | Égalité dans le partage des nuits; exception admise par les Malékites............................................. | 137 |
| 178. | L'égalité doit s'entendre relativement au laps de temps qui s'écoule entre le coucher et le lever du soleil, non à une période de vingt-quatre heures; divergences............... | 137 |
| 179. | Exception relative au voyage........................ | 138 |
| 180. | Exception relative à la maladie du mari............. | 138 |
| 181. | Exception relative à la femme désobéissante......... | 138 |
| 182. | Dérogations conventionnelles........................ | 138 |
| 183. | Mesures de coërcition contre le mari en cas d'infractions..... | 139 |

### CHAPITRE II.

#### DE L'ENTRETIEN.

##### Section I.

*Quelles femmes ont droit à l'entretien.*

| | | |
|---|---|---|
| 184. | La femme a droit à l'entretien dès la conclusion du mariage.. | 140 |
| 185. | Doctrine opposée des Malékites...................... | 141 |
| 186. | Condition de l'habitation chez le mari............... | 141 |
| 187. | Maladie de la femme................................ | 141 |
| 188. | Emprisonnement du mari ou de la femme............. | 142 |
| 189. | Règle générale..................................... | 142 |
| 190. | Voyage du mari ou de la femme..................... | 142 |
| 191. | Désobéissance de l'épouse. — Cas de désobéissance.. | 143 |
| 192. | Restitution des frais d'entretien en cas de nullité du mariage. | 144 |
| 193. | Cessation du droit de la femme..................... | 144 |

## Section II.

*De la nature des frais d'entretien.*

| Nos. | | Pages. |
|---|---|---|
| 194. | Ce que comprennent les frais d'entretien................. | 145 |
| 195. | De leur importance............................... | 146 |
| 196. | Fluctuation en cours de mariage..................... | 146 |
| 197. | Le non-paiement peut entraîner le divorce............. | 147 |
| 198. | § I. *De la nourriture.* — Comment les aliments doivent être fournis........................................... | 147 |
| 199. | A quelle époque................................... | 148 |
| 200. | § II. *De l'habillement.* — Étendue de l'obligation du mari.... | 148 |
| 201. | § III. *De l'habitation.* — La femme a droit à un logement séparé............................................ | 150 |
| 202. | Du mobilier que doit fournir le mari................... | 151 |
| 203. | § IV. *Des domestiques.* — Etendue de l'obligation du mari... | 151 |

## Section III.

*De l'acquit de la dette d'entretien et des droits de la femme à ce sujet.*

| | | |
|---|---|---|
| 204. | Moyens de contrainte contre le mari.................. | 152 |
| 205. | Divorce prononcé pour refus d'entretien............... | 153 |
| 206. | Emprunts de la femme pour cet objet................. | 153 |
| 207. | Caractère du droit de la femme. — Droit de créance........ | 153 |
| 208. | Nature de la créance de la femme; prescription; déchéance.. | 154 |
| 209. | Remise de la dette et compensation................... | 155 |
| 210. | Prêts faits à la femme; actions contre elle et recours contre le mari............................................ | 156 |

## Section IV.

*De l'entretien de la femme dont le mari est absent.*

| | | |
|---|---|---|
| 211. | L'absence ne constitue pas par elle-même un motif de divorce. | 156 |
| 212. | Droits de la femme d'un absent quant au paiement de ses frais d'entretien. — Sur quels biens s'exercent les poursuites de la femme..................................... | 157 |
| 213. | Caution qu'elle doit fournir......................... | 158 |
| 214. | Divergences quant aux biens de l'absent qui peuvent être vendus............................................ | 158 |

Nos.   Pages.

215. Cas où la femme s'est approprié les biens de l'absent sans autorisation du magistrat.................................................. 159
216. Contestations du mari, après son retour, soit avec la femme, soit avec les dépositaires et débiteurs qui ont pourvu à l'entretien de celle-ci.................................................. 159

## CHAPITRE III.

### DE LA PUISSANCE MARITALE.

217. Nature de la puissance maritale. — Différences entre les principes du droit musulman et ceux des législations d'Occident. 162
218. Le mari n'a qu'un pouvoir disciplinaire. — Interdiction absolue de tout acte de violence.................................... 164
219. Mise en observation, arbitres de famille........................ 165
220. Droit de visite de l'épouse..................................... 165
221. Doctrine Malékite.............................................. 166

## CHAPITRE IV.

### DES DROITS ET DEVOIRS DE LA FEMME.

222. Enumération des devoirs de l'épouse............................ 167
223. La femme impubère ne doit pas être livrée à son mari. — Constatation de la nubilité....................................... 168
224. Les prérogatives de l'époux ne lui sont acquises qu'après le paiement de la partie exigible de la dot....................... 168
225. Devoir de la femme quant à la résidence........................ 169
226. Décisions diverses rendues sur ce sujet........................ 169

# LIVRE TROISIÈME.

## De la dissolution du mariage.

227. Modes de dissolution du mariage................................ 171

## CHAPITRE I.

### DE LA RÉPUDIATION.

228. Historique. — Répudiation Sonnite............................. 173
229. Conditions actuelles de validité............................... 175

## Section I.

*Des conditions de validité de la répudiation.*

Nos. | | Pages.
---|---|---

230. § I. *De la capacité du répudiant et de la manifestation de sa volonté.* — Conditions générales...... 176
231. Le droit est personnel mais peut être exercé par mandataire. 176
232. Insanité d'esprit. — Répudiation prononcée par plaisanterie, par contrainte, en état d'ivresse ou de maladie; divergences.... 177

233. § II. *Quelles femmes peuvent être répudiées.* — Distinction entre la prononciation de la répudiation et son accomplissement.... 179
234. Quand peut être prononcée la répudiation............... 179
235. Des effets de la répudiation prononcée avant la conclusion du mariage.... 180
236. Divergences des rites quant à la répudiation anticipée....... 181

237. § III. *Des formules répudiaires.* — En quoi consiste la formule. 182
238. Division des formules..... 182
239. Des formules expresses, équivalentes et figurées. — De la répudiation portant sur une partie du corps............ 183

## Section II.

*Des différentes répudiations.* — *De la répudiation radjii.* — *De ses effets civils et du retour.*

240. Division et subdivision. — Répudiation radjii ou révocable; répudiation baïn ou irrévocable, parfaite ou imparfaite.... 184
241. Répudiation radjii..... 184
242. Formules figurées..... 185
243. Interprétation des formules équivalentes..... 185
244. Répudiation par fractions, par un demi, deux tiers, etc..... 186
245. Effets de la répudiation radjii..... 186
246. Du droit de retour; à qui il appartient..... 187
247. Il peut être exercé sans le consentement de la femme..... 188
248. Mode d'exercice..... 188
249. Conditions de validité du retour..... 188
250. Ses effets..... 189
251. Preuves de la répudiation et du retour..... 189

## Section III.

*De la répudiation baïn parfaite et imparfaite.*

| Nos. | | Pages. |
|---|---|---|
| 252. | Caractère principal de la répudiation baïn.................. | 190 |
| 253. | Distinction entre les formules au point de vue de leurs conséquences........................................... | 191 |
| 254. | De l'anathème. — De l'assimilation injurieuse et du serment de continence........................................ | 191 |
| 255. | Formules baïn................................................ | 192 |
| 256. | Autres formules et autres cas de répudiation baïn........... | 193 |
| 257. | Effets généraux de la répudiation baïn...................... | 194 |
| 258. | Effets spéciaux à la répudiation baïn imparfaite............ | 195 |
| 259. | Effets spéciaux à la répudiation baïn parfaite.............. | 195 |
| 260. | Comment s'opère la libération de la femme................. | 195 |
| 261. | Elle anéantit toute répudiation antérieure.................. | 196 |

## Section IV.

*De la répudiation conditionnelle.*

| 262. | Des conditions............................................... | 197 |
|---|---|---|
| 263. | Effets de la répudiation par écrit........................... | 197 |
| 264. | Hypothèse prévue par les docteurs........................... | 197 |
| 265. | Des diverses espèces de conditions.......................... | 198 |
| 266. | Comment se formule la répudiation conditionnelle ; du serment........................................................ | 198 |
| 267. | La répudiation conditionnelle ne peut être rétractée........ | 199 |
| 268. | Condition suspensive, condition impossible................. | 199 |
| 269. | Contre qui la répudiation conditionnelle peut être dirigée.... | 200 |
| 270. | Conditions positives et négatives............................ | 200 |
| 271. | Conditions potestatives...................................... | 201 |
| 272. | De l'effet de la répudiation conditionnelle après la dissolution du mariage.................................................. | 201 |
| 273. | Suite......................................................... | 201 |
| 274. | Serments. — Comment le mari en est libéré................ | 201 |
| 275. | Des conditions multiples..................................... | 202 |
| 276. | Preuves de la réalisation de la condition.................... | 202 |

## Section V.

*De la répudiation soumise à la volonté de la femme.*

| 277. | Modes suivant lesquels le mari peut concéder à la femme le droit de répudiation......................................... | 203 |
|---|---|---|

| Nos. | | Pages. |
|---|---|---|
| 278. | Mode iktiar; mode amr bil yadd; mode machi ah............ | 204 |
| 279. | A quel moment le droit doit être exercé................... | 204 |
| 280. | Divergence du rite Malékite............................ | 205 |
| 281. | Autre divergence...................................... | 205 |
| 282. | Le droit peut être conditionnel......................... | 205 |
| 283. | Étendue des pouvoirs de la femme dans les divers modes.... | 205 |
| 284. | Cas où la femme a outrepassé ses pouvoirs................ | 206 |
| 285. | Hypothèse prévue par les jurisconsultes.................. | 207 |
| 286. | Effet de la concession faite à la femme quant aux rapports conjugaux............................................. | 207 |
| 287. | Comment les pouvoirs de l'épouse prennent fin............ | 208 |

## Section VI.

*De la répudiation en état de maladie.*

| | | |
|---|---|---|
| 288. | Restriction du droit du mari quant aux effets de la répudiation. — Caractères que doit présenter la maladie......... | 208 |
| 289. | Péril assimilé à la maladie............................. | 209 |
| 290. | Effets de la répudiation prononcée en état de maladie ou de péril imminent........................................ | 209 |
| 291. | Suite.................................................. | 210 |
| 292. | Cas où la femme est privée de son droit successoral....... | 210 |
| 293. | Répudiation prononcée pendant la maladie de la femme. — Ses effets........................................... | 212 |

## CHAPITRE II.

### DU DIVORCE.

| | | |
|---|---|---|
| 294. | Du divorce par consentement mutuel et du divorce prononcé par autorité de justice; erreur du texte Hanafite quant au divorce provenant de la seule volonté du mari............ | 213 |

## Section I.

*Du divorce par consentement mutuel des époux.*

| | | |
|---|---|---|
| 295. | Caractère essentiel du divorce. — De la compensation...... | 215 |
| 296. | La compensation peut-elle être une condition conventionnelle de validité?........................................... | 216 |
| 297. | Choses susceptibles d'être données en compensation. — Obligation prise par la femme de nourrir et entretenir l'enfant commun................................................ | 217 |

# TABLE DES MATIÈRES.

| Nos. | | Pages. |
|---|---|---|
| 298. | Effet des conventions entre époux quant à la hadanah et à l'entretien de l'enfant.................................... | 217 |
| 299. | Conventions relatives à la garde des enfants............... | 218 |
| 300. | On peut donner en compensation des choses incertaines ou illicites................................................. | 219 |
| 301. | Fixation conventionnelle du prix........................... | 219 |
| 302. | Paiement à terme, conditionnel, etc....................... | 220 |
| 303. | Cautionnement de la compensation, novation, confusion, etc. | 220 |
| 304. | Caractère des prescriptions de la loi quant au divorce et quant à la compensation......................................... | 221 |
| 305. | Époux majeurs. — Quand et comment doit intervenir leur consentement............................................... | 221 |
| 306. | Commentaire des articles 279 et 280....................... | 222 |
| 307. | Consentement du medjnoun, du safi, de l'interdit pour cause d'incapacité............................................ | 223 |
| 308. | Consentement du malade. — Dernière maladie de la femme.. | 224 |
| 309. | La dernière maladie du mari ne modifie en rien l'étendue de sa capacité............................................ | 224 |
| 310. | Le mari peut seul consentir au divorce et seulement en état de majorité. — Divergences. — Consentement de la femme majeure................................................ | 225 |
| 311. | Consentement de la femme mineure. — Pouvoirs du père. — Règles tracées par l'Hédaya et modifications qu'elles ont subies................................................. | 225 |
| 312. | Divorce par mandataire.................................... | 227 |
| 313. | Le divorce est baïn. — Doctrine Malékite. — Entretien de la femme................................................. | 227 |
| 314. | De la compensation ayant pour prix la totalité ou une partie de la dot............................................... | 228 |
| 315. | De la compensation ayant un autre prix que la dot. — Libération des dettes......................................... | 228 |
| 316. | Formalités du divorce..................................... | 229 |
| 317. | Preuves................................................. | 229 |
| 318. | Effet du divorce en cas de nullité du mariage et de répudiation antérieure définitive................................ | 229 |

## Section II.

*Du divorce prononcé par autorité de justice.*

| | | |
|---|---|---|
| 319. | Ce mode est admis par tous les rites...................... | 230 |
| 320. | Jurisprudence............................................ | 231 |

| Nos. | | Pages. |
|---|---|---|
| 321. | Espèces diverses relatives au défaut d'entretien............ | 231 |
| 322. | Motifs tirés du refus par le mari de remplir le devoir conjugal et du partage inégal des nuits....................... | 233 |
| 323. | Effets de l'option................................... | 233 |
| 324. | Coups, sévices, injures............................... | 233 |
| 325. | Violation d'une clause accessoire du contrat de mariage..... | 234 |
| 326. | Manquements de la femme............................ | 235 |
| 327. | Preuve des griefs.................................... | 235 |
| 328. | Qui peut demander le divorce judiciaire................. | 235 |
| 329. | Mise en surveillance; renvoi devant arbitres.............. | 236 |
| 330. | Effets du divorce judiciaire; il est baïn................. | 236 |
| 331. | Divorce radjii admis par les Malékites................... | 236 |

## CHAPITRE III.

### DU SERMENT D'ANATHÈME, DE L'ASSIMILATION INJURIEUSE ET DU SERMENT DE CONTINENCE.

| | | |
|---|---|---|
| 332. | Des trois serments entraînant la dissolution du mariage..... | 237 |

### Section I.

#### *Du serment d'anathème.*

| | | |
|---|---|---|
| 333. | Dans quel cas il a lieu............................... | 237 |
| 334. | Capacité des époux.................................. | 238 |
| 335. | Divergences Malékites et Chaféites..................... | 238 |
| 336. | Formalités......................................... | 238 |
| 337. | Comment s'opère la dissolution........................ | 240 |
| 338. | Effets............................................. | 241 |
| 339. | Preuve de l'anathème................................ | 241 |

### Section II.

#### *De l'assimilation injurieuse.*

| | | |
|---|---|---|
| 340. | En quoi elle consiste. — Intention injurieuse............. | 242 |
| 341. | Capacité du mari.................................... | 243 |
| 342. | Elle est pure et simple ou conditionnelle................. | 243 |
| 343. | Ses effets.......................................... | 243 |
| 344. | Cas où plusieurs assimilations injurieuses ont été prononcées. | 243 |

### Section III.

#### *Du serment de continence.*

| | | |
|---|---|---|
| 345. | Son caractère...................................... | 244 |
| 346. | L'emploi d'une formule est nécessaire................... | 245 |

| N°s. | | Pages. |
|---|---|---|
| 347. | Capacité du mari................................... | 245 |
| 348. | Effets. — Expiation................................. | 245 |
| 349. | Le serment de continence entraîne un divorce baïn; divergence Malékite............................................. | 245 |

## CHAPITRE IV.

### DE LA SÉPARATION POUR CAUSE D'APOSTASIE ET PAR SUITE DE L'EXERCICE DU DROIT D'OPTION.

| | | |
|---|---|---|
| 350. | Erreur du texte; l'apostasie entraîne une répudiation radjii et non un divorce.................................... | 247 |
| 351. | Des droits successoraux des époux après la dissolution de l'union.................................................. | 248 |
| 352. | Interprétation du § 3 de l'article 304. — Le mari apostat ne peut répudier....................................... | 249 |
| 353. | Abjuration simultanée des époux. — Renvoi aux n°s 120 et suivants.............................................. | 249 |
| 354. | Droits de la femme sur la dot......................... | 249 |
| 355. | De l'option de la femme en cas d'impuissance du mari; renvoi. | 250 |

## CHAPITRE V.

### DE LA RETRAITE (EDDA).

| | | |
|---|---|---|
| 356. | Objet de l'edda. — Division du sujet................... | 251 |

### SECTION I.

*Quelles femmes sont soumises à l'edda.*

| | | |
|---|---|---|
| 357. | L'edda est la conséquence de tout mariage consommé...... | 252 |
| 358. | Cas où la consommation est impossible. — Erreur du texte quant à l'impuissance du mari........................ | 253 |
| 359. | Modes de dissolution donnant lieu à l'edda............. | 254 |
| 360. | Edda de la veuve................................... | 254 |
| 361. | Edda des femmes Kitabiiah........................... | 254 |

### SECTION II.

*Durée de la retraite.*

| | | |
|---|---|---|
| 362. | La durée normale est de trois qourou. — Computation..... | 255 |
| 363. | Cessation des règles. — Menstruation anormale. — Doctrine algérienne.......................................... | 256 |
| 364. | Edda lunaire de la femme non réglée.................. | 257 |

| Nos. | | Pages. |
|---|---|---|
| 365. | Retraite de la femme enceinte... | 257 |
| 366. | Retraite viduaire. — Concours de deux edda... | 258 |
| 367. | Point de départ de la retraite... | 258 |
| 368. | L'edda peut s'accomplir à l'insu de la femme... | 258 |
| 369. | De l'edda de la femme dont le mari est absent, disparu ou prisonnier de guerre. — Durée de la vie humaine... | 259 |
| 370. | Interruption de la retraite... | 259 |
| 371. | Hypothèse dans laquelle le mari peut imposer à la femme deux retraites successives... | 259 |
| 372. | Contestations relatives à l'accomplissement de l'edda... | 260 |

## Section III.

*Des devoirs et des droits de la femme pendant l'edda. — Des effets de l'edda.*

| | | |
|---|---|---|
| 373. | L'edda doit être accomplie au domicile conjugal; exceptions.. | 261 |
| 374. | Conduite de la femme pendant la retraite... | 262 |
| 375. | Droit de la femme à l'entretien... | 262 |
| 376. | Actions de la femme... | 263 |
| 377. | Prohibitions relatives au mariage de la femme et à celui du mari pendant l'edda... | 263 |
| 378. | De l'edda relativement aux droits successoraux. — Renvoi.. | 264 |

APPENDICE : *De la retraite imposée à la femme ensuite de relations illicites.*

| | | |
|---|---|---|
| 379. | De la retraite imposée à la femme ensuite de relations illicites. | 264 |

# LIVRE QUATRIÈME.

## De la paternité et de la filiation. — Des droits et devoirs résultant de la paternité.

### CHAPITRE I.

DE LA PATERNITÉ ET DE LA FILIATION. — DU DÉSAVEU. — DE LA RECONNAISSANCE DE PARENTÉ. — DE L'ADOPTION. — DE LA PARENTÉ DE LAIT. — DES ENFANTS TROUVÉS.

#### Section I.

*Des enfants nés pendant le mariage.*

| | | |
|---|---|---|
| 380. | Règle générale... | 269 |
| 381. | De la gestation. — Durée minima et maxima... | 270 |

# TABLE DES MATIÈRES.

| Nos. | | Pages. |
|---|---|---|
| 382. | Point de départ dans les mariages valables, nuls, les unions illicites, etc.............................................. | 272 |
| 383. | Le mari ne peut désavouer l'enfant que pour cause d'adultère de l'épouse...................................................... | 273 |
| 384. | Doctrine Malékite........................................... | 273 |
| 385. | Délai du désaveu; déchéance................................ | 274 |
| 386. | Le serment d'anathème entraîne le désaveu. — Exceptions... | 275 |
| 387. | Hypothèse dans laquelle l'enfant peut légalement être réclamé par deux maris de sa mère.................................... | 277 |

## Section II.

### *Des enfants nés de femmes répudiées ou veuves.*

| 388. | Distinction entre la femme majeure et l'adolescente.......... | 278 |
|---|---|---|
| 389. | Des enfants nés après la dissolution du mariage d'une femme majeure.................................................... | 278 |
| 390. | Des enfants nés après la dissolution du mariage d'une femme adolescente............................................... | 279 |
| 391. | Tableau explicatif......................................... | 280 |

## Section III.

### *De la reconnaissance de parenté. — Des preuves.*

| 392. | Nature de la reconnaissance de parenté..................... | 281 |
|---|---|---|
| 393. | Conditions.................................................. | 282 |
| 394. | Doctrine malékite.......................................... | 282 |
| 395. | La parenté résulte d'une simple déclaration................. | 282 |
| 396. | Effets de la reconnaissance................................ | 282 |
| 397. | Elle peut profiter à la mère de l'enfant.................... | 283 |
| 398. | Reconnaissance émanant de la femme mariée. — Ses effets.. | 283 |
| 399. | Capacité de la femme mariée............................... | 284 |
| 400. | Contestation de la reconnaissance par le mari.............. | 284 |
| 401. | Reconnaissance émanant de l'enfant......................... | 285 |
| 402. | Reconnaissance de parenté collatérale...................... | 285 |
| 403. | Preuves de la parenté..................................... | 286 |
| 404. | Action en reconnaissance.................................. | 286 |

## Section IV.

### *De l'adoption.*

| 405. | La naissance de l'adopté doit-elle forcément être inconnue?.. | 286 |
|---|---|---|
| 406. | Condition de l'adoption.................................... | 287 |
| 407. | Doctrine Malékite; prohibition résultant de l'adoption....... | 288 |
| 408. | Différence entre l'adoption et la reconnaissance de parenté... | 289 |

## Section V.
*De l'allaitement.*

| Nos. | | Pages. |
|---|---|---|
| 409. | Renvoi | 289 |

## Section VI.
*Des enfants trouvés.*

| | | |
|---|---|---|
| 409 *bis*. | Droits et devoirs de la personne qui a trouvé un enfant.. | 290 |
| 410. | Condition de l'enfant | 290 |
| 411. | Rapports légaux entre l'enfant et celui qui s'en est chargé... | 290 |
| 412. | Droits sur l'enfant. | 291 |
| 413. | Obligations de l'Etat envers l'enfant trouvé | 291 |
| 414. | Reconnaissance de l'enfant trouvé | 292 |
| 415. | Elle est définitive | 292 |
| 416. | Concours entre plusieurs personnes réclamant l'enfant | 292 |
| 417. | Reconnaissance émanant d'une femme | 292 |

# CHAPITRE II.
### DES DROITS ET DEVOIRS RÉSULTANT DE LA PARENTÉ.

| | | |
|---|---|---|
| 418. | Division du sujet | 293 |

## Section I.
*Des devoirs des parents envers leurs enfants et descendants relativement à l'entretien.*

| | | |
|---|---|---|
| 419. | Principes généraux. — Différence entre le droit musulman et les législations modernes | 294 |
| 420. | Dérogations conventionnelles aux règles légales. — Effets... | 295 |
| 421. | Le père n'est tenu qu'envers ses enfants | 295 |
| 422. | L'obligation n'existe que si l'enfant est sans ressources personnelles | 295 |
| 423. | Entretien du mineur | 296 |
| 424. | L'entretien du fils majeur est obligatoire en certains cas | 296 |
| 425. | Obligation du père vis-à-vis de sa fille | 296 |
| 426. | Fixation de la dette d'entretien | 297 |
| 427. | Causes qui font cesser la dette du père | 297 |
| 428. | A défaut du père, la dette incombe en premier lieu à la mère. | 298 |
| 429. | Concours de la mère avec d'autres parents | 298 |
| 430. | Explication des articles 399 et 400 du texte Hanafite | 299 |
| 431. | Concours entre ascendants et collatéraux quant à l'obligation d'entretien | 299 |

| Nos. | | Pages. |
|---|---|---|
| 432. | Obligation du père vis-à-vis de sa bru................. | 300 |
| 433. | Comment il est pourvu au paiement de la pension en cas d'absence du père........................................ | 300 |
| 434. | Prescription............................................ | 301 |

## Section II.

### *Des devoirs de la mère quant à l'allaitement.*

| | | |
|---|---|---|
| 435. | Obligation de la mère, exceptions...................... | 301 |
| 436. | L'obligation subsiste pendant le mariage et l'edda qui suit une répudiation radjii.................................. | 302 |
| 437. | Droit de la mère après une répudiation baïn............. | 302 |
| 438. | Rétribution de la mère qui nourrit...................... | 303 |
| 439. | Prescription des salaires............................... | 304 |
| 440. | Obligations de la nourrice étrangère.................... | 304 |

## Section III.

### *De la puissance paternelle.*

| | | |
|---|---|---|
| 441. | Majorité quant à la personne et majorité quant aux biens; comment elles s'acquièrent............................ | 305 |
| § I. — 441 *bis*. | Étendue de la puissance paternelle quant à la personne.................................................. | 306 |
| § II. — 442. | Étendue de la puissance paternelle quant aux biens du mineur; droit d'administration et de disposition....... | 307 |
| 443. | Distinction faite par la loi entre le père bon administrateur et le père mauvais administrateur...................... | 307 |
| 444. | L'administration peut être enlevée au père par le magistrat.. | 308 |
| 445. | Droits généraux du père sur le patrimoine de l'enfant...... | 308 |
| 446. | Application des principes aux divers contrats auxquels peuvent donner lieu l'administration et l'aliénation des biens.. | 309 |
| 447. | Droits de l'enfant à sa majorité; comment ils s'exercent si le père est vivant.......................................... | 312 |
| 448. | Droits de l'enfant en cas de décès du père................ | 313 |
| 449. | Privation de la puissance paternelle..................... | 313 |
| 450. | A qui revient la puissance paternelle à la mort du père...... | 313 |

## Section IV.

### *De la hadanah ou droit de maternité.*

| | | |
|---|---|---|
| 451. | Sa nature. — La hadanah est un démembrement de la puissance paternelle....................................... | 314 |
| 452. | Durée de la hadanah dans les différents rites............. | 315 |

| Nos. | | Pages. |
|---|---|---|
| 453. | Cas où le père et la mère appartiennent à des rites différents. | 315 |
| 454. | Conditions de capacité. | 316 |
| 455. | La mère illégitime n'y a pas droit. | 317 |
| 456. | Hadanah des femmes kitabiiah. | 317 |
| 457. | Perte du droit. — Convol de la mère. | 317 |
| 458. | Autres causes de déchéance. | 319 |
| 459. | Principes de dévolution. | 319 |
| 460. | Tableau de dévolution de la hadanah. | 320 |
| 461. | Jurisprudence. | 321 |
| 462. | Critique d'un arrêt de la Cour d'Alger. | 322 |
| 463. | La hadanah est une charge et peut être imposée. | 322 |
| 464. | Opinion contraire des Malékites. | 323 |
| 465. | Salaire de hadanah. | 323 |
| 466. | Résidence de la hadinah pendant la retraite. | 324 |
| 467. | Résidence après la retraite. | 324 |
| 468. | Règles du rite Malékite. | 325 |
| 469. | Le père ne peut éloigner l'enfant. | 325 |
| 470. | Opinion contraire des Malékites. — La hadanah peut cesser lorsque le père quitte la localité. | 326 |

## Section V.

*De la pension due aux ascendants.*

| | | |
|---|---|---|
| 471. | A qui est due la pension. | 326 |
| 472. | Comment elle est fournie. | 327 |
| 473. | Pension due à la mère remariée. | 327 |
| 474. | Fixation et service de la pension. | 327 |
| 475. | Division de la dette entre les ascendants. | 328 |
| 476. | Droits du créancier de la pension sur les biens du débiteur absent. | 328 |
| 477. | Pension à la charge de l'État. | 329 |

## Section VI.

*De la pension due aux parents collatéraux.*

| | | |
|---|---|---|
| 478. | Nature et étendue de la dette alimentaire entre collatéraux. | 329 |
| 479. | Effets de la différence de religion. | 330 |
| 480. | La pension est due même entre parents utérins à un degré non prohibé. | 330 |
| 481. | Division de la dette entre les débiteurs. | 330 |
| 482. | Prescription. | 331 |

# LIVRE CINQUIÈME.

## De la tutelle, des mineurs et autres incapables.

### CHAPITRE I.

#### DE LA TUTELLE.

N°*. *Pages.*
483. Des diverses périodes, première enfance, âge de raison, adolescence, puberté, majorité parfaite.................... 335
484. Majorité quant à la personne et quant aux biens............ 336
485. A qui est déférée la tutelle quant aux biens................ 337
486. Caractères de la tutelle en droit musulman................. 337
487. Ordre de dévolution. — Doctrine Malékite................. 339

#### Section I.

*De la nomination, de la destitution et du remplacement du tuteur, de la cotutelle et de la subrogé-tutelle.*

488. Conditions de capacité du tuteur........................ 340
489. Effet du défaut de capacité légale....................... 341
490. De la tutelle testamentaire; du conseil judiciaire adjoint au tuteur................................................ 341
491. De la cotutelle; du mode de nomination des tuteurs testamentaires.............................................. 342
492. La tutelle est-elle une charge obligatoire?................. 343
493. D'où résulte l'acceptation du tuteur?..................... 344
494. Cas où un seul des tuteurs nommés a accepté............. 344
495. Administration collective............................... 344
496. Cas où l'un des cotuteurs peut agir seul.................. 345
497. De la tutelle déférée par le tuteur testamentaire........... 345
498. De la tutelle du Cadi; droit général du magistrat.......... 346
499. Le tuteur ne peut être changé sans motifs sérieux......... 346
500. Du tuteur nommé par le magistrat...................... 347

#### Section II.

*De l'administration du tuteur.*

501. Division du sujet..................................... 348
502. Ventes et aliénations.................................. 349
503. Distinction des biens meubles et immeubles; erreur du texte.. 349
504. Cas généraux où l'aliénation est permise................. 350

| Nos. | | Pages. |
|---|---|---|
| 505. | Cas dans lesquels le tuteur est autorisé à vendre les immeubles du pupille............................................. | 350 |
| 506. | A qui le tuteur peut vendre et de qui il peut acheter........ | 351 |
| 507. | Vente à terme.......................................... | 352 |
| 508. | Du tuteur à la succession de la mère et de son droit d'administration............................................ | 352 |
| 509. | Du tuteur officieux..................................... | 353 |
| 510. | Louage................................................ | 353 |
| 511. | Opérations commerciales................................ | 354 |
| 512. | Prêts, emprunts, cautionnements et nantissements......... | 354 |
| 513. | Prorogation de terme et remise de dette................. | 355 |
| 514. | Transactions........................................... | 355 |
| 515. | Reconnaissance de dettes et charges; validité des paiements. | 355 |
| 516. | Avances faites par le tuteur............................ | 356 |
| 517. | Cas où le tuteur est personnellement tenu de l'entretien...... | 356 |
| 518. | Salaire du tuteur....................................... | 356 |

## Section III.
### *Des comptes de tutelle.*

| | | |
|---|---|---|
| 519. | Comment la tutelle prend fin............................ | 357 |
| 520. | A quelle époque le tuteur peut être tenu de rendre compte... | 357 |
| 521. | Comment l'action est exercée en cours de tutelle.......... | 358 |
| 522. | Règle générale......................................... | 359 |
| 523. | Nature du compte que doit fournir le tuteur; son serment fait foi. | 359 |
| 524. | Droit du pupille après le décès du tuteur quant à la revendication de ses biens........................................ | 360 |
| 525. | Des dépenses faites dans l'intérêt du mineur.............. | 360 |
| 526. | A quelle époque le tuteur doit cesser ses fonctions; preuve de la restitution du patrimoine............................ | 361 |
| 527. | Le tuteur n'a pas un droit de rétention................... | 361 |

## CHAPITRE II.
### DES ACTES DU MINEUR, DE LA MAJORITÉ ET DE L'ÉMANCIPATION.

| | | |
|---|---|---|
| 528. | Règles générales....................................... | 362 |
| 529. | Le mineur est tenu à concurrence de son émolument........ | 363 |
| 530. | Dépôts, prêts, etc..., faits au mineur.................... | 363 |
| 531. | Capacité du mineur autorisé à faire le commerce.......... | 363 |
| 532. | Erreur du texte quant au mineur émancipé................ | 364 |
| 533. | Des crimes et délits commis par le mineur................ | 364 |
| 534. | Comment s'opère l'émancipation. — D'où résulte la majorité quant aux biens........................................ | 364 |
| 535. | Le mineur peut provoquer son émancipation............... | 365 |

## CHAPITRE III.

**DES INTERDITS, DES ABSENTS ET DES AUTRES INCAPABLES.**

| Nos. | | Pages. |
|---|---|---|
| 536. | Des causes d'interdiction. — Des insensés et des prodigues.. | 366 |
| 537. | Le magistrat prononce l'interdiction. — Procédure.......... | 367 |
| 538. | Actes antérieurs au jugement............................. | 367 |
| 539. | Capacité de l'interdit. — Distinction entre l'insensé et le prodigue............................................... | 368 |
| 540. | Tutelle du Cadi........................................ | 369 |
| 541. | Cessation de l'interdiction............................... | 369 |
| 542. | De l'absent. — Administration de ses biens................ | 369 |
| 543. | Présomption de vie et présomption de décès................ | 370 |
| 544. | Du non-présent....................................... | 371 |
| 545. | Quand cesse la présomption de vie....................... | 371 |
| 546. | Effets du jugement qui déclare le décès................... | 372 |
| 547. | Incapacité du malade. — De l'individu en péril imminent, etc. | 372 |
| 548. | Incapacité spéciale de la femme.......................... | 374 |
| 549. | Incapacité pour certains individus d'exercer une profession déterminée............................................. | 374 |

## VOLUME DEUXIÈME.

# DES SUCCESSIONS.

## LIVRE PREMIER.

### Des conditions et de l'ordre de la dévolution successorale. Du partage des successions. Historique et principes généraux.

| | | |
|---|---|---|
| 550. | Transmission successorale dans les anciennes tribus Arabes et chez les Juifs........................................ | 3 |
| 551. | Principes édictés par le Koran........................... | 4 |
| 552. | La transmission successorale fait partie du statut personnel.. | 5 |
| 553. | Rites non orthodoxes; Kanouns Kabyles................... | 6 |
| 554. | Division du livre...................................... | 7 |

## CHAPITRE I.

### DE L'OUVERTURE DES SUCCESSIONS.

| Nos. | | Pages. |
|---|---|---|
| 555. | La succession s'ouvre au décès de *de cujus*. | 8 |
| 556. | La loi musulmane n'admet pas de présomption de survie. | 9 |
| 557. | De la saisine des héritiers. | 10 |

## CHAPITRE II.

### DES QUALITÉS REQUISES POUR SUCCÉDER.

| | | |
|---|---|---|
| 558. | Pour être héritier il faut réunir cinq conditions. | 11 |
| 559. | Le prédécès du *de cujus* doit être établi. | 12 |
| 560. | Droits de l'enfant conçu. | 12 |
| 561. | Pour hériter, l'enfant doit naître vivant. | 13 |
| 562. | L'absent est réputé vivant. | 14 |
| 563. | Influence du sexe; — de l'hermaphrodite. | 14 |
| 564. | De la différence de religion. | 14 |
| 565. | Influence de la conversion à l'islamisme sur le statut personnel et la nationalité. | 16 |
| 566. | Les Musulmans étrangers établis dans l'Empire ottoman doivent-ils être jugés d'après le rite auquel ils appartiennent? | 20 |
| 567. | De quelle juridiction relèvent, en matière de statut personnel, les Musulmans non sujets de l'Empire. | 22 |
| 568. | L'héritier doit être de condition libre; de l'état de guerre. | 23 |
| 569. | Des liens de parenté, d'alliance et de patronage. | 24 |
| 570. | Contestations à ce sujet; des preuves; de la possession d'état. | 25 |
| 571. | De la cession des droits successifs. | 26 |
| 572. | Le meurtre est la seule cause d'indignité; de la successibilité des enfants après l'anathème. | 26 |
| 573. | Cas où le meurtre n'entraîne pas l'indignité. — De l'homicide par imprudence. | 27 |
| 574. | Dans quel cas le meurtre commis par un mineur entraîne son indignité. | 28 |
| 575. | L'indignité n'est pas subordonnée à une condamnation; effet de l'indignité reconnue après l'attribution de la succession. | 29 |

## CHAPITRE III.

### DES DIVERS ORDRES D'HÉRITIERS.

| | | |
|---|---|---|
| 576. | Division. — Héritiers fards, légitimaires ou à réserve légale. — Héritiers acebs ou universels. | 30 |

## Section I.

*Des héritiers fards.*

| Nos. | | Pages. |
|---|---|---|
| 577. | Subdivision des héritiers fards..................... | 31 |
| 578. | Tableau A indiquant les divers héritiers fards............. | 31 |
| 579. | Rectification de l'article 589 du Code Hanafite............ | 32 |
| 580. | Fractions héréditaires fixées par le Koran............... | 32 |
| 581. | Dispositions de la Sourate IV, versets 12, 13 et 14........ | 32 |
| 582. | Droit de l'aïeul masculin........................... | 33 |
| 583. | Droit des aïeules............................... | 34 |
| 584. | Droit des conjoints............................... | 34 |
| 585. | Héritiers appelés comme fards en l'absence de descendants mâle................................................. | 35 |
| 586. | Tableau B indiquant à quels héritiers sont attribuées les fractions koraniques........................................ | 36 |
| 587. | Règles du concours des héritiers fards avec d'autres........ | 37 |
| 588. | Tableau C résumant ces règles....................... | 40 |

## Section II.

*De l'aoûl.*

| 589. | Règle générale de l'aoûl........................... | 44 |
|---|---|---|
| 590. | Changement de 1/6 en 1/7, 1/8, 1/9 et 1/10................ | 45 |
| 591. | Conversion des fractions koraniques.................... | 47 |
| 592. | Transformation de 1/12 en 1/13, 1/15 et 1/17.............. | 48 |
| 593. | Le 1/24 se transforme en 1/27....................... | 49 |
| 594. | Exception à la règle générale faite au profit des frères germains............................................... | 50 |
| 595. | Exceptions basées sur le principe de la double part au profit des mâles........................................... | 51 |
| 596. | Hypothèses dans lesquelles les parts réservées absorbent la succession mais ne dépassent pas l'entier............... | 53 |
| 597. | Résumé des règles de l'aoûl......................... | 54 |

## Section III.

*Des héritiers acebs ou universels et de l'ordre de dévolution.*

| 598. | Division et subdivision. — Les acebs par droit de parenté se divisent en trois classes........................... | 55 |
|---|---|---|
| 599. | Tableau D d'après Mouradja d'Ohsson comprenant huit classes d'acebs.................... *En regard de la page* | 56 |
| 600. | § I. Héritiers acebs par eux-mêmes.................... | 57 |
| 601. | Tableau E des acebs par eux-mêmes. *En regard de la page* | 58 |

| Nos. | | Pages. |
|---|---|---|
| 602. | § II. Héritiers acebs par un autre parent............... | 59 |
| 603. | § III. Héritiers acebs avec un autre parent............. | 59 |

## Section IV.

*Du mode et des règles de dévolution entre héritiers acebs.
De l'exclusion et de la réduction.*

| | | |
|---|---|---|
| 604 | La représentation n'est pas admise en droit musulman...... | 60 |
| 605. | Exclusion des plus éloignés par les plus proches.......... | 61 |
| 606. | Cas où les frères germains ou consanguins se trouvent en concours avec l'aïeul paternel; divergences............. | 61 |
| 607. | Règles de la dévolution. — De l'exclusion du double lien... | 63 |
| 608. | De l'exclusion et de la réduction..................... | 63 |
| 609. | Tableau F indiquant par quels parents chaque aceb se trouve exclu............................................. | 64 |

## Section V.

*Du droit du patron sur la succession de l'affranchi.*

| | | |
|---|---|---|
| 610. | Nature du droit du patron. — L'affranchi n'est jamais appelé. | 66 |
| 611. | Droits des héritiers du patron sur la succession de l'affranchi. | 67 |
| 612. | Droits de la patronne................................ | 67 |

## Section VI.

*Des héritiers zaouil arham.*

| | | |
|---|---|---|
| 613. | Définition......................................... | 68 |
| 614. | Division en quatre classes. — Composition de chaque classe. | 68 |
| 615. | Règles de dévolution. — Règles relatives à la première classe. | 70 |
| 616. | Règles relatives à la deuxième classe................... | 70 |
| 617. | Règles relatives à la troisième classe................... | 71 |
| 618. | Règles relatives à la quatrième classe................... | 71 |

## Section VII.

*Des autres personnes considérées par la loi comme acebs.*

| | | |
|---|---|---|
| 619. | Du mahoula el moualah ou patron adoptif............... | 72 |
| 620. | De l'héritier adoptif ou héritier par suite de reconnaissance de parenté collatérale................................. | 72 |
| 621. | Du légataire universel............................... | 73 |
| 622. | Du Beit el mal...................................... | 73 |

## CHAPITRE IV.

### DE LA DÉVOLUTION SUCCESSORALE DANS LES RITES MALÉKITE, CHAFÉITE ET HANBALITE.

Nos. / Pages.

623. Les divergences n'existent que relativement aux acebs...... 74
624. Dans les rites Malékite et Chaféite les acebs sont les parents de mâle en mâle et s'arrêtent au sixième degré. — Les femmes sont appelées exceptionnellement............... 75
625. Arrêt de la Cour d'Alger définissant le droit exceptionnel des femmes ................................................... 75
626. Doctrine de Sidi Khalil.................................... 76
627. Simplicité de la dévolution chez les Malékites et les Chaféites. 77
628. Résumé des règles de dévolution........................... 77
629. Tableau de l'Imam Ebn Arafa.............................. 78
630. Points communs à tous les rites........................... 80

## CHAPITRE V.

### DU PARTAGE DES SUCCESSIONS.

631. Division. — La liquidation des successions fait partie du statut personnel................................................ 81

### Section I.

#### *De l'indivision.*

632. L'indivision est la conséquence de la constitution de la famille arabe. — Principe « nul n'est tenu de demeurer dans l'indivision. » — Décret du 24 zilhedge 1285................. 82
633. Division de l'hérédité en kirats, felous ou dirhems.......... 84
634. Qui peut exercer l'action en partage....................... 84
635. Par qui doit être fait le partage. — Du partage par groupes. 85
636. Prescription de l'action................................... 85
637. Indivision forcée résultant de la nature du bien commun..... 86
638. Indivision forcée résultant de la personne.— De l'enfant conçu. 87
639. De l'absent............................................... 88
640. De la caution à fournir par les copartageants.............. 88

### Section II.

#### *De l'inventaire; de la masse active et du paiement des dettes.*

641. Ce que doit contenir l'inventaire. — Comment il est dressé.. 89
642. Des charges. — Dans quel ordre on doit les acquitter; de la quotité disponible....................................... 90

| Nos. | | Pages. |
|---|---|---|
| 643. | L'héritier n'est tenu des dettes qu'au prorata de son droit héréditaire et à concurrence de son émolument............ | 91 |
| 644. | Exception............................................. | 92 |
| 645. | Droits des créanciers contre le tiers détenteur............ | 92 |
| 646. | Droits des créanciers sur les biens de la succession........ | 93 |
| 647. | Situation de l'héritier qui a payé au delà de la dette........ | 93 |

## Section III.

*De l'acte de partage; des preuves du partage et de ses effets.*

| | | |
|---|---|---|
| 648. | Règles du partage; du lotissement...................... | 94 |
| 649. | Règles de calcul relatives à l'acquit des legs.............. | 96 |
| 650. | Modes de calcul dans les liquidations................... | 96 |
| 651. | Preuves du partage; de l'écrit; de la preuve testimoniale.... | 98 |
| 652. | De la possession...................................... | 98 |
| 653. | Du serment........................................... | 99 |
| 654. | Le partage est déclaratif de propriété.................... | 99 |
| 655. | Détermination des parts des communistes; effet........... | 100 |
| 656. | De la garantie entre copartageants...................... | 100 |

## Section IV.

*De la rescision et de la nullité des partages.*

| | | |
|---|---|---|
| 657. | Cas où un héritier a été omis........................... | 101 |
| 658. | Suite................................................. | 102 |
| 659. | Du partage supplémentaire............................. | 103 |
| 660. | De l'hypothèse prévue par l'article 638 du Code Hanafite.... | 103 |
| 661. | Rescision pour cause d'éviction......................... | 104 |
| 662. | Annulation du partage en cas de dettes révélées après les opérations........................................... | 104 |
| 663. | De l'erreur matérielle.................................. | 105 |
| 664. | De la rescision pour cause de lésion..................... | 105 |
| 665. | Prescription de l'action en rescision..................... | 106 |
| 666. | Prescription de l'action en partage supplémentaire......... | 106 |

# LIVRE DEUXIÈME.

## Des donations entre-vifs et des testaments.

### CHAPITRE I.

#### DES DONATIONS ENTRE-VIFS.

| | | |
|---|---|---|
| 667. | Des diverses espèces de donations...................... | 109 |
| 668. | Division du sujet...................................... | 110 |

## Section I.
*De la capacité de disposer par donation.*

| Nos. | | Pages. |
|---|---|---|
| 669. | Conditions de capacité. — De l'esclave. — Du mineur....... | 111 |
| 670. | De l'insensé, de l'interdit pour cause de prodigalité......... | 111 |
| 671. | Du malade............................................. | 111 |
| 672. | De la qualité de propriétaire. — Donation de la chose d'autrui. — Incapacité de l'individu en état de déconfiture.... | 112 |
| 673. | Capacité de la femme mariée........................... | 113 |
| 674. | La donation peut être consentie par mandataire............ | 114 |

## Section II.
*De la capacité de recevoir par donation.*

| | | |
|---|---|---|
| 675. | Pour être capable de recevoir il faut être vivant ou tout au moins conçu.......................................... | 114 |
| 676. | De l'indignité......................................... | 115 |
| 677. | Les donations ne sont pas sujettes à rapport.............. | 115 |
| 678. | Des donations entre époux; capacité du mineur et de l'infidèle. | 115 |

## Section III.
*Des choses qui peuvent être données.*

| | | |
|---|---|---|
| 679. | Existence de la chose; de la tradition; divergence des rites; de la chose incertaine................................. | 117 |
| 680. | De l'individualité de la chose donnée..................... | 118 |
| 681. | De sa détermination................................... | 118 |
| 682. | Des choses illicites.................................... | 118 |
| 683. | De la donation viagère et de la donation mutuelle *mortis causa*. | 119 |
| 684. | Règles relatives aux donations de biens indivis............ | 119 |
| 685. | Peut-on donner un bien vendu à réméré ou donné en gage?. | 121 |

## Section IV.
*Des conditions essentielles à la validité des donations.*

| | | |
|---|---|---|
| 686. | Trois conditions sont essentielles chez les Hanafites; du consentement........................................... | 121 |
| 687. | Comment se formule l'autorisation de prendre la chose; autorisation expresse et tacite............................. | 122 |
| 688. | Divergence des Malékites.............................. | 123 |
| 689. | La tradition est chez les Hanafites une condition de validité.. | 124 |
| 690. | Le dessaisissement doit être immédiat.................... | 124 |
| 691. | De la tradition lorsque le donataire est majeur............ | 125 |

| N°. | | Pages. |
|---|---|---|
| 692. | De la tradition lorsque le donataire est majeur incapable; des donations consenties au profit des incapables par leurs représentants légaux; règles relatives à la tradition en ce cas. | 125 |

## Section V.

### *De la révocation des donations.*

| | | |
|---|---|---|
| 693. | Les donations sont, de leur essence, révocables............ | 127 |
| 694. | Exceptions à ce principe................................. | 127 |
| 695. | Doctrine opposée des Malékites et des Chaféites........... | 129 |

## Section VI.

### *Des formalités et des preuves.*

| | | |
|---|---|---|
| 696. | De l'acte écrit......................................... | 130 |
| 697. | De la preuve testimoniale............................... | 131 |

## Section VII.

### *De la donation aumônière.*

| | | |
|---|---|---|
| 698. | Définition; comment elle devient parfaite................. | 132 |
| 699. | Du vœu considéré au point de vue de la loi civile......... | 132 |

## Section VIII.

### *De la donation à titre onéreux.*

| | | |
|---|---|---|
| 700. | Caractère de ce contrat................................. | 134 |
| 701. | De la tradition; de l'irrévocabilité..................... | 134 |
| 702. | De l'éviction........................................... | 135 |
| 703. | De la compensation postérieure à la donation............. | 135 |
| 704. | De la donation à charge de rente viagère................. | 136 |

## CHAPITRE II.

### DES TESTAMENTS.

| | | |
|---|---|---|
| 705. | Définition; des différentes espèces de legs; divergence des rites; division du sujet...................................... | 137 |

## Section I.

### *De la capacité de disposer par testament.*

| | | |
|---|---|---|
| 706. | Quelles conditions sont exigées; incapacité de l'esclave...... | 138 |
| 707. | Incapacité absolue du mineur............................. | 138 |
| 708. | Doctrine des Chaféites et des Malékites.................. | 139 |
| 709. | De l'insensé et de l'interdit pour cause de prodigalité...... | 140 |

| N°s. | | Pages. |
|---|---|---|
| 710. | De l'individu en état de déconfiture; caractère relatif de son incapacité.................................................. | 140 |
| 711. | Du malade................................................ | 141 |
| 712. | De l'influence de la différence de religion; exception au principe de non-hérédité entre personnes de croyances différentes. | 142 |

## Section II.

### *De la capacité de recevoir par testament.*

| | | |
|---|---|---|
| 713. | Pour hériter il faut être vivant ou tout au moins conçu; réfutation de la doctrine qui permet d'instituer comme légataire un individu décédé...................................... | 143 |
| 714. | De l'enfant conçu; des jumeaux........................... | 144 |
| 715. | Incapacité relative du meurtrier........................... | 144 |
| 716. | Des legs pieux; comment ils sont attribués................ | 145 |
| 717. | Incompatibilité entre la qualité d'héritier et celle de légataire; des moyens quelquefois employés pour éluder la prohibition légale; à quelle époque faut-il se placer pour apprécier la qualité d'héritier?......................................... | 146 |
| 718. | Du legs au profit du conjoint............................. | 148 |

## Section III.

### *Des biens susceptibles d'être légués et de la quotité disponible.*

| | | |
|---|---|---|
| 719. | Les biens doivent être susceptibles de propriété privée. — Des choses prohibées. — De la condition illicite.............. | 149 |
| 720. | De la chose incertaine. — De la chose d'autrui............. | 150 |
| 721. | De la perte de la chose léguée. — De l'accroissement....... | 151 |
| 722. | Le testateur qui n'a pas d'héritier peut disposer de tout son patrimoine................................................ | 152 |
| 723. | La prohibition de dépasser la quotité disponible n'est pas d'ordre public........................................... | 152 |
| 724. | Comment s'établit la valeur de la quotité disponible........ | 153 |
| 725. | De la réduction........................................... | 153 |
| 726. | Des legs qui doivent être acquittés par préférence........ | 154 |
| 727. | Legs de la part d'un fils................................. | 155 |
| 728. | Règles applicables en cas de décès d'un des légataires avant le testateur............................................... | 155 |
| 729. | Spécification de la chose léguée.......................... | 156 |
| 730. | Du legs d'usufruit. — De l'usufruit temporaire, sans limitation de durée et perpétuel................................. | 157 |
| 731. | Suite.................................................... | 158 |
| 732. | Du droit d'habitation et du legs des revenus.............. | 159 |

C. — II.

## Section IV.

*Des conditions essentielles à la validité des testaments. — Des formalités, des preuves et du droit de révocation.*

| Nos. | | Pages. |
|---|---|---|
| 733. | L'expression de la volonté suffit.................... | 160 |
| 734. | Règles tracées par Sidi Khalil quant à la validité du testament écrit............................................. | 161 |
| 735. | Testament authentique............................. | 162 |
| 736. | Du droit de révocation. — Comment il s'exerce........... | 162 |
| 737. | De l'acceptation................................. | 163 |
| 738. | Exceptions aux principes qui exigent une acceptation formelle. | 164 |
| 739. | Des preuves..................................... | 164 |

# LIVRE TROISIÈME.

## Du wakf ou habous.

### CHAPITRE I.

| 740. | Définition....................................... | 167 |
|---|---|---|
| 741. | Historique...................................... | 167 |
| 742. | Étude générale de la matière........................ | 169 |
| 743. | Division........................................ | 170 |

#### Section I.

*Quels biens on peut constituer wakfs.*

| 744. | Du wakf des meubles. — Trois systèmes dans la doctrine... | 170 |
|---|---|---|
| 745. | Jurisprudence de la Cour d'Alger sur le wakf mobilier dans le rite Hanafite.................................. | 171 |
| 746. | Doctrine et jurisprudence Malékites................... | 173 |
| 747. | On ne peut constituer en wakf les choses illicites.......... | 174 |
| 748. | Du wakf des immeubles. — Règles générales d'interprétation. | 174 |
| 749. | Du wakf de la chose d'autrui. — De la chose non payée.... | 175 |
| 750. | Du wakf des biens à venir, d'un immeuble non encore acquis par prescription, d'un bien engagé...................... | 175 |
| 751. | Du wakf de l'immeuble indivis et de celui d'une part indivise. | 176 |

#### Section II.

*De la capacité chez le constituant.*

| 752. | Conditions de capacité............................. | 178 |
|---|---|---|
| 753. | L'individu grevé de dettes peut-il constituer un wakf?...... | 179 |

| Nos. | | Pages. |
|---|---|---|
| 754. | Doctrine de Sidi Khalil et jurisprudence algérienne......... | 180 |
| 755. | Du wakf constitué en état de dernière maladie............. | 181 |
| 756. | Du wakf des non-musulmans........................... | 181 |
| 757. | Capacité de l'apostat................................. | 182 |

## Section III.
### Qui peut être dévolutaire d'un wakf.

| | | |
|---|---|---|
| 758. | Conditions générales de capacité chez le dévolutaire......... | 183 |
| 759. | La volonté du constituant fait loi. — Exceptions........... | 184 |
| 760. | Le constituant peut-il se désigner lui-même comme premier dévolutaire ? — Doctrine et jurisprudence Malékites..... | 185 |
| 761. | Doctrine Hanafite.................................... | 185 |
| 762. | De l'exclusion des enfants du premier degré. — Revue critique de la jurisprudence Malékite sur la matière......... | 186 |
| 763. | L'exclusion des descendants du deuxième degré et au delà est admise par tous les rites........................ | 191 |
| 764. | Effets du wakf au point de vue des attributions successorales. | 191 |
| 765. | Nature du droit conditionnel attribué dans certains actes aux filles exclues. — C'est un droit *in rem*................ | 192 |
| 766. | Ce droit conditionnel est-il cessible ?..................... | 198 |
| 767. | La dévolution est réglementée par l'acte constitutif.......... | 199 |
| 768. | Ce que comprend l'expression : « enfants actuels »......... | 199 |
| 769. | La parenté n'est pas réglée en matière de wakfs comme en matière de succession. — Principes généraux............ | 200 |
| 770. | La représentation n'est pas admise...................... | 201 |
| 771. | De la dévolution par têtes et par branches................ | 202 |
| 772. | Le principe de la double part au profit des mâles n'existe pas en matière de wakf................................ | 202 |
| 773. | Résumé des principes généraux......................... | 203 |

## Section IV.
### Formalités générales de l'immobilisation.

| | | |
|---|---|---|
| 774. | En principe, il n'y a pas de formalités substantielles........ | 204 |
| 775. | Les Hanafites exigent que le wakf soit consacré par le magistrat............................................... | 206 |
| 776. | Le dessaisissement du constituant doit-il être immédiat ? — Divergence des rites................................ | 207 |
| 777. | De la tradition au dévolutaire incapable................... | 208 |
| 778. | L'acte de constitution doit mentionner son but pieux........ | 208 |
| 779. | Les habous constitués en Algérie au profit des villes saintes sont-ils aujourd'hui valables ?....................... | 209 |
| 780. | De l'acceptation du wakf............................... | 211 |

## Section V.

### *Des effets du wakf.*

| Nos. | | Pages. |
|---|---|---|
| 781. | Le wakf a pour effet de démembrer l'usufruit de la nue-propriété. — Du wakf temporaire.................... | 212 |
| 782. | Doctrine Malékite............................ | 213 |
| 783. | De la réserve d'exclure et d'admettre exercée par le constituant. | 213 |
| 784. | De la réserve de vendre l'immeuble constitué wakf et de ses effets................................ | 214 |
| 785. | De l'inaliénabilité des wakfs.................... | 215 |
| 786. | L'usufruit dévolu aux bénéficiaires est-il susceptible d'hypothèque?............................. | 216 |
| 787. | Le droit des dévolutaires peut-il faire l'objet d'une cession?. | 216 |
| 788. | Exceptions aux principes d'inaliénabilité.............. | 217 |
| 789. | Doctrine et jurisprudence Malékites................ | 218 |
| 790. | Modifications apportées par la législation française algérienne à l'institution du habous. — Le wakf est aujourd'hui aliénable................................ | 219 |
| 791. | La prescription en matière de wakf est de trente-trois ans.... | 220 |
| 792. | Le habous est imprescriptible chez les Malékites.......... | 221 |
| 793. | De l'administration du wakf. — Du nazir.............. | 221 |

## Section VI.

### *Des preuves.*

| | | |
|---|---|---|
| 794. | En Égypte, le wakf doit être prouvé par écrit............ | 222 |
| 795. | Opinion des anciens Docteurs Hanafites sur les divers modes de preuve............................... | 223 |
| 796. | Caractères que doit présenter la preuve testimoniale........ | 223 |
| 797. | Des preuves dans le rite Malékite.................. | 223 |

FIN DE LA TABLE DES MATIÈRES.

# CODE DU STATUT PERSONNEL

## PREMIÈRE PARTIE

### STATUT PERSONNEL

# LIVRE PREMIER.

## DU MARIAGE.

### CHAPITRE PREMIER.
#### Demande en mariage.

Article 1er. — Toute femme libre de lien conjugal et de retraite légale, peut être demandée en mariage.

Art. 2. — Il est défendu de faire ouvertement des propositions de mariage à une femme pendant sa retraite répudiaire ou viduaire.

Mais il est permis de manifester le désir d'avoir la main d'une veuve, sans pouvoir, toutefois, contracter mariage avant l'accomplissement du temps prescrit pour la retraite.

Art. 3. — Il est permis au prétendant de voir la figure et les mains de celle qu'il demande en mariage.

Art. 4. — Les promesses de mariage et la *fatha*, ou simple accord, sans la conclusion d'un acte du mariage régulier et authentique, ne constituent aucun lien de mariage; et chacun des futurs pourra renoncer librement à sa promesse, même après l'acceptation par la femme ou son tuteur, en cas de minorité, des présents faits par le futur en vue du mariage, et même après le paiement par celui-ci de tout ou partie de la dot constituée.

### CHAPITRE II.
#### Des conditions requises pour la validité du mariage et de ses effets.

Art. 5. — Le mariage se contracte légalement par une déclaration faite de la part de l'une des parties contractantes et acceptée par l'autre.

La déclaration peut être faite

indifféremment par l'un ou l'autre des époux ou leurs tuteurs, s'ils sont mineurs ou incapables, ou par leurs mandataires, s'ils sont capables.

Art. 6. — Il faut, pour la validité de l'acte du mariage, que la déclaration et l'acceptation soient énoncées, si les deux parties contractantes sont présentes, dans la même séance, quelque longue qu'en soit la durée, à condition toutefois que l'attention des parties ne soit pas détournée par une autre occupation.

Il faut que chacune des parties entende la parole de l'autre, prononcée même dans une langue qu'elle ne comprendrait pas, pourvu qu'elle sache qu'il s'agit de contracter le mariage.

Il faut encore que l'acceptation ne diffère point de la déclaration.

Art. 7. — Le mariage n'est valable qu'autant qu'il est contracté en présence de deux témoins du sexe masculin, ou bien d'un homme et de deux femmes.

Les témoins doivent être majeurs, sains d'esprit, libres et musulmans, quand il s'agit du mariage d'un musulman avec une musulmane.

Ils doivent entendre les déclarations des deux parties et comprendre qu'elles s'unissent par le mariage.

Les témoins peuvent être aveugles, irréligieux, descendants des conjoints ou de l'un d'eux.

Le sourd, l'homme qui dort et celui qui est en état d'ivresse et ne saisit rien de ce qu'il entend, ne peuvent servir de témoins en mariage, et l'acte passé en leur présence n'est pas valable.

Art. 8. — Un seul témoin ou deux femmes suffisent pour la validité du mariage, quand c'est le père qui marie sa fille majeure de son consentement et en sa présence.

Il en est de même quand le père d'une fille mineure délègue ses pouvoirs à un tiers pour la marier en sa présence.

Art. 9. — Le mariage ne se contracte point par écrit, quand les deux parties sont présentes.

Il ne se contracte valablement par écrit qu'en cas où le proposant serait absent, pourvu que la future à qui la proposition écrite est adressée, en donne lecture aux témoins, ou qu'elle leur dise qu'un tel lui a écrit pour la demander en mariage, et leur atteste en même temps qu'elle a accepté sa proposition.

Art. 10. — Le mariage du muet se contracte valablement par signes, s'ils indiquent clairement l'intention de vouloir se marier.

Art. 11. — Le mariage conclu sans fixation de la valeur dotale et même sans assignation de dot dans le contrat, est valable ; et l'acte donne à la femme droit à la dot coutumière.

Art. 12. — N'est pas valable le mariage soumis à une condition ou à une circonstance dont la réalisation est incertaine.

Mais le mariage contracté sous une condition illégale est réputé valable et la condition comme inexistante ; tel est le mariage dans lequel le mari stipulerait qu'il n'y aurait pas de dot.

Art. 13. — Le mariage temporaire, celui dont la durée est limitée à un temps déterminé, ne se contracte pas valablement.

Art. 14. — Le mariage contracté en termes de *mut' ah* ou simple jouissance est nul dans son origine. Il ne donnera au survivant des époux aucun droit à la succession de l'autre, quand même il serait conclu en présence de témoins.

Art. 15. — Le mariage *chighar* ou par compensation est valable ; et chacune des deux femmes aura droit à la dot coutumière.

Le mariage *chighar* est celui dans lequel un homme marie sa fille ou sa sœur à un homme sans dot, pour épouser la fille ou sœur de celui-ci en compensation.

Art. 16. — Aucun des époux ne pourra avoir la faculté d'opter, ni par suite d'engagement contractuel ni pour vices rédhibitoires, ni pour ne s'être pas vus avant l'acte du mariage.

Si donc le mari stipule verbalement ou par écrit, dans l'acte du mariage, la beauté ou la virginité de la femme ou l'absence de tout défaut et en fait une condition de son union avec elle ; ou si la femme stipule l'absence dans son mari de toute maladie et de toute infirmité, l'acte sera valable et la stipulation nulle et non avenue. Aucune des parties n'a le droit de demander la résiliation du mariage, s'il constate que son conjoint ne remplit pas les conditions voulues.

Ce n'est que l'impuissance du mari qui puisse donner à la femme qui remplit les conditions voulues, ouverture au droit d'option pour vice rédhibitoire.

Art. 17. — Une fois l'acte valablement contracté, les liens du mariage sont assurés, les droits et devoirs des époux commencent, même avant la consommation du mariage.

La validité de l'acte rend le mari redevable envers la femme de la dot coutumière à défaut de dot contractuelle, l'oblige à pourvoir à son entretien, si elle n'est pas désobéissante ou trop jeune pour satisfaire au but du mariage, ou pour lui tenir compagnie dans sa maison, rend légitime la jouissance des époux l'un de l'autre, assure au mari la puissance maritale qui est purement disciplinaire, impose à la femme l'obligation d'obéir au désir de son mari, quand il est légitime, celle de ne quitter sans motif plausible le domicile conjugal qu'avec son autorisation et celle de ne pas se soustraire aux devoirs conjugaux sans excuse valable, après avoir touché intégralement la partie de la dot payable d'avance, crée l'alliance et les prohibitions qui en résultent, donne enfin ouverture aux droits de succession au survivant des époux.

Art. 18. — Tout mariage conclu sans témoins ou sans une des conditions requises pour la validité du mariage, est entaché de nullité radicale et doit être annulé par le magistrat à défaut de séparation volontaire des époux.

Ce mariage ne produit aucun effet, ne crée point de prohibition d'alliance, quand l'annulation a lieu avant toute cohabitation ou tout acte pouvant y être assimilé, et ne donne au survivant des époux aucun droit à la succession de l'autre.

Dans le cas où le mari n'aura pas fixé une dot contractuelle, la femme n'aura droit à la dot coutumière que lorsque l'annulation du mariage a lieu après une cohabitation permise ou après la disparition de la virginité.

## CHAPITRE III.

**Des empêchements au mariage.**

Art. 19. — Tout homme libre peut épouser jusqu'à quatre femmes par un seul acte ou par des actes séparés.

Art. 20. — Il est nécessaire, pour la validité du mariage, qu'il n'y ait aucun empêchement ou prohibition entre les époux.

ART. 21. — Les prohibitions sont ou perpétuelles ou temporaires.

Les causes qui produisent des prohibitions à perpétuité, sont la parenté légitime et naturelle, l'alliance et la parenté du lait.

Celles qui créent des prohibitions temporaires sont les suivantes : l'union avec deux femmes parentes l'une de l'autre à un degré prohibé, l'union avec plus de quatre femmes à la fois, l'absence d'une religion céleste, la répudiation définitive ou par trois fois : enfin les droits d'un tiers sur une femme engagée avec lui par le lien du mariage ou en retraite répudiaire ou viduaire.

ART. 22. — Il est interdit à l'homme d'épouser sa mère, sa grand'mère et ses autres ascendantes ; sa fille, sa petite-fille et ses autres descendantes ; sa sœur, sa nièce, sa tante paternelle ou maternelle, et la tante de ses ascendants.

Les mêmes parents du sexe masculin sont interdits à la femme.

Le mariage entre cousins et cousines paternels ou maternels n'est pas prohibé.

ART. 23. — Il est défendu à l'homme d'épouser la fille de la femme avec laquelle il a consommé le mariage, étant toutes les deux en âge d'être désirées, que l'acte du mariage soit valable ou qu'il soit entaché de nullité radicale.

Dans le cas où la consommation du mariage avec la mère aurait lieu étant l'un ou l'autre en bas âge, et dans le cas où la mère viendrait à mourir ou à être répudiée avant toute cohabitation, la fille n'en serait pas interdite à son mari.

Il n'est pas permis non plus d'épouser la mère de la femme avec laquelle on a valablement contracté le mariage ; ni sa belle-fille, ni sa belle-mère ou la femme de son père, même en cas de non consommation du mariage.

ART. 24. — Quiconque a eu des relations illicites avec une femme, ne peut en épouser ni la fille, ni la mère ; et la femme elle-même sera interdite au père et au fils de celui avec lequel elle a eu le commerce illicite ; mais ceux-ci pourront se marier avec la fille et la mère de cette femme.

ART. 25. — La parenté du lait produit les mêmes empêchements que la parenté légitime et naturelle, sauf les exceptions mentionnées dans le chapitre *allaitement*.

Art. 26. — Nul ne pourra épouser la sœur, la tante ou la nièce de la femme avec laquelle il est encore uni par le lien du mariage, où de celle qu'il aura répudiée et qui n'aura pas encore accompli le temps prescrit pour la retraite.

Mais si la femme qui produisait l'empêchement venait à mourir ou que le mariage vînt à être dissous par voie de répudiation ou par divorce, l'empêchement cesserait, et, après l'accomplissement du terme de sa retraite, le mariage avec les femmes susmentionnées serait licite.

Art. 27. — Il n'est pas permis d'épouser une femme mariée ou en *edda* ou retraite légale, avant l'expiration du temps prescrit, soit que la retraite ait été imposée à la suite d'une répudiation ou du décès du mari, ou à la suite de l'annulation d'un mariage entaché de nullité radicale ou de cohabitation par erreur.

Art. 28. — Le mari qui aura répudié définitivement ou trois fois sa femme libre, ne pourra la reprendre qu'après qu'elle aura été légitimement mariée et que le second mari l'aura répudiée à son tour ou sera décédé, après la consommation du mariage, et qu'elle aura laissé écouler le délai prescrit pour la retraite.

Art. 29. — Il est interdit d'épouser une femme en état de grossesse reconnue par son auteur légitime.

Mais il est permis d'épouser une femme illicitement enceinte sans toutefois cohabiter avec elle avant l'accouchement, à moins que ce ne soit l'auteur même de sa grossesse qui l'épouse.

Art. 30. — Il est défendu à tout individu ayant quatre femmes légitimes d'en épouser une cinquième avant d'avoir répudié une des quatre et attendu que le terme de la retraite répudiaire fût expiré.

Art. 31. — Il est permis au musulman d'épouser les femmes non musulmanes dont la croyance est fondée sur les livres saints, c'est-à-dire les chrétiennes et les juives, soit sujettes de l'Empire, soit étrangères, établies dans les États musulmans ou ailleurs.

Art. 32. — Les femmes idolâtres, les mages ou adoratrices du feu et les sabéennes ou adoratrices des astres, dont la croyance n'est fondée sur aucun livre saint, sont éternellement interdites aux musulmans.

# CHAPITRE IV.

### De la vilaïat ou tutelle en mariage.

Section I. — *Des qualités requises pour exercer les fonctions de tuteur en mariage.*

Art. 33. — Il faut, pour pouvoir être wali ou tuteur en mariage, remplir les conditions suivantes :

Être libre, majeur, sain d'esprit et musulman, quand il s'agit du mariage d'un musulman avec une musulmane.

L'homme irréligieux est habile à devenir tuteur.

Art. 34. — L'intervention d'un wali est une condition essentielle à la validité du mariage des enfants mineurs et des personnes majeures atteintes d'aliénation mentale; mais elle n'est pas nécessaire pour la validité du mariage des personnes libres, majeures et saines d'esprit.

Art. 35. — Les tuteurs ayant le droit d'intervenir dans le mariage des mineurs et des majeurs incapables de l'un ou de l'autre sexe, sont les plus proches parents *acëb* suivant l'ordre de succession, en excluant les plus éloignés par les plus proches.

C'est le père de famille qui est le tuteur naturel de ses enfants mineurs ou incapables ; à son défaut, la tutelle est dévolue à l'aïeul paternel; puis aux parents de la ligne collatérale masculine, savoir : le frère germain, le frère consanguin, le neveu germain, le neveu consanguin, l'oncle germain, l'oncle consanguin, le cousin germain et le cousin consanguin.

Lorsqu'il s'agit du mariage d'une femme aliénée, ayant un père et un fils ou petit-fils de quelque degré qu'il soit, c'est ce dernier et non pas le père qui doit lui servir de tuteur.

Art. 36. — A défaut de parents acëb, le droit de tutelle est dévolu à la ligne féminine dans l'ordre suivant : à la mère, à l'aïeule paternelle, puis à la fille, à la petite-fille issue soit du fils soit de la fille, à ses descendantes, au grand-père maternel, à la sœur germaine, à la sœur consanguine, au frère et à la sœur utérins, à leurs descendants, puis aux autres *zawil arhams*, savoir : la tante paternelle, l'oncle maternel, la tante maternelle, les cousines et leurs descendants, en suivant à leur égard l'ordre établi.

Art. 37. — Les mineurs et les incapables n'ayant pas de parent, ni proche ni éloigné, sont soumis à la tutelle du souverain ou du magistrat autorisé par son firman à procéder au mariage des orphelins ou orphelines qui dépendent de sa juridiction.

Art. 38. — Le tuteur testamentaire n'a pas qualité pour intervenir dans le mariage de ses pupilles, quand même leur père lui aurait conféré dans son testament le pouvoir de les marier, à moins que ce droit ne lui soit acquis par la parenté ou qu'il ne soit investi d'une autorité publique, et qu'il n'existe aucune personne ayant la préférence sur lui.

Art. 39. — Aucun musulman n'est habile à servir de wali ou tuteur à une personne non musulmane, et à intervenir dans son mariage ni dans l'administration de ses biens, si ce n'est en qualité de souverain ou de représentant du souverain.

Le non-musulman peut bien servir de tuteur à un non-musulman et intervenir tant dans son mariage que dans l'administration de ses biens.

Art. 40. — Un parent d'un degré éloigné n'a pas le droit de marier les mineurs, s'il existe un parent d'un degré plus rapproché remplissant les conditions voulues pour exercer la tutelle.

Mais si le parent le plus proche se trouvait absent et à une distance telle qu'il y aurait à craindre la renonciation de l'époux assorti avant l'arrivée de la réponse, le droit de tuteur passerait, dans ce cas, au parent du degré suivant, qui pourrait valablement procéder au mariage de la mineure, sans que le parent le plus proche pût en demander l'annulation.

Il en serait de même si le parent le plus proche se trouvait dans un état d'incapacité légale.

Art. 41. — Si le parent le plus rapproché repousse la demande en mariage de sa pupille, le parent le plus éloigné n'aura pas le droit de la marier.

Ce droit appartiendra au magistrat devant lequel la réclamation sera portée, quand même le refus proviendrait du père.

Dans cette circonstance, le magistrat, après s'être assuré que le refus était sans raison plausible, que le mari était assorti et que la dot constituée au profit de la jeune fille était égale à la dot coutumière, procédera lui-même ou par suppléant au mariage au nom du refusant.

L'acte judiciaire est inattaquable quand même le magistrat n'aurait pas été autorisé dans son firman à passer les actes de mariage.

Mais si le refus de la demande était fondé sur une raison plausible, telle que l'infériorité de la condition du mari ou de la dot assignée à la jeune fille, le magistrat ne pourrait pas la marier contre la volonté de son parent.

Art. 42. — S'il existe deux parents au même degré, chacun pourra marier valablement la pupille, sans avoir besoin de la ratification de l'acte par l'autre, quand il est contracté dans les conditions voulues.

Art. 43. — Le magistrat ayant le pouvoir de marier les orphelines, ne peut épouser lui-même celle qui n'a pas de tuteur, ni la marier à aucun de ses ascendants ou descendants.

Section II. — *Mariage des personnes capables et des incapables.*

Art. 44. — Le père de famille a le pouvoir d'imposer le mariage à ses enfants mineurs, garçon ou fille, quand même la fille est *saïb* (non vierge).

Ce droit de contrainte s'étend à l'aïeul paternel, et à tous les autres tuteurs qui remplissent les conditions exigées.

Les majeurs de l'un ou de l'autre sexe atteints de démence ou de folie habituelle sans intervalles lucides depuis un mois entier, sont placés dans la même situation juridique que les mineurs et soumis, comme eux, au droit de contrainte.

Art. 45. — Dans le cas où le père ou le grand-père ne serait pas connu pour un homme irréligieux et *saül ikhtiar* ou de mauvais choix, s'il marie d'autorité son fils ou son petit-fils, sa fille ou sa petite-fille, mineurs ou incapables, le mariage sera valable, et ses conséquences seront obligatoires sans qu'aucun d'eux devenu majeur puisse en demander l'annulation, et ce quand même le garçon serait gravement lésé par l'excès de la dot payée, ou la fille, par l'infériorité de celle qui lui est assignée, ou que le mari ne serait pas assorti.

Il en est de même de la femme aliénée, mariée par le fils qui en est le tuteur.

Art. 46. — Si le père ou le grand-père déjà réputé irréligieux et de mauvais choix, impose le mariage à son fils ou petit-fils, à sa fille ou petite-fille, mineurs ou incapables, et lèse gravement le garçon en lui faisant payer une dot supérieure à celle qu'il devait fournir, ou la fille en acceptant pour elle une dot inférieure à celle qui devait lui être assignée, ou s'il la marie à un conjoint mal assorti, le mariage sera radicalement nul.

Art. 47. — Lorsqu'un tuteur autre que le père ou le grand-père marie un jeune garçon ou une jeune fille, placés sous sa tutelle, à un conjoint mal assorti ou lui cause une lésion grave dans la dot fournie ou acceptée, le mariage sera de nul effet, quand même ce serait le magistrat qui l'aurait contracté. Dans le cas où ledit tuteur marie ses pupilles à des conjoints assortis et moyennant une dot égale à la dot coutumière, le mariage sera valable; mais les pupilles devenus majeurs ou instruits de leur mariage, après la majorité, auront le droit d'en demander la dissolution, même après la consommation du mariage.

Art. 48. — Si les pupilles mariés par contrainte préfèrent à la majorité la dissolution du mariage, ils devront adresser leur demande en justice.

Le magistrat, après la constatation de la non déchéance de leur droit, prononcera la dissolution du mariage.

Si, avant la décision du magistrat, l'un des conjoints venait à mourir, le survivant aurait droit à la succession du défunt, et la dot constituée au profit de la femme lui resterait définitivement acquise ou reviendrait à ses héritiers.

Art. 49. — Si la femme ayant la faculté de faire prononcer la dissolution du mariage à la majorité, devient majeure étant encore vierge, elle doit, si elle veut user du bénéfice de ce droit, protester contre l'acte de son tuteur, et déclarer devant témoins qu'elle disposera de sa personne. Cette déclaration doit être faite au moment même où elle acquiert sa majorité, ou à l'instant où, étant déjà majeure, elle sera instruite du mariage, si elle l'ignorait. Autrement elle perdrait son droit.

Son ignorance de ce droit ou du moment dans lequel elle devait agir, ne pourrait être en sa faveur une excuse valable.

Mais après qu'elle aura protesté devant témoins contre le mariage dans le délai prescrit, le retard, quelque long qu'il soit, à agir judiciairement, ne lui fera perdre son droit, à moins qu'elle n'ait depuis avec son mari des rapports qui fassent présumer son consentement.

Art. 50. — Si la femme, ayant la faculté, à la majorité, de faire annuler le mariage à elle imposé, acquiert sa majorité après la disparition de sa virginité, son silence au moment où elle devient majeure ou au moment où elle est instruite du mariage, si elle l'ignorait avant la majorité, ne lui fait pas perdre le droit de protester, à moins qu'il n'y ait eu consentement formel ou tacite.

Il en est de même du jeune garçon devenu majeur et à qui le mariage aura été imposé par un tuteur autre que le père ou le grand-père.

Art. 51. — Tout homme majeur, libre et sain d'esprit peut se marier, quand même il serait prodigue, sans l'intervention du tuteur.

Toute femme majeure, libre et saine d'esprit, vierge ou non vierge, peut également disposer de sa main sans l'intervention d'aucun tuteur.

L'acte du mariage contracté par elle-même, est valable et obligatoire, si le mari qu'elle s'est choisi est assorti et si la dot à elle assignée est égale à la dot coutumière.

Art. 52. — Dans le cas où la femme majeure et capable contracte mariage par elle-même contre la volonté du parent *acëb*, si la dot était inférieure à la dot coutumière, le parent *acëb* pourra attaquer le mariage malgré sa validité et exiger que le mari paye la différence qu'il y aurait entre la dot assignée et la dot coutumière, ou que le mariage soit annulé par le magistrat.

Si le mari n'était pas assorti, le mariage serait nul dans son origine et le consentement postérieur de son parent *acëb* ne saurait le rendre valable.

A défaut de parent *acëb* et en cas de consentement préalable et formel du parent, le mariage mal assorti contracté par la femme elle-même sera parfaitement valable.

Art. 53. — La femme libre et majeure, bikr ou saïb (vierge ou non), ne peut être contrainte au mariage; elle doit être consultée et appelée à donner son consentement.

Si, consultée avant le mariage ou instruite, après sa conclusion, par un proche parent ou par son mandataire ou envoyé ou par un tiers irrécusable, la fille vierge (bikr) se tait volontairement, après avoir eu connaissance du mari auquel elle est destinée ou auquel elle a été unie, et de la valeur de la dot assignée à son profit, ou si elle sourit ou rit sans moquerie ou si elle pleure sans cris, le silence, le sourire, le rire et les pleurs équivaudront à un consentement, s'ils ont lieu avant la conclusion du mariage, et à une ratification, s'ils ont lieu après.

Mais dans le cas où la fille vierge aura été consultée et instruite par un parent éloigné, il est indispensable que son consentement soit exprimé par des paroles ou par un acte qui le fasse présumer, quand même elle aurait eu connaissance du futur et de la valeur dotale.

ART. 54. — La femme majeure et saïb (non vierge) ne pourra être mariée qu'autant qu'elle y consentira par des paroles ou par un acte qui donne à présumer son adhésion; et si, consultée par un parent proche ou éloigné, elle se tait, son silence n'aura pas la valeur d'un consentement.

ART. 55. — La femme qui aura perdu sa virginité par suite d'un accident ou de vieillesse, est réellement vierge et doit être traitée comme telle, ainsi que la femme séparée de son mari pour cause d'impuissance ou par suite de la dissolution du mariage, par voie répudiaire ou par le décès du mari, avant toute cohabitation avec elle.

La femme qui aura perdu sa virginité par suite d'un acte illégitime, est considérée comme vierge, à moins que ses écarts n'aient été répétés ou qu'elle n'ait subi une peine infamante; dans ce cas, elle sera mariée comme une saïb.

Il en est de même de la femme qui aura été l'objet d'une cohabitation par erreur ou par suite d'un mariage entaché de nullité radicale.

ART. 56. — La femme mariée trop jeune ne doit pas être conduite chez son mari avant d'être en état de remplir le but du mariage. Son père qui ne pourra pas être contraint à la livrer, aura le droit de demander et de toucher pour elle la partie exigible de la dot.

En cas de contestation entre le mari et le père de la jeune femme, relativement à son état, le magistrat préposera une ou deux matrones de confiance pour examiner la constitution de la jeune fille. Si le rapport des matrones confirme la prétention du mari, la femme sera conduite au domicile conjugal ; dans le cas contraire, elle continuera à garder provisoirement la maison paternelle.

C'est la constitution physique et non pas l'âge qu'il faut consulter.

## CHAPITRE V.

### Du mandat en mariage.

Art. 57. — Il est loisible aux époux, quand ils sont majeurs, libres et sains d'esprit, de contracter le mariage par mandataires.

Cette faculté est accordée aussi au père et aux autres tuteurs qui pourront également se faire représenter dans le mariage de leurs pupilles.

Art. 58. — Le mandat peut être donné verbalement ou par écrit, sans qu'il soit nécessaire, pour sa validité, de le donner devant témoins. Le témoignage n'est requis que pour éviter toute contestation de la part du mandant.

Art. 59. — Le mandataire ne pourra, sans autorisation du mandant, déléguer les pouvoirs qu'il en a reçus, à un tiers, à moins que ses pouvoirs ne soient absolus et discrétionnaires.

Art. 60. — Le mandataire n'est pas tenu de livrer à son mari la femme qui lui a conféré le pouvoir de la marier ; il n'est pas responsable envers elle de la dot constituée à son profit, à moins qu'il ne l'ait cautionnée, auquel cas il serait obligé de l'acquitter et il n'aurait de recours contre le mari que si le cautionnement avait été donné par ordre de celui-ci.

Art. 61. — L'acte passé par le mandataire au nom de son mandant n'est obligatoire, pour ce dernier, qu'autant qu'il est contracté dans les limites des pouvoirs par lui conférés.

Si ces pouvoirs sont dépassés, l'acte ne devient exécutoire que par la ratification du mandant.

## CHAPITRE VI.

### Du mariage assorti.

Art. 62. — Pour que le mariage porte le caractère d'une union légalement assortie, il faut que le mari soit égal à la femme dans les conditions exprimées ci-après dans les articles suivants.

L'infériorité de la femme ne frappe point le mariage de nullité. L'égalité constitue un droit qui pourra être invoqué par le tuteur de la femme et par la femme elle-même.

Elle doit être considérée au moment de la conclusion de l'acte; le changement postérieur de condition ne porterait pas atteinte à la validité du mariage.

Art. 63. — Quand une femme libre et civilement capable se choisit un mari sans le consentement préalable de son parent *acëb*, ou quand une jeune fille est mariée d'autorité par un parent autre que le père ou le grand-père, ou par un de ces derniers, lorsqu'il est réputé irréligieux et de mauvais choix, il faut, pour la validité du mariage, qu'il y ait entre le mari et la femme égalité de naissance, s'ils sont d'origine arabe, d'islamisme, de fortune, de vertu et d'état, quelle que soit leur origine.

Si le mari était inférieur à la femme dans une de ces conditions, le mariage, dans les cas ci-dessus énoncés, serait radicalement nul.

Art. 64. — L'égalité en islamisme doit être considérée à l'égard du mari, de son père et de son grand-père, sans remonter à un plus haut degré.

Ainsi, celui qui aura embrassé l'islamisme sans être né musulman, ne pourra pas être assorti à une musulmane issue d'un père musulman, et celui dont le père seul est musulman n'est pas assorti à une femme dont le père et le grand-père sont musulmans.

Mais celui dont le père et le grand-père sont musulmans, est assorti à la femme qui a plusieurs ancêtres musulmans.

Art. 65. — La noblesse acquise par les connaissances et le mérite est supérieure à celle acquise par la naissance.

Ainsi un savant qui n'est pas d'origine arabe, est bien assorti à une femme arabe même *corechite*.

Un savant pauvre est bien assorti avec la fille d'un homme opulent et ignorant.

Art. 66. — La grande fortune de la femme n'est pas considérée en mariage, et celui qui aurait assez de moyens pour acquitter la partie de la dot payable d'avance et pourvoir à l'entretien de la femme pendant un mois, ou qui pourrait, par son travail, lui fournir quotidiennement les aliments nécessaires, serait assorti à la femme la plus opulente.

Art. 67. — L'homme vicieux ne peut pas être assorti à une femme vertueuse, issue d'un homme honnête; mais il pourra bien être assorti à une femme vicieuse, issue soit d'un père vicieux soit d'un père honnête.

Art. 68. — L'égalité d'état ou de profession doit être considérée à l'égard de tous ceux qui ne seraient pas d'origine arabe; elle n'est considérée, quant aux arabes, qu'envers ceux d'entre eux qui exercent les professions.

Si la profession exercée par le mari se rapproche de celle qui est exercée par son beau-père, la simple différence qu'il pourrait y avoir entre elles ne constituerait pas une mésalliance; mais si les professions ne se rapprochent pas, celui qui exerce une basse profession ne peut pas être au niveau d'une femme dont le père exerce une noble profession.

C'est l'usage de chaque pays qui doit servir de guide à cet égard, selon que les professions y sont plus ou moins honorées.

Art. 69. — L'ignorance de la condition du mari de la part du parent qui aura marié une fille majeure avec son autorisation, ne lui donnerait pas, non plus qu'à la femme, le droit de demander l'annulation de l'acte, s'ils venaient à apprendre ultérieurement que le mari n'était pas assorti.

Mais dans le cas où le tuteur aura stipulé que le mari doit être assorti, et dans le cas où le mari se sera fait passer pour tel, le tuteur et la femme auront le droit de choisir entre le maintien et la dissolution du mariage, lorsque la condition du mari est déclarée inférieure à celle de la femme.

# CHAPITRE VII.

## De la dot.

Section I. — *De la valeur dotale et des choses susceptibles d'être constituées en dot.*

Art. 70. — Le minimum de la dot est fixé à dix *dirhams* ou talents en argent, pesant sept miskals, monnayés ou non monnayés.

Elle n'a pas de maximum, et le mari peut constituer au profit de la femme une dot plus ou moins considérable selon ses moyens.

Art. 71. — On peut constituer en dot des immeubles, des effets mobiliers, des bijoux, des bestiaux, des choses fongibles, et même l'usufruit des biens meubles ou immeubles.

Art. 72. — Tous les objets qui n'ont pas de valeur en eux-mêmes, ou qui ne sont pas susceptibles d'être légitimement possédés par les musulmans, ne pourront pas être valablement assignés en dot.

Toutefois, si des choses illicites étaient assignées en dot, l'assignation serait nulle, mais l'acte n'en resterait pas moins valable.

Art. 73. — La dot peut être payée intégralement à la célébration du mariage, ou après, à échéance plus ou moins longue, ou partagée en deux parties, l'une payable au moment de l'acte, et l'autre à termes, selon les usages de chaque localité.

Section II. — *Droit de la femme à la dot.*

Art. 74. — La femme a un droit légalement acquis sur la dot dès que le mariage est valablement contracté, soit que le mari ou son tuteur en ait déterminé le montant dans le contrat, ou qu'il ne l'ait pas déterminé, ou qu'il ait stipulé la non-constitution de dot.

Art. 75. — Si le montant de la dot est fixé dans le contrat à dix dirhams ou à une valeur inférieure à ce minimum, le mari est tenu de payer dix dirhams entiers.

Si le mari fixe dans le contrat une dot supérieure au minimum, il sera obligé de s'en acquitter, quelque considérable qu'en soit le montant.

Art. 76. — Dans le cas où le mariage a lieu sans que le montant de la dot ait été déterminé dans le contrat, la femme aura droit à la dot coutumière.

Il en est de même dans les cas ci-après :

1° Lorsque le mari ou son tuteur a constitué en dot des choses illicites ou des animaux ou des objets sans en déterminer l'espèce et la qualité ;

2° Quand le mari aura stipulé la non-constitution de dot ;

3° Quand le mariage est conclu par *chighar* ou compensation ;

4° Quand le mari s'est engagé envers la femme à lui enseigner le Coran pour toute dot.

Art. 77. — La dot coutumière d'une femme libre se proportionne à la dot payée à une femme qui lui ressemble et qui soit de la tribu de son père.

On peut prendre pour comparaison celle qui a été donnée à sa sœur germaine ou consanguine, à sa tante paternelle ou à sa cousine germaine, et non pas celle assignée à sa mère ou à sa tante maternelle, si elles ne sont pas de la même tribu que son père.

La comparaison devra être faite, eu égard à l'âge de la femme au moment de l'acte contractuel, à sa beauté, à la fortune qu'elle possède, au pays qu'elle habite, au temps où elle vit, à l'intelligence dont elle est douée, à sa piété, à sa vertu, à sa virginité ou non-virginité, à son instruction et à son éducation, en tenant compte aussi de l'enfantement ou non-enfantement de la femme et de la condition du mari.

Si la femme est incomparable dans la tribu de son père, pour toutes ou pour une partie de ces qualités, on prendra pour comparaison une femme d'une tribu semblable à celle de son père.

La déclaration de deux témoins irrécusables, ou d'un homme et de deux femmes reconnus pour leur probité, est nécessaire pour établir la dot coutumière.

A défaut de femmes remplissant les conditions requises ou de témoins irrécusables, la déclaration assermentée du mari fera foi.

Art. 78. — La femme mariée par *tafouid*, c'est-à-dire sans constitution de dot, a le droit d'exiger de son mari, après la conclusion de l'acte, que la dot lui soit fixée avant la consommation du mariage.

En cas de refus, le magistrat pourra, sur la réquisition de la femme et après une sommation au mari, arbitrer la dot par jugement en se basant sur la dot coutumière, et en procédant de la manière prescrite dans l'article précédent.

Le mari devient redevable de la dot ultérieurement fixée d'un commun accord ou par décision judiciaire.

Art. 79. — Le mari, ainsi que son père et son aïeul paternel, pourra, après la conclusion du contrat, constituer des augments à la dot stipulée, et il sera tenu de les acquitter, pourvu que la femme ou son tuteur connaisse la valeur des augments et les acceptent avant la dissolution du mariage.

Art. 80. — La femme, quand elle est majeure et saine d'esprit, pourra faire volontairement remise en faveur de son mari, de tout ou de partie de la dot stipulée, si elle est composée de valeurs monétaires et non d'objets mobiliers ou immobiliers.

Le père ne pourra jamais faire remise d'une partie de la dot constituée au profit de sa fille mineure, ni de la dot fixée à sa fille majeure sans en avoir obtenu préalablement un consentement formel.

Section III. — *Des circonstances qui confirment les droits de la femme sur la totalité de la dot, et de celles qui lui font perdre la moitié de la dot ou la dot tout entière.*

Art. 81. — Trois circonstances confirment les droits de la femme sur la totalité de la dot contractuelle et de celle fixée après le contrat par un commun accord entre époux ou par décision juridique, et des augments constitués par actes postérieurs, quand le mariage est valable, ainsi que sur la dot coutumière payable à la femme quand le mariage est entaché de nullité radicale ou par suite d'une cohabitation par erreur ou d'une assignation vicieuse de la dot, ce sont :

1° La cohabitation avec la femme par suite d'un mariage valable ou frappé de nullité radicale, ou par suite d'une erreur ;

2° L'entrevue privée avec la femme, par suite d'un mariage valable et non frappé de nullité radicale ;

3° Le décès d'un des conjoints, même avant la consommation du mariage.

Après que le droit de la femme sur la dot entière a été confirmé par une des circonstances ci-dessus spécifiées, il lui reste toujours acquis, quand même la dissolution du mariage serait la conséquence du fait de la femme, à moins qu'elle ne renonce au droit susdit en faveur de son mari.

Art. 82. — L'entrevue privée qui constitue une présomption légale de cohabitation et confirme les droits de la femme sur la dot entière, est celle pendant laquelle les deux époux se trouveraient réunis en tête-à-tête dans une retraite solitaire où personne ne saurait les voir à leur insu, et où le mari pourrait avoir des relations intimes avec sa femme sans rencontrer aucun obstacle.

Art. 83. — L'entrevue privée est assimilée à la cohabitation et produit le même effet, en ce qu'elle rend le paiement intégral de la dot obligatoire pour le mari, quand même il serait impuissant, pourvu que le mariage soit valable ; et en ce qu'elle suffit pour établir la légitimité des enfants issus de la femme avec laquelle elle a eu lieu, pour obliger le mari à fournir à la femme les aliments, les vêtements et le logement nécessaires et pour entraîner la prohibition du mariage avec sa sœur ou avec quatre autres femmes pendant sa retraite.

Mais l'entrevue privée, quelque régulière qu'elle soit, ne peut pas, comme la cohabitation, rendre les époux passibles de la peine corporelle infligée juridiquement aux personnes mariées coupables d'adultère, ni entraîner la prohibition du mariage avec la fille de la femme répudiée, ni rendre licite la reprise de la femme par son premier mari qui l'a répudiée trois fois, ni constituer un acte de retour pour la femme qui a été l'objet d'une ou de deux répudiations révocables ni lui faire gagner un droit à la succession de son mari, s'il venait à décéder pendant sa retraite.

Art. 84. — La femme répudiée avant toute cohabitation réelle ou présumée, quand le mariage est valable, n'aura droit qu'à la moitié de la dot contractuelle ; elle perdra la seconde moitié, qui, si elle n'était pas payée ou mise en sa possession, redevient, par le seul fait de la répudiation, la propriété du mari, sans qu'il ait besoin du consentement de la femme ni d'une décision judiciaire.

En cas d'accroissement dérivé directement du bien dotal lui-même, soit avant, soit après la répudiation, la femme aura droit à la moitié de cet accroissement.

Dans le cas où la femme aura reçu la totalité de la dot, elle doit en restituer la moitié; mais elle ne redevient la propriété du mari qu'après une entente avec elle ou en vertu d'une décision judiciaire.

Avant de tomber d'accord avec la femme ou d'obtenir un jugement ordonnant la restitution, le mari ne pourra pas disposer valablement de la seconde moitié de la dot; la femme pourra, au contraire, disposer de la totalité par tous les moyens légaux.

Si des accroissements ont eu lieu au bien dotal soit avant, soit après la répudiation et avant le jugement ordonnant la restitution, la femme, dans ce cas, n'est tenue qu'à rendre la moitié de la valeur du bien principal, eu égard au temps où ce bien lui a été remis.

Tous les accroissements produits au bien dotal reçu, de quelque nature qu'ils soient, appartiennent exclusivement à la femme.

Quant aux augments constitués par acte postérieur, la femme n'y aura aucun droit, pas même à la moitié, en cas de répudiation avant la consommation réelle ou présumée du mariage.

Art. 85. — Dans le cas prévu par l'article précédent, la femme n'aura droit à la moitié de la dot contractuelle que si la dissolution du mariage par voie répudiaire ou par divorce, avant toute cohabitation, provient de la faute du mari, comme dans le cas de la dissolution du mariage par suite du serment de continence ou d'anathème, ou pour cause d'impuissance, d'apostasie ou de refus par le mari d'embrasser l'islamisme lorsque sa femme s'y est convertie, ou par suite d'un oubli de la part du mari envers la mère ou la fille de la femme à laquelle il est uni.

Mais si c'est la femme qui, par sa faute, a contribué à la dissolution du mariage, avant sa consommation, ce qui a lieu quand elle abjure la foi ou refuse d'embrasser l'islamisme, comme son mari, quand elle n'est pas chrétienne ou juive, ou se permet à l'égard du fils ou du père de son mari un acte de nature à porter atteinte à la légitimité du mariage, elle perd tous ses droits sur la seconde moitié de la dot contractuelle et est obligée de la restituer, si elle lui avait été remise.

Art. 86. — La moitié de la dot coutumière et de la dot constituée par acte postérieur au profit de la femme mariée sans dot, ne peut pas être réclamée par la femme répudiée, lorsque la répudiation précède toute cohabitation réelle ou présumée.

Ainsi, le mari qui n'aura pas fixé au profit de sa femme une dot contractuelle, ou qui, en assignant des objets prohibés, lui aura donné droit à la dot coutumière, ou qui aura constitué après le mariage une dot à sa femme, ne lui devra autre chose qu'une *mut'ah* ou cadeau consistant en hardes ou vêtements, dans le cas où il la répudiera avant la consommation réelle ou présumée du mariage; et encore perdrait-elle son droit à la mut'ah si la dissolution du mariage était l'effet de sa faute.

Art. 87. — Lorsque le mariage est frappé de nullité radicale, l'entrevue privée ne peut pas être assimilée à la cohabitation, ni donner droit à la femme à la moitié de la dot, si la dissolution du mariage précède la consommation.

Ainsi, en cas de séparation volontaire ou judiciaire des époux, avant toute cohabitation réelle, la femme ne pourra rien réclamer de la dot, quand même elle aurait eu avec son mari une entrevue privée.

Dans le cas où la consommation du mariage précède l'annulation, la femme aura droit à la dot la moins élevée de la dot contractuelle ou de la dot coutumière, et à défaut de dot contractuelle, elle aura le montant de la dot coutumière, quelque élevé qu'il soit.

Art. 88. — Lorsqu'un mineur non émancipé se marie sans l'autorisation de son tuteur et que celui-ci désapprouve le mariage et l'annule, même après sa consommation, la femme n'aura droit ni à la dot ni à la mut'ah.

Art. 89. — Lorsque arrivée à la majorité, la femme mariée par un tuteur autre que le père et le grand-père avec un conjoint assorti et moyennant une dot égale à la dot coutumière, proteste contre l'acte de son tuteur et obtient la dissolution du mariage avant toute cohabitation réelle ou présumée, elle perd tous ses droits sur la dot et sur la mut'ah.

Art. 90. — La mut'ah ou cadeau consistant en vêtements, qui seront donnés à la femme répudiée et n'ayant pas droit à la moitié de la dot, doit être fixée selon les usages locaux, eu égard aux vêtements que mettent les femmes à leur sortie et suivant les conditions respectives des conjoints.

La mut'ah peut être donnée en argent; la valeur ne peut, dans aucun cas, être supérieure à la moitié de la dot coutumière, quelque riche que soit le mari, ni inférieure à cinq *dirhems*, quand le mari est pauvre.

La mut'ah n'est due ni à la femme répudiée avant la consommation du mariage et ayant une dot contractuelle, ni à la veuve.

Quant à la femme répudiée après la consommation du mariage, il est louable de ne pas la priver de la mut'ah, quand même elle aurait une dot contractuelle.

SECTION IV. — *De la dot conditionnelle.*

ART. 91. — Le mari qui fixerait pour sa femme une dot inférieure à sa dot coutumière, en s'engageant à lui procurer un avantage en dédommagement, paiera la dot fixée, s'il remplit son engagement.

En cas d'inexécution, la dot sera portée au niveau de la dot coutumière, si l'usage de la chose promise est licite.

Mais si l'emploi de la chose promise était défendu, l'engagement pris par le mari envers la femme serait de nul effet, et il ne paierait que le montant de la dot fixée, sans être contraint de payer la différence qu'il y aurait entre la dot fixée et la dot coutumière.

ART. 92. — Celui qui épouse une femme moyennant une dot supérieure à la dot coutumière, en stipulant sa virginité, n'est tenu que de payer le montan de la dot coutumière, s'il est constaté qu'elle n'était pas vierge.

ART. 93. — Le mari qui fixerait en dot au profit de la femme deux sommes inégales en quotité, en s'engageant à payer la somme la plus élevée, en cas où la femme aurait de belles qualités physiques, ou la somme la moins élevée dans le cas contraire, est tenu de payer l'une ou l'autre somme, selon que la femme remplit ou ne remplit pas la condition exigée.

ART. 94. — Le mari qui aura fait de la virginité de la femme une condition de son union avec elle, et qui ne l'aura pas trouvée dans la condition voulue, ne sera pas moins tenu de payer la totalité de la dot stipulée dans le contrat, et, à défaut, toute la dot coutumière, qui ne peut têtre réduite à cause de la non-virginité de la femme.

## Section V. — *Perception de la dot, et droits de la femme sur les biens dotaux.*

Art. 95. — Le père, le grand-père, le tuteur testamentaire et le magistrat pourront recevoir la dot pour la femme mineure, vierge ou *saïb*, placée sous leur tutelle, et en donner valablement quittance, et le mari est libéré, sans que la femme devenue majeure ait recours contre lui.

La femme majeure reçoit elle-même sa dot; aucun des tuteurs ne peut la toucher pour une femme majeure et saïb qu'en vertu d'une procuration, ni pour une femme majeure et vierge qui défend de la toucher. Si cette dernière ne le défend pas, le tuteur peut valablement recevoir la dot pour elle.

Art. 96. — Tous les autres tuteurs, même la mère, n'ont aucun droit de recevoir la dot pour la femme mineure, si ce n'est en qualité de tuteurs testamentaires.

Ainsi, lorsque la mère reçoit comme tutrice la dot de sa fille mineure, celle-ci, devenue majeure, pourra poursuivre sa mère et non son mari; mais si, sans être tutrice, la mère perçoit la dot pour le compte de sa fille mineure, celle-ci sera fondée, à la majorité, à diriger son instance contre le mari, sauf recours de ce dernier contre la mère.

Cette disposition est commune à tout tuteur autre que ceux mentionnés dans l'article précédent.

Art. 97. — La dot appartient à la femme seule; elle a le droit d'en disposer, dans tous les cas, sans avoir besoin de l'autorisation de son mari, ni de l'adhésion de son père, de son grand-père ou de son tuteur testamentaire, quand elle est majeure. Elle pourra l'aliéner, l'engager, la donner en louage, à titre de prêt et en faire donation à titre gratuit en faveur de son mari, de ses parents et des tiers.

Art. 98. — Dans le cas où la femme fera à son mari donation de la totalité ou d'une partie de la dot par elle reçue et que le mariage sera dissous par voie répudiaire, avant sa consommation, le mari sera en droit de répéter la moitié de la dot, si elle se composait de valeurs monétaires ou de choses fongibles.

Cette restitution est obligatoire, quand même la femme

aura fait donation de la dot en faveur d'un tiers et que celui-ci, agissant par procuration, l'aura reçue du mari ou de sa caution.

Dans le cas où la femme fera donation à son mari de toute la dot, avant de la recevoir, ou de la moitié non perçue, le mari n'aura aucun recours contre elle.

Lorsque la femme fait donation, en faveur de son mari, de la totalité ou de la moitié de la dot, composée d'objets mobiliers, devant être spécifiés, le mari ne pourra se faire restituer la moitié, en cas de dissolution de mariage par voie répudiaire avant sa consommation.

Le père ne pourra, dans aucun cas, faire donation d'une partie de la dot constituée au profit de sa fille mineure.

Art. 99. — La femme ne pourra être obligée à faire abandon d'une partie de sa dot ni à son mari, ni à son tuteur, ni même à ses parents.

En cas de décès de la femme avant qu'elle ait perçu la totalité de sa dot, ses héritiers seront fondés à demander à son mari ou à ses héritiers ce qui reste encore dû de la dot de leur mère, après déduction de la part qui revient au mari de la succession de son épouse, si elle est prédécédée.

Section VI. — *Garantie, perte, consommation et revendication de la dot.*

Art. 100. — Le tuteur du mari ou de la femme mineure ou majeure peut, quand il est sain, se rendre caution envers elle pour la dot que le mari a constituée à son profit, pourvu que le cautionnement soit approuvé par la femme elle-même ou par son tuteur, en cas de minorité.

Mais lorsque le tuteur est atteint d'une affection qui met sa vie en danger, il ne pourra pas se porter garant du paiement de la dot, si la femme envers laquelle il s'oblige ou le mari pour lequel il s'engage, est de ses héritiers; et même dans le cas où ils ne le sont pas, il ne pourra s'engager, à titre de caution, que jusqu'à concurrence du tiers de ses biens.

Art. 101. — La femme dont la dot est cautionnée, a la faculté d'en réclamer le paiement ou à son mari devenu majeur ou à la caution, quand même elle serait son propre tuteur.

La caution qui s'acquittera

de la dot dont elle a cautionné le paiement, ne pourra la répéter du mari, qu'autant que le cautionnement est donné avec son autorisation.

Art. 102. — Le père qui aura marié son fils mineur et dénué de ressources, ne sera personnellement tenu de payer la dot que lorsqu'il en aura cautionné le paiement.

En cas de paiement par le père de la dot par lui cautionnée, il ne pourra en réclamer la restitution à son fils mineur et dépourvu de ressources, que si, au moment du paiement, il aura déclaré devant témoins qu'il la répétera de son fils.

Si le père qui a cautionné la dot pour son fils vient à mourir avant de s'en acquitter, la femme sera en droit de poursuivre la succession en paiement, et, dans ce cas, les cohéritiers pourront exercer leurs recours contre le mineur et se faire rembourser sur la part qui lui revient de la succession.

Quand le mineur a des ressources à lui appartenantes, le père, en sa qualité de tuteur, pouvant disposer des biens de ses enfants mineurs, pourra être obligé de payer sur les deniers de son fils, quand même il n'aurait pas cautionné la dot.

Art. 103. — Si les biens composant la dot fixée au profit de la femme étaient déterminés et venaient à périr entre les mains du mari, ou à être consommés par lui avant d'être livrés à la femme, ou si la femme en était évincée après qu'ils lui ont été remis, elle aurait le droit de se faire livrer par le mari des biens de la même nature, s'il en existe, ou d'en réclamer la valeur.

Dans le cas où elle est évincée de la moitié du bien dotal, elle aura la faculté de détenir l'autre moitié, et de se faire rembourser la valeur de celle dont elle a été dépouillée, ou de s'en dessaisir et de réclamer la valeur de la totalité.

Si elle est répudiée avant la consommation du mariage, elle conservera ses droits sur la moitié qui se trouve déjà en sa possession.

Section VII. — *Des contestations relatives à la dot.*

Art. 104. — La femme qui s'est livrée à son mari ne pourra plus prétendre qu'elle n'a rien reçu de la partie payable d'avance de la dot, à moins qu'il ne soit constaté par l'usage de la localité que le mari n'avance rien de la dot avant la consommation du mariage.

Dans le cas où elle prétendrait n'avoir pas reçu intégralement la partie payable d'avance, elle pourrait être reçue dans sa demande.

La fin de non-recevoir sus-indiquée peut être opposée aux héritiers de la femme.

Art. 105. — Lorsqu'une contestation s'élève entre les époux sur la convention dotale, en ce que l'un prétend que la dot a été fixée, sans pouvoir établir sa prétention, et que l'autre dénie la fixation, ce dernier sera tenu de prêter serment. S'il le refuse, il sera condamné à payer le montant de la demande de l'autre partie.

S'il prête le serment, la dot coutumière sera adjugée à la femme, sans que toutefois le montant puisse excéder le chiffre par elle demandé, si c'est elle qui a prétendu la fixation de la dot; ni être au-dessous du chiffre déclaré par le mari, si c'est lui qui a soutenu que la dot a été fixée.

Dans le cas où la contestation s'élèvera après la répudiation, avant toute cohabitation, il sera dû une *mut'ah* au lieu de la dot coutumière.

Art. 106. — En cas de contestation entre les époux sur le montant de la dot fixée, le montant de la dot coutumière servira de règle pour la solution, soit que la contestation ait été soulevée pendant le mariage, avant ou après sa consommation, soit après la dissolution du mariage consommé.

Si le montant de la dot coutumière est égal ou supérieur à ce que la femme demande, elle sera crue en sa déclaration affirmée par serment, sauf preuve contraire fournie par le mari.

S'il est égal ou inférieur à ce que déclare le mari, sa déclaration fera foi sous serment, à défaut de preuves par la femme.

Dans le cas où ni les prétentions du mari ni celles de la femme ne seraient fondées sur la dot coutumière, les deux parties se déféreront mutuellement le serment.

Si elles le prêtent toutes les deux, la dot coutumière leur sera imposée.

Il en est de même, lorsqu'elles établissent leurs prétentions respectives par des preuves contradictoires.

La partie qui refuserait de prêter le serment à elle déféré, est condamnée au montant de la demande de l'autre partie.

Celle qui établirait par preuve

le chiffre qu'elle prétend, aura gain de cause.

Dans le cas où la contestation est produite après la dissolution du mariage non consommé, la mut'ah servira de règle pour la décision.

Art. 107. — Le décès d'un des époux ne change rien à la procédure, et toutes les contestations qui pourront se produire entre les héritiers du défunt et le survivant, relativement à la fixation ou à la quotité de la dot fixée, seront réglées de la manière prescrite dans l'article précédent.

En cas de décès des deux époux, si la contestation s'élève entre leurs héritiers respectifs relativement à la quotité de la dot, les héritiers du mari seront crus en leur déclaration et tenus de payer le montant qu'ils auront déclaré aux héritiers de la femme.

Si la contestation porte sur la fixation de la dot, les héritiers du mari seront condamnés au paiement de la dot coutumière, s'ils dénient la fixation et s'abstiennent de prêter le serment.

Il en est de même dans le cas où ils reconnaîtraient qu'il n'y a pas eu de convention dotale.

Art. 108. — Dans les cas prévus par les trois articles précédents, la dot coutumière ne sera payée intégralement à la femme, que lorsque la contestation sera soulevée avant la consommation du mariage.

Mais si la contestation survient après, et que le mari, de son vivant, ou ses héritiers soutiennent que la femme avait touché une partie de la dot, et que l'usage local est constant que la femme ne se livre pas à son mari avant d'en avoir reçu une partie, une sommation sera adressée à la femme pour l'engager à déclarer la partie par elle reçue. Sur son refus, le montant de la dot coutumière lui sera remis, réduit de la somme payable d'avance, suivant l'usage de la localité.

Cette réduction doit donc être faite :

1° Lorsque les parties sont d'accord sur la quotité de la dot contractuelle ;

2° Lorsque les héritiers du mari dénient la convention dotale et donnent à la femme le droit à la dot coutumière, en refusant le serment à eux déféré ;

3° Lorsqu'ils contestent à la femme la quotité par elle prétendue et appuyée sur la dot coutumière ;

4° Lorsqu'après le décès des deux époux, les héritiers du

mari, qui sont crus en leur parole, fixent le montant de ce qu'ils doivent à la femme.

Art. 109. — Tout prétendant qui aura pourvu à l'entretien d'une femme en retraite répudiaire ou viduaire, en lui donnant une somme en argent, et en convenant qu'il s'unirait à elle par le mariage, après l'expiration du terme prescrit pour sa retraite, aura le droit, en cas de refus de la femme, de répéter la somme donnée.

A défaut de convention et en cas de mariage, il ne sera pas recevable à en demander la restitution.

Il ne sera pas non plus admis, même en cas de convention, à réclamer le prix des aliments fournis à la femme.

Art. 110. — Si la future à laquelle le prétendant aura envoyé des cadeaux en vue de mariage, ou avancé tout ou partie de la dot, refusait elle-même ou son tuteur de lui donner sa main, ou si elle venait à mourir, ou que le prétendant se ravisait lui-même avant la conclusion du contrat de mariage, il aurait dans tous ces cas, le droit de se faire restituer en nature les objets avancés en dot, s'ils existent encore, même en état de détérioration ou leur valeur en cas de perte ou de consommation.

Mais il ne pourrait réclamer les cadeaux qu'autant qu'ils existeraient en nature; il n'aurait aucun droit à en demander la valeur, s'ils n'existaient plus.

Art. 111. — Lorsque des contestations s'élèvent entre les époux sur des sommes ou sur des effets mobiliers dont la destination n'a pas été déterminée, ou sur les aliments envoyés par le mari à la femme, avant ou après la célébration du mariage, en ce que le mari prétend qu'il les a envoyés en déduction de la dot stipulée, tandis que la femme soutient que c'étaient des cadeaux, le mari est cru sur sa déclaration affirmée par serment pour les objets qui ne s'offrent pas en cadeau selon l'usage de la localité. La femme sera crue sur sa parole pour les objets qu'il y a usage d'offrir en cadeau.

Cette formalité remplie par le mari, la femme aura la faculté, si les objets existent en nature, ou de les conserver à valoir sur le montant de sa dot, ou de les rendre au mari et de se faire payer le restant ou toute la dot, si elle n'en avait rien reçu.

En cas de perte ou de consommation des objets par la

femme, la valeur en sera déduite de la dot, et chacune des parties se fera rembourser ce qui lui restera encore dû.

Si les deux parties fournissent des preuves à l'appui de leurs prétentions respectives, celles de la femme seront admises, en premier lieu.

Section VIII. — *Du trousseau, des meubles garnissant le domicile conjugal et des contestations y relatives.*

Art. 112. — Les biens ne sont pas l'objet du mariage.

La femme ne peut pas être obligée à employer une partie de ses biens ni de la dot par elle reçue, à l'acquisition d'un trousseau.

Le père n'est pas tenu non plus d'acheter avec ses propres deniers un trousseau à sa fille.

Si le trousseau apporté par la femme n'est pas proportionné à la valeur dotale avancée par le mari, ou si elle ne s'en est pas procuré du tout, le mari n'aura aucun droit de lui réclamer un trousseau, ni à elle, ni à son père, ni de les poursuivre pour obtenir la déduction d'une partie de la dot dont il aurait augmenté la valeur en vue d'un riche trousseau.

Art. 113. — Si le père achète, de ses propres deniers, un trousseau pour sa fille majeure, elle n'en devient propriétaire qu'autant qu'elle a pris possession des objets qui le composent, le père étant en état de santé.

Mais une fois qu'elle en a pris possession, son père ne pourra plus l'en déposséder.

Lorsqu'il n'y a pas eu remise effective des objets composant le trousseau, la fille majeure n'y aura aucun droit.

Dans le cas où la prise en possession de ces objets aura lieu pendant la dernière maladie de son père, elle n'en deviendra propriétaire que du consentement des cohéritiers.

Art. 114. — Lorsque le père, étant dans la plénitude de sa santé, fait, de ses propres deniers, l'acquisition d'un trousseau pour sa fille mineure, elle devient propriétaire de tous les objets qui le composent, par le seul fait de l'acquisition paternelle.

Elle ne peut plus en être dépouillée ni par son père ni par les autres héritiers, soit qu'étant en âge de recevoir valablement une donation, elle en ait pris possession pendant que son père était en état de santé ou durant sa dernière maladie, soit qu'elle n'en ait pas pris possession du vivant de son père.

En cas de décès de ce dernier avant d'acquitter le prix des objets faisant partie du trousseau, le vendeur pourra se faire payer par la succession, sans que les cohéritiers de la mineure aient aucun recours à exercer contre elle.

Art. 115. — Si le père procure un trousseau à sa fille des deniers provenant de la dot à elle assignée, elle aura le droit de le poursuivre en paiement du surplus, après l'acquisition des objets composant le trousseau.

Art. 116. — Le trousseau est la propriété exclusive de la femme.

Le mari ne peut prétendre à aucun des meubles qui en font partie.

Il ne peut non plus l'obliger à mettre les meubles à elle appartenant ni à sa disposition ni à celle de ses hôtes; il ne s'en servira que par son autorisation et son consentement volontaire.

Dans le cas où il s'empare pendant le mariage ou après sa dissolution d'un objet quelconque faisant partie du trousseau, la femme aura le droit de le poursuivre en restitution ou en paiement de la valeur, en cas de perte ou de consommation par lui de l'objet enlevé.

Art. 117. — Lorsque, après avoir conduit la fille et apporté le trousseau qu'il lui a procuré dans la maison conjugale, le père ou ses héritiers prétendent qu'une partie ou tous les objets composant le trousseau n'ont été livrés qu'à titre de prêt, et que la fille ou son mari, après qu'elle est décédée, soutient qu'ils sont sa propriété, l'usage local servira de guide pour la solution de la contestation.

Si l'usage est constant que le père fournit à sa fille un tel trousseau, la parole de la fille ou de son mari fera foi, sauf preuve contraire par le père ou par les héritiers.

Si l'usage n'est pas constant et que les objets composant le trousseau paraissent plus considérables qu'il n'en faut pour une femme de sa condition, la déclaration du père ou celle de ses héritiers sera admise.

Cette disposition est applicable aussi à la mère.

Art. 118. — En cas de contestation entre les époux, pendant le mariage ou après sa dissolution, sur les meubles ou effets garnissant la maison qu'ils habitent, soit qu'elle appartienne au mari ou à la femme, les objets qui servent plus spécialement aux femmes sont attribués à la femme, sauf preuve contraire par le mari ; les effets qui sont ordinairement à l'usage de l'homme ou peuvent servir à l'un et à l'autre seront accordés au mari, à défaut de preuve contraire par la femme.

Si l'une des parties prouve sa propriété sur un objet, elle l'obtiendra, quand même il ne pourrait servir qu'à l'usage de l'autre partie. Quant aux marchandises, elles seront adjugées à celui des époux qui s'occupe de commerce.

Art. 119. — En cas de contestation sur les objets garnissant le domicile conjugal après le décès de l'un des époux, les objets qui peuvent servir à l'un et à l'autre seront accordés au survivant, sauf preuve contraire.

## CHAPITRE VIII.

**De l'union des musulmans avec des femmes chrétiennes ou des juives et de la nature du mariage des non-musulmans lorsqu'ils embrassent l'islamisme.**

Section I. — *Du mariage des musulmans avec des chrétiennes et des juives.*

Art. 120. — Le mariage d'un musulman est permis avec des chrétiennes et des juives, sujettes de l'État ou étrangères. Il se conclut valablement par l'intervention d'un tuteur chrétien ou juif et en présence de deux témoins chrétiens ou juifs, quand même ils ne professeraient pas la même religion que la femme.

Leur témoignage prouve le mariage en cas de dénégation par la femme, mais non par le mari.

Art. 121. — Tout musulman déjà marié à une musulmane peut contracter en même temps une seconde union avec une kitabiiah, c'est-à-dire une chrétienne ou juive, comme il peut s'unir à une musulmane, quand il est marié avec une de ces dernières.

Les deux femmes auront droit à être traitées avec une parfaite égalité.

Art. 122. — La femme musulmane ne s'unit qu'à un musulman; elle ne peut se marier ni à un idolâtre, ni à un chrétien, ni à un juif, et l'acte qu'elle contracterait avec l'un d'eux serait frappé de nullité radicale.

Art. 123. — Si la femme chrétienne mariée à un musulman se fait juive, ou si la juive se fait chrétienne, le mariage n'en restera pas moins valable.

Art. 124. — Les enfants de l'un ou de l'autre sexe, issus du mariage d'un musulman avec une chrétienne ou avec une juive, suivront la religion de leur père.

Art. 125. — La différence de religion ôte tout droit à la succession de la femme par le mari et du mari par la femme.

Section II. — *De la nature du mariage des non-musulmans, en cas où les deux conjoints ou l'un d'eux embrasse l'islamisme.*

Art. 126. — Si la femme d'un non-musulman embrasse l'islamisme, son époux doit être invité à embrasser l'islamisme. S'il est converti, le mariage restera indissoluble, à moins que la femme ne soit une personne légalement prohibée.

S'il refuse l'islamisme ou s'il l'embrasse, le mariage entre lui et la femme étant prohibé, le magistrat prononcera immédiatement la dissolution du mariage, quand même le mari serait mineur, pourvu qu'il ait l'âge de raison, et quand même il serait en état d'imbécillité.

Mais s'il est au-dessous de l'âge de raison, le magistrat attendra qu'il ait atteint cet âge.

Si le mari est frappé de folie, le magistrat, sans attendre qu'il ait recouvré ses facultés intellectuelles, invitera son père ou sa mère à embrasser l'islamisme; et si l'un d'eux l'embrasse, le fils l'embrassera aussi, et le mariage restera indissoluble. Mais si les parents de l'aliéné s'y refusent, le mariage est dissous.

Lorsque le mari aliéné n'a ni père ni mère, le magistrat lui constituera un tuteur pour prononcer contre lui la dissolution du mariage.

Cette séparation des époux prononcée par le magistrat, par suite du refus du mari doué de raison ou d'un des parents de l'aliéné constitue une répudiation et non un divorce.

Tant que le magistrat n'aura pas prononcé la dissolution du

mariage, il est censé existant.

Art. 127. — Si le mari d'une femme chrétienne ou d'une juive se fait musulman, le mariage reste indissoluble; mais lorsque la femme n'est ni chrétienne ni juive, elle sera invitée à embrasser à l'islam, et si elle l'embrasse, l'union reste intacte; si elle le refuse ou qu'elle embrasse l'islamisme, alors que son mariage est légalement prohibé, le mariage est dissous par décision judiciaire.

Cette séparation motivée par le refus de la femme d'embrasser l'islamisme, constitue un cas de divorce.

Dans ce cas aussi le mariage est censé existant, tant que le magistrat n'en aura pas prononcé la dissolution.

Art. 128. — Si les deux époux se convertissent en même temps à l'islamisme, leur mariage antérieur reste valable et produira tous ses effets, à moins qu'il n'ait été contracté malgré un empêchement, auquel cas le magistrat prononcera sa dissolution.

Le magistrat musulman n'a le droit de prononcer l'invalidité d'un mariage contracté par des personnes étrangères à l'islamisme, quelque prohibé qu'il soit, que sur la réquisition des parties elles-mêmes; mais il peut prononcer d'office la dissolution du mariage contracté pendant la retraite légale par une femme chrétienne ou par une juive, qui était unie à un musulman.

Art. 129. — Si l'un des époux embrasse l'islamisme, les enfants qu'ils peuvent avoir alors, et ceux qui naîtront de leur union avant ou après que l'invitation à l'islamisme ait été adressée à l'autre époux, seront tous élevés dans la religion musulmane, s'ils sont établis dans les terres musulmanes, soit que celui de leurs parents qui s'est converti y réside aussi ou qu'il réside ailleurs. Les enfants qui ne sont pas établis dans les États musulmans ne sont pas obligés de suivre la religion musulmane.

Art. 130. — Les enfants encore mineurs ne suivront pas la religion de leur grand-père, et la conversion de celui-ci à la foi musulmane n'emportera pas celle de ses petits-fils ou de ses petites-filles, quand même ils auraient perdu leur père.

L'enfant suit la foi de celui de ses parents qui s'est converti pendant sa minorité, qu'il soit sain d'esprit ou non.

Il n'est affranchi de cette dépendance que lorsqu'il aura atteint la majorité, en jouissant de ses facultés intellectuelles.

Mais s'il devient majeur étant atteint de folie ou de démence, il continuera à rester sous la dépendance de ses parents.

## CHAPITRE IX.

**Des nullités absolues et relatives du mariage.**

Section I. — *Des nullités absolues.*

Art. 131. — Est frappé de nullité radicale le mariage contracté avec une femme parente ou alliée au degré prohibé, que la parenté qui est l'objet de la prohibition soit naturelle ou qu'elle vienne de l'allaitement.

Cette nullité est prononcée d'office par le magistrat si les époux ne se séparent pas volontairement.

Une peine correctionnelle des plus graves sera infligée au mari, s'il a contracté le mariage étant de mauvaise foi, ou une peine moins grave, s'il a agi de bonne foi.

Art. 132. — Est frappé de nullité radicale le mariage contracté avec une femme mariée ou en retraite répudiaire ou viduaire. Celui qui se rendra coupable d'un tel acte subira une peine correctionnelle des plus graves, s'il a consommé le mariage étant de mauvaise foi, ou une peine moins grave, s'il a agi de bonne foi.

Dans le premier cas, la retraite n'est pas imposée à la femme après l'annulation du second mariage. Son premier mari, si elle en a, n'est pas déchu de ses droits, et il pourra cohabiter avec elle. Dans le second cas, après l'annulation du mariage, une retraite est imposée à la femme, et le premier mari ne pourra licitement cohabiter avec elle pendant tout le temps de la retraite.

Art. 133. — Est frappé de nullité radicale le mariage contracté par un seul acte avec deux sœurs non mariées ni engagées dans une retraite.

Mais si l'une des sœurs était engagée, le mariage de l'autre serait seul valable.

Les deux sœurs, dont le mariage est nul, n'ont aucun droit à la dot, lorsque l'annulation précède la consommation du mariage.

Dans le cas où le mariage avec les deux sœurs est contracté par deux actes successifs, le mariage d'une date antérieure, s'il est connu et régulièrement contracté, est seul valable, et l'autre est frappé de nullité; et si le mari a eu des relations intimes avec la seconde femme, il ne pourra cohabiter avec la première qu'après l'accomplissement du temps prescrit pour la retraite de la seconde.

Si les deux mariages ont été conclus sans qu'on puisse établir quelle est la date du premier, l'un et l'autre seront frappés de nullité radicale, à moins que l'un d'eux n'ait été irrégulièrement contracté dans son origine.

Si l'annulation du mariage a lieu avant toute cohabitation, le mari pourra épouser immédiatement celle des deux sœurs qu'il voudra.

Dans ce cas, les deux sœurs auraient la moitié de la dot contractuelle, si leurs dots étaient égales en quotité et de même nature, et que chacune d'elles prétendît que la date de son mariage fût antérieure, sans preuve à l'appui.

Dans le cas où l'une d'elles établit l'antériorité de son mariage, il sera seul valable et elle aura toute la moitié de la dot.

Si les dots étaient inégales en quotité ou de nature différente, elles auraient toutes les deux la moitié de la dot la moins élevée.

Si le mariage a été conclu sans fixation de dot, elles n'auront qu'une seule *mut'ah* pour toutes les deux.

Lorsque l'annulation du mariage a lieu après la consommation, chacune des deux sœurs a droit à la dot entière, comme les deux sœurs mariées par un seul acte.

ART. 134. — Est frappé de nullité absolue :

1° Le mariage contracté avec une femme qu'on aura répudiée trois fois, et qui ne se sera pas remariée, ou ne sera répudiée par le dernier mari, ou ne sera devenue veuve après la consommation du mariage ;

2° Le mariage avec une femme idolâtre ;

3° Le mariage avec une cinquième femme avant que la quatrième ne fût répudiée et que le terme de sa retraite n'ait été écoulé ;

4° Le mariage contracté sans témoins.

Toutes ces nullités pourront être prononcées d'office par le magistrat.

Chacun des époux pourra se séparer de son conjoint sans jugement, avant ou après la consommation du mariage, à la charge d'en donner avis à son conjoint.

Art. 135. — Tous les mariages affectés d'une des nullités mentionnées dans les articles précédents ne créent point de prohibition d'alliance, quand l'annulation a lieu avant toute cohabitation ou tout acte assimilé à la cohabitation, et ne donnent aux époux aucun droit de succession.

Les enfants issus de ces unions sont considérés comme légitimes, s'ils naissent dans les termes fixés à la deuxième section du chapitre *Paternité et filiation*.

Art. 136. — Si deux tuteurs au même degré de parenté, agissant indépendamment l'un de l'autre, marient la pupille placée sous leur tutelle à deux individus, le mariage qui aura été conclu le premier en date sera seul valable, et le second sera nul de plein droit.

Si l'on ignore quel est celui des deux actes qui a été conclu le premier, ou si les deux actes ont été contractés en même temps, l'un et l'autre seront frappés de nullité.

Art. 137. — Lorsque le tuteur d'une femme majeure, dont le mariage ne lui serait pas prohibé, l'épouse lui-même, sans avoir obtenu préalablement son consentement, l'acte sera de nul effet, quand même la femme instruite du mariage se tairait ou y consentirait expressément après la conclusion de l'acte.

Section II. — *Des nullités relatives qui sont couvertes par la ratification.*

Art. 138. — Lorsqu'un mineur, garçon ou fille, en âge de raison et non émancipé, ou une personne majeure et incapable, contracte mariage sans l'autorisation de son tuteur, l'acte ne devient exécutoire qu'autant qu'il est ratifié par ce dernier.

S'il le ratifie et s'il n'y a pas de lésion grave dans la dot, l'acte produira ses effets. Si le tuteur le désapprouve, ou s'il y a lésion grave dans la dot constituée, il sera annulé, quand même il est approuvé par le tuteur.

Art. 139. — Le mariage contracté par un parent éloigné, malgré l'existence d'un parent plus proche et remplissant les qualités requises pour exercer la tutelle, ne produira d'effet que lorsqu'il est approuvé par ce dernier, qui peut en faire prononcer la nullité s'il ne le ratifie pas.

Art. 140. — Lorsqu'un mandataire chargé de marier son mandant à une femme non désignée, le marie à une femme, quoique atteinte de maladie, le mariage est obligatoire pour lui; mais s'il le marie à sa fille mineure ou à une autre fille mineure placée sous sa tutelle, le mariage ne devient obligatoire qu'autant qu'il est approuvé formellement ou tacitement par le mandant.

Dans le cas où le mandataire chargé de marier son mandant à une seule femme, dépasserait ses pouvoirs en le mariant à deux par un seul acte, ni l'une ni l'autre ne peuvent lui être imposées qu'autant qu'il a ratifié l'acte pour les deux femmes ou pour l'une d'elles.

Si le mariage avec les deux femmes est contracté par deux actes successifs, le premier acte est seul obligatoire, et le second est soumis à l'approbation du mandant.

Art. 141. — Le mariage contracté par le mandataire avec une femme autre que celle que le mandant lui aura désignée, n'est obligatoire pour ce dernier que s'il est ratifié par son consentement.

Il en est de mêm dans le cas où il le marierait moyennant une dot supérieure à celle qu'il lui avait désignée.

L'ignorance par le mandant de l'augment ajouté par son mandataire ne peut lui faire perdre le droit de faire annuler le mariage, même après sa consommation.

Le mandataire ne peut non plus lui imposer le mariage, quand même il s'engagerait à payer la différence de ses propres deniers.

Art. 142. — Si le mandataire chargé par une femme de la marier à un mari non désigné, l'épouse lui-même ou l'unit à son père ou à son fils, le mariage n'est pas obligatoire pour la femme et elle a la faculté d'en faire prononcer la nullité.

Si le mandataire la marie à un tiers en lui causant une lésion grave dans la dot, elle et son tuteur pourront faire annuler le mariage, si la différence de la dot ne lui est pas payée.

Lorsqu'il la marie à un homme mal assorti, le mariage sera de nul effet; s'il la marie à un homme assorti et moyennant une dot égale à la dot coutumière, le mariage est obligatoire, quand même le mari choisi aurait un défaut ou serait atteint d'une maladie quelconque

Art. 143. — Si le mari trompe la femme en se donnant un faux titre ou une fausse qualité et qu'elle constate la mésalliance après la conclusion de l'acte, elle et son tuteur auront le droit de maintenir ou de faire dissoudre le mariage.

Art. 144. — Le mariage proposé ou accepté par un tiers qui n'a aucune procuration ni aucun pouvoir, restera en suspens jusqu'à ce qu'il soit ratifié par l'approbation de la partie intéressée ou annulé par sa désapprobation.

## CHAPITRE X.

### Preuves du mariage.

Art. 145. — En cas de contestation entre les époux sur la réalité du mariage, le mariage se prouve légalement par la déclaration de deux témoins capables à déposer en justice et reconnus pour leur honorabilité, ou d'un homme et deux femmes d'une probité certaine.

Dans le cas où un individu prétend avoir contracté mariage avec une femme et que celle-ci dénie l'existence de ce fait ou réciproquement, le demandeur, à défaut de preuve à l'appui de sa prétention, peut déférer le serment au défendeur; s'il remplit cette formalité, le demandeur est débouté de sa demande; s'il refuse le serment, la demande est admise et le mariage établi.

Art. 146. — Le mariage ne peut pas être établi par le témoignage des descendants des époux en faveur de celui qui prétendrait l'avoir contracté.

Il en est de même, si l'un des témoins était descendant du mari et l'autre de la femme. Si les deux témoins étaient descendants de l'une des parties, leur déposition peut être admise contre leur ascendant, quand elle est invoquée par l'autre partie.

Art. 147. — La déclaration du tuteur contre la pupille placée sous sa tutelle, ne peut pas être admise en cas ne dénégation de mariage, à moins qu'elle ne soit appuyée par une preuve résultant de la déposition des témoins, ou confirmée par la pupille elle-même à la majorité.

Art. 148. — Lorsqu'un individu reconnaît une femme pour épouse, sans qu'il soit marié avec une femme de ses parents au degré prohibé, ni avec quatre autres femmes, et qu'elle accueille sa déclaration par un consentement formel, étant libre de tout lien conjugal et de toute retraite légale, le mariage est établi, la femme aura droit à l'entretien, et le survivant d'entre eux héritera de son conjoint prédécédé.

Art. 149. — Lorsqu'une femme reconnaît, étant en état de santé ou de maladie, un individu déterminé pour mari, et que celui-ci accueille sa déclaration du vivant de la femme, le mariage est établi et il aura droit à réclamer la part qui lui revient légalement de sa succession.

Si la déclaration n'est accueillie qu'après la mort de la femme, l'individu reconnu n'aura aucun droit à la succession.

# LIVRE DEUXIÈME.

## DROITS ET DEVOIRS DES ÉPOUX.

### CHAPITRE PREMIER.

**Obligations du mari relativement à la femme.**

Art. 150. — Le mari est obligé de traiter sa femme avec bienveillance, de vivre en bons rapports avec elle et de pourvoir à son entretien, qui comprend la nourriture, les vêtements et le logement.

Art. 151. — Le mari n'est obligé judiciairement de cohabiter qu'une fois avec sa femme dans toute la vie conjugale.

Art. 152. — Lorsqu'il a plusieurs femmes, toutes libres, le mari est tenu de les traiter avec égalité en toutes les choses qu'il est maître de faire, particulièrement en ce qui concerne l'entretien et le partage de ses nuits entre elles, pour leur tenir compagnie.

Art. 153. — Ces obligations doivent être observées par le mari en faveur de toutes ses femmes libres, sans distinction entre la vierge et la saïb, l'ancienne et la nouvelle mariée, la musulmane et la chrétienne ou la juive.

Les règles, les couches, les maladies et les défectuosités de la femme ne pourront donner une excuse valable au mari qui se soustrait à ces obligations.

Art. 154. — Le mari est obligé de passer alternativement dans l'habitation de chacune de ses femmes vingt-quatre heures ou trois jours ou sept, selon la durée du tour et l'ordre qu'il a le droit de fixer et d'établir lui-même.

L'égalité dans la fréquentation n'est obligatoire pour le mari que pendant la nuit, à moins qu'il ne soit occupé de nuit; auquel cas il doit fréquenter également ses femmes pendant la journée.

Art. 155. — Le mari ne doit pas avantager aucune de ses femmes au préjudice de sa coépouse, ni rester chez elle au-delà de la durée du temps fixé sans le consentement de la femme intéressée, ni s'introduire dans l'appartement de sa coépouse hors de son tour.

En cas de maladie, il peut visiter son épouse hors de son tour et rester auprès d'elle, si sa maladie est grave, jusqu'à sa guérison.

Art. 156. — La femme peut renoncer à ses droits en faveur d'une de ses coépouses, mais elle a le droit d'y revenir quand bon lui semble.

Art. 157. — En cas de voyage, il n'y aura point de partage.

Le mari pourra se faire accompagner de celle de ses femmes qu'il choisira lui-même, et mieux par la voie du sort.

Aucune des autres coépouses ne peut exiger de son mari, à son retour, de passer chez elle autant de nuits qu'il en passé avec celle qu'il avait pendant son voyage.

Art. 158. — Lorsque le mari est empêché physiquement dans sa demeure privée, il a la faculté de faire venir chez lui celle de ses femmes dont le tour est venu de le voir.

Mais si le mari devient malade dans l'habitation d'une de ses femmes, il pourra s'y fixer jusqu'à ce qu'il ait recouvré sa santé, s'il se voit dans l'impossibilité de se transporter à la demeure de sa coépouse, à la charge par lui de passer chez elle autant de jours qu'il en a passé malade chez sa compagne.

Art. 159. — Si, après avoir fixé la durée du temps à donner à chacune de ses épouses et établi l'ordre à suivre, le mari fait tort à l'une de ses femmes et favorise sa coépouse, en passant chez elle plus de temps qu'il n'en faut, hors le cas de voyage, le magistrat, sur la requête de la femme intéressée, adressera un avertissement au mari d'être juste dans l'avenir.

Si, malgré l'avertissement judiciaire, la femme redevient l'objet d'une injustice de la part de son mari, il sera passible d'une peine correctionnelle des plus graves, mais non de l'emprisonnement.

## CHAPITRE II.

**Obligations du mari envers ses femmes relativement à leur entretien.**

Section I. — *Des femmes ayant droit à l'entretien.*

Art. 160. — Le mari, quoique pauvre, malade, impuissant ou trop jeune pour remplir le devoir conjugal, est obligé de pourvoir à l'entretien de sa femme pauvre ou riche, musulmane ou non musulmane, avancée en âge ou jeune, pourvu qu'elle soit en état de satisfaire aux devoirs conjugaux ou de se faire désirer.

Cette obligation doit commencer à partir de la conclusion de l'acte, quand le mariage est valable.

Art. 161. — La femme recevra ses frais d'entretien, quand même elle serait établie dans la maison paternelle, à moins que le mari ne la réclame dans son domicile, et qu'elle ne refuse de s'y transporter sans raison valable.

Art. 162. — Les frais d'entretien sont dus à la femme qui refuse de suivre son mari dans un voyage à une distance de trois jours du lieu où le mariage est contracté, ou qui, même après la consommation du mariage, se refuserait aux devoirs conjugaux, faute du paiement intégral de la partie de la dot exigible d'avance.

Art. 163. — La femme devenue malade, après la consommation du mariage, aura droit à l'entretien, quand même la maladie la rendrait impropre à la cohabitation, soit qu'elle ait été atteinte de la maladie au domicile conjugal, soit à la maison paternelle, à moins qu'elle ne se fût refusée, sans motif légitime, à se rendre près de son mari.

Dans le cas où la femme devenue malade au domicile conjugal, se transporterait à la maison paternelle, si son mari la réclame et qu'il y ait impossibilité de la transporter, elle aura droit à l'entretien ; mais si le transport est possible et qu'elle s'y oppose sans raison plausible, elle perdra tout droit aux frais d'entretien.

Art. 164. — Le mari n'est pas déchargé de l'obligation de payer les frais d'entretien à sa femme pendant qu'il est en état d'emprisonnement, même pour dette envers sa femme, quand même le mari n'aurait pas les moyens de l'acquitter.

Art. 165. — Le mari qui est dans l'aisance est tenu de pourvoir à l'entretien nécessaire à la domestique attachée au service particulier de la femme.

Lorsque la femme est conduite chez le mari avec plusieurs domestiques, il est obligé de les entretenir toutes, s'il a assez de ressources.

Dans le cas où le mari ait des enfants et qu'un seul domestique ne suffise pas pour leur service, il doit, s'il est aisé, entretenir deux ou plusieurs domestiques, selon les besoins des enfants.

Section II. — *Des femmes n'ayant pas droit à l'entretien.*

Art. 166. — Le mari est en droit de refuser l'entretien à sa femme, quand elle est trop jeune pour satisfaire au devoir conjugal ou pour être désirée, à moins qu'il ne la retienne au domicile conjugal pour lui tenir compagnie.

Art. 167. — La femme malade dont le mariage n'aura pas été consommé, et qui ne pourrait pas se transporter au domicile conjugal, n'aura pas droit à réclamer son entretien.

Art. 168. — La femme qui entreprendrait un voyage ou se rendrait au pèlerinage, sans être accompagnée de son mari, n'aura aucun droit aux frais d'entretien pendant tout le temps de son absence, quand même elle serait accompagnée dans son voyage par un de ses parents au degré prohibé.

Si le mari entreprend un voyage et emmène sa femme avec lui, il lui devra les frais de voyage et les frais du séjour.

Si c'est la femme qui entreprend le voyage et emmène son mari avec elle, il lui devra les frais de séjour et non les frais de voyage.

Art. 169. — La femme exerçant une profession, et qui sort le jour et rentre le soir au domicile conjugal, n'aura aucun droit à l'entretien, si malgré la défense de son mari, elle quitte sa maison.

Art. 170. — Il n'est pas dû de frais d'entretien à la femme pendant le temps de son emprisonnement, même pour une dette dont elle ne pourra s'acquitter, à moins que ce ne soit le mari qui l'ait fait arrêter pour dettes envers lui.

ART. 171. — La femme qui abandonne le domicile conjugal, sans l'autorisation de son mari et sans motif légal, se rend désobéissante et perd non seulement tout droit à l'entretien tant qu'elle est dans la désobéissance, mais elle en perd aussi tout le montant échu, et même les sommes par elle empruntées pour son entretien sans une ordonnance judiciaire ou sans l'ordre du mari.

Elle est regardée également comme désobéissante dans le cas où elle interdirait à son mari l'entrée dans la maison à elle appartenant et habitée en commun, à moins qu'elle ne lui ait demandé de la faire déménager et qu'il ne l'ait pas fait.

Si la femme rentre dans le domicile conjugal, même pendant l'absence de son mari, ou qu'elle le laisse entrer dans la maison à elle appartenante, elle aura droit à l'entretien pour l'avenir et non pour le passé.

Le refus par la femme d'accomplir le devoir matrimonial dans le domicile conjugal, ne constituera pas un acte de désobéissance entraînant la suspension du droit à l'entretien.

ART. 172. — La femme dont le mariage est entaché de nullité radicale ou consommé par suite d'une erreur, ne pourra rien réclamer au mari pour son entretien, excepté celle dont le mariage est conclu sans témoin.

Dans le cas où le magistrat aura assigné un entretien à l'une des femmes dont le mariage est frappé de nullité radicale avant la contestation de la nullité, le mari sera admis à se faire restituer les sommes déboursées en vertu d'une décision judiciaire. Il n'aura pas le droit de réclamer celles payées volontairement.

SECTION III. — *Fixation de la pension alimentaire de la femme.*

ART. 173. — La pension alimentaire est fixée, eu égard aux conditions respectives des époux.

Elle doit être somptueuse, lorsque tous les deux époux sont riches; simple, quand ils sont pauvres, et médiocre si leur condition est inégale.

Dans ce dernier cas, si c'est le mari qui est pauvre, il fournira ce qu'il pourra de la pension fixée, et le reste constituera une créance de la femme, payable lorsque la situation du mari sera améliorée.

ART. 174. — La pension peut

être fixée en nature ou en argent, suivant les variations des prix des denrées dans la localité.

Si, même après la fixation judiciaire du montant de la pension, les prix des denrées venaient à hausser, la femme aurait droit à une augmentation.

En cas de baisse, le mari pourrait obtenir une diminution.

Art. 175. — La pension alimentaire, payable en nature ou en espèces, doit être fixée suivant l'état du mari.

Le mari qui vit de son travail au jour le jour pourvoira quotidiennement et par anticipation aux frais des aliments fixés pour la femme.

L'artisan, qui reçoit ses salaires hebdomadairement, y subviendra par semaine.

Le commerçant ou l'employé, qui est payé mensuellement, s'acquittera de sa dette envers sa femme par mois.

Le cultivateur, qui fait ses récoltes annuellement, paiera par an.

La femme a toutefois la faculté de se faire payer quotidiennement, dans le cas où le mari ne remplit pas ses obligations dans les délais fixés.

Art. 176. — Le mari peut, pendant le mariage, se charger de fournir lui-même les aliments nécessaires à la femme.

Dans le cas où il ne remplirait pas régulièrement ses obligations, le magistrat devant lequel la plainte de la femme est portée, fera comparaître le mari, et, après s'être assuré du bien-fondé de la plainte, et de ce que le mari ne tient pas ordinairement une table garnie où la femme pourrait suffisamment prendre sa nourriture, il fixera contradictoirement les frais des aliments, suivant les règles établies dans l'article précédent, et ordonnera au mari de les payer à la femme, afin qu'elle puisse pourvoir elle-même à ses besoins.

Si malgré l'ordonnance judiciaire, le mari se refuse au paiement de sa dette, le magistrat pourra le faire arrêter, si la femme le demande ; mais il ne doit recourir à cette mesure qu'à la deuxième ou à la troisième audience, et dans chaque audience, il lui adressera des réprimandes sévères. S'il ne s'acquitte pas envers sa femme, le magistrat le condamnera alors à l'emprisonnement.

Le magistrat pourra ordonner, s'il y a lieu, la vente de tous les biens du mari qui ne lui sont pas indispensables, à ses risques et périls, et en employer le prix au paiement de la pension fixée pour la femme.

Art. 177. — Si le mari est dans un état de gêne constaté et qu'il n'ait point de ressources pour pourvoir aux frais d'entretien de sa femme, le magistrat ne le fera pas arrêter et ne prononcera pas le divorce pour ce motif; il autorisera la femme, après lui avoir fixé le montant des frais de son entretien, à acheter ses aliments à crédit ou à emprunter pour le compte de son mari.

Les parents de la femme, auxquels incombe l'obligation de pourvoir à son entretien, à défaut de mari, et ceux chargés d'entretenir les enfants en cas de mort de leur père, seront obligés de lui prêter ce dont elle aura besoin pour son entretien et celui de ses enfants. En cas de refus, ils y seront contraints par voie d'arrestation.

Art. 178. — Après l'assignation des frais d'entretien d'un commun accord entre les époux ou par décision judiciaire, si la femme apprend que son mari veut s'éloigner ou craint qu'il ne s'absente, elle aura le droit d'exiger une caution solidaire pour un ou plusieurs mois, selon la durée de l'absence du mari.

Art. 179. — La pension alimentaire fixée par décision judiciaire, peut être modifiée, en cas d'amélioration ou de diminution dans la position de fortune des époux.

Art. 180. — La femme ne pourra pas réclamer un salaire à son mari pour les aliments qu'elle prépare pour leur usage, quoique légalement elle ne soit pas obligée à ce service.

Elle ne sera admise à réclamer un salaire que dans le cas où elle fait, par ordre du mari, la cuisine ou le pain pour vendre.

Section IV. — *De l'habillement et de l'habitation.*

Art. 181. — La femme a droit à l'habillement à partir de la conclusion du mariage valable.

Le mari est tenu de lui fournir deux vêtements complets par an, un pour l'hiver et un pour l'été.

Ils sont fixés eu égard à la position de fortune des époux et suivant les usages locaux.

Art. 182. — Les habillements peuvent, comme les aliments, être fixés en nature ou en valeur, et ils doivent être fournis par anticipation.

Art. 183. — Avant le délai fixé, la femme ne pourra réclamer un nouveau vêtement, à moins que le vêtement reçu n'ait été détérioré par l'usage ordinaire.

En cas de perte du vêtement, la femme est seule responsable, et le mari n'est pas tenu de le remplacer avant l'échéance du terme fixé.

Art. 184. — Lorsque les époux sont opulents, le mari est obligé de loger sa femme dans une maison particulière.

Dans le cas contraire, le mari doit fournir à la femme un logement séparé proportionné à leur condition, ayant les commodités nécessaires et non isolé.

Art. 185. — Le mari ne pourra obliger la femme à loger dans sa demeure aucun de ses parents, ni de ses enfants issus d'un premier mariage, autre que celui qui n'aura pas atteint l'âge de raison.

De son côté, la femme ne pourra pas garder auprès d'elle aucun de ses parents ni de ses enfants, même mineurs, issus d'un autre lit.

Il faut, dans les deux cas, le consentement de l'autre époux.

Art. 186. — Le séjour d'une des proches parentes du mari dans la maison où se trouve le logement de la femme, ne lui donne droit à réclamer un logement ailleurs, que dans le cas où elle aura à se plaindre de leurs mauvais procédés ou de leurs injures envers elle.

Mais le séjour d'une coépouse dans la même maison, donne à la femme droit de demander et d'obtenir un logement ailleurs; il en est de même si une des parentes du mari ou une coépouse demeure avec la femme dans le même logement, quand même elles ne lui feraient aucun tort.

Art. 187. — Si la femme souffre de la solitude dans la maison à elle fournie par le mari et non habitée par d'autres locataires, ou que le mari la délaisse la nuit pour rester chez une coépouse et qu'elle n'ait ni enfant ni servante pour lui tenir compagnie, il sera obligé de lui procurer une compagne ou une autre habitation, où elle n'aura pas à se plaindre de la solitude.

Art. 188. — Le mari est obligé envers sa femme de lui fournir un matelas, une couverture, et les meubles nécessaires, suivant leur position de fortune.

Il ne peut pas être déchargé de cette obligation, quand même la femme aurait des meubles à elle appartenant.

Le mari doit fournir aussi les ustensiles nécessaires pour le ménage, les cosmétiques et les objets indispensables à la toilette de la femme, suivant l'usage du pays.

Section V. — *Entretien de la femme dont le mari est absent.*

Art. 189. — La femme dont le mari est absent peut être autorisée à disposer, jusqu'à concurrence du montant de la pension qui lui sera fixée, des denrées et des valeurs en or ou en argent, monnayées ou non monnayées, laissées par le mari. Elle peut être autorisée aussi à disposer d'une partie des dépôts et des créances dues à son mari et de nature à servir d'entretien; pourvu que le dépositaire et le débiteur avouent le dépôt et la créance, et reconnaissent l'existence du mariage de la femme avec le mari absent, ou que le magistrat en ait connaissance, ou que la femme établisse le dépôt ou la créance et prouve l'existence du mariage, bien qu'il ne puisse pas être imposé à un absent.

Le magistrat fixera les frais d'entretien en premier lieu sur les biens existant au ménage, ensuite sur le dépôt et les créances.

Il exigera de la femme une caution valable pour le fonds qu'elle touche, et lui déférera le serment que son mari ne lui a rien avancé pour son entretien, qu'elle n'est pas désobéissante, ni en retraite répudiaire dont le temps est écoulé.

Art. 190. — Dans le cas où le mari absent n'aura laissé aucun bien, si la femme établit le mariage, le magistrat pourra lui fixer les frais d'entretien, et l'autoriser à emprunter ou à faire des achats à crédit pour le compte de son mari absent; mais il ne pourra prononcer le divorce, quoique la femme le réclame.

Art. 191. — Si, à son retour, le mari établit qu'il a avancé à la femme les frais d'entretien, ou si la femme refuse le serment à elle déféré, à défaut de preuve, il aura la faculté d'actionner en restitution la femme ou la caution.

Dans le cas où la femme déclare avoir reçu de son mari les frais d'entretien, c'est contre elle seule qu'il doit exercer son recours.

Art. 192. — Si le mari, à son retour, dénie le mariage, il sera cru en sa déclaration sous serment, sauf preuve contraire fournie par la femme.

Si le mari prête le serment, il pourra poursuivre en paiement la femme ou le dépositaire ; s'il s'agit d'une créance, il ne pourra poursuivre que le débiteur qui aura recours contre la femme.

Art. 193. — Si le mari prouve, à son retour, que le mariage était dissous par voie répudiaire, et que le délai de la retraite était écoulé et que, par conséquent, sa femme n'avait aucun droit à l'entretien par elle reçu dans son absence, il sera admis à poursuivre en restitution la femme et non le dépositaire ni le créancier ; à moins que la preuve fournie par le mari n'établisse que le dépositaire ou le créancier connaissait la dissolution du mariage.

Art. 194. — Si le dépositaire ou le créancier, auquel le magistrat a ordonné de pourvoir à l'entretien de la femme de l'absent, prétend qu'il a avancé le dépôt ou la créance à la femme pour son entretien, et qu'elle le dénie, le dépositaire est cru en sa déclaration, mais le débiteur est obligé de fournir une preuve.

Art. 195. — Si le dépôt, ou les biens laissés au ménage par le mari, consistaient en objets mobiliers, de nature à ne pouvoir servir à la femme pour son entretien, ni elle ni le magistrat n'auront le droit de les aliéner pour en affecter le prix aux frais de l'entretien.

Les biens immeubles appartenant à l'absent, seront donnés en location, et une partie des revenus pourra être dépensée pour les besoins de la femme.

Art. 196. — Dans tous les cas où le magistrat pourra autoriser la femme à disposer des biens laissés par son mari absent pour son entretien, il est permis à la femme de prendre ce qui est nécessaire pour son entretien sans jugement.

Section VI. — *Des créances de l'entretien.*

Art. 197. — Les frais nécessaires à l'entretien de l'homme, de sa femme et de ses enfants sont payables avant toute autre créance.

Art. 198. — Les frais d'entretien ne constituent une créance que lorsqu'ils sont fixés par une décision judiciaire ou déterminés d'un commun accord entre les époux.

Art. 199. — La créance de la pension accordée à la femme par une décision judiciaire ou d'un commun accord entre elle et son époux, ne se prescrit pas; et dans le cas où la femme ne l'aura pas réclamée en tout ou en partie aux échéances fixées, elle pourra, tant qu'elle et le mari sont vivants, être admise à se faire payer le montant de l'arriéré, quelque long que soit le temps écoulé.

Art. 200. — La femme qui aura déboursé ou emprunté une somme pour son entretien avant la fixation de la pension par une décision judiciaire ou d'un commun accord, ne sera pas recevable à se faire rembourser par son mari présent ou absent, si elle a laissé écouler un mois entier sans la réclamer.

Art. 201. — La mort du mari ou de la femme entraîne la déchéance de tous les droits de celle-ci sur le montant de l'arriéré de la pension fixée d'un commun accord ou par décision judiciaire, et sur les sommes par elle empruntées sans ordonnance du magistrat.

La répudiation de la femme ne lui fait perdre la créance de sa pension qu'autant qu'il est constaté que c'est elle qui, par son inconduite, a obligé le mari à la répudier.

Art. 202. — Les frais d'entretien, empruntés par la femme pour le compte de son mari, en vertu d'une décision judiciaire, restent toujours à la charge du mari, et constituent au profit de la femme une créance payable sur la succession du mari, s'il est prédécédé.

Dans le cas où l'emprunt est fait par décision du magistrat, le prêteur aura la faculté de poursuivre en paiement la femme ou son mari.

A défaut de décision judiciaire, le prêteur dirigera son instance contre la femme, qui actionnera son mari en restitution, si elle en a le droit.

Art. 203. — Les avances d'entretien faites à la femme par le mari ou par son père, ne pourront être restituées en cas de mort de l'un des époux, ou en cas de répudiation, quand même elles ne seraient pas consommées.

Art. 204. — La libération du mari par la femme des frais d'entretien à elle dus, ne peut pas être valable avant la fixation de la pension par décision judiciaire ou d'un commun accord entre les époux.

Après ces formalités, la femme peut valablement renoncer en faveur de son mari aux frais dont les délais sont échus, et aux frais d'un seul jour, d'une seule semaine, d'un seul mois ou d'une seule année, déjà commencés, suivant qu'ils sont payables quotidiennement, par semaine, par mois ou par an.

Art. 205. — La femme débitrice à son mari ne peut être admise à compenser ce qu'elle lui doit avec la créance de son entretien, qu'autant que le mari y consent.

Le mari est, au contraire, recevable à compenser sa dette d'entretien avec sa créance envers la femme, sans avoir besoin de son consentement.

## CHAPITRE III.

### De la puissance maritale.

Art. 206. — La puissance maritale est toute disciplinaire.

Le mari n'a aucun pouvoir sur les biens de sa femme.

La femme peut disposer de la totalité des biens à elle appartenant sans le consentement ou l'autorisation du mari, et sans que celui-ci puisse lui opposer sa puissance maritale.

Elle peut recevoir les loyers et les revenus de ses propriétés, et confier à un autre que son mari l'administration de ses biens.

Les actes civils par elle contractés n'ont besoin, dans aucun cas, pour être valables, de l'autorisation ou de la ratification de son mari, ni de celle de son père, ni de son aïeul paternel, ni de son tuteur testamentaire, si elle est majeure et jouissant de la capacité civile.

Quelle que soit la fortune de la femme, elle n'est pas tenue de contribuer aux charges du mariage.

Art. 207. — Après le paiement de la partie de la dot payable d'avance, le mari a le droit :

1° De défendre à la femme de sortir du domicile conjugal sans sa permission, en respectant les droits qu'elle a d'aller visiter son père et sa mère et ses parents à elle prohibés aux époques déterminées ;

2° De lui interdire toute visite et toute fréquentation avec des femmes étrangères, et de l'empêcher d'aller aux fêtes et aux invitations même de ses parents à elle prohibés ;

3° De lui faire quitter la maison paternelle, quand elle n'est pas trop jeune, et de la loger près de voisins honnêtes, dans tel quartier qu'il voudra de la ville où il a contracté le mariage, quand même il aurait stipulé le contraire en l'épousant ;

4° De s'opposer au séjour de ses parents auprès d'elle dans la maison conjugale, qu'elle appartienne au mari lui-même ou qu'elle soit louée ou prêtée à usage.

Art. 208. — Après le paiement de la partie de la dot exigible d'avance, le mari qui est digne de confiance, peut transporter sa femme hors du lieu où le mariage a été contracté à une distance de moins de trois jours, mais il n'a pas le droit de la contraindre à le suivre à une distance de trois jours de marche, quand même il aurait payé toute la dot.

Art. 209. — Le mari ne peut appliquer à la femme qu'une peine disciplinaire modérée, quand elle commet une faute ou un acte réprimable, pour lequel la loi n'aura pas prescrit une peine juridique.

Il n'est jamais permis au mari d'employer la violence envers sa femme, même pour un motif valable.

Art. 210. — En cas de désaccord entre les époux, le magistrat devant lequel ils porteront leur plainte pourra les renvoyer devant deux arbitres honorables nommés de préférence, un dans la famille du mari et l'autre dans celle de la femme.

Les arbitres entendront les plaintes respectives des parties et chercheront par tous les moyens possibles à les réconcilier.

En cas d'insuccès, les arbitres ne prononceront le divorce que si les époux leur en ont donné le pouvoir.

Art. 211. — Si la femme se plaint des mauvais traitements de son mari et établit par preuve qu'il a employé la violence envers elle, même pour un motif valable, il sera passible d'une peine correctionnelle, plus ou moins grave, selon la faute commise.

## CHAPITRE IV.

### Droits et devoirs de la femme.

Section I. — *Devoirs de la femme envers son mari.*

Art. 212. — La femme est obligée envers son mari d'être obéissante à son autorité, dans tout ce qui est permis et commandé légalement comme un devoir conjugal; de garder le domicile conjugal et ne pas le quitter sans autorisation, après la perception de toute la partie de la dot exigible d'avance, de ne pas se refuser au devoir conjugal sans être empêchée légalement ou physiquement; de se conserver vertueuse; de veiller soigneusement à la conservation de ses biens et de son ménage; de n'en donner, sans la permission du mari, rien autre que ce que l'usage permet de donner.

Section II. — *Droits de la femme.*

Art. 213. — La femme peut se refuser à son mari et ne pas le suivre au domicile conjugal, même après la consommation volontaire du mariage, jusqu'au paiement intégral par lui de la partie de la dot exigible d'avance, dans le cas où elle est partagée en deux parties.

Si le montant de la première partie n'est pas déterminé, la femme peut également se refuser, jusqu'au paiement de la quotité qui peut être accordée à une femme de sa condition suivant l'usage du pays. Elle a le droit de se refuser, dans le cas où le paiement de toute la dot est stipulé à termes, sauf stipulation contraire.

Art. 214. — La femme qui n'aura pas reçu intégralement la partie de la dot exigible d'avance, après l'avoir réclamée, a le droit d'abandonner le domicile conjugal, sans la permission de son mari, et sans se constituer désobéissante et perdre ses droits à l'entretien.

Art. 215. — La femme a le droit de sortir pour visiter son père et sa mère une fois par semaine, s'ils ne peuvent pas aller la voir chez elle, et ses autres parents dont le mariage lui est interdit, une fois par an; mais elle ne peut passer la nuit chez aucun d'eux sans la permission expresse de son mari.

Le mari doit permettre à sa femme de recevoir son père et sa mère une fois par semaine, ses autres proches parents une fois par an.

Art. 216. — La femme, dont le père, même non musulman, serait atteint d'une longue maladie, et n'aurait personne pour le soigner, pourra aller le visiter et rester auprès de lui pour lui prêter les soins nécessaires, même sans le consentement de son mari.

# LIVRE TROISIÈME.

## DE LA DISSOLUTION DU MARIAGE PAR VOIE RÉPUDIAIRE ET PAR DIVORCE.

---

## CHAPITRE PREMIER.
### De la répudiation.

Section I. — *De la capacité de prononcer la répudiation; — des femmes pouvant être répudiées; — du nombre des répudiations.*

Art. 217. — Le mari seul a le droit de recourir à la voie répudiaire pour dissoudre le mariage.

Tout mari, majeur et sain d'esprit, peut prononcer une répudiation valable, quand même il serait interdit pour cause de prodigalité ou atteint de maladie non mentale.

La répudiation prononcée même par contrainte ou par plaisanterie, produira ses effets.

Art. 218. — Est valable toute répudiation prononcée par un mari en état d'ivresse volontaire produite par une boisson défendue.

Si le mari s'est enivré par contrainte ou par nécessité, la répudiation qu'il prononcera étant en ébriété, ne produira aucun effet.

Art. 219. — Le muet peut valablement répudier par signes intelligibles.

Art. 220. — Sont incapables de prononcer une répudiation valable le mari qui dort, celui qui est frappé de fureur, de démence ou d'imbécillité, ou qui aura perdu la raison par suite de vieillesse, de maladie ou d'un accident quelconque arrivé subitement.

Toute répudiation prononcée dans une de ces circonstances, ne produira point d'effet.

Dans le cas où le mari aura soumis la répudiation à une condition qui s'est réalisée après la perte de ses facultés intellectuelles, elle produira tous ses effets.

Art. 221. — Le père d'un mineur ne peut répudier valablement la femme de son fils.

Le mineur, même adolescent, ne peut prononcer une répudiation valable.

Art. 222. — La répudiation peut être prononcée verbalement ou par écrit.

Le mari peut déléguer un tiers, ou envoyer une lettre de répudiation à sa femme, ou l'autoriser de prononcer elle-même sa répudiation, ou la charger comme mandataire de répudier ses autres coépouses.

Art. 223. — La répudiation peut frapper valablement toute femme mariée ou en retraite légale imposée par suite d'une répudiation *radjii* (révocable), ou *baïn* (irrévocable) et non définitive, ou à la suite d'une séparation ayant la valeur d'une répudiation, comme celle prononcée en conséquence d'un serment de continence, ou de l'impuissance du mari ou par suite d'une séparation motivée par le refus de l'un des époux d'embrasser l'islamisme.

Art. 224. — Le nombre des répudiations est de trois pour toute femme libre.

Ces répudiations peuvent être prononcées successivement à trois reprises différentes, quand le mariage est consommé, ou par une seule formule répudiaire, soit que le mariage ait été consommé ou non.

La femme répudiée trois fois, quand le mariage est valable, ne peut plus être reprise par son premier mari, qu'après avoir été mariée valablement à un autre et répudiée, ou être devenue veuve après la consommation réelle du mariage et avoir été dégagée de la retraite répudiaire ou viduaire.

Art. 225. — L'emploi d'une formule est indispensable pour la validité de la répudiation.

Les formules de la répudiation sont expresses ou équivalentes ou figurées.

Les formules expresses sont celles qui contiennent les lettres du mot *talak* ou répudiation, ou celles qui dans toute autre langue ne s'emploient que pour signifier la dissolution du mariage.

Les équivalentes sont l'écriture distincte, les signes du muet et les signes avec les doigts, accompagnés de la prononciation du mot *talak*.

Toutes ces formules entraînent la répudiation par leur simple énonciation, sans avoir besoin de recourir à l'intention du mari, pourvu qu'elles soient dirigées contre la femme à répudier.

Les formules figurées sont celles qui, sans être établies pour signifier la répudiation, peuvent cependant la faire entendre.

La répudiation prononcée par une de ces formules, dépend, quant à sa validité, de l'intention du mari ou des circonstances dans lesquelles elle a été prononcée.

## Section II. — *Des différentes divisions de la répudiation.*

ART. 226. — La répudiation se divise en *radjii* ou révocable et en *baïn* ou irrévocable.

La *baïn* se subdivise en répudiation imparfaite et en répudiation parfaite ou définitive.

Elle est imparfaite lorsqu'elle n'est prononcée que par une ou par deux fois.

Elle est parfaite ou définitive lorsqu'elle est prononcée par trois fois.

### § I. — *De la répudiation radjii et de ses effets civils, et du retour.*

ART. 227. — La répudiation est radjii ou révocable lorsque le mari emploie, en s'adressant à sa femme dont le mariage est consommé, une formule expresse, simple, non accompagnée de compensation ni du nombre trois exprimé formellement ou avec les doigts, ni qualifiée positivement, ni portée à un très haut degré, ni comparée à un objet pouvant entraîner une répudiation baïn.

Ainsi, si le mari prononce, en s'adressant à sa femme, la formule « *Tu es répudiée! Je t'ai répudiée!* » la femme n'encourt qu'une répudiation révocable par une fois, quand même le mari aurait en vue une répudiation irrévocable, ou deux ou trois actes de répudiation.

ART. 228. — Les expressions : « *La répudiation est obligatoire pour moi! La répudiation m'incombe!* » entraînent un seul acte répudiaire révocable, quand même le mari aurait en vue deux actes.

Si le mari déclare avoir eu l'intention d'une répudiation définitive, en employant une de ces deux expressions, sa déclaration peut être admise.

Art. 229. — Les expressions figurées suivantes : « *Iitaddi,* ou *Compte tes époques lunaires;* » « *Iskabrii rahimaki,* ou *Observe ta continence;* » « *Anti wahidah,* ou *Tu es seule,* » peuvent entraîner un acte répudiaire révocable.

Lorsque le mari emploie une de ces expressions, sans être provoqué, la répudiation dépendra de son intention.

Si, en la prononçant, il a eu la pensée de répudier, la femme encourt une répudiation révocable par une fois, quand même le mari aurait voulu une répudiation d'une autre forme, ou deux ou trois répudiations.

A défaut d'intention, aucune répudiation n'est encourue.

Lorsque le mari prononce une de ces expressions figurées dans un moment de colère ou en réponse à une demande répudiaire faite par sa femme, une répudiation révocable par une fois est encourue, sans besoin de recourir à l'intention répudiaire du mari.

Art. 230. — La répudiation *radjii*, soit par une fois, soit par deux, ne dissout pas le lien conjugal et n'ôte pas au mari la puissance maritale sur la femme, avant l'expiration du terme de la retraite à elle imposée.

Pendant la retraite le mariage existe, sauf à la femme de se retirer dans son appartement et de mettre un rideau entre elle et son mari, toujours obligé de pourvoir à son entretien pendant la retraite.

Il n'est pas défendu au mari de s'introduire chez elle sans sa permission, ni même de la traiter en femme, et alors ce traitement constituerait un retour.

Les époux conservent leurs droits sur la succession, si l'un d'eux vient à décéder durant la retraite, soit que la femme ait été répudiée pendant que son mari était en bonne santé ou dans sa dernière maladie ; et soit qu'elle ait sollicité la répudiation, ou qu'elle ait été prononcée contre sa volonté.

Art. 231. — Tout mari, qui aura prononcé une ou deux répudiations révocables contre sa femme, dont le mariage est consommé par la cohabitation, a le droit de la reprendre, durant la retraite, même après sa renonciation à ce droit, sans avoir besoin de faire un nouveau contrat, ni de stipuler une nouvelle dot.

Le droit de retour peut être exercé même sans le consentement de la femme, et sans que le mari soit obligé de la prévenir.

Le mari ne perd ce droit qu'à

l'expiration du délai de la retraite.

Quant à la femme répudiée après une simple entrevue, quelque régulière qu'elle soit, elle ne peut pas être reprise par son mari pendant sa retraite.

Art. 232. — Le mari peut valablement exercer le droit de retour par paroles, en disant à sa femme présente : « *Je t'ai reprise,* » ou si elle est absente « *J'ai repris ma femme,* » et par cohabitation ou tout acte pouvant être assimilé à la cohabitation et entraîner la prohibition d'alliance, soit que ces actes proviennent du mari ou de la femme, même par surprise.

Art. 233. — Il faut, pour la validité du retour, qu'il soit immédiat, pur et simple.

Tout retour à terme ou soumis à une condition n'aura aucun effet.

Art. 234. — Malgré la validité du retour à la femme sans témoins et à son insu, le mari doit en instruire la femme, en cas de reprise verbale, et déclarer devant des témoins honorables qu'il a repris sa femme, même en cas de retour par cohabitation.

Art. 235. — Le droit de retour cesse, avec la puissance maritale sur la femme répudiée, à la cessation de ses règles, à la fin du dixième jour de la troisième purgation menstruelle pour la femme libre.

Art. 236. — Lorsqu'il survient une contestation entre les époux, que la femme prétend avoir eu ses règles trois fois et que le terme répudiaire est écoulé, et que le mari soutient le contraire et qu'il a le droit d'exercer le retour, la femme sera crue sur sa parole et recouvrera sa liberté, si sa prétention est justifiée par la durée du temps écoulé depuis le jour de sa répudiation.

La moindre durée d'une retraite périodique est de soixante jours pour une femme libre.

Art. 237. — La reprise de la femme répudiée ne détruit pas les répudiations antérieures, et si, reprise après deux actes répudiaires révocables, la femme est répudiée une troisième fois, les liens conjugaux seront entièrement dissous, le mari perdra sa puissance, et la femme lui sera prohibée jusqu'à ce qu'elle soit mariée à un second mari et séparée ou devenue veuve après la consommation du mariage et qu'elle soit dégagée de la retraite.

Art. 238. — La répudiation révocable rend exigible, après l'expiration du terme répudiaire de la femme, la partie de la dot qui resterait encore due par le mari.

La femme répudiée aura le droit d'en réclamer le paiement, à moins que la dot ne soit stipulée payable à termes échelonnés.

Dans ce cas, la femme ne pourra la réclamer qu'aux échéances fixées.

### § II. — *De la répudiation baïn parfaite ou imparfaite.*

Art. 239. — La répudiation est *baïn* ou irrévocable, lorsque le mari se sert, en s'adressant à sa femme, dont le mariage est consommé, d'une formule expresse, accompagnée du nombre trois exprimé formellement ou avec les doigts en prononçant le mot *talak*; ou d'une formule exprimant une répudiation qualifiée positivement, ou portée à un très haut degré, ou comparée à un objet entraînant une répudiation *baïn*.

Si donc le mari dit à sa femme : *Tu es répudiée d'une répudiation dure, longue* ou *large,* » ou « *Tu es répudiée de la plus dure, de la plus longue* ou *de la plus large des répudiations, d'une répudiation grande comme la montagne,* » la femme encourt dans tous ces cas une répudiation *baïn*.

S'il lui dit : « *Tu es répudiée baïn* ou *absolument,* » elle encourt un seul acte répudiaire *baïn*, quand même le mari dénie toute intention répudiaire. S'il déclare avoir eu l'intention de trois actes répudiaires, il est cru en sa déclaration.

S'il lui dit : « *Tu es répudiée trois fois,* » ou s'il lui fait signe avec trois doigts, en disant : « *Tu es répudiée autant que ces doigts,* » la femme encourt une répudiation parfaite et définitive.

Il en est de même, s'il prononce ces formules : « *Tu es répudiée du maximum des répudiations,* » ou « *Tu es répudiée plusieurs fois, ou mille fois.* »

Art. 240. — Toute répudiation d'une femme dont le mariage n'est pas consommé est *baïn*.

Si donc le mari répudie sa femme, avec laquelle il a contracté le mariage, avant d'avoir eu aucune cohabitation réelle ou présumée avec elle, cette répudiation est *baïn*, et la femme n'est pas soumise à la retraite.

Il en est de même, s'il la répudie après une entrevue privée, sauf à la femme de se soumettre à la retraite.

S'il la répudie trois fois, en employant une seule formule répudiaire, elle sera définitivement répudiée et prohibée jusqu'à un nouveau mariage avec un tiers; mais, s'il prononce contre elle trois répudiations l'une à la suite de l'autre, la première seule produira son effet, les deux autres ne pourront pas la frapper.

Art. 241. — Si le mari qui aura prononcé contre sa femme libre une ou deux répudiations *radjiis* ou révocables, laisse écouler tout le temps de sa retraite sans la reprendre, la répudiation prendra le caractère de *baïn*, la femme acquerra sa pleine et entière liberté et le mari ne pourra plus exercer le droit de retour.

Art. 242. — Lorsque le mari répudie sa femme moyennant un prix de compensation, consenti par la femme à l'instant même, la répudiation encourue est *baïn*.

Art. 243. — Si le mari emploie cette formule : « *Tout ce qui est licite ou tout ce que Dieu et les musulmans regardent comme légitime, m'est défendu,* » toutes ses femmes, s'il en a plusieurs, encourront une répudiation *baïn*, même en cas de dénégation par le mari de toute intention répudiaire.

S'il déclare avoir voulu une répudiation définitive ou par trois fois, sa déclaration est admise.

Mais s'il emploie ces formules : « *Ce qui est illicite est obligatoire pour moi;* » « *Je t'ai rendue illicite;* » ou *Ton union avec moi cesse d'être légitime;* » celle à qui il s'adresse encourt seule une répudiation *baïn*; ses autres coépouses, s'il y en a, n'y seront pas comprises.

Art. 244. — Toutes les formules figurées entrainent, s'il y a lieu, une répudiation *baïn* imparfaite ou parfaite, suivant l'intention exprimée par le mari, sauf les trois formules mentionnées dans l'art. 229.

Art. 245. — Si le mari fait un serment de continence et le remplit en s'abstenant de toute relation conjugale pendant le délai de quatre mois, fixé pour toute femme libre, elle encourt une répudiation *baïn*, et le mari sera dégagé du serment, s'il était fait pour un temps déterminé.

Art. 246. — La répudiation *baïn* imparfaite, prononcée par

une ou deux fois, dissout immédiatement le mariage, ôte au mari la puissance maritale, fait cesser les droits et les devoirs conjugaux et ne laisse pour trace que la retraite.

Les époux doivent se séparer d'appartement et s'interdire toute communication; et, si la chose n'est pas praticable dans la même maison, le mari, qui ne serait pas religieux, doit se retirer ailleurs.

En cas de décès de l'un des époux pendant la retraite, le survivant ne pourra pas en hériter, sauf les cas où dans sa dernière maladie, le mari répudie sa femme contre sa volonté et où la femme provoque la dissolution du mariage, dans sa maladie de mort. (Voir chapitre : *Répudiation du malade*.)

ART. 247. — La femme répudiée par une ou par deux répudiations *baïn* n'est pas prohibée à son premier mari. Il peut l'épouser pendant ou après la retraite; mais il ne peut le faire que de son consentement volontaire, en vertu d'un nouveau contrat, et moyennant une dot nouvelle.

Aucun autre ne peut valablement l'épouser pendant la retraite.

ART. 248. — La répudiation définitive, ou par trois fois, dissout le mariage à l'instant même, anéantit la puissance maritale et rend la femme illicite à son premier mari.

Quiconque aura prononcé trois répudiations par une seule formule contre la femme dont le mariage n'est pas consommé, ou trois répudiations soit successives, soit par une seule formule, contre celle dont il a consommé le mariage, ne peut plus l'épouser.

Pour que leur réunion puisse avoir lieu, il faut nécessairement que la femme ait été unie à un second mari, par un mariage valable et obligatoire, qu'elle ait été répudiée ou divorcée, ou soit devenue veuve après la consommation réelle et sans fraude du mariage, et qu'elle ait accompli le délai fixé pour la retraite répudiaire ou viduaire.

La mort du second mari, avant la consommation du mariage, ne peut légitimer la réunion de la femme à son premier mari.

ART. 249. — Une fois consommé, le second mariage fait disparaître toutes les répudiations antérieures prononcées par le premier mari, et, dans le cas où il épouse son ancienne femme, il aura sur elle un pouvoir tout nouveau, qu'il ne perdra qu'après trois actes répudiaires.

Art. 250. — La répudiation ne peut pas frapper la femme dont le mariage est atteint de nullité radicale.

La dissolution de ce mariage constitue plutôt une séparation qu'une véritable répudiation.

Celui qui prononce trois répudiations contre la femme, dont le mariage est nul, pourra l'épouser par un acte valable, sans qu'elle ait à contracter un second mariage.

### Section III. — *De la répudiation conditionnelle.*

Art. 251. — La répudiation par parole ou par écrit peut être pure et simple ou conditionnelle.

Elle est pure et simple, lorsque la formule dont s'est servi le répudiant est exprimée en termes absolus, sans être subordonnée à une condition ou à une circonstance, ni ajournée à un temps à venir.

Cette répudiation produit immédiatement son effet.

La répudiation est conditionnelle, quand elle est soumise à une condition ou à une circonstance, ou ajournée à un temps futur.

Cette répudiation ne produit son effet qu'à l'accomplissement de la condition ou de la circonstance, à laquelle elle était soumise.

La condition équivaut à un serment.

Art. 252. — Pour être suspensive, la condition doit se rapporter à un fait incertain et possible, et être exprimée sans interruption volontaire.

Si elle est relative à un fait certain et permanent elle sera nulle, et la répudiation produira immédiatement son effet.

Mais si elle était relative à un fait impossible, elle serait non seulement nulle, mais elle entraînerait la nullité de la répudiation.

Est nulle aussi toute répudiation exprimée d'une manière douteuse ou ajournée à une époque où il serait impossible de l'appliquer, ou soumise à la volonté divine, sans aucune interruption volontaire entre la formule et la condition.

Art. 253. — La condition suspensive ne produit son effet qu'autant que le répudiant dirige la répudiation contre la femme avec laquelle il est encore uni, ou qui est engagée dans sa retraite par suite d'une répudiation *radjii* ou contre une femme qu'il regarderait d'avance comme répudiée, s'il vient à l'épouser.

Mais, s'il dirige la formule contre une femme étrangère, sans la considérer comme épouse, et que la condition voulue se réalise après l'avoir épousée, la répudiation suspendue n'aura aucun effet.

Art. 254. — La perte de la puissance maritale par suite d'un ou deux actes répudiaires *baïn*, n'entraîne pas la déchéance des répudiations conditionnelles prononcées pendant le mariage.

Si donc le mari, après avoir dirigé contre sa femme une répudiation conditionnelle, parfaite ou imparfaite, dissout le mariage avant la réalisation de la condition suspensive, par un ou deux actes répudiaires *baïn* purs et simples, et qu'il renouvelle ensuite l'acte de mariage, la répudiation conditionnelle, de quelque forme qu'elle soit, prononcée pendant le premier mariage, produira son effet, en cas d'accomplissement de la condition à laquelle elle était soumise.

Art. 255. — La perte de la légitimité de la femme par suite d'une répudiation définitive ou par trois fois, entraîne la déchéance de toute répudiation conditionnelle, même définitive, prononcée pendant le mariage.

Si donc le mari, qui aura dirigé contre sa femme libre une répudiation conditionnelle parfaite ou imparfaite, dissout le mariage avant la réalisation de la condition suspensive, par un acte répudiaire définitif, pur et simple, et qu'il vient à l'épouser, après qu'elle aura contracté et consommé un second mariage, toutes les répudiations conditionnelles parfaites ou imparfaites prononcées pendant le précédent mariage, ne produiront aucun effet, dans le cas où la condition dont elle dépendait viendrait à s'accomplir.

Art. 256. — La répudiation suspensive ou le serment prêté par le mari cesse et n'aura plus de valeur aussitôt que la condition ou la circonstance, dont elle dépendait, est accomplie, soit que son accomplissement ait lieu pendant le mariage ou après sa dissolution.

Mais si son accomplissement a lieu pendant le mariage ou la retraite de la femme à la suite d'une répudiation *radjii*, la répudiation produira son effet; dans le cas contraire, elle n'aura pas d'effet.

Art. 257. — Le mari ne peut

être déclaré parjure qu'une fois pour un serment, excepté dans les cas où il emploie la formule : « *Chaque fois.* »

Ainsi, quand il dit à sa femme : « *Chaque fois que tu visites ta sœur, tu seras répudiée,* » le mari n'est dégagé du serment qu'à la troisième contravention. S'il se remarie avec la femme, après qu'elle a accompli les conditions exigées légalement, le serment antérieur n'aura aucun effet.

Il en est autrement, quand il dit : « *Chaque fois que j'épouse une femme, elle sera répudiée,* » dans ce cas le serment ne cessera jamais, et toute femme qu'il aura épousée, même après un second mariage, restera immédiatement répudiée.

Art. 258. — Lorsque le mari soumet la répudiation à deux conditions ou à deux circonstances différentes, il faut que toutes les deux ou la dernière condition ou circonstance s'accomplissent pendant le mariage ou durant la retraite de la femme à la suite d'une répudiation *radjii*, pour opérer la répudiation qui en est l'objet.

Art. 259. — La déclaration de la femme ne fait foi qu'en ce qui la concerne personnellement, quand il s'agit d'une chose dont elle seule peut attester l'existence. Si donc le mari fait dépendre la répudiation de ses deux femmes de la menstruation de l'une d'elles, et que celle-ci déclare avoir eu ses règles et que le mari le dénie, elle sera seule répudiée. D'ailleurs si elle a fait cette déclaration après la cessation des règles, elle ne sera pas crue ni répudiée.

### Section IV. — *De la répudiation soumise à la volonté de la femme.*

Art. 260. — Le mari a la faculté de proposer la répudiation à sa femme et de lui concéder le pouvoir de la prononcer elle-même.

Cette concession peut être accordée sous la forme d'*ikhtiar* ou de choix, *d'amr bil yadd* ou à discrétion, de *machi ah* ou à volonté. La concession une fois faite, le mari ne peut plus se rétracter avant la réponse de la femme.

Art. 261. — Si le mari défère à sa femme le pouvoir de choisir entre le maintien ou la dissolution du mariage en lui disant *ikhtari*, ou s'il lui donne un pouvoir à discrétion en lui disant *amroki bi yadiki*, elle doit prendre une détermination dans la même séance où elle a reçu le pouvoir, quelque longue qu'en soit la durée, ou à l'instant où elle en sera instruite si elle était absente.

Si avant de manifester sa détermination, la femme quitte la séance ou s'occupe de toute autre chose, elle perdra le droit de disposer de sa personne, à moins que le mari ne lui ait donné la liberté d'agir quand elle voudra, ou qu'il ne lui ait fixé un délai pour se décider.

Dans le premier cas, elle pourra disposer de sa personne à son gré, dans le second elle perdra son droit à l'expiration du délai, même si étant absente, elle n'en sera instruite qu'après le délai.

Art. 262. — Si la femme à qui le mari aura conféré le pouvoir de choisir ou le pouvoir à discrétion (*amr bil yad*), se détermine à la dissolution du mariage, et répond à la même séance qu'elle disposera de sa personne, elle encourra une répudiation *baïn*, quand même le mari en voulait deux ou trois.

Dans les cas où le pouvoir est donné à discrétion, la déclaration du mari qu'il voulait une répudiation définitive ou par trois fois sera admise, mais elle ne le sera pas quand le pouvoir est donné sous forme de choix.

Art. 263. — Si le mari propose la répudiation à la femme, en lui disant en formule expresse : « *Répudie-toi* » et qu'elle se répudie à l'instant, elle encourt une répudiation *radjii* ou révocable.

Art. 264. — La contravention par la femme sur le nombre des répudiations, entraîne la nullité de la répudiation si la contravention porte sur un nombre supérieur à celui que la femme était autorisée à prononcer.

Ainsi, si la proposition ne porte que sur une seule répudiation et que la femme prononce une répudiation parfaite par trois fois, aucune répudiation n'est encourue.

Si la proposition porte sur trois répudiations et que la femme n'en prononce qu'une seule, elle produira son effet.

Art. 265. — La contravention sur la forme de la répudiation n'entraîne pas sa nullité absolue, mais elle sera ramenée à la limite du pouvoir donné par le mari.

Ainsi, si la femme a prononcé une répudiation *baïn*, tandis qu'elle était autorisée à se répudier *radjii*, ou réciproquement, c'est la répudiation indiquée par le mari qui produira effet.

Dans le cas où le mari aura accordé à la femme la liberté de se séparer quand elle voudra, toute modification par elle apportée à l'étendue de son pouvoir entraîne la nullité absolue de la répudiation qu'elle prononcera, que la modification porte sur la forme ou sur le nombre des répudiations.

Section V. — *De la répudiation en état de maladie.*

Art. 266. — L'homme est réputé malade et ne peut répudier sa femme sans être suspecté d'avoir le dessein de la frustrer de ses droits héréditaires, ni disposer de plus du tiers de ses biens par legs ou par donation, lorsque la maladie dont il est atteint met sa vie en danger, et l'empêche de vaquer à ses affaires au dehors, quand même il ne garderait pas le lit.

Art. 267. — L'homme qui s'expose au péril, comme celui qui sort de la ligne pour soutenir un combat singulier, l'homme condamné à mort par arrêt de justice et agissant au moment de l'exécution, et celui qui se trouve à bord d'un bâtiment maltraité par la tempête et exposé à un danger imminent, sont rangés dans la classe des malades.

Art. 268. — L'homme impotent, l'homme atteint de phthisie pulmonaire et le paralytique, dont les infirmités s'aggravent de jour en jour, sont placés dans la même situation juridique que les malades.

Mais si leurs infirmités deviennent chroniques et restent stationnaires, sans offrir aucune modification, ni aucun caractère de gravité, depuis un an, les actes répudiaires ou civils qu'ils passeront après, seront aussi valables que ceux contractés par l'homme sain.

Art. 269. — Si le mari atteint d'une maladie dangereuse ou dans une circonstance critique, prononce volontairement contre sa femme et sans son consentement un acte répudiaire *baïn* ou irrévocable et qu'il vient à mourir pendant sa maladie, n'importe de quelle cause, ou étant encore dans l'état critique où il se trouvait, et durant la retraite de la femme, celle-ci aura le droit d'en hériter, si, depuis qu'elle a été répudiée jusqu'au moment de la mort du mari, elle n'avait pas perdu les qualités requises pour la successibilité.

Si le mari est guéri de la maladie ou est sauvé du danger pendant lesquels il avait répudié sa femme, et qu'il vient à mourir ensuite d'une autre maladie ou d'un accident quelconque avant l'expiration de la retraite de son épouse, elle ne sera pas admise à réclamer sa part dans la succession.

Art. 270. — La femme répudiée par son mari dans sa dernière maladie a aussi droit à sa succession, s'il meurt avant l'expiration de sa retraite, dans les cas suivants :

1° Si elle a demandé à son mari malade de la répudier *radjii* et qu'il l'a répudiée *baïn* par une ou par trois fois ;

2° Si les époux ont été séparés en vertu d'un jugement rendu par suite du serment d'anathème ;

3° Si le mari a prononcé contre la femme le serment de continence et qu'il a laissé écouler le délai prescrit sans cohabiter avec elle.

Art. 271. — La femme répudiée n'a pas le droit de succéder à son mari dans les cas suivants :

1° Lorsque le mari a été contraint par une menace de mort à répudier sa femme ;

2° Lorsque la femme a demandé à être répudiée *baïn* de son propre consentement ;

3° Quand, après avoir été répudiée *radjii* ou avant d'être répudiée, la femme s'est laissée séduire par son beau-fils volontairement ou par suite d'une violence commise par le fils, sans y être excité par le père ;

4° Lorsque le mari aura prononcé, étant sain, le serment de continence contre sa femme, et aura laissé passer, étant en état de maladie, le délai emportant la répudiation *baïn*.

5° Lorsque la femme aura demandé le divorce de son consentement ou choisi la dissolution du mariage à la majorité, ou obtenu un jugement de séparation pour cause d'impuissance de son mari ;

6° Lorsqu'au moment de la répudiation *baïn* la femme était chrétienne ou juive, quand même elle se ferait musulmane avant la mort du mari, ou lorsque la femme musulmane au moment de la répudiation abjure la foi; dans ce cas son retour à l'Islamisme avant la mort du mari ne pourra la réhabiliter dans son droit ;

7° Lorsque la femme a été répudiée *baïn* pendant l'emprisonnement de son mari, même pour un crime emportant la peine capitale, ou pendant qu'il était enfermé dans un fort assiégé, ou entre la ligne des combattants, ou à bord d'un vaisseau avant que le danger ne fût imminent, ou pendant une épidémie, ou pendant qu'il était atteint d'une maladie qui ne l'empêche pas de vaquer à ses affaires au dehors.

Art. 272. — Si pendant qu'elle est atteinte d'une maladie qui la met hors d'état de faire le service de la maison, la femme provoque par sa faute la séparation de son mari, soit en faisant dissoudre le mariage par suite de l'exercice du droit d'option à la majorité, soit en ayant des rapports avec son beau-fils, et qu'elle vient à mourir pendant sa retraite, le mari aura le droit de réclamer sa part dans sa succession.

## CHAPITRE II.

### Du divorce par consentement mutuel des époux.

Art. 273. — En cas de désaccord entre les époux, s'ils craignent de ne pas pouvoir remplir les devoirs qui découlent du mariage, ils pourront se séparer par le divorce comme par la répudiation, lorsque le mariage est valable.

Art. 274. — Il faut pour la validité du divorce que le mari soit majeur et jouissant de toutes ses facultés, et que le divorce soit prononcé pendant le mariage ou durant la retraite de la femme.

Art. 275. — Le divorce peut avoir lieu valablement avec et sans le paiement par la femme d'un prix de compensation, avant ou après la consommation du mariage.

Art. 276. — Le mari pourra juridiquement divorcer sa femme moyennant une compensation plus élevée que la dot par lui payée.

Art. 277. — Tout ce qui est susceptible d'être constitué en dot peut être offert en compensation.

Art. 278. — Le divorce avec ou sans compensation a la valeur d'une répudiation *baïn* imparfaite ou parfaite ou par trois fois, suivant l'intention que le mari y aura attachée.

Il peut valablement être prononcé par le mari, sans qu'il ait besoin d'un acte juridique.

Art. 279. — Quand le mari est le premier à proposer le divorce à sa femme moyennant un prix de compensation ou en terme impératif, le consentement de la femme donné volontairement et en connaissance de cause, constitue une condition essentielle de la validité du divorce et de l'exigibilité de la compensation.

La proposition une fois faite, le mari n'a plus le droit de se rétracter, avant la réponse de la femme, qui ne peut la différer jusqu'après la séance où elle a eu connaissance de la proposition.

Si la proposition du mari est faite sans compensation, le divorce est encouru sans le consentement de la femme.

Art. 280. — Si la femme propose la première son divorce au mari, en lui offrant un prix pour se racheter, elle aura le droit de se rétracter avant la réponse du mari, qui doit être faite à la même séance. Toute acceptation ultérieure par le mari ne sera pas valable.

Art. 281. — Si le mari divorce sa femme moyennant une compensation déterminée, autre que la dot et volontairement consentie, la femme sera tenue de s'en acquitter.

Le divorce ainsi prononcé éteint toutes les dettes que les époux peuvent avoir l'un envers l'autre, relativement au mariage dissous.

La femme n'aura pas le droit de réclamer rien de ce qui lui reste dû sur la dot, ni sur le montant de l'arriéré de la pension alimentaire ou de l'habillement ou de la *mut'ah*, en cas de divorce avant la consommation du mariage.

Le mari, de son côté, ne pourra pas, dans le cas où il aura avancé des sommes pour l'entretien de la femme, se faire restituer la part afférente au temps restant à courir, ni réclamer une partie de la dot fournie.

La libération mutuelle des époux a lieu également, lorsque le divorce est fait sans fixation de compensation, avant comme après la consommation du mariage.

Art. 282. — Si le mari prononce le divorce de sa femme en excluant toute compensation, les prétentions respectives des époux ne seront pas éteintes et chacun d'eux pourra poursuivre son conjoint en paiement de ce qui lui reste encore dû.

Art. 283. — Dans le cas où le mari divorce sa femme à la condition consentie de lui faire abandon de toute la dot, elle est tenue de la restituer, si elle l'a reçue; si elle ne l'a pas reçue, le mari en est déchargé, soit que le divorce ait lieu avant ou après la consommation du mariage.

Lorsque le mari a consenti à divorcer sa femme moyennant une partie de la dot, si elle est déjà livrée, la femme doit en restituer seulement la partie qu'elle s'est engagée à payer, en cas de consommation du mariage, ou la moitié de cette partie, en cas de non consommation du mariage.

Si la dot n'a pas été livrée, le mari en est complètement déchargé dans les deux cas.

Art. 284. — Le mari n'est pas déchargé de la pension alimentaire et de l'habitation, qui reviennent à la femme, pendant le temps de sa retraite, sauf convention contraire au moment du divorce.

Art. 285. — Si les objets composant la compensation donnée par la femme, viennent à périr avant la livraison, ou si le mari en est évincé, la femme est tenue de les substituer par des objets de la même nature, s'il en existe, ou d'en payer la valeur.

Art. 286. — Si le mari consent à divorcer sa femme moyennant l'engagement par elle pris de nourrir son enfant pendant les deux années fixées pour l'allaitement, ou de le garder auprès d'elle et de l'entretenir à sa charge, après l'avoir sevré, pendant une période de temps déterminée, la femme sera obligée de satisfaire à son engagement.

Si avant l'expiration de la durée de l'allaitement ou du délai convenu pour la garde de l'enfant, le mari la reprend par un nouvel acte de mariage, ou si elle s'enfuit en lui laissant l'enfant, ou meurt elle ou l'enfant, le mari sera admis à réclamer le prix de l'allaitement et de l'entretien de l'enfant pour le temps restant encore à courir, à moins qu'il n'ait stipulé au moment du divorce que le mari n'aura pas de recours contre la femme en cas de son décès ou de celui de l'enfant, avant l'accomplissement du délai convenu.

Il en est de même lorsque la femme s'engage à nourrir ou entretenir l'enfant, dont elle se croirait enceinte, et qu'il apparaît qu'elle ne l'était pas, ou qu'elle fait une fausse couche, ou que l'enfant meurt avant l'accomplissement du temps convenu.

Art. 287. — La femme qui obtient le divorce en s'engageant à garder jusqu'à la majorité ses enfants issus du mariage dissous, pourra bien garder la fille jusqu'à cet âge mais non le garçon.

Si elle convole en secondes noces, le mari aura le droit de retirer ses enfants, même en cas de stipulation contraire, et de réclamer le salaire coutumier de leur garde pour le temps qui reste à courir.

Art. 288. — La stipulation par le mari de garder ses enfants auprès de lui pendant le temps de *hadanah* est nulle, malgré la validité du divorce, et la mère ne sera pas inquiétée dans l'exercice de ses droits de maternité pendant tout le temps de *hadanah*, sauf déchéance de ses droits, et à la charge par le père de pourvoir aux frais de *hadanah* et de l'entretien de l'enfant, si ce dernier est sans ressources.

Art. 289. — Le mari créancier ne peut pas compenser sa créance avec sa dette d'entretien envers son enfant.

Ainsi, lorsque la femme, qui a demandé ou accepté le divorce en s'engageant à nourrir ou à entretenir son enfant issu du mari divorçant, n'a point de ressources, elle pourra, malgré son engagement, recourir au père, qui sera contraint à fournir les aliments nécessaires à son enfant, et à se faire rembourser quand la position de la femme viendra à s'améliorer.

Art. 290. — Le père peut faire divorcer sa fille mineure.

S'il obtient du mari le divorce moyennant une compensation laissée à la charge de la mineure, ou moyennant la restitution de sa dot, le divorce est encouru; mais le paiement de la compensation et la restitution de la dot ne sont pas obligatoires, ni pour la femme, ni pour le père.

Mais si ce dernier obtient le divorce moyennant la dot ou une compensation, qu'il s'engage personnellement à fournir, le divorce est encouru et le père est obligé de payer le prix de compensation ou sa valeur en cas de revendication; et si le divorce est fait moyennant la dot, la femme aura droit de la réclamer au mari, qui poursuivra le père en restitution.

Art. 291. — Lorsque le mari propose directement le divorce à sa femme mineure à la condition de lui fournir une compensation déterminée, si elle consent étant à l'âge de raison et à même de comprendre l'effet du divorce, il est encouru, mais le paiement de la compensation n'est pas obligatoire, et le droit de la femme sur la dot lui reste toujours acquis.

Si elle refuse ou consent étant incapable de consentir, le divorce ne sera pas encouru.

Si le père consent au nom de sa fille mineure, et que celle-ci donne sa ratification à la majorité, le divorce produira son effet.

Dans le cas où le mari répudie sa femme mineure moyennant une compensation par elle consentie, étant en âge de raison, cette répudiation ne constitue pas un divorce, mais une simple répudiation révocable, et la femme conserve tous ses droits sur la dot.

Art. 292. — Le père ne peut jamais consentir à un divorce au nom de son fils mineur, ni valider le divorce prononcé par le fils en cas de minorité.

Art. 293. — Le divorce consenti par la femme majeure interdite pour cause d'incapacité, est valable, et le paiement de la compensation qu'elle s'engagerait à fournir au mari ne serait pas obligatoire pour elle.

Dans le cas où le mari répudierait sa femme incapable moyennant un prix de compensation, la répudiation encourue ne constituera pas un divorce, mais une simple répudiation révocable.

Art. 294. — La femme peut consentir valablement au divorce, dans sa dernière maladie, moyennant une compensation, et si elle vient à décéder avant l'accomplissement du délai de sa retraite, le mari aura droit à la somme la moins élevée de la part qui lui revient de la succession, ou du prix de compensation, ou du tiers des biens laissés par la défunte.

Si elle est décédée après l'expiration de la retraite, le mari aura le montant le moins élevé de la compensation ou du tiers de la succession.

Si elle guérit de sa maladie, le mari a droit à la totalité de la compensation convenue.

Art. 295. — Le mandataire chargé par la femme de consentir à son divorce, n'est pas responsable vis-à-vis du mari de la compensation convenue, à moins qu'il ne se soit engagé personnellement de la fournir, ou qu'il ne l'ait cautionnée pour la femme; auxquels cas il est tenu de s'en acquitter envers le mari, sauf recours contre la mandante.

ART. 296. — La compensation peut être payée au moment même du divorce ou de la répudiation, ou stipulée payable à termes plus ou moins longs.

ART. 297. — Le mari sera contraint de restituer ce qu'il aura reçu indûment pour prix de compensation en divorçant sa femme, dont le mariage est radicalement nul.

## CHAPITRE III.

### De la séparation pour cause d'impuissance.

ART. 298. — La femme libre qui trouve son mari impuissant et hors d'état de remplir le devoir conjugal, a le droit, si elle ne consent pas à vivre avec lui, de demander en justice le *tafrik* ou la séparation formelle, pourvu qu'elle ignorât l'état du mari au moment du contrat.

Le silence plus ou moins long de la femme, qui a constaté l'impuissance de son mari, ne lui fera pas perdre ce droit, ni avant sa demande en justice, ni après.

ART. 299. — Lorsque la femme actionne son mari accusé d'impuissance et demande la séparation, si le mari avoue son impuissance, le magistrat lui accordera un délai d'une année lunaire entière, y compris le mois de Ramazan, les périodes menstruelles de la femme, le temps où le mari s'absentera pour faire le pèlerinage ou tout autre voyage, et non le temps de l'absence de la femme, ni le temps de leurs maladies de nature à empêcher la cohabitation.

L'année doit commencer à partir de la demande judiciaire ou de la guérison de la maladie du mari, ou de sa majorité ou de la cessation de son *ihram*, s'il était malade ou mineur ou en état d'ihram (couvert du manteau pèlerinal).

ART. 300. — Si, au bout de l'année, la femme se plaint de la non cohabitation de la part du mari et insiste sur la séparation, le magistrat sommera le mari à la répudier. En cas de refus, le magistrat prononcera la séparation, qui constitue un acte répudiaire et non un divorce.

Si la femme trouve son mari entièrement mutilé, sans qu'elle en ait eu connaissance, au moment du mariage, le magistrat, sur sa demande, prononcera la séparation sans aucun délai.

ART. 301. — Si le mari impuissant nie la réalité de l'accusation dirigée contre lui, avant ou après que le délai judiciaire lui ait été accordé, le magistrat proposera deux matrones de confiance pour examiner la femme.

Si le rapport des matrones constate qu'elle est *saïb*, le mari sera cru en sa déclaration affirmée par serment, soit que la femme ait été vierge ou *saïb* avant de l'épouser et quand même elle prétendrait avoir perdu sa virginité par un accident.

S'il prête le serment, la femme perd tout droit de poursuite contre lui.

S'il refuse le serment ou si les matrones déclarent que la femme est encore vierge, le magistrat accorde au mari le délai mentionné dans l'article précédent, dans le cas où le mari aura nié l'accusation avant la fixation du délai. Dans le cas contraire, la femme aura à opter, dans la même séance, entre le maintien ou la dissolution du mariage.

Si elle tient à la séparation, le magistrat la prononcera à l'instant.

Si elle se ravise et consent à rester avec son mari, ou si elle quitte la séance volontairement ou par contrainte, son droit à l'option cesse et elle ne sera plus admise à réclamer contre l'impuissance de son mari.

ART. 302. — La réparation pour cause d'impuissance ne crée point de prohibition, et les époux pourront se réunir par un nouveau contrat de mariage, pendant ou après l'expiration de la retraite.

Si l'un des époux vient à mourir pendant la retraite, son conjoint n'aura aucun droit à sa succession.

# CHAPITRE IV.

### De la séparation pour cause d'apostasie.

ART. 303. — L'apostasie de l'un des époux musulmans entraîne immédiatement la dissolution du mariage et la séparation, sans besoin d'une décision judiciaire.

Cette séparation constitue un divorce et non pas une répudiation.

ART. 304. — La séparation pour cause d'apostasie ne crée qu'une prohibition provisoire qui cesse avec la cause qui l'a produite.

Si l'apostat retourne à l'islamisme, il peut valablement renouer le lien conjugal avec la femme, sans nécessité de renouveler le contrat de mariage. Si c'est la femme qui a apostasié, elle sera contrainte à l'islamisme et au renouvellement du mariage, moyennant une dot minime.

Ce n'est que dans le cas où l'apostat aura répudié la femme définitivement ou par trois fois durant sa retraite, et pendant qu'il est établi dans les États musulmans, qu'elle lui sera interdite jusqu'à ce qu'elle ait rempli les conditions exigées légalement.

Art. 305. — Si les deux époux abjurent la foi musulmane en même temps ou successivement, sans préciser quel est celui des deux qui a abandonné sa religion le premier, et retournent de la même manière à l'islamisme, le mariage reste indissoluble. Il ne sera dissous que quand l'un se convertit à l'islamisme avant l'autre.

Art. 306. — Si l'apostasie a lieu après la consommation du mariage, la femme aura droit à la dot entière, soit que l'apostasie ait eu lieu de sa part ou de la part du mari.

Art. 307. — Lorsque l'apostasie précède la consommation du mariage, si c'est le mari qui s'est fait apostat, la femme aura droit à la moitié de la dot contractuelle, ou à la *mut'ha*, à défaut de dot contractuelle, et à l'entretien pour le temps de sa retraite.

Si c'est la femme qui a changé de religion, elle n'aura droit ni à la moitié de la dot ni à la *mut'ha*.

Art. 308. — Si le mari qui abjure la foi musulmane, meurt avant l'accomplissement du délai de la retraite imposée à la femme, elle aura droit de réclamer la part qui lui revient de sa succession, soit qu'il ait abjuré dans sa dernière maladie ou en état de bonne santé.

Art. 309. — Si la femme abandonne la religion musulmane pendant sa dernière maladie, et meurt avant l'expiration de sa retraite, son mari musulman héritera d'elle.

Mais si elle abjure la foi étant en état de bonne santé, et qu'elle vient à décéder avant de retourner à l'islamisme, son mari n'aura aucun droit à sa succession.

# CHAPITRE V.

## De l'iddat ou retraite légale et de l'entretien de la femme à qui elle est imposée.

Section I. — *Des femmes assujetties à la retraite.*

Art. 310. — La retraite constitue un empêchement au mariage.

Elle doit être imposée à toute femme séparée de son mari après la consommation réelle du mariage valable ou entaché de nullité radicale, ou après une entrevue privée régulière ou irrégulière, quand le mariage est valable, soit que la séparation provienne d'une répudiation *radjii*, ou révocable, ou d'une répudiation irrévocable, parfaite ou imparfaite, ou d'un divorce ou d'une dissolution judiciaire prononcée par suite de l'impuissance du mari, du serment d'anathème, de l'infériorité de la dot, de l'exercice du droit d'option à la majorité, ou de l'annulation d'un mariage frappé de nullité radicale ou de cohabitation par erreur ou de la mort du mari, même avant la consommation du mariage valable.

Art. 311. — La durée d'*iddat il talak*, ou de la retraite répudiaire, et d'*iddat il faskh*, ou du divorce, quelle qu'en soit la cause, est de trois purgations périodiques entières pour toute femme libre, musulmane ou *kitabiiah*, mariée à un musulman, en âge d'être réglée, non enceinte et séparée de son mari après la consommation réelle ou présumée du mariage non entaché de nullité.

Il en est de même de la durée de la retraite d'une femme séparée ou devenue veuve après une cohabitation par erreur ou par suite de l'annulation d'un mariage consommé et entaché de nullité radicale.

Si la femme se trouve dans la période de ses règles au moment où elle a été frappée par la répudiation, cette période ne compte pas, et il faut trois autres périodes complètes pour que la femme puisse recouvrer son entière liberté et contracter légalement un second mariage.

Art. 312. — Pour toute femme libre qui n'éprouve pas les infirmités périodiques, à cause soit de sa minorité, soit de son âge avancé, et pour la jeune fille qui a déjà atteint la puberté sans avoir jamais eu ses règles, la durée de la retraite est de trois mois.

Si la retraite est imposée le premier jour d'un mois, les trois mois compteront par l'apparition de la lune, quand même le nombre des jours serait inférieur à trente ; si elle devient obligatoire dans le courant du mois, le délai cessera à l'expiration de quatre-vingt-dix jours.

Art. 313. — Si la femme répudiée dans l'adolescence et soumise à une retraite lunaire, voit l'apparition de ses règles avant l'expiration du terme trimestriel, elle sera obligée de recommencer une nouvelle retraite périodique.

La femme qui n'espérait plus avoir des infirmités périodiques à cause de son âge avancé et qui, après avoir commencé une retraite lunaire, a vu avant son accomplissement la réapparition de ses règles doit aussi recommencer une nouvelle retraite périodique, et elle ne sera libérée qu'après trois purgations complètes.

Dans le cas où ses règles apparaissent après l'expiration des trois mois, elle n'est pas obligée de répéter la retraite précédente, et le mariage qu'elle contractera sera valable, mais elle sera tenue à l'avenir d'observer une retraite périodique.

Art. 314. — La femme qui, après avoir eu ses règles pendant plusieurs jours, voit s'en arrêter l'apparition depuis un an au moins, par suite de maladie ou de toute autre cause, doit se soumettre à une retraite périodique jusqu'à l'expiration de trois mois après l'âge critique, à moins que les règles ne réapparaissent avant cet âge.

L'âge critique est fixé à cinquante-cinq ans.

Art. 315. — La femme qui, à cause de la continuation incessante du flux menstruel, aura oublié l'époque de ses règles, doit attendre, avant de se marier, sept mois à partir du jour de la répudiation ou du divorce.

Art. 316. — La retraite de la femme enceinte expire à l'accouchement, soit qu'elle ait été imposée par suite du décès du mari ou de la dissolution du mariage ou par divorce, pourvu que l'enfant soit formé en partie.

Si elle avorte d'un fœtus, qui n'est pas formé, pas même en partie, la retraite ne sera pas accomplie.

Art. 317. — La retraite d'une

veuve libre, non enceinte et dont le mariage n'aura pas cessé d'être valable jusqu'à la mort du mari, est de quatre mois et dix jours, quel que soit son âge, sa religion et les circonstances de son mariage consommé ou non consommé.

Art. 318. — Si le mari d'une femme répudiée sous forme *radjii* ou révocable et soumise à la retraite, meurt avant l'accomplissement du délai prescrit, la retraite répudiaire est annulée, et la femme recommencera une retraite viduaire, soit que la répudiation ait eu lieu le mari étant en bonne santé ou dans sa dernière maladie.

Art. 319. — Si le mari, qui aura répudié dans sa dernière maladie sa femme contre sa volonté sous une forme *baïn* ou irrévocable, meurt pendant la retraite de la femme, et lui ouvre ainsi droit à sa succession, elle sera tenue d'accomplir la plus longue des deux retraites répudiaire ou viduaire, c'est-à-dire quatre mois et dix jours, pendant lesquels elle doit avoir trois purgations menstruelles.

Art. 320. — Si, après avoir répudié sa femme sous forme *baïn* et imparfaite, le mari contracte avec elle un nouveau mariage pendant sa retraite et la répudie une seconde fois, il lui doit une dot entière, et elle recommencera une nouvelle retraite, même en cas de non consommation réelle ou présumée du mariage.

Art. 321. — La retraite légale commencera à partir du jour de la répudiation quand le mariage est valable, ou du jour de l'annulation judiciaire, ou de la séparation volontaire des époux, quand le mariage est entaché de nullité radicale, ou du jour de la mort du mari.

Si la femme n'apprend la nouvelle de sa répudiation ou de la mort de son mari qu'après l'expiration des délais prescrits, elle sera dégagée de la retraite et pourra convoler en secondes noces.

Lorsque le mari déclare avoir répudié sa femme à une époque antérieure, celle-ci, à défaut de preuve, commencera sa retraite à partir du moment de la déclaration du mari, et non de la date à laquelle il a fait remonter la répudiation.

Si la femme dénie la déclaration du mari, elle aura droit aux frais de son entretien et de son habitation pendant le temps de la retraite. Dans le cas contraire, elle perd tout droit, si le temps écoulé depuis absorbe tout le délai de la retraite; sinon, elle aura droit à l'entretien pour le temps qui reste encore à courir.

Art. 322. — La femme, veuve ou répudiée, doit accomplir le délai de sa retraite dans le domicile conjugal.

Dans le cas où la répudiation ou la mort de son mari a lieu pendant son absence du domicile, elle doit y rentrer immédiatement.

Elle ne le quittera que lorsqu'elle y est forcée, ou que la maison n'est plus habitable, ou qu'elle a raison de craindre la perte de ses biens, ou qu'elle ne peut payer le loyer.

Dans ce cas la veuve peut se transporter dans une habitation voisine et la femme répudiée dans la localité que le mari voudra.

La femme répudiée ne sort de sa demeure qu'en cas de nécessité.

La veuve peut sortir pour se procurer les choses nécessaires, mais elle ne doit pas passer la nuit hors de la maison.

Art. 323. — La retraite n'est pas imposée à la femme répudiée avant la consommation réelle ou présumée du mariage valable, ni à la femme dont le mariage entaché de nullité radicale a été annulé après une simple entrevue privée, quelque régulière qu'elle fût.

Section II. — *Des femmes ayant droit aux frais d'entretien pendant la retraite.*

Art. 324. — Toute dissolution du mariage provenant du mari ne le décharge point de l'obligation d'entretenir la femme pendant sa retraite, quelque longue qu'elle soit.

Ainsi a droit à l'entretien pendant la retraite :

1° Toute femme enceinte ou non enceinte, répudiée sous forme révocable ou irrévocable, imparfaite ou parfaite;

2° Toute femme séparée par suite du serment d'anathème ou de continence, et toute femme divorcée par consentement mutuel, à moins qu'au moment du divorce elle n'y renonce en faveur du mari ;

3° Toute femme séparée par suite du refus par le mari d'embrasser l'islamisme comme elle;

4° Toute femme séparée par suite de la dissolution du mariage par l'exercice du droit d'option réservé au mari à la majorité;

5° Toute femme séparée par suite de l'apostasie du mari ou

d'un acte par lui commis envers la fille ou la mère de sa femme, de nature à entraîner prohibition de mariage.

Art. 325. — Toute dissolution du mariage provenant d'un fait irréprochable de la femme, ne lui fait pas perdre son droit à l'entretien.

Le mari est donc obligé de pourvoir pendant l'*iddat* à l'entretien de la femme séparée par l'exercice du droit d'option à la majorité, ou à cause de l'infériorité de la dot, ou de la condition du mari, ou de son impuissance.

Art. 326. — Toute dissolution de mariage provenant de la faute de la femme, entraîne la déchéance de ses droits à l'entretien pendant sa retraite.

Ainsi, l'entretien n'est pas dû à la femme séparée par suite de son apostasie après la consommation réelle ou présumée du mariage, ni à la femme qui commet volontairement envers le fils ou le père de son mari un acte de nature à entraîner prohibition de mariage.

Elle n'aura droit qu'à l'habitation, pourvu qu'elle ne la quitte pas, pendant la retraite.

Art. 327. — Toute femme ayant perdu ses droits à l'entretien pour avoir contribué, par sa faute, à la dissolution du mariage, ne pourra pas les recouvrer, quand même la cause produisant l'effet aura cessé.

Ainsi, si la femme apostasiée retourne à la foi musulmane pendant la retraite, son retour ne lui donne pas le droit de réclamer l'entretien.

Toutefois, la femme répudiée par suite de sa désobéissance peut, si elle rentre au domicile conjugal, réclamer son entretien.

Art. 328. — La femme adolescente qui, après avoir commencé sa retraite lunaire, a eu ses règles avant l'accomplissement du terme, recevra les frais de son entretien pendant la nouvelle retraite de trois périodes menstruelles qu'elle est obligée de recommencer.

Il en est de même de la femme qui, après une ou deux purgations périodiques, a vu cesser ses règles par suite d'une maladie ou toute autre cause.

Celle-ci aura le droit à l'entretien jusqu'à l'expiration de trois périodes menstruelles, en cas de réapparition de ses règles avant l'âge critique, ou jusqu'à l'expiration de trois mois après l'âge critique.

Art. 329. — La femme à qui

ni le magistrat ni son mari n'auront pas fixé un entretien, et qui laisse écouler tout le temps de la retraite sans le réclamer, y perdra tous ses droits.

Si le temps écoulé est au-dessous d'un mois, la femme ne sera pas déchue de ses droits.

Art. 330. — L'entretien fixé d'un commun accord ou par décision judiciaire à la femme en retraite, ne sera pas prescrit par l'expiration du délai.

Art. 331. — Toute femme libre devenue veuve n'a aucun droit à l'entretien, quand même elle serait enceinte.

# LIVRE QUATRIÈME.

## DES ENFANTS.

---

## CHAPITRE PREMIER.
### De la paternité et de la filiation.

Section I. — *Des enfants issus pendant le mariage valable.*

Art. 332. — La durée la plus courte de la gestation est de six mois, la durée ordinaire est de neuf, et la plus longue est de deux ans légalement.

Art. 333. — L'enfant né pendant le mariage valable au terme de six mois au moins, à partir de sa célébration, appartient au mari.

L'enfant né avant ce terme à compter de la célébration du mariage, ne peut appartenir au mari qu'en cas où il le reconnaît formellement, sans déclarer qu'il est issu d'un acte illicite.

Art. 334. — Si le mari désavoue l'enfant, dont sa femme a accouché au bout de six mois accomplis, l'enfant ne sera réputé illégitime qu'autant qu'il est désavoué dans les termes désignés à l'art. 336, et après que les époux auront porté leur action en justice et prononcé l'un contre l'autre le serment d'anathème, et que le magistrat ait décidé leur séparation.

Art. 335. — Pour que les époux puissent prononcer le double serment d'anathème, il faut que le mariage soit valablement contracté, et encore existant ou dissous sous forme révocable, et que la retraite de la femme ne soit pas écoulée, que les époux soient tous les deux capables de porter actuellement témoignage en justice, c'est-à-dire musulmans, libres, sains d'esprit, majeurs, non muets, ni punis d'une peine juridique afflictive, et que la femme ait eu jusqu'alors une conduite irréprochable.

Si les époux remplissent les formalités du serment d'anathème dans ces conditions, le magistrat prononce immédiatement leur séparation, déclare l'enfant illégitime et le laisse à la charge de la mère.

Si les époux renoncent au serment, ou s'ils ne sont pas tous les deux ou l'un d'eux capables de le prononcer, l'enfant appartiendra toujours au mari.

Dans le cas où le mari se rétracte avant ou après les formalités du serment ou la séparation juridique, il sera passible de la peine juridique afflictive, et l'enfant déclaré légitime.

Art. 336. — Le mari n'a le droit de désavouer l'enfant qu'au jour de sa naissance, ou au moment de l'achat des objets nécessaires pour l'accouchement, ou dans les jours consacrés aux félicitations, suivant l'usage de la localité.

Si le mari est absent, les délais comptent du moment où il est instruit de la naissance de l'enfant.

Art. 337. — L'enfant désavoué n'est pas déclaré illégitime dans les six cas ci-après énoncés, quand même les époux auraient rempli les formalités d'anathème et que le magistrat aurait prononcé leur séparation :

1° Quand le désaveu a lieu après l'expiration des délais prescrits ;

2° Quand le désaveu a lieu après une reconnaissance formelle ou tacite par le mari ;

3° Lorsque l'enfant désavoué est mort avant le jugement de séparation, que le désaveu ait eu lieu soit avant, soit après la mort de l'enfant, et soit avant ou après l'accomplissement du serment d'anathème ;

4° Lorsqu'après la séparation juridique et la déclaration d'illégitimité de l'enfant, la femme accouche d'un autre enfant de la même conception. Dans ce cas les deux jumeaux appartiendront au mari, et le premier jugement est révoqué ;

5° Lorsque l'enfant est désavoué après la constatation de la paternité par un acte juridique ;

6° Lorsque le mari ou la femme meurt après le désaveu de l'enfant et avant le jugement de séparation.

Art. 338. — La déclaration judiciaire de l'illégitimité de l'enfant entraîne son exclusion de tout droit d'hérédité, et la déchéance de ses droits à l'entretien.

Les autres liens de parenté continueront à exister entre l'enfant et son père.

Ainsi ils ne pourront témoigner l'un à faveur de l'autre ; la peine du talion ne peut pas être appliquée en cas de meurtre de l'enfant par le père; les enfants du père issus d'une autre mère que celle de l'enfant sont prohibés aux enfants de ce dernier; aucun ne peut reconnaître pour fils l'enfant déclaré judiciairement illégitime par suite du serment d'anathème.

Art. 339. — Si le père reconnaît l'enfant de son fils désavoué et décédé, cette reconnaissance sera valable, et le père, passible de la peine juridique, aura droit à la succession de son fils.

La reconnaissance de l'enfant d'une fille désavouée et décédée n'est pas valable, et le père ne sera pas admis à réclamer sa part dans la succession de sa fille.

Art. 340. — La séparation par suite du double serment d'anathème constitue un acte répudiaire *baïn*.

Tant que le magistrat n'aura pas prononcé la séparation des époux, le mariage est censé existant, et le survivant des époux aura droit à la succession de l'autre, lorsqu'il est capable de lui succéder; mais il est défendu au mari, qui aura prononcé le serment, de traiter avec sa femme.

Les époux dont le mariage est dissous par suite d'un double serment d'anathème, ne pourront pas se réunir par un nouveau mariage, tant qu'ils restent capables de porter témoignage en justice.

S'ils perdent cette capacité tous les deux ou l'un d'eux, leur union devient licite, soit pendant la retraite de la femme, soit après.

Section II. — *Des enfants issus d'un mariage entaché de nullité radicale ou d'une cohabitation par erreur.*

Art. 341. — Lorsque la femme, dont le mariage est entaché de nullité radicale, accouche, avant la séparation juridique ou volontaire, d'un enfant dans une période de six mois au moins, à compter de la consommation du mariage et non de sa célébration, la filiation est attribuée au mari, même sans reconnaissance formelle et sans qu'il puisse la désavouer.

Dans le cas où l'enfant naît après la séparation juridique ou volontaire, il ne pourra être attribué au mari, que lorsque sa naissance a lieu avant le terme complet de deux ans, à

Art. 342. — L'enfant issu d'une cohabitation par erreur sur la légitimité de la femme ou dans l'acte de mariage, est déclaré légitime s'il est reconnu.

Il en est de même de l'enfant né d'une cohabitation par erreur dans la personne de la femme.

Art. 343. — Si le séducteur d'une femme devenue enceinte partir du jour de l'annulation du mariage.

par suite des relations illicites qu'il a eues avec elle, vient à l'épouser et qu'elle accouche d'un enfant dans le terme de six mois au moins, depuis leur mariage, la filiation sera attribuée au mari, qui n'a pas le droit de la désavouer.

Si l'enfant naît avant le terme susdit, la filiation n'est attribuée au mari que dans le cas où il la reconnaît, sans déclarer que l'enfant est le fruit d'un acte illicite.

Section III. — *Des enfants issus des femmes répudiées ou veuves.*

Art. 344. — L'enfant issu d'une femme majeure répudiée sous forme révocable, qui n'aura pas déclaré que le terme de sa retraite est accompli, appartiendra au mari, soit que sa naissance ait eu lieu avant ou après le terme de deux ans, depuis la dissolution du mariage.

Si le mariage était dissous sous forme irrévocable, imparfaite ou parfaite, et que la femme ne déclare pas avoir accompli sa retraite, l'enfant dont elle accouchera avant le terme complet de deux ans depuis la dissolution du mariage, appartiendrait au mari, sans qu'il ait besoin d'aucune reconnaissance et sans qu'il puisse être désavoué.

Si la femme veuve ne se déclare pas hors de retraite et accouche dans un intervalle au-dessous de deux ans depuis le décès de son mari, d'un enfant, il sera attribué à ce dernier.

Si la femme répudiée *baïn* ou la veuve accouche au bout de deux ans complets depuis la répudiation ou la mort du mari, l'enfant ne sera attribué au mari répudiant ou au défunt que dans le cas où il est reconnu par le premier ou par les héritiers du défunt.

Art. 345. — Si la femme répudiée sous quelle forme que ce soit ou la veuve déclare qu'elle est hors de retraite, et que sa déclaration est justifiée par la durée du temps écoulé depuis la dissolution du mariage, l'enfant dont elle accouchera n'est attribué au mari ou au défunt, que s'il naît avant le terme de six mois complets depuis sa déclaration et de deux ans depuis la dissolution du mariage.

Mais lorsque la naissance a lieu avant le terme de six mois et au bout de deux ans complets ou après, l'enfant ne pourra être attribué au mari ni au défunt.

Art. 346. — Si la femme adolescente, répudiée après la consommation du mariage, ne prétendait pas être enceinte au moment de la répudiation, et sans avouer qu'elle était hors de sa retraite, elle accouchait d'un enfant avant le terme complet de neuf mois, à compter du jour de sa répudiation, cet enfant serait reconnu légitime, mais il ne le serait pas, s'il était né au bout de neuf mois complets ou après.

En cas que la femme adolescente avoue l'expiration de sa retraite, si elle accouche d'un enfant dans un intervalle de temps au-dessous de six mois depuis son aveu et de neuf mois depuis la répudiation, l'enfant sera attribué au mari; mais s'il naît au bout de six mois complets ou après, il n'appartiendra pas au mari.

Lorsque la femme adolescente prétend être enceinte au moment de la répudiation et accouche d'un enfant, il sera attribué au mari, si la naissance a lieu dans un intervalle au-dessous de deux ans, depuis la dissolution du mariage sous forme irrévocable, ou dans un intervalle au-dessous de vingt-sept mois, depuis sa dissolution sous forme révocable.

Art. 347. — Si la femme adolescente, devenue veuve, ne prétend pas qu'elle était enceinte lors du décès de son mari, et que, sans déclarer que le terme de sa retraite est écoulé, elle accouche d'un enfant dans un intervalle au-dessous de dix mois et dix jours depuis la mort de son mari, l'enfant sera attribué à ce dernier : il ne le sera pas s'il naît au bout de dix mois et dix jours complets ou d'un temps plus long.

Si la femme adolescente devenue veuve prétendait être enceinte lors du décès de son mari, l'enfant dont elle accoucherait sera attribué au défunt, s'il naît dans les intervalles fixés dans l'article précédent.

Section IV. — *De la preuve de la naissance; de la reconnaissance de la paternité; de la filiation et de la fraternité.*

Art. 348. — Si la femme mariée prétend, pendant le mariage, avoir eu un enfant dont le mari dénie la naissance ou l'identité, le témoignage d'une matrone musulmane, libre et reconnue pour sa probité, suffit pour en établir la naissance et l'identité.

Art. 349. — Si la femme en retraite légale par suite d'une répudiation révocable ou irrévocable, ou du décès de son mari, prétend avoir eu un enfant dans un intervalle de temps au-dessous de deux ans depuis la dissolution du mariage, et que le mari ou ses héritiers dénient la naissance, elle ne sera établie que par une preuve résultant de la déclaration de deux hommes reconnus pour leur honorabilité, ou d'un homme et de deux femmes dont la probité est certaine, à moins que le mari ou les héritiers n'aient avoué la grossesse de la femme, ou que la gestation n'ait été apparente et reconnaissable.

Si le mari ou ses héritiers dénient l'identité de l'enfant, elle sera établie par la déclaration de la matrone.

Art. 350. — Si un homme reconnaît pour fils un enfant dont la naissance est inconnue, et qu'il y ait entre eux une différence d'âge convenable, la paternité sera établie par sa seule déclaration, soit qu'elle ait été accueillie par un consentement formel de la part de l'enfant, s'il est en âge de raison, ou qu'elle ne l'ait pas été, et soit qu'elle ait été faite tandis que le déclarant était en bonne santé ou pendant sa dernière maladie.

Cette reconnaissance produit les mêmes effets que la filiation naturelle.

Elle donne à l'enfant reconnu le droit de réclamer l'entretien et les soins paternels et de participer avec les héritiers à la succession du déclarant et à celle de son père, quand même ce dernier et les autres héritiers ne reconnaîtraient pas la filiation de l'enfant.

Si la mère de ce dernier prétend, après la mort du déclarant, qu'elle a été son épouse, et que l'enfant reconnu était issu de son union avec lui; elle sera admise à réclamer sa part légitime dans la succession, pourvu toutefois que la maternité soit constatée et que la femme soit libre et musulmane.

S'il intervient une opposition

de la part des héritiers du défunt, qui ne la reconnaîtraient pas pour femme de leur père, ou contesteraient qu'elle fût libre et musulmane, sans que la femme puisse en donner la preuve, elle n'aura aucun droit à la succession.

Il en est de même dans le cas où sa maternité, sa condition civile ou son islamisme seraient inconnus, quand même il n'y aurait point d'opposition de la part des héritiers.

Art. 351. — Si une femme non mariée, ni assujettie à une retraite légale, reconnaît pour fils un enfant n'ayant ni père ni mère, et en âge de lui être attribué, sa reconnaissance fera foi en ce qui la concerne personnellement, soit qu'elle ait été accueillie par un consentement formel de la part de l'enfant, s'il est en âge de raison, ou qu'elle ne l'ait pas été.

Cette reconnaissance donne à l'enfant reconnu et à la mère le droit de se succéder, s'ils n'ont pas d'héritiers naturels.

Si la femme est mariée ou engagée dans une retraite légale, sa reconnaissance a besoin, pour être admise, de la ratification de son mari, ou d'une preuve établissant la naissance de cet enfant de son union avec lui, si elle était en retraite, ou de la déclaration d'une matrone, si le mariage n'était pas dissous, à moins qu'elle ne prétende que l'enfant était issu d'un autre mariage.

Art. 352. — Si un enfant, garçon ou fille, dont la naissance est inconnue, reconnaît un homme pour père ou une femme pour mère, et qu'il y ait entre eux une différence d'âge convenable, sa déclaration, accueillie par un consentement formel de la part de la personne reconnue, suffit pour établir la paternité ou la maternité, pour soumettre l'enfant à toutes les obligations imposées envers le père et la mère, et pour engager ces derniers à pourvoir à l'entretien de l'enfant, à veiller à son éducation et à remplir vis-à-vis de lui tous les autres devoirs qui incombent aux parents.

En cas de décès de l'un, le survivant aura sa part légitime dans la succession.

Art. 353. — La reconnaissance d'un frère n'engage pas les autres héritiers; ainsi, si un homme après la mort de son père, reconnaît pour frère un individu dont la naissance est inconnue, sa reconnaissance n'aura d'effet qu'à son égard; elle ne lie pas les autres héritiers qui n'ont pas adhéré à sa déclaration.

Le frère ainsi reconnu aura la moitié de la part qui revient au reconnaissant, de la succession de son père, mais la filiation ne sera pas attribuée à ce dernier.

Art. 354. — On ne peut pas adopter un enfant dont la naissance est connue.

Quiconque aura adopté un enfant dont la naissance est connue, n'est pas légalement tenu de pourvoir à son entretien, ni aux frais de sa *hadanah* (garde).

L'adoption filiale ne crée aucune prohibition de mariage entre l'adopté et l'adoptant, qui peut épouser la femme répudiée par son fils adoptif.

Aucun d'eux n'a le droit de succéder à l'autre.

Art. 355. — La paternité, la filiation, la fraternité et toute autre parenté s'établit par le témoignage de deux hommes honorables, ou d'un homme et de deux femmes dignes de la confiance de la justice.

La paternité et la filiation peuvent s'établir en voie principale seulement du vivant du père ou du fils, en personne ou représenté.

Si le père ou le fils est prédécédé, la paternité et la filiation ne peuvent s'établir qu'en voie d'incident.

L'action principale doit être dirigée contre l'héritier, le tuteur testamentaire, le légataire, le débiteur ou le créancier du père ou du fils défunt.

La fraternité et les autres liens de parenté ne peuvent, en aucun cas, s'établir qu'incidemment.

Section V. — *Des enfants trouvés.*

Art. 356. — L'enfant abandonné, fruit du crime ou de l'amour, est digne de la compassion de ses semblables.

Quiconque trouve un enfant abandonné, doit le recueillir et lui prodiguer les secours nécessaires. Il manque à son devoir, s'il le voit en danger sans le recueillir, ou s'il l'abandonne, après l'avoir recueilli.

Art. 357. — Tout enfant trouvé est réputé libre et musulman, quand même celui qui l'aura recueilli serait non-musulman, à moins qu'il ne soit trouvé par un musulman dans un quartier habité uniquement par les chrétiens ou les juifs.

Art. 358. — Celui qui a recueilli l'enfant a le droit de le

garder et de prendre soin de son éducation.

Nul ne pourra le lui enlever, pas même le magistrat, si ce n'est pour un motif légitime.

Si l'enfant est recueilli par deux personnes de religion différente, un musulman et un non-musulman, qui le réclament tous les deux, il sera laissé de préférence au musulman.

Si tous les deux professent la même religion et qu'ils sont de la même condition, c'est au magistrat de décider lequel des deux doit le garder.

Art. 359. — Les biens trouvés sur l'enfant lui appartiennent. Celui qui l'a recueilli peut en employer une partie à l'entretien de l'enfant, après avoir obtenu une autorisation judiciaire.

S'il pourvoit à son entretien de ses propres deniers, il n'aura droit à aucune restitution, à moins qu'il ne soit autorisé par un acte judiciaire.

Art. 360. — Celui qui a recueilli l'enfant et s'est chargé de son éducation, doit lui faire apprendre une science ou un métier quelconque, selon sa vocation, pour le mettre en état de gagner sa vie.

Il a le droit de l'obliger à le suivre partout, et il peut recevoir pour lui les donations et les rémunérations faites en sa faveur.

Il n'a pas la faculté de le circoncire ni de le marier, ni de louer sa personne pour profiter de son salaire, ni de disposer de ses biens autrement que pour lui acheter les objets nécessaires pour son habillement et sa nourriture.

Art. 361. — Si une personne quelconque reconnaît pour fils l'enfant trouvé encore vivant, la paternité sera établie par sa seule déclaration, quand même ce serait un chrétien ou un juif, sujet de l'Empire Ottoman.

Lorsque la paternité de l'enfant trouvé est réclamée après sa mort, elle ne sera admise que par preuve, quand même il n'aurait laissé aucun bien.

Après la reconnaissance de l'enfant par celui qui l'a recueilli, si un autre le réclame, il ne sera pas recevable, quand même il offre pour preuve une marque certaine sur le corps de l'enfant.

Art. 362. — Lorsque la paternité de l'enfant trouvé est réclamée par deux personnes autres que celle qui l'a recueilli, le premier réclamant aura la préférence, sauf preuve contraire.

Si les deux réclamations sont

simultanées, celui des réclamants qui indique une marque certaine sur l'enfant, l'emportera sur l'autre, à moins de preuve contraire.

Si les deux réclamants sont de religion différente, le musulman aura la préférence sur le non-musulman.

Si les prétentions des concurrents sont également fondées, ils auront tous les deux le même droit sur l'enfant, et seront tenus de l'entretenir, de payer le prix de sa *hadanah* et de remplir envers lui toutes les autres obligations qui incombent aux pères. L'enfant aura le droit d'hériter de l'un et de l'autre, s'il en a la capacité.

Art. 363. — Si une femme mariée reconnaît l'enfant trouvé pour fils, la maternité ne sera établie qu'autant que le mari aura approuvé sa reconnaissance par un consentement formel, ou qu'elle aura prouvé la naissance de l'enfant de son union avec lui et son identité, s'il y a lieu, par la déposition d'une matrone.

Si la femme n'est pas mariée, la déclaration de deux hommes ou d'un homme et de deux femmes est nécessaire pour établir sa maternité.

Art. 364. — Lorsque l'enfant trouvé et non reconnu par personne est sans ressources, et que celui qui l'a recueilli refuse de se charger de son entretien et de son éducation, et prouve qu'il a été trouvé sans qu'on ait connaissance de ses parents, l'État sera chargé de lui fournir les aliments, l'habillement et le logement, de lui procurer les soins et les médicaments, dont il aura besoin en cas de maladie, et de payer la dot pour lui, quand le magistrat juge nécessaire de le marier.

L'État devient son légitime héritier s'il décède sans enfants, recueille sa succession de quelque nature qu'elle soit, et paie pour lui lorsqu'il se rend coupable d'un crime emportant une peine pécuniaire.

## CHAPITRE II.
### Devoirs des parents envers leurs enfants.

Art. 365. — Tout père doit avoir soin de l'éducation de son enfant, lui faire apprendre un art ou métier selon son état et la vocation de l'enfant, pourvoir à la conservation de ses biens, et l'entretenir, s'il n'a point de ressources, le garçon jusqu'à ce qu'il soit à même de gagner sa subsistance par un travail rémunérateur, la fille jusqu'à son mariage.

La mère doit, de son côté, veiller à la garde de son enfant et l'allaiter dans les cas où elle est obligée de le nourrir.

Section I. — *De l'allaitement.*

Art. 366. — La mère sera obligée d'allaiter son enfant dans trois cas :

1º Quand le père et l'enfant n'ont pas les moyens de payer une nourrice, et qu'il ne s'en trouve aucune qui se charge de l'allaiter gratuitement;

2º Lorsque le père ne trouve pas d'autre nourrice que sa mère;

3º Lorsque l'enfant refuse de prendre le sein d'une autre femme.

Art. 367. — Si la mère refuse d'allaiter son enfant hors les cas où elle est obligée de le faire, le père doit lui procurer une nourrice salariée pour l'allaiter chez sa mère.

Art. 368. — La mère qui, pendant le mariage ou dans la retraite à elle imposée par suite d'une répudiation révocable, nourrit l'enfant issu de son union avec le père de l'enfant, n'a pas le droit de lui demander un salaire.

Si le mari engage sa femme pour nourrir son enfant d'un autre lit, elle aura droit de réclamer un salaire.

Art. 369. — La femme répudiée sous forme *baïn* ou irrévocable, qui nourrit l'enfant issu de son union avec le père, pendant le délai de la retraite ou après, aura droit à un salaire, si elle le réclame.

Art. 370. — Après l'expiration du délai de la retraite, la mère répudiée doit avoir la préférence sur toute nourrice étrangère, à moins qu'elle ne demande un salaire plus élevé.

Si une nourrice étrangère consent à nourrir l'enfant gratuitement ou moyennant un salaire inférieur au salaire coutumier, et que la mère réclame le montant intégral de ce salaire, l'enfant est confié à la nourrice étrangère, qui doit l'allaiter dans la maison maternelle.

La mère aura droit de réclamer le prix de *hadanah* ou de garde, à moins que la nourrice ne soit une personne parente de l'enfant à un degré prohibé, et qu'elle ne se charge en même temps de le garder gratuitement, et que le père ne soit sans ressources. Dans ce cas la mère aura le choix ou de garder son enfant gratis, ou de le laisser aux soins de la nourrice (Voir art. 390).

Art. 371. — Dans tous les cas où la mère peut être louée pour allaiter son enfant, elle sera admise à réclamer son salaire, même sans aucun acte de louage entre elle et le père de l'enfant ou son tuteur testamentaire.

Le magistrat ordonnera le paiement à la mère du salaire coutumier pour tout le délai de l'allaitement.

Ce délai est fixé, quant au salaire de l'allaitement, à deux ans.

Art. 372. — La transaction est assimilée au louage.

Lorsque la mère accepte du père, à titre de transaction, une somme quelconque pour l'allaitement de l'enfant, si la transaction a lieu pendant le mariage ou pendant la retraite d'une répudiation révocable, elle est de nul effet; si elle a lieu pendant la retraite imposée par suite d'une répudiation irrévocable parfaite ou imparfaite, ou après, elle est valable et les deux parties contractantes sont tenues de remplir leurs obligations respectives.

Art. 373. — Le salaire d'allaitement dû à la mère ne se prescrit pas par la mort du père.

Il constitue une créance, pour le remboursement de laquelle la mère fera concurrence avec les autres créanciers de la succession.

Art. 374. — Dans le cas où la nourrice étrangère salariée refuse, après le terme de sa convention, d'allaiter l'enfant, s'il n'accepte pas le sein d'une autre nourrice elle sera obligée de renouveler la convention.

La nourrice salariée n'est pas obligée de rester chez la mère de l'enfant, sauf stipulation contraire.

Section II. — *De l'allaitement produisant la parenté du lait et l'empêchement au mariage; et des femmes prohibées par la parenté du lait.*

Art. 375. — La parenté du lait se produit et crée un empêchement au mariage, si l'allaitement de l'enfant a lieu avant l'âge de deux ans, même après qu'il a été sevré.

Une simple goutte de lait sucée par l'enfant du sein d'une femme ou versée dans sa bouche ou injectée dans ses narines de manière qu'il l'avale, suffit pour entraîner la prohibition du mariage, quand même le lait serait extrait d'une femme morte.

Art. 376. — Toute femme qui nourrit un enfant, garçon ou fille, dans le délai de deux années fixées pour l'allaitement, est considérée comme la mère de l'enfant, et celui qui l'a rendue mère est regardé comme son père, soit que la conception ait eu lieu par suite d'un mariage valable, ou d'un mariage frappé de nullité radicale, ou d'une cohabitation par erreur.

Tous les enfants légitimes que cette femme, ou celui qui l'a rendue mère, ont eu ou auront de leur union ou d'un autre lit, ainsi que les enfants à eux attribués par la parenté du lait, seront considérés comme frères ou sœurs du même enfant.

Art. 377. — L'allaitement entraîne les mêmes prohibitions de mariage que la parenté naturelle et l'alliance. Ainsi, il est interdit à l'homme d'épouser sa mère, sa grand'mère, sa fille et sa petite-fille de lait; sa sœur de lait germaine, consanguine ou utérine, sa nièce, sa tante paternelle ou maternelle, la femme de son fils et de son père de lait répudiée ou devenue veuve, même avant la consommation du mariage.

Il est permis toutefois à l'homme d'épouser :

1° La nourrice de son frère ou de sa sœur;

2° La sœur de son fils ou de sa fille de lait;

3° La grand'mère de ses enfants de lait;

4° La mère de son oncle ou de sa tante de lait paternelle ou maternelle;

5° La tante paternelle, la nièce, la cousine de son fils ou de sa fille de lait;

6° La mère de son petit-fils ou de sa petite-fille de lait;

7° La sœur de son frère ou de sa sœur de lait et la sœur de son oncle maternel.

Il est permis aussi à la femme d'épouser le grand-père, le frère, l'oncle maternel, le fils de la tante maternelle et le neveu de son fils de lait, le père de son frère et de son oncle paternel ou maternel.

Art. 378. — Si une femme mariée allaite sa coépouse dans le délai fixé pour l'allaitement, l'une et l'autre seront éternellement prohibées à leur mari, si le mariage de la femme majeure a été consommé; sinon, le mari pourra épouser la mineure par un nouvel acte de mariage.

Dans le cas où l'allaitement a lieu par la femme majeure avant la consommation du mariage, elle n'aura aucun droit à la dot.

La mineure en aura la moitié

que le mari pourra se faire restituer par la femme majeure, si elle a allaité sa coépouse volontairement et de mauvaise foi, étant dans la plénitude de ses facultés intellectuelles, et connaissant que l'allaitement produit la prohibition et l'illégitimité du mariage, et si elle ne voulait pas, par l'allaitement, sauver l'enfant du danger de la faim.

Art. 379. — L'allaitement se prouve par le témoignage de deux hommes ou d'un homme et de deux femmes reconnus pour leur probité.

Une fois l'empêchement constaté, le magistrat dissout le mariage et ordonne la séparation des époux.

Le mari n'est tenu à aucune dot, si la séparation a lieu avant la consommation du mariage.

Dans le cas contraire, il paiera la quotité la moins élevée de la dot contractuelle ou de la dot coutumière.

La femme n'a droit ni à la pension alimentaire de la retraite ni à l'habitation.

Section III. — *De la hadanah (droit de maternité).*

Art. 380. — Toute mère légitime a le droit de garder son enfant, garçon ou fille, soit pendant le mariage, soit après sa dissolution, et lui donner les soins réclamés par son enfance, pourvu qu'elle remplisse toutes les conditions requises pour exercer ce droit.

Art. 381. — La mère ou toute autre *hadinah* chrétienne ou juive a le droit de garder aussi l'enfant jusqu'à ce qu'il soit capable de discernement en matière de religion, à moins que le père ou le tuteur ne craigne qu'elle n'inspire à l'enfant une autre foi que la foi musulmane.

Art. 382. — Pour pouvoir exercer le droit de *hadanah*, la femme doit remplir les conditions suivantes :

Être libre, majeure, saine d'esprit, digne de confiance, d'une conduite irréprochable et en état de veiller à la conservation et à l'éducation de l'enfant.

Elle ne doit pas être apostat, ni mariée à un époux qui ne soit pas un parent de l'enfant à un degré prohibé. Ces conditions doivent être remplies par toute femme *hadinah*, qu'elle soit la mère de l'enfant ou une de ses parentes.

Art. 383. — La femme *hadi-*

*nah*, mère ou parente de l'enfant, perd ses droits à sa garde, lorsqu'elle contracte ensuite un mariage avec un mari qui ne soit pas parent de l'enfant à un degré prohibé, que le mariage soit consommé ou non consommé.

Si la femme est déchue du droit de *hadanah*, ce droit passe à celle de ses parentes qui se trouve dans les conditions voulues.

Si elle n'en a pas, le père ou le tuteur de l'enfant sera admis à le réclamer.

Le droit déchu revit à la disparition de la cause qui l'a fait cesser.

Art. 384. — Le droit de *hadanah* est acquis à la ligne maternelle plutôt qu'à la ligne paternelle.

Le degré le plus rapproché de la mère l'emporte sur le degré le plus éloigné.

Lorsqu'il y aura concours entre des parentes au même degré, la parenté utérine l'emportera sur la parenté consanguine.

Ainsi, si la mère à qui est confiée en premier lieu la garde de l'enfant vient à mourir ou à se remarier avec un mari étranger, ou si elle n'est pas capable d'exercer le droit de *hadanah*, ce droit passe à sa mère.

Si elle n'a pas de mère, ou si sa mère est incapable ou indigne d'exercer la *hadanah*, elle sera dévolue à l'aïeule paternelle de l'enfant, à défaut d'aïeule maternelle; viennent ensuite la sœur germaine, la sœur utérine et la sœur consanguine, la nièce germaine, la nièce utérine, la tante maternelle germaine, la tante du côté de la mère, la tante du côté du père, la nièce consanguine, les filles du frère, les tantes paternelles de l'enfant, les tantes maternelles de la mère, les tantes maternelles du père, les tantes paternelles de la mère et du père, suivant l'ordre établi.

Art. 385. — Les femmes ont la préférence sur les hommes, pour la garde de l'enfant.

A défaut de proches parentes ou à défaut de parentes capables d'exercer la *hadanah*, ce droit passe à la ligne paternelle *acëb*, suivant l'ordre de succession; il est dévolu en premier lieu au père, ensuite au grand-père, au frère germain, au frère consanguin, au neveu consanguin, à l'oncle germain et à l'oncle consanguin.

Lorsqu'il y a concours entre deux parents au même degré, le plus vertueux ou le plus âgé prime l'autre.

Le parent *acëb* doit professer

la même religion que l'enfant. Ainsi, si un enfant chrétien ou juif a un frère musulman et un frère professant la même religion, c'est à ce dernier qu'il doit être confié.

ART. 386. — A défaut de parent *acëb*, ou si le parent *acëb* est frappé d'insanité d'esprit ou s'il est irréligieux ou indigne de confiance, l'enfant sera confié à un parent *zou rahim* ou utérin d'un degré prohibé, dans l'ordre suivant : à l'aïeul maternel, au frère utérin et à son fils, à l'oncle paternel utérin, à l'oncle maternel germain, à l'oncle maternel consanguin et à l'oncle maternel utérin.

Les cousines paternelles ou maternelles n'ont droit qu'à garder les filles.

Les cousins paternels ou maternels ne garderont que les garçons.

En cas où la jeune fille n'aurait d'autre parent qu'un cousin, le magistrat pourra lui en confier la garde, s'il est digne de confiance; sinon, il la confiera à une femme pouvant inspirer confiance à la justice.

ART. 387. — Lorsque la femme à laquelle incombe le devoir de garder l'enfant, refuse de remplir ce devoir, elle y sera contrainte, si elle n'est pas mariée et s'il ne se trouve pas une autre parente de l'enfant capable de le garder, ou si la femme qui la suit en proximité, refuse de s'en charger.

ART. 388. — Les frais de la *hadanah* sont différents des frais de l'allaitement et de ceux d'entretien, et tous sont à la charge du père, si l'enfant est sans ressources.

Si l'enfant a des ressources à lui, son père n'est obligé de lui fournir ni les frais de *hadanah* ni le salaire de son allaitement, ni la pension alimentaire, ni l'habillement, ni le logement.

ART. 389. — Lorsque la mère est chargée du soin d'élever son enfant pendant le mariage ou la retraite d'une répudiation révocable, elle n'a pas le droit d'exiger un prix pour l'exercice de la *hadanah*.

Mais si la garde de l'enfant est confiée à sa mère dont le mariage est dissous irrévocablement, ou qui est mariée à un parent prohibé de l'enfant, ou en retraite imposée après la dissolution du second mariage, elle sera admise à réclamer un prix pour les soins qu'elle donne à l'enfant, quand même elle y serait obligée.

Si la femme, à laquelle la garde de l'enfant sans ressources est confiée, se trouve sans logement, le père est obligé de leur fournir un logement et un domestique, s'il est aisé et si l'enfant en a besoin.

Art. 390. — Si la mère de l'enfant refuse de lui donner gratuitement les soins nécessaires de la *hadanah*, tandis que l'enfant et son père manquent de ressources, et qu'il n'y a aucun de ses parents prohibés qui veuille s'en charger gratuitement, la mère sera contrainte à le tenir sous sa garde et à veiller à son éducation, moyennant un salaire qu'elle se fera rembourser, quand la condition du père sera améliorée.

Dans le cas où une parente prohibée de l'enfant lui offre des soins gratis, la mère aura le droit de garder son enfant, à la charge par le père, s'il est riche, de lui payer un salaire.

Si le père est sans ressources, la mère aura le choix ou de garder l'enfant sans exiger de salaire ou de le laisser aux soins de celle qui s'offre gratuitement.

Il en est de même, lorsque le père et l'enfant sont aisés.

Si la femme qui offre ses soins gratuits à l'enfant, lui est étrangère, la mère aura droit à garder son enfant moyennant un prix qu'elle recevra même de son fils.

Art. 391. — Le droit de *hadanah* cesse pour le garçon à l'âge de sept ans accomplis.

Il cesse pour la fille, quand elle a neuf ans accomplis.

A cet âge, le père ou le tuteur testamentaire de l'enfant aura le droit de le réclamer et de le reprendre.

La *hadinah* sera contrainte à le remettre en cas de refus.

De son côté, si la *hadinah* veut remettre l'enfant à son père ou à son tuteur, il sera obligé de le reprendre.

Lorsque l'enfant n'a ni père ni grand-père, il sera remis à un de ses proches parents *acëb* ou au tuteur testamentaire, s'il est garçon.

Quant à la jeune fille, elle ne sera pas remise à un parent non prohibé.

Dans le cas où il n'y aura ni parent *acëb* ni tuteur testamentaire, l'enfant sera laissé chez la *hadinah*, à moins que le magistrat ne trouve une personne plus capable et plus digne de confiance.

Art. 392. — Tant que dure la *hadanah*, le père de l'enfant et tout autre tuteur ne peuvent l'éloigner du lieu où se trouve la *hadinah*, sans son consentement préalable.

Si le père reprend son enfant par suite du mariage de la *hadi-*

*nah* à un conjoint étranger et de l'inexistence d'une femme parente de la mère, ayant droit à la *hadanah* et capable de l'exercer, il pourra l'éloigner, à la charge de le remettre à la *hadinah*, dès que le droit revit pour elle ou pour tout autre de ses parents ayant droit à la garde de l'enfant.

Art. 393. — La mère répudiée ne pourra jamais, pendant la retraite, s'éloigner avec l'enfant confié à ses soins, du lieu où demeure son père.

Après l'expiration de la retraite répudiaire, elle ne pourra non plus transporter l'enfant, sans le consentement de son père, à une distance éloignée du lieu où il demeure, soit d'une ville à une ville ou d'un village à une ville ou d'un village à un village ; elle ne pourra le faire que si elle est née dans le lieu où elle veut transporter l'enfant, et que l'acte de mariage y ait été contracté.

Dans ce cas, elle a la faculté de le transporter sans l'autorisation de son père, quelqu'éloigné que soit le lieu où elle veut l'emmener.

Mais, si elle n'est pas née dans ce lieu, ou si elle y est née, mais l'acte du mariage n'y a pas été conclu, elle ne pourra l'y transporter sans l'autorisation de son père, qu'autant que le lieu serait à une distance telle que le père pourrait aller voir son enfant et revenir le même jour avant la nuit.

Quant au transport de l'enfant d'une ville à un village, quelque proche qu'il soit, la mère ne pourra le faire sans l'autorisation du père, que si elle est née dans ce village et que le mariage y a été contracté.

Art. 394. — Toute autre *hadinah* que la mère ne pourra, dans aucun cas, s'éloigner avec l'enfant du lieu où demeure son père, sans l'autorisation de ce dernier.

Section IV. — *Obligations du père envers ses enfants relativement à l'entretien.*

Art. 395. — Tout père libre, musulman, chrétien, ou juif, soumis à la puissance musulmane, est tenu de pourvoir à la nourriture, à l'habillement et au logement de son enfant libre et sans ressources, garçon ou fille, musulman ou *zimmi*, jusqu'à ce que le garçon puisse, par son travail rémunérateur, suffire à ses besoins, et que la fille soit mariée.

Art. 396. — Le père est obligé d'entretenir son fils majeur, lorsqu'il est pauvre, perclus, ou atteint d'une infirmité, qui le met hors d'état de subvenir à ses besoins par son travail.

Il est débiteur aussi envers sa fille majeure, pauvre et non mariée, quand même elle n'aurait aucune infirmité.

Le fils majeur, pauvre, issu d'une noble famille, et qui ne peut pas être loué pour gagner sa vie, doit être entretenu par son père.

Art. 397. — Le père seul est débiteur envers ses enfants sans ressources, à moins qu'il ne soit lui-même pauvre, impotent ou atteint d'une infirmité qui le met dans l'impossibilité de remplir ses obligations. Dans ce cas, il est considéré comme mort et libéré de la dette alimentaire de ses enfants.

Les proches parents auxquels incombe l'obligation de nourrir les enfants en cas de décès du père, seront tenus de leur fournir les aliments nécessaires.

Art. 398. — Le père pauvre et non atteint d'aucune infirmité, ne peut pas être déchargé, à cause de sa pauvreté, de l'obligation d'entretenir ses enfants. Il doit subvenir à leurs besoins par son travail.

S'il refuse de travailler, malgré la possibilité de le faire, il y sera contraint. Il peut être condamné à l'emprisonnement, s'il n'acquitte pas sa dette envers ses enfants.

Si le produit du travail du père ne suffit pas aux besoins de ses enfants, ou si le travail manque, les proches parents aisés seront appelés à pourvoir aux frais d'entretien pour les enfants.

Art. 399. — En cas de détresse du père, la mère doit, avant tout autre parent, être chargée de pourvoir à l'existence de ses enfants sans ressources, lorsqu'elle est aisée.

En présence d'une mère opulente, l'aïeul paternel n'est pas tenu de contribuer à l'entretien de ses petits-enfants qui sont dans le besoin.

Si les époux et leurs enfants sont pauvres, les proches parents aisés seront condamnés à pourvoir à la nourriture des enfants.

Les sommes avancées par les proches parents constituent une créance payable par le père après l'amélioration de sa position de fortune, que ce soit la mère ou tout autre parent qui ait fait ces avances.

Lorsque le père pauvre est perclus ou atteint d'une infirmité qui le rend incapable de travailler, aucun des proches parents n'aura recours contre lui en restitution des sommes avancées pour l'entretien de ses enfants.

Art. 400. — Lorsque l'enfant pauvre, mineur ou majeur et infirme, dont le père est mort réellement ou fictivement, a des ascendants aisés, s'ils sont au même degré de proximité et de qualité, sans être tous successibles du défunt, l'héritier seul sera débiteur de la pension alimentaire envers l'enfant.

Ainsi, s'il a un aïeul paternel et un aïeul maternel aisés, c'est le premier qui lui doit la nourriture.

Si les ascendants ne sont pas au même degré de parenté et de qualité, la pension alimentaire de l'enfant sera à la charge du plus proche.

Ainsi, en cas de concours d'une mère et d'un aïeul maternel aisés, c'est la mère qui doit pourvoir à l'entretien de l'enfant.

Dans le cas où les ascendants de l'enfant pauvre sont tous héritiers, ils seront obligés de concourir à la fourniture de la pension alimentaire, en proportion de leurs droits respectifs dans la succession.

Si l'enfant a une mère et un aïeul paternel, celui-ci sera débiteur des deux tiers et la mère d'un tiers de la pension.

Art. 401. — Lorsque l'enfant pauvre, mineur ou majeur et infirme, dont le père est mort réellement ou fictivement, a des parents de la ligne ascendante et de la ligne collatérale, s'ils ne sont pas tous héritiers présomptifs, le parent de la ligne ascendante sera seul débiteur, que ce soit lui qui est héritier ou le parent collatéral.

Ainsi, si l'enfant pauvre a un aïeul paternel et un frère germain, ou un aïeul maternel et un oncle, c'est l'aïeul qui supportera la charge de la pension alimentaire.

Si les parents de la ligne ascendante et de la ligne collatérale sont tous héritiers présomptifs, ils seront tous contraints à concourir à la pension alimentaire de l'enfant, en proportion de leurs parts respectives dans la succession.

Ainsi, si l'enfant a une mère et un frère germain ou un neveu germain ou un oncle germain, la mère paiera un tiers et le parent *acëb* concourra pour les deux tiers des frais des aliments nécessaires à l'enfant.

Art. 402. — En cas d'absence du père, laissant des enfants auxquels il doit la pension, et des biens dans la maison, de nature à être fournis en pension, le magistrat pourra ordonner que la pension soit servie sur ces biens, si la qualité des enfants est constatée.

Dans le cas où le père absent aurait des biens déposés ou une créance, il appartiendra aussi au magistrat d'ordonner le paiement de la pension sur le dépôt ou sur la créance, s'ils sont de nature à être fournis en pension, pourvu que le dépositaire ou le créancier avoue le dépôt ou la créance et reconnaisse la qualité des enfants, ou que le magistrat reconnaisse lui-même l'existence du dépôt ou de la créance et la qualité des enfants.

L'enfant pauvre peut, sans jugement, prendre ce qui est nécessaire pour sa subsistance sur les biens laissés par son père absent et de nature à servir comme pension.

Art. 403. — Le beau-père ne doit la pension alimentaire à sa bru, épouse de son fils mineur, dénué de ressources, que si ce dernier en a garanti le remboursement.

Il peut néanmoins être condamné à servir la pension à sa bru, sauf recours contre le fils en cas d'amélioration de sa position de fortune.

Art. 404. — Le père peut louer la personne de son fils mineur, arrivé à l'âge qui lui permet de se livrer à un travail rémunéré, ou lui faire apprendre un métier qui puisse le mettre à même de gagner sa subsistance.

Le père pourra employer une partie du produit du travail de son fils à pourvoir aux besoins de ce dernier, et conserver l'excédant pour le rendre à l'enfant à sa majorité.

En cas d'insuffisance du gain de l'enfant, le père doit y parfaire sur ses propres deniers.

La pension de la fille qui se suffit par le produit de son travail à la couture ou au filage, est à sa charge. En cas d'insuffisance, le père doit y parfaire.

Art. 405. — Si la mère se plaint de l'exiguïté de la pension de l'enfant ou du refus du père à la servir, il appartiendra au magistrat d'en fixer le montant et d'ordonner qu'elle soit payée à la mère pour être employée aux besoins de l'enfant.

En cas d'abus de la mère, le paiement de la pension sera fait quotidiennement ou confié à un tiers, qui sera chargé de pourvoir aux frais de l'enfant.

Si la pension payée à la mère périt entre ses mains, le magistrat aura le pouvoir de condamner le père à la servir une seconde fois.

Art. 406. — La mère peut valablement transiger avec le père sur la quotité de la pension due aux enfants. Si la quotité convenue excède les besoins des enfants, l'excédant, s'il est minime, ne sera pas rendu au père, mais, s'il est considérable, il sera déduit de la quotité convenue.

En cas d'insuffisance du chiffre convenu, le père devra y parfaire jusqu'à concurrence du chiffre indispensable.

Art. 407. — La dette de la pension fixée judiciairement au profit de l'enfant sans ressources, ne s'éteint pas par la non-réclamation pendant un mois ou plus, quand même la mère de l'enfant n'aurait pas fait d'emprunt par ordonnance judiciaire.

En cas de décès du père de l'enfant, le montant de l'arriéré de la pension empruntée par décision judiciaire, est remboursable sur la succession du défunt.

Si le montant de la pension arriérée n'a pas été emprunté par un ordre du magistrat, il se prescrit par la mort du père.

## CHAPITRE III.

**De la pension due aux parents par leurs enfants.**

Art. 408. — L'enfant aisé, majeur ou mineur, de l'un ou de l'autre sexe, doit seul la pension à ses parents, aïeux et aïeules sans ressources, musulmans ou non-musulmans, soumis à la puissance musulmane, infirmes ou même pouvant se livrer à un travail rémunéré.

Art. 409. — Si l'état du père infirme ou malade, et impuissant à se soigner tout seul, réclame les soins d'une femme ou d'une domestique, l'enfant devra en fournir les frais d'entretien ; de même que pour droit de réciprocité le père devrait faire face aux mêmes frais à l'égard de son enfant sans ressources.

En cas de pluralité des femmes du père sans ressources, l'enfant ne doit que les frais d'une seule.

Art. 410. — Le fils ne doit

pas la pension à sa mère qui a convolé en secondes noces. La charge de la pension incombe au mari.

Si le mari est en état de gêne ou absent et sans ressources, l'enfant qui en a les moyens devra servir la pension à sa mère, sauf son recours contre le mari en cas de solvabilité ou de retour.

Art. 411. — La pension du père pauvre n'est due par l'enfant pauvre, qu'autant que celui-ci sera en état de se livrer à un travail rémunéré, le père étant infirme et hors d'état de gagner sa vie.

Le père, dans ce cas, partagera avec l'enfant ses aliments.

La mère pauvre est assimilée au père infirme, bien qu'elle ne soit pas atteinte d'infirmité.

L'enfant pauvre et père de famille est tenu d'admettre son père et sa mère au sein de sa famille, et non de leur servir une pension à part.

Art. 412. — En cas d'absence de l'enfant possédant des biens en dépôt ou une créance, reconnus par le dépositaire ou le débiteur, le magistrat peut ordonner que la pension due aux parents sans ressources soit servie sur les biens ou la créance, si les biens ou la créance peuvent être fournis en nature.

Le dépositaire ou le débiteur, qui aura employé le dépôt ou la dette à la pension des parents de l'absent, sans l'autorisation de celui-ci ou l'ordre du magistrat, est responsable de cet emploi vis-à-vis de l'absent, sans pouvoir pour cela exercer aucun recours contre les parents.

Si le dépositaire a employé le dépôt à la pension du père de l'absent, sans l'autorisation de celui-ci, et que le déposant décède en laissant son père pour seul et unique héritier, ce père n'aura point de recours contre le dépositaire.

Art. 413. — La pension du vieillard, du perclus et du malade, sans ressources et sans parents, est à la charge de Beït-el-Mal.

Art. 414. — La pension due par les enfants aux parents sans ressources n'est pas proportionnelle à leurs parts successibles.

Elle a pour base la qualité d'enfant et la proximité des degrés.

Ainsi, en cas de concours d'un fils et d'une fille, tous les deux en position de servir la pension, celle-ci doit être fournie par les deux, chacun pour une moitié.

De même, en cas de deux fils aisés, l'un musulman et l'autre chrétien ou juif, chacun d'eux doit fournir la moitié de la pension.

En présence d'un fils et d'un petit-fils issu d'un fils, tous les deux en état d'aisance, la dette est à la charge exclusive du fils.

Si le fils est absent et sans biens présents, le petit-fils sera contraint de servir la pension, sauf recours contre le fils, s'il acquiert des ressources.

La fille possédant des ressources, doit supporter seule la charge de la pension, malgré le concours d'un petit-fils également aisé.

Les petits-enfants de l'un ou de l'autre sexe et au même degré doivent concourir, par parts égales, à l'entretien de leurs ascendants.

## CHAPITRE IV.

**De la pension due aux parents zaouil-arham ou utérins.**

ART. 415. — La pension est due à tout parent avec lequel le mariage est prohibé, quand il est sans ressources, et en besoin de recevoir la charité, par son héritier présomptif, quoique mineur, dans la proportion de sa part successible.

Le parent peut être contraint au paiement de la pension, s'il refuse d'y satisfaire tout en ayant les moyens.

La loi ne fait point de distinction entre les ayants-droit à la pension, mineurs ou majeurs infirmes et hors d'état de se livrer à un travail rémunéré ou appartenant au sexe féminin, quoique majeurs, jouissant de leur santé et pouvant travailler, mais ne travaillant pas en fait.

ART. 416. — La différence de religion dispense de l'obligation à la pension, à moins que l'ayant-droit ne soit la femme, un ascendant ou descendant du débiteur de la pension, et n'appartienne, en outre, à la catégorie des *zimmi* ou non-musulmans soumis à la puissance musulmane.

Ainsi, le musulman ne doit aucune pension à son frère non-musulman et réciproquement.

De même le musulman ou le non-musulman *zimmi* ne doit aucune pension à son père et à sa mère non *zimmi*, bien qu'ils habitent les pays musulmans, et réciproquement.

ART. 417. — Le parent utérin, avec lequel le mariage n'est pas prohibé, est déchargé de l'obligation à la pension par le concours d'un parent avec lequel le mariage est prohibé.

En cas de concours de deux parents appartenant l'un au degré prohibé et l'autre à un degré non prohibé, la charge de la pension incombe au premier et non au second, quoique héritier présomptif.

Ainsi, si le parent pauvre a un oncle maternel et un cousin issu d'un oncle paternel, frère germain du père de l'utérin, le cousin, quoique héritier, est dégrevé de l'obligation à la pension, qui reste à la charge de l'oncle seul.

Art. 418. — En cas de concours de plusieurs parents, au même degré prohibé, la dette de pension est à la charge de ceux appelés à la succession du créancier de la pension, et en proportion de leur part, s'ils sont en position de la servir.

Ainsi, de deux oncles aisés, l'un paternel et l'autre maternel, le premier qui prime le second par sa vocation à la succession du neveu sans ressources, doit supporter la charge de la pension.

L'oncle paternel doit également, en présence d'une tante paternelle, supporter la dette de pension.

En cas de concours d'un oncle et d'une tante maternelle, la pension est supportée pour deux tiers par l'oncle et pour un tiers par la tante.

Si le créancier a trois sœurs, la sœur germaine paiera les trois cinquièmes, la sœur consanguine un cinquième et la sœur utérine un cinquième de la pension.

S'il a trois frères, le frère utérin doit un sixième et le frère germain le reste de la pension.

Art. 419. — La dette de la pension alimentaire fixée aux parents *zawil arhâm* se prescrit par l'expiration d'un mois et au delà, à moins qu'elle ne soit empruntée en vertu d'une décision judiciaire ; dans ce cas, elle est payable par la succession du débiteur, s'il ne s'en acquitte pas de son vivant.

## CHAPITRE V.

### De la puissance paternelle.

Art. 420. — Le père exerce la puissance paternelle sur la personne et les biens de ses enfants mineurs ou majeurs incapables, de l'un ou de l'autre sexe, quand bien même les enfants mineurs se trouveraient confiés à la garde de la mère ou des parents de celle-ci.

Le père a également autorité pour contraindre ses dits enfants au mariage.

Art. 421. — La puissance paternelle subsiste dans toute sa plénitude sur la personne et les biens, malgré l'âge de puberté atteint par le mineur en état de démence ou de fureur. Elle cesse par la puberté, accompagnée de la jouissance des facultés intellectuelles.

Néanmoins, elle renaît si l'enfant pubère perd par la suite ses facultés intellectuelles.

Art. 422. — Le père honorable, jouissant d'une bonne réputation ou d'une conduite irréprochable, et capable de conserver les biens, peut disposer des biens de ses enfants mineurs ou majeurs assimilés à ces derniers, ou employer honnêtement lesdits biens dans le commerce. Il peut les donner à titre de mise de fonds dans une société commanditaire, ou les livrer en marchandises en vue de les faire fructifier. Dans l'un ou l'autre cas, il peut confier ses pouvoirs à un mandataire.

Le père peut également louer la personne de son enfant mâle, ainsi que les biens meubles et immeubles, les terres, les bestiaux et en général tous biens appartenant à ses enfants soumis à sa puissance.

Art. 423. — Est valable et ne peut être rescindée par l'enfant devenu majeur toute vente, consentie par le père, d'un bien meuble ou immeuble de l'enfant, ou toute location de ses biens, ou tout achat fait à son profit, à la valeur réelle ou avec une lésion légère.

La vente ou la location d'un bien de l'enfant consentie par le père avec une lésion grave est radicalement nulle et comme non avenue. Elle ne peut par conséquent être ratifiée par l'enfant devenu majeur.

Tout achat fait par le père pour le compte de son fils avec une lésion grave n'oblige que le père.

L'enfant devenu majeur peut annuler, avant l'expiration du terme, la location valablement faite de sa personne par son père, s'il n'aime mieux maintenir la location.

Il ne peut, au contraire, faire annuler, avant l'expiration du terme, la location faite de ses biens par son père.

Art. 424. — Le père, mauvais administrateur, ne peut vendre les biens immeubles de ses enfants mineurs ou de ses enfants majeurs assimilés aux mineurs, à moins que la vente ne soit consentie au double de la valeur. Autrement l'enfant pourra, à sa majorité, faire annuler la vente.

Art. 425. — Si le père est prodigue des biens de ses enfants mineurs et incapable de les conserver, le magistrat pourra nommer aux mineurs un tuteur, à qui devront être confiés tous les biens de ces derniers.

Art. 426. — Le père peut valablement acheter pour son compte les biens de ses enfants ou vendre à ces derniers ses propres biens.

S'il achète leurs biens, il ne peut être libéré du prix, que par le paiement effectué entre les mains d'un tuteur judiciaire, lequel restituera le même prix au père pour le conserver au nom du mineur.

Si le père vend son propre bien à son enfant, il ne sera pas présumé avoir pris possession pour le mineur par le seul fait de l'acte.

La perte du bien vendu, arrivée avant la tradition réelle, est à la charge du père et non de l'enfant.

Art. 427. — Le père peut donner son bien en nantissement au profit de son enfant, et prendre en nantissement à son propre profit le bien de ce dernier.

Il peut engager le bien de son enfant pour garantir sa propre dette ou celle de ce dernier.

Si le bien donné en nantissement pour garantir la dette du père périt, celui-ci sera responsable de la valeur jusqu'à la concurrence de la dette garantie et non du surplus, lorsque la valeur du bien est supérieure à celle de la dette.

Art. 428. — Le père ne peut prêter ni emprunter les biens de son enfant mineur, ni les donner à titre gratuit, même contre compensation ; il peut en faire l'objet d'un prêt à usage, si l'emprunteur est digne de confiance.

Art. 429. — Le père ne peut accepter le transfert d'une créance de son enfant non contractée par lui, à moins que la solvabilité du délégué ne soit supérieure, et non inférieure ou égale, à celle du délégant.

Il peut accepter toute délégation d'une créance de son enfant contractée par lui-même, quand bien même la solvabilité du délégué serait inférieure à celle du délégant.

Cette disposition est applicable au tuteur testamentaire.

Art. 430. — Le père n'a point de recours contre son enfant mineur et pauvre pour le prix des objets qu'il est tenu de lui fournir.

Il a, au contraire, recours contre lui pour les objets qu'il n'était pas tenu de lui fournir, s'il a déclaré devant témoins qu'il en faisait la fourniture en vue d'exercer son recours contre le fils.

Art. 431. — Le père, qui est décédé sans désigner les biens de son enfant, n'en est point responsable.

Dans le cas où le père aura désigné avant sa mort les biens de son enfant, celui-ci pourra, à la majorité, lui ou son tuteur, les réclamer, s'ils existent en nature, ou leur valeur, s'ils n'existent plus.

Art. 432. — La déclaration du père appuyée par son serment fait foi contre la demande en reddition des biens faite par l'enfant devenu majeur, si le père affirme que ces biens ont péri ou qu'il les a employés aux frais d'entretien coutumier de l'enfant mineur pendant un laps de temps qui admet cet emploi.

Art. 433. — Il appartient au père dénué de ressources, à l'exception de la mère, de tous autres parents, et même du magistrat, de vendre les biens meubles, de son enfant majeur et absent, mais non les immeubles, et de vendre les biens tant meubles qu'immeubles de son enfant mineur absent, ou de son enfant majeur frappé d'insanité d'esprit, pour subvenir aux frais d'entretien de sa propre personne, et celle de l'enfant, de sa mère, de sa femme et de ses enfants.

Aucune autre créance que celle de l'entretien ne donne au père le droit de vendre les biens appartenant à ses enfants absents tant majeurs que mineurs.

Dans le cas de la créance d'entretien, le père ne peut vendre que jusqu'à concurrence du nécessaire.

Art. 434. — Après la mort du père, la tutelle sur la personne de ses enfants mineurs ou majeurs incapables est dévolue au grand-père et aux parents *acëb* mentionnés à l'art. 35.

L'administration des biens de

ses enfants appartient au tuteur testamentaire nommé par lui, quand même il serait étranger à sa famille, ensuite au tuteur nommé par ce dernier.

A défaut de tuteur nommé par le père, l'administration des biens est dévolue à l'aïeul paternel, et, après lui, au tuteur qu'il aura nommé.

A défaut de ces derniers, l'administration appartiendra au magistrat ou au tuteur nommé par lui.

# LIVRE CINQUIÈME.

## DU TUTEUR TESTAMENTAIRE.
## DE L'INTERDICTION.
## DE LA DONATION ENTRE-VIFS ET DES LEGS.

### CHAPITRE PREMIER.

**Du tuteur testamentaire et de ses actes.**

Section. — *Du tuteur.*

Art. 435. — Le tuteur qui accepte, pendant la vie du testateur, la tutelle à lui déférée par celui-ci, ne peut plus, après la mort du testateur, se dispenser de remplir les devoirs de la tutelle, à moins que le testateur ne lui ait laissé la faculté de se démettre de la charge à tout moment.

Art. 436. — Le refus de la tutelle, exprimé du vivant et au su du testateur, dispense le tuteur de la charge.

Si le refus n'a pas été connu du testateur, il n'est pas valable.

Art. 437. — Le tuteur, qui décline la tutelle du vivant et au su du testateur, ne peut plus l'accepter après son décès.

Art. 438. — Le tuteur, qui ne s'est pas prononcé avant le décès du testateur peut opter après ce décès.

Il peut accepter même après avoir décliné, à moins que le magistrat ne maintienne son refus.

Art. 439. — L'acceptation tacite de la tutelle équivaut à l'acceptation expresse.

Elle peut résulter valablement de tout acte de disposition accompli par le tuteur, tels que la vente d'une chose appartenant à la succession du testateur, l'achat d'une chose utile à l'usage des héritiers, le paiement d'une dette ou le recouvrement d'une créance.

Art. 440. — La tutelle déférée par le testateur ne peut être restreinte à des actes spécifiés. Même restreinte, la tutelle vaut comme générale.

Il en est de même si le défunt a chargé une personne de payer ses dettes, et une autre de recouvrer ses créances : l'un et l'autre deviennent tuteurs généraux.

Art. 441. — Le testateur peut déférer la tutelle à sa femme, à la mère du mineur, à toute autre femme, ou à l'un des héritiers.

La mère ou toute autre personne peut être constituée conseil judiciaire pour surveiller les actes du tuteur de ses enfants.

Art. 442. — Le tuteur nommé par le père prime l'aïeul paternel.

Si le père défère la tutelle de son enfant à la mère de celui-ci, et persiste dans sa volonté jusqu'au décès, l'aïeul paternel ne peut invoquer aucun droit à l'administration des biens du mineur.

Si le père meurt intestat, l'aïeul paternel en état de remplir les devoirs de la tutelle et bon père de famille prime la mère.

Art. 443. — Le tuteur doit être musulman, libre, sain d'esprit, majeur, digne de confiance et bon père de famille.

Si le testateur défère la tutelle à quiconque ne possède pas ces qualités, le juge peut le destituer et le faire remplacer.

Art. 444. — Le testateur peut, même à l'insu du tuteur, révoquer la tutelle acceptée par ce dernier.

Art. 445. — Le tuteur choisi par le testateur ne peut être destitué par le magistrat, s'il est honorable et en état de remplir les devoirs de la tutelle.

S'il n'est pas en état d'en remplir les devoirs, le juge lui adjoindra un cotuteur.

S'il apparaît au magistrat que le tuteur est hors d'état de remplir les devoirs de la tutelle, il le fait remplacer. Si le tuteur remplacé recouvre par la suite sa capacité, le magistrat lui rendra sa qualité de tuteur.

Le tuteur n'est pas destituable sur une simple plainte d'un ou de plusieurs héritiers. Il est destitué en cas d'abus de confiance constaté.

Art. 446. — A défaut de tutelle déférée par le défunt et d'héritiers pour payer les dettes constatées de la succession ou pour en recouvrer les créances, ou exécuter les dernières volontés du défunt, en cas où la succession se trouve créancière ou débitrice, ou qu'il y ait un legs, le magistrat nommera un tuteur.

Le magistrat peut également nommer un tuteur, en cas de minorité de l'un des héritiers, ou si le père du mineur est notoirement connu comme dissipateur, ou si, le père étant absent dans un pays lointain, il y a lieu de revendiquer un droit appartenant au mineur, ou, enfin, si les héritiers s'obstinent à ne pas vendre les biens de la succession pour en payer les charges.

Art. 447. — Si le défunt ou un même magistrat nomme deux tuteurs, aucun d'eux ne peut agir valablement sans le concours de l'autre, sauf les actes suivants :

Enterrement du défunt ; — action en justice au nom du défunt pour défendre ses droits ; — réclamation des créances dues au défunt, mais sans en donner quittance, et paiement de celles dues par lui en même espèce ; — exécution d'une disposition de dernière volonté au profit d'un pauvre déterminé ; — achat du nécessaire à l'usage du mineur, et acceptation d'une donation à son profit ; — location du mineur dans un travail ; — location des biens du mineur ; — restitution du prêt, des corps certains en dépôt, des choses usurpées par le défunt et de celles achetées par lui et dont l'achat se trouve entaché de nullité ; — partage avec tout copropriétaire du défunt des choses fongibles ; — vente de tout objet sujet à détérioration ; — recouvrement des droits ou des biens épars.

La volonté du testateur doit être respectée, soit qu'elle ait permis aux tuteurs d'agir séparément, ou qu'elle leur ait prescrit d'agir collectivement.

Art. 448. — Si de deux tuteurs choisis par le testateur, l'un seul accepte la tutelle après le décès de celui-ci, le magistrat peut lui adjoindre un conseil judiciaire ou le laisser agir seul.

Dans les cas où le magistrat adjoindra au tuteur choisi un conseil judiciaire, la priorité pour la conservation des biens appartient au tuteur ; celui-ci ne peut néanmoins faire aucun acte de disposition en dehors de l'intervention et de l'avis du conseil.

Art. 449. — Le tuteur nommé par le tuteur choisi par le défunt est tuteur pour les deux successions, quand même il aurait été nommé spécialement pour la succession du tuteur. Il en est de même du tuteur choisi par un tuteur nommé par le magistrat, lorsque la tutelle est générale.

### Section II. — *Des actes du tuteur.*

Art. 450. — Si les héritiers sont tous mineurs, et la succession se trouve libre de toute dette et de tout legs, le tuteur pourra aliéner les biens meubles, même avec une légère lésion, et quand bien même les héritiers n'auraient pas besoin du prix.

Il ne pourra aliéner les biens immeubles du mineur que pour une des causes légales qui suivent :

1° Si l'immeuble est vendu au profit du mineur au double de la valeur ;

2° En cas de dette à la charge de la succession, qui ne peut être éteinte que par la vente de l'immeuble.

Il en sera vendu telle partie qui permette de satisfaire la dette ;

3° En cas de disposition indéterminée de dernière volonté et d'absence dans la succession des biens meubles et d'espèces, qui permettent de payer les legs.

Il sera vendu de l'immeuble telle partie, qui puisse satisfaire le legs ;

4° Lorsque les besoins du mineur réclament la vente de l'immeuble.

Il peut être aliéné à la valeur réelle et même avec une lésion légère ;

5° Si les frais d'entretien et les impôts de l'immeuble en dépassent les revenus ;

6° Si l'immeuble, maison ou magasin, menace ruine et qu'il y ait danger de destruction ;

7° Si l'immeuble est exposé aux dangers de l'influence d'un puissant.

Toute vente d'immeuble accomplie par le tuteur en dehors de l'une des causes légales susénumérées est nulle : la nullité ne peut être couverte par l'approbation du mineur devenu majeur.

Sont réputés meubles les arbres, les palmiers et les constructions hormis le fonds.

Art. 451. — Si la succession est libre de dettes et de legs, et que les héritiers soient tous majeurs et présents, le tuteur ne peut aliéner, sans leur autorisation, aucun bien de la succession.

Il peut, au contraire, réclamer les créances du défunt, et recevoir valablement ses autres droits et les remettre aux héritiers.

Si les héritiers sont tous majeurs et absents, le tuteur peut aliéner les biens meubles seulement et en conserver le prix.

Si, tous les héritiers étant majeurs, quelques-uns d'entr'eux se trouvent présents et les autres absents, le tuteur ne pourra aliéner que la part revenant aux absents dans les meubles. Il ne pourra aliéner leur part dans les immeubles que pour dettes.

Art. 452. — S'il n'y a ni dette ni legs à la charge de la succession, et que les héritiers soient en partie majeurs et en partie mineurs, le tuteur peut aliéner les parts revenant aux mineurs, tant en meubles qu'en immeubles pour une des causes spécifiées à l'art. 450. Il ne peut pas aliéner celles qui reviennent aux majeurs; à moins que ceux-ci ne soient absents, auquel cas il aliénera leurs parts dans les meubles et non dans les immeubles.

Art. 453. — Si, en cas de dettes ou de legs à la charge de la succession et d'absence d'espèces, le legs et les dettes ne sont pas acquittés à l'aide des deniers des héritiers, le tuteur choisi par le père pourra aliéner tous les biens meubles et immeubles de la succession, si elle est absorbée par les dettes.

Si la succession n'est pas absorbée par les dettes, et qu'elle ne possède pas d'espèces pour acquitter les dettes et les legs, le tuteur pourra aliéner telle partie des biens de la succession, qui permette d'éteindre les dettes, et d'acquitter les legs, même sans le consentement des héritiers.

Le tuteur doit commencer par aliéner les meubles, soit pour payer les dettes ou pour acquitter les legs; en cas d'insuffisance des meubles, il pourra aliéner telle partie des immeubles, qui puisse satisfaire les dettes et les legs. Il ne peut aliéner le surplus.

Art. 454. — L'aïeul paternel ou le tuteur choisi par lui ne peut aliéner aucun meuble ou immeuble pour payer les dettes du défunt ou les legs.

L'un ou l'autre peut aliéner lesdits biens pour payer les dettes à la charge des héritiers.

Les créanciers du défunt ou les légataires doivent porter leur action pardevant le magistrat, qui fera vendre telle partie de la succession qui permette de satisfaire leurs dettes.

Art. 455. — Le tuteur choisi par la mère ne peut aliéner aucun bien acquis par le mineur autrement que par héritage de sa mère, soit meuble soit immeuble, affecté ou libre de charges.

Il ne peut non plus aliéner les biens acquis par le mineur par voie d'héritage de sa mère, si son père, son aïeul paternel ou, à leur défaut, le tuteur choisi par eux se trouve présent.

Le tuteur choisi par la mère peut, au contraire, disposer des biens de la succession de cette dernière, si le mineur n'a ni père, ni aïeul paternel, ni tuteur choisi par eux. Il ne peut toutefois aliéner que les biens meubles, en conserver le prix et en employer une partie à l'achat des objets nécessaires aux pupilles, à moins qu'il n'y ait une dette ou un legs à la charge de la mère. Dans ce cas le tuteur choisi par la mère, peut vendre ses biens meubles et immeubles pour acquitter les dettes et les legs, comme le tuteur choisi par la mère, ou toute autre personne ayant soin du mineur, ne peut aliéner les biens immeubles de celui-ci, même en cas de concours des causes légales.

Il peut seulement aliéner une partie des meubles, dans la mesure du nécessaire aux besoins du mineur, et acheter les choses indispensables.

Art. 456. — Le tuteur peut faire le commerce avec les deniers du mineur pour le compte de ce dernier et dans le but de les faire fructifier. Il peut faire tout ce qui tend au bien et au profit du mineur.

Le tuteur ne peut faire le commerce pour son propre compte avec les deniers du mineur.

Art. 457. — Le tuteur peut, même avec une lésion légère, vendre les biens meubles du mineur à un tiers, étranger à lui-même et au défunt, et acheter les biens meubles ou immeubles de ce tiers pour le compte du mineur.

Il ne peut rien vendre à quiconque ne peut témoigner pour lui, ni à un héritier du défunt, si ce n'est avec un avantage réel pour le mineur.

Le tuteur nommé par le magistrat ne peut, dans aucun cas, vendre les biens du mineur à ses ascendants ni à ses descendants, ni leur acheter rien pour le compte du mineur.

Art. 458. — Le tuteur peut

vendre à terme les biens du mineur, pourvu que le terme ne soit pas exagéré, que l'acheteur soit solvable et ne présente aucune crainte de retard ou de dénégation lors de l'échéance.

Art. 459. — Le tuteur choisi par le père peut vendre son propre bien au mineur et acheter pour son propre compte le bien de ce dernier, pourvu qu'il y ait dans l'opération un avantage réel au profit du mineur.

L'avantage est représenté, s'il s'agit d'immeubles, par le double de la valeur, si le tuteur achète, et de la moitié de la valeur en moins, s'il vend au mineur.

S'il s'agit de meubles, l'avantage est représenté par la moitié de la valeur en sus, s'il achète, et le tiers en moins, s'il vend au mineur.

Le tuteur nommé par le magistrat ne peut acheter aucun bien appartenant au mineur, ni vendre à celui-ci aucun de ses propres biens.

Art. 460. — Le tuteur ne peut employer les biens du mineur au paiement de ses propres dettes, ni les emprunter ou emprunter lui-même à ce dernier. Il ne peut non plus donner ses biens en nantissement au profit du mineur, ni prendre à son propre profit, à titre de nantissement, les biens de ce dernier; mais il peut les donner en nantissement pour garantir une dette du mineur ou du défunt ou sa propre dette, de même qu'il peut accepter un nantissement ou une caution pour garantir une créance du mineur ou du défunt.

Art. 461. — Le tuteur peut se substituer un autre pour faire tous les actes qu'il peut faire lui-même relativement aux biens du mineur.

La mort du tuteur ou du mineur met fin à la délégation.

Art. 462. — Il n'appartient pas au tuteur de libérer le débiteur du défunt, ni faire remise de tout ou de partie d'une créance due à ce dernier, ni d'accorder un terme au débiteur, à moins que la dette ne soit contractée par lui-même.

Si l'acte est contracté par le tuteur lui-même, il peut, sous sa responsabilité, faire remise ou accorder un terme au débiteur, même le libérer.

Art. 463. — Le tuteur peut transiger sur une créance du défunt ou du mineur, non appuyée par témoins et niée par le débiteur. Il ne peut transiger avec perte, si la créance est soutenue par des témoins honorables, ou reconnue par le débiteur, ou constatée par jugement.

Si le défunt ou le mineur doit une créance constante ou constatée par jugement, le tuteur peut transiger sur la base du montant exact de la dette.

Art. 464. — Est nulle toute déclaration du tuteur en reconnaissance d'une dette, d'un bien ou d'un legs à la charge du défunt.

Art. 465. — La reconnaissance par un héritier d'une dette à la charge du défunt ne produit ses effets qu'à son égard ; il doit supporter de la dette reconnue une partie proportionnelle à sa quote-part dans la succession : s'il reconnaît un legs pour le tiers de la succession, il le supporte sur le tiers seulement de sa part successorale.

Art. 466. — Le tuteur doit être raisonnable dans les frais d'entretien du mineur, sans exiguïté ni prodigalité.

En cas d'insuffisance du montant fixé judiciairement pour l'entretien du mineur, le tuteur peut y parfaire.

Art. 467. — Le tuteur qui aura, au moyen de ses propres deniers, pourvu à l'entretien du mineur dénué de ressources, ou ayant des ressources non disponibles, ne peut réclamer le remboursement de ses avances qu'autant qu'il aura déclaré devant témoins qu'il le faisait dans l'intention d'en être remboursé. Dans ce cas, il aura recours contre le mineur, à moins qu'il ne soit un des parents redevables au mineur pauvre de la pension alimentaire.

Art. 468. — Le tuteur, qui paye une dette du défunt non appuyée par témoins fournis par le réclamant, ni constatée par jugement ou reconnue par les héritiers, est responsable d'un tel paiement, s'il n'a pas lui-même une preuve constatant la dette, et si les héritiers jurent qu'ils n'avaient aucune connaissance de la dette.

Art. 469. — Si le tuteur est dans le besoin, il lui est dû un salaire égal au salaire coutumier, pour ses peines, autrement aucun salaire ne lui est dû.

Art. 470. — Les mineurs devenus majeurs peuvent demander au tuteur le compte de sa gestion. Ils supportent les frais judiciaires de la reddition du compte.

Le tuteur ne peut être contraint à donner les détails des dépenses qu'il a faites pendant sa gestion. Son affirmation soutenue par le serment fait foi, si son honorabilité n'est pas suspecte. Dans le cas contraire, il sera contraint à donner les détails de ses dépenses. — A cet effet, le magistrat pourra le faire comparaître deux ou trois fois, user de menaces à son égard, sans pourtant l'incarcérer malgré son persistant refus à donner lesdits détails.

Son serment fera foi, en tant que ses affirmations concernant les actes qui rentrent dans les attributions légales de tuteur, ne seront pas démenties par l'évidence des faits.

Art. 471. — Si le tuteur meurt sans désigner les biens de son pupille, sa succession n'est pas responsable.

Dans les cas contraires, le pupille devenu majeur, aura le droit de réclamer ses biens, s'ils existent en nature, ou de se faire payer la valeur par la succession du tuteur, s'ils ont été consommés.

Art. 472. — Le serment du tuteur fait foi en ce qui concerne tous les actes qui rentrent dans ses attributions légales de tuteur.

Art. 473. — Le serment du tuteur ne fait pas foi en ce qui concerne les actes qui ne rentrent pas dans ses attributions légales. Il doit prouver ses dires par témoins.

Art. 474. — La déclaration du tuteur est repoussée, lorsqu'elle se trouve démentie par l'évidence des faits.

Art. 475. — La déclaration du tuteur fait foi en ce qui concerne les dépenses qu'il a faites pour le mineur ou pour le défunt, sauf dans certains cas, entre autres :

S'il prétend avoir payé, sans jugement, une dette à la charge du défunt ou l'avoir payée de ses propres deniers ; — s'il prétend que le mineur a usé, pendant son enfance, un bien d'autrui, et qu'il a indemnisé le propriétaire de ses propres deniers ou avec les deniers de son pupille ; — ou qu'il a fait des dépenses d'entretien d'une personne déterminée, avec laquelle le mineur ne peut contracter mariage ; — ou qu'il prétend, à une époque impropre à la culture, qu'il a acquitté les impôts des terres du mineur ; — ou que le mineur, autorisé à faire le commerce, a contracté des dettes que le tuteur prétend avoir payées ; — ou qu'il l'a marié à une femme déterminée actuellement décédée, et payé la dot à la femme de ses propres deniers ; — ou qu'il a fait le commerce avec les deniers du mineur et réalisé des bénéfices, dont il revendiquerait une part sous prétexte d'associé commanditaire.

Dans tous ces cas, si le mineur, devenu majeur, conteste les affirmations du tuteur, celui-ci sera responsable de ses actes, à moins qu'il ne prouve ses prétentions par témoins.

Art. 476. — Le tuteur ne doit remettre les biens au mineur ou à la mineure, devenus majeurs, qu'après les avoir mis à l'épreuve pour reconnaître leur expérience dans l'administration et la bonne disposition des biens.

S'il constate qu'ils sont aptes à les bien administrer et à en disposer raisonnablement, il les leur rend : sinon, non.

Art. 477. — Si le mineur devenu majeur jouit de la plénitude de sa raison, ses actes produiront leur plein effet, et il en subit les conséquences. Son père ou son tuteur ne sera point admis à prétendre qu'il est en état d'interdiction, à moins que l'interdiction n'ait été réellement prononcée par le magistrat.

Art. 478. — Si le mineur, devenu majeur, n'est point raisonnable, ses biens ne lui seront remis qu'à l'âge de vingt-cinq ans révolus, à moins qu'il donne preuve de son aptitude à la bonne administration et à la bonne disposition avant cet âge.

Art. 479. — Le tuteur, qui remet les biens au mineur devenu majeur, mais mauvais administrateur, tout en connaissant cette circonstance, est responsable des biens ainsi remis.

Il en est de même, en cas de remise des biens au mineur qui avant l'âge de majorité, était connu pour sa mauvaise administration, et qui aura atteint l'âge de puberté sans présenter aucun indice de capacité.

Art. 480. — Si l'aptitude à la bonne administration se révèle avant l'âge de majorité, le tuteur ne sera pas responsable de la remise qu'il aura faite au mineur de ses biens, en cas de perte arrivée entre les mains de ce dernier.

Art. 481. — Si le mineur, devenu majeur, se prétend apte à la bonne administration, et que le tuteur conteste cette aptitude, il ne pourra être contraint à lui remettre ses biens, qu'après constatation par jugement de l'aptitude à la bonne administration.

Si, malgré l'aptitude constatée judiciairement, et la mise en demeure faite par le mineur au tuteur, celui-ci se refuse, malgré la possibilité de la remise, à remettre les biens au mineur, il sera responsable de la perte de ces biens arrivée entre ses mains après la mise en demeure.

## CHAPITRE II.

### De l'interdiction, de l'adolescence et de la majorité.

SECTION I. — *De l'interdiction.*

ART. 482. — L'interdiction frappe le mineur, le majeur en état de fureur, de démence ou d'imbécillité, le prodigue et le débiteur en état de déconfiture.

ART. 483. — Sont nuls tous les actes civils du mineur, qui n'a pas atteint l'âge de raison, ou de l'aliéné, qui n'a pas d'intervalles lucides.

Sont, au contraire, valables les actes civils faits par un aliéné pendant ses intervalles lucides.

ART. 484. — Les actes civils faits par un mineur à l'âge de raison, ou par un majeur atteint de démence sont radicalement nuls, s'ils sont préjudiciables au mineur ou à l'aliéné, et quoiqu'ils soient approuvés par le tuteur naturel ou constitué.

ART. 485. — Sont valables les actes faits par ledit mineur à l'âge de raison ou par l'aliéné, s'ils sont purement profitables à ces derniers, et bien qu'ils ne soient pas approuvés par le tuteur.

ART. 486. — Les actes civils faits par un mineur à l'âge de raison, ou par un majeur en état de démence, et qui peuvent leur être profitables ou préjudiciables, sont subordonnés à la ratification du tuteur, en tant que l'acte puisse être validé par cette ratification.

A défaut de ratification par le tuteur, ou s'il s'agit d'un acte qui ne peut être validé par la ratification, l'acte sera frappé de nullité radicale.

ART. 487. — Le mineur est civilement responsable des actes criminels ou délictueux commis contre les personnes ou les biens. Il est immédiatement tenu des dommages-intérêts.

Le majeur en état de démence est dans la même condition que le mineur.

Art. 488. — Le mineur, aussi bien que le majeur en état de démence, n'est point tenu des sommes qu'il a empruntées sans le consentement du tuteur, ni du dépôt à lui confié, ou du prêt à usage à lui fait, ou de la chose à lui vendue sans ledit consentement, à moins que ce ne soit une personne ou un être vivant à lui confié, auquel cas il en répond. Il est également tenu de la valeur du dépôt à lui confié du consentement du tuteur.

Art. 489. — L'interdiction est prononcée par le magistrat contre tout majeur libre, convaincu par témoins de prodigalité.

L'interdit ne peut faire aucun acte résoluble ou nul pour vice de plaisanterie. Il est assimilé au mineur, quant à ses actes.

Pendant l'interdiction, les actes de l'interdit ne sont valables qu'autant qu'ils ont été autorisés par le magistrat.

Les actes antérieurs à l'interdiction sont valables et doivent produire leur effet.

Art. 490. — L'interdit pour cause de prodigalité peut toujours consentir les actes indissolubles et ceux que la plaisanterie n'entache pas de nullité. Ainsi il peut contracter mariage, prononcer une répudiation valable et entretenir les personnes auxquelles il doit une pension alimentaire.

Il est affranchi de la puissance paternelle.

Il peut faire valablement toute déclaration en reconnaissance de dette personnelle, ou en aveu d'un crime emportant la peine du talion ou une peine pécuniaire, et faire tout don ou legs de bienfaisance jusqu'à concurrence du tiers de ses biens s'il a un héritier.

Art. 491. — Le *moufti* (jurisconsulte) de mauvaise foi qui enseigne les détours aux parties ou qui rend des *fatwa* ou consultations erronées, le médecin ignorant, l'entrepreneur en état de faillite, et toute personne exerçant le monopole d'un art industriel, doivent être empêchés de se livrer à l'exercice de leur profession.

Art. 492. — Le tuteur peut émanciper le mineur et l'autoriser à faire le commerce, s'il reconnaît en lui la capacité de discerner et de savoir que la vente transfère la propriété, et que l'achat la fait acquérir, et celle de distinguer une lésion légère d'une lésion grave saisissable aux personnes raisonnables.

Art. 493. — Le mineur autorisé à faire le commerce peut vendre et acheter, même avec une lésion grave; constituer un mandataire pour vendre et acheter, donner et prendre en nantissement; consentir un prêt à usage; prendre les terres à ferme, en amodiation ou en métayage et les donner à bail; faire déclaration en reconnaissance d'une dette ou d'un dépôt; faire remise d'une partie du prix pour vices cachés ou rédhibitoires; consentir une *mohabah* (avantage motivé par un intérêt ou par des égards personnels); accorder un terme au débiteur et transiger.

Le mineur émancipé et autorisé à faire le commerce ne peut consentir aucun prêt de consommation, ni donation, ni cautionnement, ni contracter mariage sans le consentement de son tuteur.

L'autorisation donnée par le tuteur ne l'empêche pas de disposer des biens des personnes autorisées.

Section II. — *De l'âge de raison, de l'adolescence et de la majorité.*

Art. 494. — L'âge de raison est fixé pour l'enfant de l'un ou de l'autre sexe à sept ans au moins; à cet âge la *hadanah* cesse pour l'enfant mâle et il est retiré à sa *hadinah*.

L'âge d'adolescence est fixé à douze ans pour l'enfant mâle.

La fille est adolescente à l'âge de neuf ans accomplis et la *hadanah* cesse pour elle à cet âge.

Art. 495. — La puberté du garçon résulte des symptômes physiques, qui caractérisent cet état.

Il en est de même pour la fille, eu égard aux symptômes caractéristiques qui sont particuliers à son sexe.

A défaut de ces symptômes, l'un et l'autre sont réputés pubères à l'âge de quinze ans révolus.

Art. 496. — L'âge de puberté pour l'enfant de l'un ou de l'autre sexe fait cesser la tutelle.

L'un et l'autre peuvent, à cet âge, disposer de leur personne. Ils ne peuvent être contraints au mariage, à moins qu'ils ne soient en état de démence ou de fureur.

Toutefois, la tutelle ne cesse pas, quant aux biens, par l'âge de puberté. Elle cesse par la majorité résultant de l'aptitude à la bonne administration.

Art. 497. — Le mineur de l'un ou de l'autre sexe ne peut, avant l'âge de puberté, opter entre son père et sa mère divorcés.

Art. 498. — Si le mineur, devenu pubère, est en même temps majeur et en état de diriger sa personne, il peut opter entre son père et sa mère, et même vivre séparément.

Art. 499. — La fille pubère et vierge, ou non vierge et ne pouvant être confiée à sa propre direction, n'a point d'option. Il appartient à son père ou à son aïeul paternel de la garder sous sa puissance.

La fille vierge, avancée en âge et réunissant les qualités de la raison et de la vertu, ne peut être contrainte à demeurer avec celui qui exerce sur elle la puissance paternelle. Il en est de même de celle qui, n'étant pas vierge, peut néanmoins être confiée à sa propre direction.

# CHAPITRE III.

## Des donations entre-vifs.

### Section I. — *Conditions requises pour la validité d'une donation.*

Art. 500. — La donation est parfaite par le consentement du donateur et l'acceptation du donataire.

La réception par le donataire équivaut à son acceptation.

Art. 501. — Pour faire une donation valable, il faut être libre, majeur, sain d'esprit et propriétaire du bien donné.

Art. 502. — La propriété du bien donné ne se transfère au donataire que par la tradition réelle et entière.

Si le bien se trouve entre les mains du donataire, la propriété lui en est transférée par le seul fait de l'acte, sans qu'il y ait besoin d'une nouvelle tradition, pourvu qu'il ait accepté la donation.

Art. 503. — Tout propriétaire capable de disposer de ses

biens, peut donner tout ou partie de ses biens au profit d'un ascendant, d'un descendant, d'un parent collatéral, ou d'un étranger, même appartenant à une religion différente, à la charge de remplir toutes les conditions requises pour la validité de la donation.

Art. 504. — La donation peut avoir pour objet l'usufruit d'un bien au profit du donataire durant sa vie, à la charge de le rendre au donateur ou à ses héritiers, si le donataire est prédécédé.

La donation *mortis causa* est de nul effet. Les choses ainsi données appartiennent aux héritiers du donateur et peuvent être laissées au donataire à titre de prêt à usage.

Section II. — *Des choses qui peuvent être données.*

Art. 505. — La donation d'un bien indivis, non partageable par nature, transfère la propriété par la tradition, pourvu que la part indivise soit connue et déterminée.

Est réputé impartageable tout bien, qui n'admet pas la division, ou que la division rendrait impropre à tout usage, ou impropre à l'usage auquel il était destiné avant la division.

Art. 506. — La donation, même au profit du copropriétaire, d'une part indivise dans un bien partageable, ne transfère point la propriété, malgré la tradition, à moins que la part donnée ne soit divisée et séparée de la part non donnée, qu'elle ne communique pas immédiatement avec cette part, et qu'elle ne soit pas occupée par d'autres biens du donateur.

Est réputé partageable, tout bien qui admet la division sans dépréciation et qui peut être utilisé après la division de la même manière dont il l'était avant.

Art. 507. — Si le bien donné communique par le fait de la nature avec un autre bien du donateur occupant le bien donné, ou occupé par ce dernier, et qu'il soit susceptible d'en être séparé, la donation ne vaut qu'autant que le donateur aura fait la séparation et la tradition au donataire, ou délégué ses pouvoirs à celui-ci, qui a opéré la séparation et pris possession.

Si le bien donné communique

par le fait de l'homme avec un autre bien du donateur, la donation est nulle, si elle a pour objet le bien occupé, à moins qu'il ne soit séparé du bien appartenant au donateur.

La donation sera valable, si le bien donné occupe lui-même le bien du donateur, et elle opère le transport de la propriété par la livraison, même sans séparation.

Le donataire qui reçoit le bien indivis à lui donné occupé et non séparé, ne peut en disposer valablement.

Il est responsable de la perte arrivée par son fait, par cas fortuit ou par l'usage.

Le donateur ou ses héritiers pourront disposer du bien donné ou se faire restituer le bien donné, même au profit d'un parent au degré prohibé.

Art. 508. — Tout ce qui est réputé n'avoir pas une existence individuelle, ne peut faire l'objet d'une donation valable, tels que la farine dans le blé, l'huile dans le sésame, le beurre dans le lait, etc.

Art. 509. — La donation d'un bien indivis partageable, quoique encore dans l'indivision, est valable de la part de tous les copropriétaires.

Le même bien ne peut être donné valablement par un donateur au profit de deux personnes aisées, quel que soit leur âge, à moins d'un partage préalable déterminant la part de chacun des donataires.

La donation du même bien consentie dans les mêmes conditions au profit de deux pauvres est valable.

Art. 510. — Le créancier peut valablement faire don de sa créance au débiteur.

La donation est parfaite sans l'acceptation du donataire.

Elle est parfaite même s'il lui fait remise de la dette, à moins que le débiteur ne refuse. Si toutefois la créance provient d'un prix d'échange ou d'une vente à forfait, l'acceptation expresse du donataire est nécessaire.

Art. 511. — Est nul tout don de créance au profit d'une personne autre que le débiteur, sauf le cas de cession de la créance ou d'une disposition testamentaire, ou le cas de pouvoirs donnés au donataire pour recevoir du débiteur, à titre de mandataire du donateur et de recouvrement effectif.

## Section III. — *Des personnes capables de recevoir une donation.*

Art. 512. — La donation consentie par le tuteur au profit de l'enfant mineur soumis à sa puissance ou à sa tutelle, est parfaite par le seul fait de l'acte.

Le donateur, père ou mère du mineur, ou, à leur défaut, toute autre personne qui a soin de celui-ci représente le donataire pour la prise de possession.

La chose donnée doit néanmoins être déterminée séparée quand il s'agit d'un bien séparable, et se trouver soit dans la possession du donateur, soit dans celle d'un dépositaire ou d'un commendataire et non entre les mains d'un créancier hypothécaire ou gagiste ou d'un détenteur par usurpation.

La donation faite au profit d'un majeur n'est parfaite, qu'autant qu'elle est reçue par le personne du donataire vivant même en commun avec le donateur, ou par un fondé de pouvoirs.

Art. 513. — La donation consentie par un étranger au profit d'un mineur, peut être reçue par toute personne ayant la garde du donataire.

La réception par le mineur arrivé à l'âge de raison est valable même en présence du père.

Art. 514. — Après la célébration du mariage, le mari peut recevoir la donation consentie à son épouse encore mineure, même en présence du père.

Il ne peut le faire valablement avant la célébration du mariage, ni après la majorité de son épouse.

## Section IV. — *De la révocation des donations.*

Art. 515. — Le donateur peut révoquer la donation en tout ou en partie, même lorsqu'il aura renoncé à ce droit; sauf les cas d'empêchement énoncés dans les articles suivants.

Art. 516. — En cas d'accroissement communiquant avec la chose donnée et entraînant une plus-value de cette chose, la révocation est impossible.

L'accroissement non communiquant avec la chose donnée ne fait pas obstacle à la révocation, soit qu'il dérive directement de la chose donnée ou qu'il n'en dérive pas. Il en est de même de la hausse de prix de la chose donnée.

La disparition de la cause d'empêchement fait revivre le droit de révocation.

Art. 517. — Le décès de l'un des contractants, arrivé après la tradition, entraîne la déchéance du droit de révocation.

Art. 518. — L'aliénation définitive par le donataire de la chose donnée entraîne la même déchéance.

Le droit de révocation subsiste, si l'aliénation n'est pas définitive. Dans le cas où le donataire aura vendu une partie du bien donné, le donateur peut révoquer l'autre partie.

Art. 519. — La donation consentie par le mari à sa femme, après ou avant la célébration du mariage, est irrévocable, même en cas de dissolution du mariage.

La femme peut donner au mari une maison contenant des meubles à elle. Quoique la maison se trouve ainsi occupée par des biens appartenant à la donatrice, la donation est valable.

Art. 520. — Est irrévocable toute donation faite en faveur d'un parent au degré prohibé, même chrétien ou juif, soumis à la puissance musulmane, ou non soumis, demeurant ou non demeurant dans les pays musulmans.

La donation à un parent au degré non prohibé ou à une personne prohibée par suite d'alliance est irrévocable.

Art. 521. — La perte entre les mains du donataire de la chose donnée, arrivée par le fait de ce dernier, par cas fortuit ou par l'usage, entraîne la déchéance du droit de révocation.

La perte partielle laisse subsister ce droit quant à la partie existante.

Art. 522. — Si, postérieurement à l'acte de donation, le donataire offre une compensation acceptée par le donateur, après avoir été déterminée et séparée, le donateur ne pourra plus révoquer la donation, pourvu que la chose offerte en compensation ne fasse pas partie des objets donnés.

Si la compensation est partielle, le donateur pourra révoquer le surplus. Ainsi, il pourra révoquer la moitié, si la compensation est faite de la moitié de la donation.

L'état d'indivision n'est point un obstacle à la révocation.

Art. 523. — Le donateur évincé de toute la chose reçue en compensation de la donation, pourra révoquer celle-ci tout entière, si elle se trouve en nature, et qu'il n'y ait pas d'accroissement ni autre empêchement faisant obstacle à la révocation.

Le donataire évincé de la chose donnée pourra se faire restituer la chose qu'il a donnée en compensation, si elle existe en nature ou, en cas de perte, réclamer une chose de même nature, si la chose était fongible, ou bien la valeur de la chose, si elle est appréciable.

Le donataire évincé de la moitié de la chose donnée, peut se faire restituer la moitié de la chose, qu'il a donnée en compensation.

Dans le cas inverse, le donateur ne peut exercer la révocation qu'après restitution de la moitié qu'il a conservée de la chose reçue en compensation.

Art. 524. — Si la chose donnée périt entre les mains du donataire après la demande en revendication, et que le donataire soit condamné à la restitution, il n'aura aucun recours contre le donateur.

Art. 525. — Le père ne peut, dans aucun cas, payer une compensation sur les biens de son enfant mineur et donataire.

Art. 526. — La donation consentie à un pauvre et reçue par lui est irrévocable.

Art. 527. — La révocation de la donation se fait soit d'un commun accord entre les deux parties contractantes, soit par décision du magistrat.

La révocation, faite de l'une ou de l'autre manière, fait réputer non existant l'acte de donation, indépendamment de toute autre formalité.

Si le donateur s'empare de la chose donnée sans jugement, ni consentement du donataire, il répond vis-à-vis de celui-ci de la perte arrivée par son fait, par cas fortuit ou par l'usage.

La mise en demeure faite au donataire après le jugement, entraîne pour celui-ci l'obligation de répondre de la perte arrivée entre ses mains.

Art. 528. — La donation faite à la charge d'une compensation déterminée au moment de l'acte, n'est parfaite que par la tradition réciproque.

L'acte est également nul, si les objets constituant la compensation ne sont pas séparés, bien qu'ils soient partageables.

La tradition réciproque transfère la propriété respective à chacun des contractants.

L'acte dans ce cas est assimilé à l'échange et soumis aux dispositions qui régissent la vente. Il est donc résoluble pour vices cachés ou rédhibitoires, et les objets en sont sujets à retraite.

La non tradition d'aucune des choses données de part et d'autre, ou la tradition à une seule des parties, laisse subsister le droit de révocation au profit des deux parties.

Art. 529. — Le don de bienfaisance est assimilé à la donation ordinaire. La propriété n'est transférée que par la tradition.

Le don consenti même au profit d'une personne riche est irrévocable.

## CHAPITRE IV.

### Des dispositions testamentaires.

Section I. — *De la nature du testament, des conditions requises pour la validité du testament, et des personnes capables de disposer par testament.*

Art. 530. — Le testament est un acte par lequel le testateur aliène sa propriété, à titre gratuit, pour le temps où il n'existera plus.

Art. 531. — Pour faire un testament il faut être libre, majeur, sain d'esprit et jouissant de son libre arbitre.

Il faut en outre que le légataire soit réellement vivant ou au moins conçu et la chose léguée susceptible d'être transférée après la mort du testateur.

Est nul tout testament fait par le fou, le mineur même adolescent ou émancipé, soit purement et simplement, soit sous condition suspensive dépendant de la majorité.

Sont au contraire valables les dispositions de dernière volonté du mineur relativement à ses funérailles et enterrement.

Art. 532. — Sont également valables les dispositions testamentaires d'une personne interdite pour prodigalité au profit des pauvres ou des établissements pieux ou de bienfaisance.

Art. 533. — On peut disposer par testament tant de ses biens meubles que de ses immeubles, ou de l'usufruit de ces biens pour un temps déterminé ou à perpétuité.

Art. 534. — Toute personne non grevée de dettes absorbant ses biens, et qui n'a point d'héritiers, peut disposer par testament de tout ou de partie de ses biens en faveur de toute personne.

Le testament est exécutoire indépendamment du consentement du fisc.

Art. 535. — Le testament de la personne chargée de dettes, qui absorbent son patrimoine, n'est valable qu'autant que les créanciers auront libéré le testateur ou consenti les legs.

Art. 536. — La disposition testamentaire au profit d'un héritier n'est valable que si elle est confirmée après la mort du testateur, par les autres héritiers capables de disposer de leurs droits.

La qualité d'héritier se fixe au moment du décès du testateur, et non au moment du testament.

La confirmation par l'héritier non légataire est irrévocable. Il sera contraint de délivrer le legs, s'il ne le fait de bonne volonté.

La confirmation par quelques-uns seulement des héritiers non légataires produit ses effets à l'égard des confirmants seuls, dans la portion de leurs parts successibles.

Art. 537. — On peut disposer du tiers de ses biens au profit d'un étranger, s'il n'y a empêchement. La validité de la disposition n'est point subordonnée, dans ce cas, au consentement des héritiers.

La disposition testamentaire excédant le tiers du patrimoine n'est valable que du consentement donné, après la mort du testateur, par les héritiers capables de disposer de leurs droits.

Le consentement donné par les héritiers, du vivant du testateur, est nul.

Art. 538. — Le conjoint, qui n'a pas d'autre héritier que son conjoint, peut tester au profit de celui-ci. En cas d'un autre héritier, la disposition est subordonnée à son consentement.

Art. 539. — Est nulle toute disposition testamentaire au profit de l'auteur direct du meurtre du testateur, arrivé avant ou apres le testament, par suite de préméditation ou d'accident, à moins toutefois que les héritiers ne couvrent la nullité par leur consentement, ou que l'auteur du crime ne soit mineur ou aliéné, ou héritier unique du testateur.

La personne, qui aura été la cause indirecte de la mort du testateur, ne perd pas le bénéfice d'une disposition testamentaire faite à son profit.

ART. 540. — On peut disposer au profit d'un enfant conçu, pourvu qu'il naisse vivant avant l'expiration de six mois, si le mari de la femme enceinte est vivant, ou avant l'expiration de deux ans, à compter du jour du décès du mari ou de la répudiation, si la mère est séparée de son mari par sa mort ou par une répudiation parfaitement ou imparfaitement irrévocable, existant au moment du testament.

Si la mère met au monde deux jumeaux vivants, ils se partagent le legs par moitié.

Si l'un des jumeaux décède après la naissance, sa part se partage à titre de succession entre ses héritiers. Si l'un d'eux décède avant la naissance, tout le legs revient au survivant.

ART. 541. — On peut disposer au profit des mosquées, des établissements de bienfaisance (*tekiés*), des hospices et des écoles.

Le legs est employé dans les besoins de la construction desdits établissements, dans ceux des pauvres qui en relèvent, dans les frais d'entretien et autres frais nécessaires, en suivant l'usage et les indications du testateur.

On peut également disposer à titre général de bienfaisance.

Le legs est alors employé dans les actes qui constituent un bienfait. Sont compris dans cette catégorie le fait de construire des ponts et chaussées, celui de construire des mosquées, d'entretenir les étudiants en droit qui sont dans le besoin, et tous les autres travaux utiles et d'utilité publique, qui ne peuvent être dans le domaine d'un particulier.

ART. 542. — La différence de religion ou de nationalité ne fait pas obstacle à la validité d'une disposition testamentaire.

Ainsi, peut disposer le musulman au profit d'un non-musulman, sujet à la puissance musulmane, ou d'un étranger habitant le pays de l'Islam.

Est également valable le legs fait par un non-musulman, sujet à la puissance musulmane, ou étranger habitant les pays musulmans, au profit d'un musulman, ou d'un non-musulman soumis à la puissance musulmane, quoique appartenant à une nationalité différente de celle du testateur.

L'étranger habitant le pays de l'Islam, et qui n'a point d'héritier dans ce pays, peut disposer par testament de la totalité de son patrimoine; s'il dispose d'une partie seulement, le surplus devra être remis à ses héritiers.

Le non-musulman soumis à la puissance musulmane, peut disposer valablement du tiers de sa succession au profit d'un non-héritier.

Si la disposition est faite au profit d'un héritier, elle ne vaut que du consentement des autres héritiers.

Art. 543. — Le legs n'est acquis que par l'acceptation formelle ou tacite, arrivée après le décès du testateur. L'acceptation faite pendant son vivant est nulle.

Par le fait seul que le légataire a accepté le legs après le décès du testateur, la propriété lui en est acquise, indépendamment de toute prise de possession

Si le légataire n'accepte ni répudie le legs, la chose léguée reste en suspens, n'appartenant ni aux héritiers ni au légataire, jusqu'à ce qu'il se prononce par l'acceptation ou la répudiation, ou qu'il meure.

Si le légataire décède après le testateur sans se prononcer, le legs sera acquis à ses héritiers.

Art. 544. — Le testateur peut révoquer le legs expressément ou par tout fait, qui détermine un changement de nom de la chose léguée, en modifie le caractère substantiel et l'usage auquel elle était destinée, ou y détermine une augmentation, sans laquelle la chose léguée ne peut plus être délivrée, ou par tout acte de disposition qui la fait sortir de son domaine, ou bien encore s'il l'adjoint par voie d'accession à une autre chose, dont elle ne peut plus être distinguée ou de laquelle elle serait distinguée difficilement.

Art. 545. — La dénégation d'une disposition testamentaire ne constitue pas une révocation du legs, pas plus que le crépissage ou la démolition de la maison léguée.

Art. 546. — La perte de la chose léguée entre les mains du testateur ou d'un de ses héritiers sans sa faute, n'entraîne pour eux aucune responsabilité.

La perte arrivée par l'usage du testateur équivaut à la révocation.

Les héritiers sont, au contraire, responsables de la perte résultant de leur usage, qu'elle arrive avant ou après l'acceptation.

## Section II. — *Du droit du légataire.*

Art. 547. — Le testateur musulman ou non musulman soumis à la puissance musulmane, et ayant des héritiers, ne peut disposer valablement par testament que du tiers de ses biens.

S'il fait une disposition excédant ce tiers, et non confirmée par les héritiers, le légataire n'aura droit qu'au tiers de l'ensemble des biens du testateur, si celui-ci a fait le testament pendant qu'il jouissait de sa santé.

Art. 548. — Si le testateur a légué deux parts égales et excédant le tiers à deux personnes différentes, et que les héritiers ne confirment pas les deux dispotions, les deux légataires se partageront le tiers de la succession par parts égales.

Si de deux legs inégaux, l'un excède le tiers, ce tiers n'en sera pas moins partagé entre les deux légataires, chacun pour une moitié. Toutefois, le légataire dont le legs excède le tiers, sera avantagé dans le cas de *mohabah* (avantage motivé par l'intérêt ou par des égards personnels), et dans le cas où le legs a pour objet une somme d'argent déterminée, sans fraction. Dans ces deux cas, le tiers du patrimoine sera partagé entre les légataires, proportionnellement à la disposition consentie en faveur de chacun d'eux.

Il en est de même dans le cas où les deux legs seraient inégaux en quotité, sans dépasser le tiers du patrimoine du testateur.

Art. 549. — Si le testateur a légué une part indéterminée qui admet la variabilité (en plus ou en moins), tels qu'un *sahm*, ou un *djouz'e* ou *nacib*, il appartiendra aux héritiers de donner aux légataires telle part qu'il leur plaira. Si, dans le même cas, le testateur n'a point d'héritier, le légataire aura droit à la moitié de la succession, et l'autre moitié appartiendra au fisc.

Art. 550. — Si le testateur a légué le tiers de ses biens à deux personnes déterminées et capables, et qu'au moment du testament l'un des deux légataires se trouve mort ou déclaré absent, le tiers légué appartiendra exclusivement au légataire vivant ou présent.

En cas de mort de l'un des

deux légataires, arrivée avant celle du testateur, ou de sa déchéance déterminée par la perte d'une condition essentielle, qui a cessé d'exister après la validité du legs, la part de ce légataire devient caduque, et le second légataire n'aura droit qu'à la moitié du tiers de la succession.

Dans le cas où le testateur dit que le tiers de son bien est entre deux personnes nommées par lui, et que l'une d'elles se trouve morte au moment du testament, le survivant n'aura que le sixième.

En cas de mort de l'un des légataires après le décès du testateur et avant qu'il se soit prononcé, sa part dans le legs revient à ses héritiers.

ART. 551. — Si le testateur lègue un corps certain ou une espèce particulière et essentiellement divisible, par exemple s'il lègue le tiers de ses espèces monnayées ou de son troupeau de moutons ou de ses vêtements de même qualité et que les deux tiers de la chose léguée viennent à périr, le légataire aura droit à tout le tiers existant, s'il est inférieur au tiers de l'ensemble des biens du testateur.

Si le testateur lègue un genre non essentiellement divisible, tel que le tiers de ses bestiaux ou de ses vêtements de diverses espèces et que les deux tiers du legs viennent à périr, le légataire n'aura droit qu'au tiers du tiers qui n'aura pas péri.

ART. 552. — Si le testateur lègue une somme déterminée d'argent monnayé et que la succession possède une créance et des espèces de même nature, le legs sera acquitté au moyen du tiers des espèces effectives, si ce tiers lui est supérieur ou égal. Si le legs est supérieur au tiers des espèces, le légataire touchera ce tiers, et percevra sur la créance, au fur et à mesure des recouvrements, le tiers de chaque recouvrement, jusqu'à parfait acquittement du legs.

SECTION III. — *Du legs d'usufruit.*

ART. 553. — Si le testateur lègue le droit d'habitation ou les revenus de sa maison, soit à perpétuité, soit sans détermination de temps, le légataire aura droit à l'habitation ou aux revenus de la maison, sa vie durant.

A son décès le bien rentrera dans la pleine propriété des héritiers du testateur.

Si le legs est fait pour un temps déterminé, le légataire en aura le bénéfice jusqu'à l'expiration de ce temps.

Si le testateur a légué l'usufruit pour un nombre indéterminé d'années, le bénéfice du legs s'étendra à trois ans au maximum.

Art. 554. — Si l'immeuble, dont le testateur a légué le droit d'habitation ou les revenus, n'excède pas le tiers de tous les biens, il sera délivré au légataire, qui en jouira suivant les conditions du legs.

S'il excède le tiers, qu'il soit partageable et que le testateur ne possède pas d'autres biens, l'immeuble sera partagé en trois parts égales, s'il s'agit d'un droit d'habitation, ou les revenus en seront ainsi partagés si le legs a pour objet les revenus. Le légataire aura droit à un tiers, et les héritiers auront les deux tiers, sans pouvoir les aliéner, tant que subsistera le droit du légataire.

Si la succession possède d'autres biens, l'immeuble sera partagé jusqu'à concurrence du tiers de l'ensemble du patrimoine.

Art. 555. — Le légataire d'un droit d'habitation ne peut louer l'immeuble.

Le légataire des revenus ne peut habiter l'immeuble dont les revenus lui sont légués.

Art. 556. — En cas de legs des produits d'une terre, le légataire aura droit à la récolte pendante par racine au moment du décès du testateur, et aux récoltes que la terre produira par la suite, soit que le legs ait été constitué à perpétuité ou qu'il l'ait été sans détermination de temps.

Art. 557. — Si le testateur lègue les fruits de sa terre ou de son jardin sans détermination de temps, le légataire n'aura droit qu'aux fruits pendants par racine au moment du décès du testateur, et non à ceux qui pourront être produits par la suite.

Si le testateur a constitué le legs des fruits à perpétuité, le légataire aura droit tant aux fruits existants au moment du décès qu'à ceux qui seront produits par la suite. Il en sera de même, si l'héritage faisant l'objet du legs ne porte point de fruits au moment du décès du testateur.

Art. 558. — On peut léguer l'usufruit à une personne et

la nue-propriété à une autre.

La dîme ou l'impôt foncier, les frais d'irrigation ou autres frais nécessaires à l'amélioration de la terre, seront à la charge de l'usufruitier, si la terre possède des fruits sujets à récoltes. Dans le cas contraire, lesdits frais et contributions seront à la charge du légataire de la nue-propriété.

SECTION IV. — *Des actes de disposition consentis par un malade.*

ART. 559. — Toute disposition pure et simple, consentie à titre purement gratuit par une personne jouissant de la plénitude de sa santé, est exécutoire sur tous les biens du disposant.

ART. 560. — Les dispositions subordonnées au décès sont exécutoires sur le tiers des biens du disposant, quoiqu'elles soient consenties à un moment où il jouissait de la plénitude de sa santé.

ART. 561. — Les dispositions à titre gratuit consenties par un malade, soit par voie de *wakf*, ou par donations entre-vifs, ou par voie de cautionnement, ou de *mohabah* (avantage motivé par l'intérêt ou par des égards personnels), à l'occasion d'un bail consenti ou accepté par le malade, d'une dot constituée par lui, d'une vente ou d'un achat, ou de tous autres actes civils, sont assimilées aux dispositions testamentaires et, partant, exécutoires sur le tiers du patrimoine.

Les dispositions faites pendant une maladie, dont le disposant est guéri, sont considérées comme étant faites pendant un moment de parfaite santé.

ART. 562. — Toute donation faite par un homme perclus, par un paralytique ou par un poitrinaire, est exécutoire sur la totalité de ses biens, lorsque la maladie ou l'affection du disposant aura duré un an, sans mettre en danger la vie du donateur.

Dans le cas contraire, la disposition n'est exécutoire que sur le tiers de la succession.

ART. 563. — La déclaration du malade en reconnaissance d'une dette au profit d'un tiers non héritier est valable, et s'exécute sur tous les biens, quand même elle les absorberait.

Il en est de même de la déclaration du malade en reconnaissance d'un corps certain au profit d'un tiers non héritier, à moins qu'il ne soit constant qu'au moment de la maladie le bien appartenait au malade.

Art. 564. — Est nulle, à moins d'être confirmée par les autres héritiers, la déclaration faite par le malade en reconnaissance d'une dette ou d'un corps certain au profit d'un héritier, ou en reconnaissance du paiement fait par l'héritier ou par sa caution, d'une dette qu'il devait au malade.

Est au contraire valable la déclaration faite par le malade d'avoir usé un dépôt certain qui lui était confié par l'héritier, ou d'avoir reçu le dépôt qu'il avait confié à l'héritier, ou d'avoir reçu une créance recouvrée par l'héritier par voie de mandat.

Art. 565. — La qualité d'héritier se fixe au moment même de la déclaration, pourvu que la successibilité soit acquise par un degré de parenté ou une autre cause existant au moment de la déclaration, et qu'il n'y ait aucun empêchement à la succession au moment du décès du réclamant.

Ainsi est valable la déclaration en reconnaissance d'une dette faite en faveur d'une femme étrangère au réclamant, quand même elle deviendrait héritière par son mariage subséquent avec le déclarant.

Est, au contraire, nulle la déclaration faite en faveur d'un fils exclu au moment de la déclaration, par la différence de religion, s'il embrasse l'islamisme avant la mort du déclarant.

Est également nulle la déclaration faite en faveur d'un frère exclu de l'héritage, au moment de la déclaration, par la différence de religion ou la présence d'un fils, et qui au moment du décès devient héritier par la disparition de la cause d'exclusion. Mais la déclaration en faveur d'un frère est valable, s'il survient au déclarant un fils qui vit jusqu'à sa mort et exclut le frère de l'héritage.

Art. 566. — Si le malade a reconnu une dette ou constitué un legs au profit de sa femme répudiée sur sa demande d'une manière parfaitement ou imparfaitement irrévocable, pendant la dernière maladie du disposant, la femme aura la quotité la moins élevée de la dette reconnue, du legs constitué ou de la part successorale, qui lui revient comme femme non répudiée.

Lorsque la répudiation n'a

pas eu lieu à la demande de la femme, elle aura toute sa part successorale, quelque élevée qu'elle soit, si le malade décède pendant la retraite de la femme.

Art. 567. — La remise de la dette faite par le malade à son débiteur étranger est nulle, si le malade est en dette, absorbant toute sa fortune. La remise faite par lui à un débiteur en même temps héritier est absolument nulle, que le malade soit ou non en dette, ou que la dette remise soit due par l'héritier personnellement ou par voie de cautionnement.

Art. 568. — La remise de la dette faite par la femme pendant sa dernière maladie à son mari, est subordonnée au consentement des autres héritiers.

Art. 569. — La dette prime le legs, le legs prime le droit successoral.

La dette reconnue par déclaration pendant la jouissance de la santé parfaite ou établie par preuve, prime celle reconnue pendant la dernière maladie, bien que celle-ci soit un dépôt; elle prime également toutes les obligations contractées pendant la maladie pour une cause connue, telle qu'un mariage public avec constitution d'une dot égale à la dot coutumière, ou une vente notoire contractée au prix coutumier, ou la perte du bien d'autrui arrivée entre les mains du malade.

Art. 570. — Le malade ne peut valablement payer une partie de ses dettes, qui sont dans les mêmes conditions, quand bien même elle serait due pour dot ou pour loyer échu.

Tous les créanciers antérieurs à la maladie concourent avec la femme créancière de la dot et avec le créancier du loyer.

Il est fait exception à ce principe, lorsqu'il s'agit d'acquitter le montant d'un emprunt contracté ou le prix coutumier d'une chose achetée par le malade pendant sa maladie, et pour son propre usage, si l'emprunt ou l'achat est constaté judiciairement.

Si le prix de la chose achetée n'est pas payé avant le décès de l'acheteur, le vendeur vient en concurrence avec tous les créanciers, à moins que l'objet vendu ne se trouve encore dans sa possession, auquel cas il sera privilégié.

## CHAPITRE V.

### De l'absent.

Art. 571. — Est réputé absent tout individu non présent et dont l'existence ou la mort est incertaine.

Art. 572. — Si l'absent a laissé un procureur à l'effet d'administrer et de conserver ses biens, la procuration ne sera pas révoquée pour cause d'absence du mandant.

Les héritiers présomptifs de l'absent ne peuvent retirer les biens des mains du procureur ni du fisc, quand même l'absent n'aurait point d'héritier.

Le procureur ne peut, sans autorisation du magistrat, restaurer les immeubles de l'absent qui réclameraient une restauration.

Art. 573. — A défaut de procureur choisi par l'absent, le magistrat nommera un procureur judiciaire pour recueillir les biens meubles et immeubles de l'absent, les conserver, les administrer, en percevoir les revenus et recouvrer les créances reconnues par les débiteurs de l'absent.

Art. 574. — Le magistrat peut vendre les biens meubles ou immeubles de l'absent, qui seraient susceptibles d'une détérioration prochaine.

Il doit en conserver le prix pour le rendre à l'absent en cas de retour, ou à ses héritiers après sa mort constatée judiciairement.

Le magistrat ne peut vendre aucun bien de l'absent, qui ne serait pas susceptible de détérioration, pas même pour subvenir aux besoins d'entretien de la famille de l'absent ou autrement.

Art. 575. — Le procureur judiciaire peut faire les dépenses d'entretien de la femme de l'absent, de ses ascendants et descendants ayant droit à la pension. Il fera ces dépenses au moyen de l'argent laissé par l'absent, du prix des biens vendus, ou du montant des créances réalisées, ou d'un dépôt reconnu.

Art. 576. — L'absent est réputé vivant à l'égard des actes, qui lui seraient préjudiciables, et qui sont subordonnés à la preuve de sa mort.

Ainsi, sa femme ne peut convoler en secondes noces, ses héritiers ne peuvent se partager sa succession, les baux passés par lui ne sont pas résolus.

Le magistrat ne peut, avant la constatation de l'existence ou du décès de l'absent, déclarer le mariage dissous, même après l'expiration de quatre ans depuis l'absence.

Art. 577. — Réciproquement, l'absent est réputé inexistant ou incertain, à l'égard des actes, qui lui seraient profitables et préjudicieraient à autrui, lesquels sont subordonnés à la preuve de son existence.

Ainsi, il ne peut recueillir une succession ou un legs constitué à son profit. Sa part successorale ou le legs sera mis en réserve jusqu'à la preuve de son existence ou celle de sa mort constatée par jugement.

Art. 578. — L'absent est déclaré décédé, si ses contemporains qui vivaient dans sa ville sont tous morts.

S'il devient impossible de reconnaître les contemporains de l'absent, le décès de celui-ci est déclaré par le magistrat à l'âge de quatre-vingt-dix ans révolus atteints par l'absent.

Art. 579. — Après la déclaration du décès de l'absent par jugement, son patrimoine sera partagé entre ses héritiers, tels qu'ils se trouveront au moment du jugement déclaratif du décès.

La part successorale, qui était réservée à l'absent, sera rendue aux ayants-droit et le legs constitué à son profit et qui était en réserve, sera restitué aux héritiers du testateur.

La retraite viduaire de la femme de l'absent aura pour point de départ la date du jugement déclaratif de décès, et la femme pourra, après l'accomplissement de la retraite, convoler en secondes noces.

Art. 580. — Si l'existence de l'absent venait à être connue, ou s'il retourne vivant, à une époque quelconque, il aura droit à sa part successorale dans les patrimoines de ceux de ses parents qui seront décédés avant cette époque.

S'il retourne vivant, après le jugement déclaratif du décès, il reprendra ceux de ses biens qui se trouveraient en nature dans la possession de ses héritiers. Il n'aura, au contraire, aucun droit relativement aux biens dont ils auront disposé ou qu'ils auront usés.

Art. 581. — Si la femme, les héritiers ou les créanciers de l'absent prétendent que celui-ci est décédé et fournissent des preuves à l'appui de leur prétention, le magistrat lui nommera comme défendeur le procureur administrateur des biens.

A défaut de procureur administrateur, le magistrat nommera d'office un défendeur, contre lequel la prétention de décès devra être dirigée et prouvée par témoins.

# DEUXIÈME PARTIE.

## DES SUCCESSIONS.

---

## CHAPITRE I.

### Dispositions préliminaires.

Art. 582. — Les conditions essentielles pour qu'un héritier puisse succéder, sont :

1° La constatation du décès naturel ou présomptif de l'auteur ;

2° Celle de l'existence réelle ou supposée de l'héritier ;

3° La connaissance du degré de parenté de l'héritier par rapport à son auteur et du lieu où se trouvent les biens de sa succession.

Art. 583. — La succession doit remplir les obligations suivantes :

1° Payer les frais nécessaires aux funérailles et à l'enterrement du défunt ;

2° Acquitter sur la totalité du surplus de ses biens les dettes reconnues ;

3° Exécuter le testament du défunt sur le tiers du restant après l'acquittement des dettes ;

4° En cas où la succession n'est pas grevée de charges vis-à-vis des tiers, procéder à la répartition des parts des héritiers légalement reconnus, s'il y en a plusieurs ; s'il n'y a qu'un seul héritier, les biens restant de la succession lui sont dévolus, à moins qu'il ne soit l'époux ou l'épouse, lesquels ne peuvent jouir que de la légitime attribuée à chacun d'eux.

Art. 584. — Les héritiers se divisent en dix classes, selon l'ordre suivant :

1° L'héritier légitime, à qui la loi fixe une part de la succession *fard* ;

2° L'héritier paternel universel, qui hérite de ce qui reste de la succession, après le prélèvement de la légitime, s'il y a des légitimaires ; ou de la totalité, à défaut de ces derniers ;

3° L'héritier par droit de patronage du défunt, à lui acquis en raison de l'affranchissement ;

4° Les héritiers universels du patron, qui héritent par eux-mêmes de l'affranchi dans les conditions prescrites par la loi.

Quant à l'affranchi il n'hérite jamais de son patron;

5° A défaut d'héritiers légitimaires et universels par eux-mêmes, le reste de la succession est dévolu aux héritiers ayant droit à la dévolution;

6° Les proches parents *zaouil-arham* qui succèdent, à défaut de dévolution en faveur de légitimaires et d'héritiers universels.

Le parent *zaouil-arham* est tout individu qui se rattache au défunt par un lien de parenté, et qui n'est ni légitimaire, ni universel;

7° Le *Maoula-el-moualah* ou patron adopté par une personne, dont la naissance est inconnue, en vertu d'une convention mutuelle par laquelle l'adoptant institue l'adopté héritier en compensation du paiement par lui de la peine pécuniaire, dans le cas que l'adoptant commette un crime comportant une peine de cette nature;

8° Toute personne reconnue pour frère ou pour oncle, aura droit à la succession du reconnaissant, si ce dernier meurt sans héritier autre que son conjoint, et s'il ne se rétracte pas avant sa mort.

Dans ce cas le reconnu prend le surplus de la succession, après le prélèvement de la légitime qui revient au conjoint;

9° Le légataire de tous les biens du testateur, à défaut d'héritier, reçoit toute la succession, après prélèvement de la légitime du conjoint survivant;

10° Enfin, à défaut de tout héritier, la succession du défunt revient au *bet-el-mal*, ou Trésor public, qui en dispose comme de droit.

# CHAPITRE II.

## Des cas d'indignité et d'incapacité de succéder.

Art. 585. — Est incapable d'hériter tout individu dont la condition n'est pas libre de quelque manière que ce soit.

Art. 586. — Est indigne d'hériter tout individu qui aura attenté à la vie de son auteur volontairement, avec ou sans préméditation, ou involontairement.

Ne sont pas indignes d'hériter :

Celui qui aura exercé à l'égard de son auteur le droit du talion ou du *had*;

Celui qui l'aura tué en cas de légitime défense;

Celui qui n'a été qu'une cause indirecte de la mort de son auteur;

Le meurtrier mineur, ou frappé d'aliénation mentale.

Art. 587. — La différence de religion ôte tout droit à la succession d'un musulman à un chrétien, et réciproquement.

Toutefois, le musulman peut hériter des biens que son parent apostasié avait acquis avant l'abjuration de la foi.

Les biens acquis par l'apostat après son abjuration reviennent de droit au *bet-el-mal*.

Si l'apostat était une femme, tous ses biens acquis avant ou après son abjuration reviennent à son parent musulman.

Art. 588. — Un *hostis* établi dans les terres musulmanes, est incapable d'hériter de son parent *zimmi* ou placé sous la puissance musulmane.

Il en est de même d'un *hostis* établi hors les territoires musulmans vis-à-vis d'un *hostis* qui y est établi.

Les biens appartenant à un *hostis* établi dans les terres musulmanes seront conservés pour ses héritiers résidant en pays étrangers.

# CHAPITRE III.

## Des héritiers légitimaires et de la légitime de chacun d'eux.

Art. 589. — L'hérédité est dévolue ou par droit légitimaire ou par droit universel.

Les parts légitimes auxquelles les héritiers peuvent avoir droit, sont:

La moitié, le quart, le huitième, les deux tiers, le tiers et la sixième partie de la succession.

Les ayants-droit à la part légitime sont:

Le père, l'aïeul paternel, de quelque degré qu'il soit, le frère utérin, le mari, l'épouse, la fille, la sœur germaine, la nièce issue du fils (1), de quelque degré qu'elle soit, la sœur consanguine, la sœur utérine, la mère, et l'aïeule paternelle (2).

---

(1) Il y a là une erreur du texte qui doit être ainsi rétabli : « la fille issue du fils. »

(2) Il faut ajouter l'aïeule maternelle (voir art. 607).

Art. 590. — La moitié est attribuée à cinq héritiers, savoir :

1° Le mari, en cas de décès de la femme sans enfants ou petits-enfants issus du fils ;

2° La fille unique issue de l'auteur même (*Bent-el-soulb*) ;

3° La fille du fils, lorsqu'il n'y a pas de fille héritière directe ;

4° La sœur germaine, lorsqu'elle est seule ;

5° La sœur consanguine, lorsqu'elle est seule.

Art. 591. — Le quart est attribué à deux héritiers, qui sont :

1° Le mari de la femme décédée, lorsqu'elle a un fils ou petit-fils, de quelque degré qu'il soit ;

2° La veuve ou les veuves du défunt, qui n'a pas de descendants.

Art. 592. — Le huitième est dû à la veuve ou aux veuves du mari, en cas de concours d'un fils ou d'un petit-fils issu du mari.

Art. 593. — Les deux tiers sont attribués à quatre héritiers :

1° A deux ou plusieurs filles directes ;

2° Aux filles du fils, en cas d'absence de toute fille directe ;

3° Aux sœurs germaines, lorsqu'elles sont seules ;

4° Aux sœurs consanguines, à défaut de sœurs germaines et de filles issues du fils.

Art. 594. — Le tiers est attribué à deux héritiers :

1° A la mère du défunt, lorsqu'il n'a pas de fils ou de petits-fils, ou frères ou sœurs ; dans ce cas la mère aura le tiers du restant de la succession, après prélèvement de la légitime du conjoint survivant ;

2° A deux ou plusieurs frères ou sœurs utérins.

Art. 595. — Le sixième est attribué comme légitime à sept héritiers :

1° Au père ou à l'aïeul paternel, de quelque degré qu'il soit, si l'auteur a laissé un fils ou petit-fils quelqu'en soit le degré ;

2° A la mère, s'il y a un fils ou petit-fils, à quelque degré qu'il soit, ou s'il y a deux ou plusieurs sœurs ou frères ;

3° A l'aïeule ou aïeules paternelles ou bisaïeules ;

4° Au frère utérin ou à la sœur en cas de non-concurrence de tout autre héritier ;

5° A la fille du fils en cas de concurrence avec la fille directe ;

6° A la sœur consanguine, quand elle est en concurrence avec la sœur germaine.

## CHAPITRE IV.

### Des cas où d'autres héritiers concourent avec les légitimaires.

Art. 596. — Trois cas de concours des héritiers légitimaires avec d'autres héritiers se présentent pour le père :

1° Lorsqu'il y a un fils ou petit-fils du défunt, le père n'aura que le sixième comme part légitime ;

2° Lorsqu'il y a une fille directe ou une petite-fille issue du fils, le père aura, outre le sixième, le reste de la succession, après prélèvement des parts des concurrentes ;

3° A défaut de tout enfant, le père du défunt aura toute la succession en qualité d'héritier légitimaire et universel, après le prélèvement de la légitime de la veuve, s'il y en a.

Art. 597. — L'aïeul paternel a les mêmes droits que le père, à défaut de ce dernier, sauf les exceptions suivantes :

1° La mère du père du défunt est exclue vis-à-vis du père, mais elle hérite avec le grand-père ;

2° Si le défunt a laissé pour héritiers le père, la mère et un conjoint, la mère prend le tiers de ce qui reste, après prélèvement de la part du conjoint ; si, au contraire, il a laissé le grand-père au lieu du père, la mère du défunt prend le tiers de toute la succession ;

3° Le père du patron, en présence de son fils, prend, à l'exclusion du grand-père, le sixième des biens laissés par l'affranchi.

En présence du père, les frères germains ou consanguins, et le grand-père sont exclus de l'héritage ; mais les frères héritent en présence de l'aïeul paternel

Art. 598. — Les droits des frères ou sœurs utérins à la succession sont de trois espèces :

1° Un frère ou une sœur utérine a droit au sixième ;

2° S'il y a plusieurs frères ou sœurs utérins, ils prennent le tiers qui se partage en proportions égales ;

3° Ils sont exclus par les fils ou les petits-fils, par les filles ou les petites-filles issus du fils, ainsi que par le père et le grand-père paternel.

Art. 599. — Le mari reçoit

la moitié, s'il n'y a pas de fils de la défunte ou de petits-fils. Dans tout autre cas, il reçoit le quart.

ART. 600. — A défaut de fils ou de petit-fils issu du fils, l'épouse ou les épouses, s'il y en a plusieurs, prennent, à titre de part légitime, le quart.

En cas de concours d'un fils ou d'un petit-fils issu du fils du défunt, la veuve ou les veuves prennent le huitième.

ART. 601. — Trois cas peuvent se présenter pour les filles héritières directes :

1° Si la fille est seule, elle prend la moitié ;

2° Si elles sont plusieurs, elles prennent les deux tiers, qu'elles se partagent également entr'elles ;

3° En cas de concurrence d'un fils et d'une fille directs, le fils prend une part double de celle que prend la fille.

Les filles deviennent héritières universelles par la concurrence du fils.

ART. 602. — Les filles du fils sont comme les filles directes. Six cas se présentent à leur égard :

1° Quand il n'y en a qu'une seule, elle a droit à la moitié ;

2° Quand elles sont plusieurs, elles prennent les deux tiers ;

3° Elles ont le sixième, si elles sont en concurrence avec une fille directe ;

4° Elles sont exclues, lorsqu'il y a deux filles directes ;

5° Lorsqu'elles se trouvent avec un petit-fils de degré égal ou inférieur à leur degré, auquel cas elles deviennent héritières universelles par la concurrence de ce petit-fils, qui prend toujours une part double de celle de chacune des filles ;

6° Elles sont exclues complètement par la concurrence d'un fils direct du défunt.

ART. 603. — Les sœurs germaines succèdent de la manière suivante :

1° S'il n'y en a qu'une seule, elle prend la moitié ;

2° Si elles sont deux ou plusieurs, elles prennent les deux tiers ;

3° Lorsqu'elles sont en concurrence avec des frères germains, ceux-ci prennent des parts doubles, et les sœurs des parts simples ;

4° Par la concurrence d'un frère germain, les sœurs germaines deviennent héritières universelles et prennent le reste de la succession, quand elles concourent avec une fille directe ou une fille issue du fils du défunt.

ART. 604. — Les sœurs consanguines sont comme les sœurs germaines ; elles succèdent de la manière suivante :

S'il n'y en a qu'une seule, elle prend la moitié ;

S'il y en a deux ou plusieurs et qu'il n'y ait pas de sœurs germaines, elles prennent les deux tiers ;

Elles ont le sixième, quand elles sont en concurrence avec une seule sœur germaine ;

Elles sont exclues par la concurrence de deux sœurs germaines, à moins qu'il n'y ait un frère consanguin, qui les fasse passer au rang d'héritières universelles ;

Elles prennent le sixième, quand elles sont en concurrence avec une fille directe ou avec une fille du fils.

ART. 605. — Les frères et sœurs germains et consanguins sont exclus par le fils ou le petit-fils, quel qu'en soit le degré, et par le père.

Les frères et sœurs consanguins sont exclus par le frère germain et par la sœur germaine, quand elle est en concurrence avec une fille directe ou avec une fille du fils.

ART. 606. — Trois cas de concours se présentent pour la mère :

1° Elle reçoit le sixième, comme part légitime fixe, lorsqu'il y a un fils ou petit-fils, de quelque degré qu'il soit, et lorsqu'il y a plusieurs frères ou sœurs ;

2° Elle reçoit le tiers de la totalité de la succession, à défaut des héritiers sus-nommés, ou le tiers de ce qui reste, après prélèvement de la légitime du conjoint du décédé et de celle du père ;

3° Si le défunt, au lieu de père, a laissé le grand-père paternel, la mère reçoit le tiers de la totalité de la succession, après prélèvement de la part légitime du conjoint survivant.

ART. 607. — Le sixième de la succession revient à la grand'mère paternelle ou maternelle, qu'il y en ait une ou plusieurs du même degré.

Les degrés les plus rapprochés excluent les degrés les plus éloignés, ainsi la présence de la mère du défunt exclut les aïeules paternelles ou maternelles ; celle du père exclut les aïeules paternelles, et celle de l'aïeul paternel exclut aussi ces dernières, sauf la mère du père qui concourt avec l'aïeul paternel ; enfin, l'aïeule héritière exclut les bisaïeules paternelles ou maternelles.

L'aïeule parente d'un seul côté partage le sixième avec l'aïeule parente de deux côtés, par proportions égales.

## CHAPITRE V.

### Des héritiers universels (Acëb).

Art. 608. — L'héritier universel est toute personne qui hérite, si elle est seule, de la totalité de la succession, ou de ce qui reste après le prélèvement des légitimes en cas de concours des légitimaires.

Il y a deux sortes d'héritiers universels : l'héritier universel paternel et l'héritier universel par voie de patronage.

Les héritiers universels paternels se divisent en trois classes, savoir :

1° L'héritier universel par lui-même ;

2° L'héritier universel par un autre ;

3° L'héritier universel avec un autre ;

Section I. — *Des héritiers universels par eux-mêmes.*

Art. 609. — L'héritier universel par lui-même est toute personne qui n'a pas besoin de la concurrence d'un autre, et dont le lien avec le défunt ne comprend pas de femmes.

Cette classe d'héritiers se subdivise en quatre catégories, selon l'ordre de préférence suivant :

1° Le fils du défunt, le fils du fils et ainsi de suite, sur l'échelle descendante.

Ainsi, si un individu meurt en laissant un fils unique, ce fils prend tous les biens à titre d'héritier universel ;

2° A défaut de fils ou de descendants du fils, le père, l'aïeul paternel, à défaut de père ; et ainsi de suite par l'échelle ascendante. Si un individu meurt en laissant pour héritier le père ou un aïeul paternel et un fils, le sixième de la succession échoit comme part légitime au père ou à l'aïeul paternel, et le reste au fils à titre d'héritier universel ;

3° Les frères germains, les frères consanguins, les descendants mâles des frères germains, et ceux des frères consanguins, s'il n'y a pas de père ou d'aïeul paternel.

Lorsque le défunt laisse pour héritier le père ou l'aïeul paternel avec un frère germain ou consanguin, le père ou l'aïeul reçoit toute la succession, à titre d'héritier universel, le père ou le grand-père ayant la priorité, à défaut de fils.

En cas de concours à la succession d'un frère et d'un fils d'un frère, le premier prend tout l'héritage;

4° L'oncle germain, l'oncle consanguin, les fils de l'oncle germain, ceux de l'oncle consanguin, à défaut de frère germain ou consanguin, ou de son fils.

Si le défunt laisse un oncle germain ou consanguin, et un frère germain ou consanguin, l'héritage échoit au frère germain par préférence.

Si un oncle germain ou consanguin est en concurrence avec un cousin l'héritage est dévolu à l'oncle.

Ensuite vient l'oncle germain du père du défunt, l'oncle consanguin de ce père, les fils de l'oncle germain, et ceux de l'oncle consanguin, à quelque degré qu'ils soient, à défaut de l'oncle germain ou de ses enfants.

L'oncle germain de l'aïeul paternel passe avant l'oncle consanguin de l'aïeul.

Les fils de l'oncle paternel germain ont la priorité sur les fils de l'oncle paternel consanguin, s'il n'y a pas d'aïeul, et ainsi à l'infini.

ART. 610. — En cas de différence dans les degrés de parenté, la priorité de droit s'établit d'après la proximité du degré.

Ainsi, le fils passe avant le fils du fils; le père ou le grand-père paternel, avant le frère.

L'héritier de l'un ou de l'autre sexe, qui est parent des deux côtés, prime celui qui n'est parent que d'un seul côté.

Ainsi, les frères germains priment les consanguins; la sœur germaine, quand elle est en concurrence avec la fille directe ou la fille du fils, prime le frère consanguin; le fils d'un frère germain exclut le fils d'un frère consanguin; l'oncle germain exclut l'oncle consanguin.

Cette disposition est applicable aux oncles du père du défunt et à ceux de l'aïeul.

SECTION II. — *Des héritiers universels par un autre parent.*

ART. 611. — Quatre personnes de sexe féminin deviennent héritières universelles, quand elles se trouvent avec un autre parent, et ont pour part légitime la moitié ou les deux tiers, selon leur position.

Ce sont les filles directes, les

filles du fils, les sœurs germaines et les sœurs consanguines.

Chacune de ces quatre catégories, pour devenir héritière universelle, a besoin de la concurrence d'un frère, ou d'une personne parmi elles-mêmes tenant lieu d'un frère.

La fille prend une part simple, le garçon une part double.

ART. 612. — La femme, qui n'a pas une part légitime, et qui concourt avec un frère acëb, ne devient point, par cette concurrence, héritière universelle.

Ainsi la sœur d'un oncle germain n'hérite pas avec lui.

La même disposition s'applique à l'égard du fils d'un oncle consanguin en concurrence, avec une fille issue d'un oncle consanguin et à l'égard du neveu consanguin, en présence d'une nièce consanguine.

SECTION III. — *Des héritiers universels avec un autre parent.*

ART. 613. — Deux sœurs du défunt, dont l'une est germaine et l'autre consanguine, deviennent chacune héritière universelle, quand elles sont en concurrence avec la fille ou les filles directes du défunt ou avec une ou plusieurs filles de son fils.

ART. 614. — La différence entre les héritiers universels par un autre et les héritiers universels avec un autre consiste en ce que l'acëb héritier universel par un autre peut devenir seul héritier universel, tandis que l'héritier universel avec un autre ne peut le devenir seul.

SECTION IV. — *Des droits du patron sur la succession de l'affranchi.*

ART. 615. — Lorsqu'il n'y a pas d'héritiers légitimaires, ni universels pour la succession de l'affranchi, le patron passe à titre d'héritier universel de ladite succession avant les proches parents *Zaouil-Arham* de l'affranchi et avant les héritiers ayant droit à l'excédant sur la succession de son affranchi, bien que le patron ait renoncé à son droit de tutelle.

Si le patron n'existe pas, les successibles qui viennent les premiers à la succession d'un affranchi, sont les héritiers universels mâles par parenté directe, selon l'ordre établi à l'égard de l'héritier universel *acëb* par lui-même.

Pourtant, le fils du patron est appelé, à défaut de ce dernier, à la succession de l'affranchi décédé sans héritiers; le fils du fils vient à défaut de ce dernier, et ainsi de suite.

Vient ensuite le père ou grand-père du patron à quelque degré qu'il soit, et ainsi de suite, à l'exclusion des héritiers universels par ou avec un autre.

Tout individu de condition serve devient libre par la seule acquisition de sa personne par son parent et sera placé sous son patronage. En cas de décès sans héritier la succession de cet individu revient au patron et à son défaut, à ses héritiers mâles.

Art. 616. — La femme n'a le droit d'hériter des biens d'un affranchi, que si elle l'a elle-même affranchi, ou si elle a acquis le droit de patronage sur les individus affranchis par son affranchi, ou sur ceux que les descendants de ces affranchis ont affranchis, et ainsi de suite.

Lorsqu'un affranchi est mort sans autres héritiers que l'affranchissante, le droit de succéder appartient à celle-ci et à ses héritiers légitimaires ou universels mâles, selon l'ordre établi pour le patronage.

## CHAPITRE VI.

### De l'exclusion de l'héritage.

Art. 617. — L'exclusion est l'état d'un héritier privé du droit de succéder en tout ou en partie par la présence d'un autre héritier.

L'exclusion est de deux sortes : la première consiste en ce que l'héritier passe d'un droit supérieur à un droit inférieur.

Telle est la réduction au quart de la moitié due au mari, si l'épouse laisse un enfant ; la réduction au huitième, du quart attribué à l'épouse, si le mari a laissé des enfants ; la réduction au sixième, par la concurrence d'un fils, de la totalité due au père du défunt, ou du tiers dû à sa mère.

La seconde consiste en ce que l'héritier est complètement privé du droit de succéder.

Ainsi, le fils d'un frère est exclu complètement par la présence d'un frère du défunt.

Art. 618. — Six héritiers ne sont pas assujettis à l'exclusion complète. Ce sont : le père, la mère, le fils, la fille directe, l'époux et l'épouse.

L'exclusion par voie de commission ou réduction atteint cinq héritiers : la mère, la fille issue d'un fils, la sœur consanguine, l'époux et l'épouse.

Art. 619. — Le père exclut complètement l'aïeul dans ses différentes positions relativement à l'héritage, comme la mère exclut l'aïeule paternelle ou maternelle.

Art. 620. — Le fils exclut le fils du fils, et tout fils du fils d'un degré inférieur est exclu par le fils du fils d'un degré supérieur.

Les frères et sœurs germains et consanguins, sont exclus par le père ou le grand-père paternel et par le fils et le fils du fils à quelque degré qu'il appartienne.

Art. 621. — Le frère consanguin est exclu par le père, le fils, le fils du fils, le frère germain et la sœur germaine, lorsqu'elle se trouve *acëb* avec un autre héritier universel.

Art. 622. — Le fils d'un frère germain est exclu par sept héritiers : le père, l'aïeul paternel, le fils, le fils du fils, le frère germain, le frère consanguin, la sœur germaine si elle se trouve *acëb* avec un héritier universel.

Art. 623. — Le fils d'un frère consanguin est exclu par les sept héritiers désignés dans l'article précédent et par le fils d'un frère germain.

Art. 624. — Les frères utérins sont exclus par six personnes : le père, l'aïeul paternel, le fils, le fils du fils, la fille directe et la fille du fils.

Art. 625. — L'oncle germain est exclu par neuf parents : le père, l'aïeul paternel, le fils, le fils du fils, le frère germain, le frère consanguin, la sœur germaine, la sœur consanguine, lorsque les sœurs ont avec elles un autre parent héritier universel, et le fils d'un frère germain ou consanguin.

Art. 626. — Le fils de l'oncle germain est exclu par les héritiers énumérés dans les deux articles précédents, et par l'oncle germain ; quant au fils de l'oncle consanguin, il est exclu par les mêmes parents et par le fils de l'oncle germain.

Art. 627. — Les filles du fils, quel que soit leur degré, sont exclues lorsque deux ou plusieurs filles directes reçoivent les deux tiers de la succession, à moins que les dites filles du fils ne se trouvent avec un fils d'un fils du même degré qu'elles, ou d'un degré inférieur; auquel cas, le fils du fils les rend héritières universelles de manière à participer avec les filles directes, en excluant toute fille appartenant à un degré inférieur à celui du dit fils issu du fils.

Art. 628. — Dans le cas où les sœurs germaines prennent pour part les deux tiers de la succession, rien n'est dû aux sœurs consanguines, à moins qu'elles ne se trouvent avec un frère consanguin, qui leur donne qualité d'héritières universelles.

Art. 629. — La sœur germaine, à laquelle revient la moitié de la succession, comme part légitime, n'exclut pas les sœurs consanguines, lesquelles ont droit au sixième.

Art. 630. — L'héritier écarté de la succession pour une des causes énoncées à la section deuxième, n'exclut aucun héritier; mais l'héritier qui peut être écarté par la concurrence d'un autre parent, peut, s'il est appelé à la succession, exclure partiellement d'autres héritiers.

Ainsi, les frères et sœurs, qui sont exclus par le père, réduisent à leur tour au sixième le tiers qui, sans leur concours, aurait été dévolu à la mère.

## CHAPITRE VII.
### Des divers cas qui peuvent se présenter dans les successions.

Art. 631. — En cas de grossesse, il sera réservé, au nom du conçu, la quotité la plus forte de la part qui reviendrait à un enfant mâle ou de celle qui reviendrait à un enfant du sexe féminin, si l'enfant conçu appartient à un degré qui concourt avec les héritiers présents ou les exclut partiellement.

Si l'enfant conçu appartient à un degré qui exclut complètement les héritiers présents, toute la succession sera mise en réserve jusqu'à la naissance.

En cas de partage, les copartageants devront fournir caution.

Le conçu devient héritier, s'il naît vivant, ou si la majeure partie de son corps est sortie vivante du sein de la mère.

Il prend toute la part mise en réserve, s'il y a droit; dans le cas contraire, il prend la part qui lui revient de droit, et le surplus sera partagé entre les ayants-droit.

Art. 632. — La part qui revient à l'absent dont l'existence ou la mort est ignorée doit être mise en réserve.

Si l'absent exclut complètement les cohéritiers présents, le partage de la succession sera ajourné.

Dans le cas où il ne les exclut que partiellement, il sera accordé à chacun d'eux la moindre part qui lui reviendrait de la succession.

En cas de jugement déclaratif du décès de l'absent, par suite de la disparition de ses contemporains, tous ses biens reviennent à ses héritiers survivants, ceux des héritiers qui ont décédé antérieurement au jugement, n'auront rien dans la succession, ainsi qu'il a été expliqué à l'art. 577.

Art. 633. — L'hermaphrodite hérite tantôt comme un homme, tantôt comme une femme, selon l'apparence la plus accentuée des symptômes caractéristiques de l'un et de l'autre sexe. Si les symptômes des deux sexes sont également accentués, il prend la part la moins favorable, qui serait dévolue à l'un ou à l'autre sexe.

Art. 634. — Les enfants désavoués par suite d'adultère ou du serment d'anathème, ainsi que leurs mères et les parents de ces dernières se succèdent réciproquement. Mais ils n'héritent pas du père, de même que celui-ci n'hérite pas d'eux.

Art. 635. — Les parents morts dans un naufrage, un éboulement, ou un incendie, lorsqu'on ignore positivement quel est le premier décédé n'héritent pas les uns des autres, et leurs biens sont dévolus aux héritiers survivants.

Art. 636. — La cession du droit *Takharoudj* ou transaction sur une chose déterminée est admise entre héritiers, s'il y a consentement de leur part.

L'héritier cessionnaire passe au lieu et place de l'héritier cédant; la base de la répartition reste comme s'il n'y avait pas eu de cession.

## CHAPITRE VIII.

### De la réduction ou du partage supplémentaire.

Art. 637. — L'*aoûl* ou réduction des légitimes a lieu dans le cas où il y a plusieurs héritiers légitimaires, et les biens de la succession sont insuffisants pour couvrir intégralement toutes les légitimes (1).

Art. 638. — Le partage supplémentaire a lieu, lorsque, toutes les légitimes étant satisfaites, il y a un excédant sans héritier universel qui puisse le prendre.

L'excédant se partage alors proportionnellement entre les légitimaires à l'exception des conjoints.

Ces légitimaires sont : le frère utérin, la fille directe, la fille du fils, la sœur germaine, la sœur consanguine, la sœur utérine, la mère et l'aïeule paternelle du défunt.

L'un des dits légitimaires étant seul prend tout l'excédant.

## CHAPITRE IX.

### Des parents héritiers zaouil-arham et de leur position dans l'héritage.

Art. 639. — Les héritiers *zaouil-arham* se divisent en quatre classes, et le rang qu'ils occupent diffère d'après les dispositions suivantes.

La première classe comprend tout parent, qui se rattache au défunt par la fille, la fille du fils et leurs descendants indéfiniment, à quelque sexe qu'ils appartiennent.

Art. 640. — La seconde classe comprend les ascendants du défunt, exclus de la succession, tels que les aïeux et bisaïeux, les aïeules et bisaïeules maternels quel qu'en soit le degré.

Art. 641. — Dans la troisième classe figurent les descendants des frères et des sœurs du défunt, tant germains que consanguins ou utérins, à quelque degré qu'ils appartiennent.

---

(1) La dernière partie de cette définition est inexacte (voir n° 589).

Art. 642. — La quatrième classe se compose des oncles du côté de la mère ou les frères utérins du père, des frères de la mère, des tantes paternelles ou maternelles, et leurs descendants de l'un ou de l'autre sexe, à quelque degré qu'ils appartiennent.

La totalité de la succession est de droit acquise au seul héritier survivant, à défaut d'autres cohéritiers, dans les quatre classes.

### § I. — *Des zaouil-arham de la première classe.*

Art. 643. — Parmi les héritiers *zaouil-arham* de cette classe, le plus rapproché du défunt prime celui du degré subséquent : ainsi, la fille de la fille directe est préférée à la fille de la fille du fils.

S'il se trouve des parents au même degré, la préférence est donnée à celui qui est lié au défunt par un parent intermédiaire qui eût été héritier, s'il avait survécu au défunt.

Ainsi, la petite-fille du fils prime la petite-fille de la fille.

Si les héritiers sont tous d'un degré égal, sans qu'aucun d'eux ne soit issu d'une personne qui eût été héritière, ou que tous soient issus de personnes, qui eussent été héritières, le partage se fait par tête, tout en observant le double droit pour le mâle, s'il y en a en concours avec des femmes. Le partage se fera par proportions absolument égales, si tous les héritiers appartiennent à l'un des deux sexes.

Cette disposition est applicable au cas où les ascendants des héritiers dont il s'agit appartiennent tous au même sexe.

Si les ascendants appartiennent à des sexes différents, le partage se fait par souche sur la base des parts qui seraient revenues aux ascendants, s'ils avaient vécu.

### § II. — *Des zaouil-arham de la deuxième classe.*

Art. 644. — Parmi les héritiers *zaouil-arham* de la seconde classe, le plus rapproché du défunt, a la priorité sur les autres, quel que soit le sexe auquel il appartient; ainsi la bisaïeule au troisième degré exclut le bisaïeul du quatrième degré, sans égard au sexe des parents intermédiaires.

Si les héritiers *zaouil-arham* sont du même degré, et que les uns seulement d'entr'eux soient séparés du défunt par un parent, qui eût été héritier, le partage se fait par tête sans égard au parent intermédiaire.

S'ils sont au même degré, et que les parents intermédiaires eussent été tous héritiers ou tous non-héritiers, le partage se fait par souche, avec attribution des deux tiers aux héritiers, qui tiennent leur droit du père du défunt, et d'un tiers aux parents de la mère de ce dernier.

Si les parents intermédiaires sont au même degré, le partage se fait par tête.

Dans tous les partages, on doit observer l'avantage attaché au sexe masculin, en ce sens que le copartageant aura une part double de celle de la copartageante.

### § III. — *Des zaouil-arham de la troisième classe.*

ART. 645. — Dans cette classe, le plus rapproché du défunt a la préférence sur la succession.

Si parmi les héritiers *zaouil-arham* du même degré, il y a un enfant d'un fils, qui eût été héritier universel, cet enfant a la priorité sur les descendants d'un intermédiaire, qui n'eût pas été héritier.

Si les héritiers au même degré sont tous descendants d'un héritier universel, ou d'un héritier non universel, ou que les uns soient descendants d'un parent légitimaire, et les autres d'un parent héritier universel, le partage se fait par souche, eu égard à la qualité des intermédiaires.

### § IV. — *Des zaouil-arham de la quatrième classe.*

ART. 646. — Dans cette classe s'il y a concurrence de parents d'une même ligne paternelle ou maternelle, la priorité sera à ceux dont le lien de parenté est le plus puissant, en ce sens que les germains passent avant les consanguins, qui passent eux-mêmes avant les utérins, quel que soit le sexe.

Si le lien de parenté est le même, le partage se fera par tête, sauf l'avantage du double dû au sexe masculin.

S'ils appartiennent à des lignes différentes, il n'y aura pas de priorité au profit du lien de parenté le plus puissant.

Le partage sera fait avec attribution des deux tiers aux parents paternels, tels que la tante paternelle germaine, et du tiers aux parents maternels, tels que la tante maternelle.

ART. 647. — Parmi les descendants de la quatrième classe, le plus rapproché du défunt, quelle que soit la ligne, prime les plus éloignés au même degré et venant d'un même côté; les germains priment les consanguins, qui priment à leur tour les utérins.

En cas d'égalité de degré, de ligne et de puissance du lien, l'*acëb* a la priorité. Ainsi, entre une cousine issue d'un oncle paternel, et un cousin issu d'une tante maternelle, la première, qui est *acëb*, exclut le second, qui ne l'est pas.

En cas d'égalité du degré et de différence de ligne, il n'y aura pas de priorité exclusive au profit du lien le plus puissant, ni au profit de la qualité d'*acëb*, le partage se fera avec attribution des deux tiers à celui qui vient du côté paternel, et du tiers à celui qui vient du côté maternel.

# ANNEXES[1].

## LOI SUR LA PROPRIÉTÉ TERRITORIALE.

Art. 11. — . . . . . . . . . .
A l'avenir, tout tenancier de fonds kharadjis ou toute autre personne autorisée par celui-ci, ou leurs héritiers après eux, pourront constituer en wakf (legs pieux, de famille ou autre) ce qui sera reconnu être leur propriété d'après les principes sus-énoncés, tant en constructions qu'en sakiehs ou autres qu'ils auront créées, ainsi que tout autre droit de propriété immobilière dans un fonds karadjis, conformément aux dispositions de la loi musulmane.

La constitution du wakf devra néanmoins être autorisée par la moudirieh.

Si les constructions ou les plantations n'occupent qu'une partie du fonds, le propriétaire ne pourra disposer, de la manière ci-dessus, que de cette partie seulement.

La constitution en wakf de la partie des fonds occupée par les constructions et plantations pouvant créer des empêchements à la perception des impôts qui les affectaient, dans cette hypothèse, l'État ne devant pas être frustré dans ses droits, il en sera statué devant la justice et conformément à la loi musulmane, pour ne pas faire perdre au Trésor son droit de percevoir les contributions.

Dans tous les cas, on devra agir sous la condition que les contributions et autres charges qui affectent les fonds soient acquittées et que les conditions indiquées dans les articles 9 et 10 qui précèdent soient observées.

A cet effet, les conditions sus-énoncées devront être consignées dans les hodjehs et les actes constitutifs du wakf. (Voir l'art. 6 de la loi sur la moukabalah, en ce qui concerne la constitution des terres en wakf.)

---

[1] Nous avons cru devoir, en publiant ces annexes, nous conformer strictement au texte tel qu'il existe dans les recueils officiels et ne pas pouvoir nous permettre d'y faire les corrections de style qu'elles comportent.

## LOI SUR LA MOUKABALAH.

Art. 6. — Les propriétaires qui feront les versements dont s'agit recevront un titre confirmant tous les droits que leur confèrent les ordonnances et décrets relatifs à la propriété des terres imposables, c'est-à-dire qu'ils pourront les transmettre par toutes les voies légales, successions, donations entre-vifs, testaments, etc., conformément aux lois en vigueur.

De plus, ils auront ce privilège que leur quote-part sera réduite, comme il a été dit plus haut.

Ce privilège sera mentionné dans leur ancien hodjeh, ou dans un hodjeh spécial.

Celui qui voudra transformer ses terrains en wakfs devra obtenir une autorisation spéciale.

## LOI SUR LES WAKOUFS.

(7 Sepher 1284.)

Art. 1er. — Est maintenu le droit d'hérédité existant au profit des enfants de l'un et de l'autre sexe, par portions égales, sur les biens wakoufs appelés moussakafat et moustaghellat acquis par igaretein.

A défaut d'enfants de l'un ou de l'autre sexe, constituant le 1er degré successible, la succession de ces biens sera dévolue aux héritiers des degrés subséquents, par portions égales entre les héritiers du même degré, savoir :

2e degré : aux petits-enfants, c'est-à-dire aux fils et aux filles des héritiers du 1er degré, de l'un ou de l'autre sexe.

3e degré : au père et à la mère.

4e degré : aux frères germains et aux sœurs germaines.

5e degré : aux frères consanguins et aux sœurs consanguines.

6e degré : aux frères utérins et aux sœurs utérines.

7e degré : à l'époux survivant et l'épouse survivante.

Art. 2. — L'héritier à l'un des degrés établis plus haut exclut tous les héritiers appartenant aux degrés subséquents. Par exemple, les petits-enfants ne pourront hériter des biens moussakafat et moustaghellat sition appartient à Sa Majesté le Sultan, représenté en cette matière par le Metoualli (administrateur des wakoufs). Cependant les particuliers fondateurs des wakoufs et jouissant de la capacité légale pour modifier les conditions de la fondation sont également autorisés à le faire conformément à la présente loi.

Art. 8. — Les biens moussakafat et moustaghellat dont le sol est possédé sous forme de moukataa et sur lesquels sont élevées des constructions moulk, resteront soumis aux règles qui leur sont actuellement applicables.

Le droit de moukataa perçu sur l'achat, la vente et la transmission par voie héréditaire des immeubles moussakafat et moustaghellat sera augmenté dans une juste mesure.

Art. 9. — La présente loi sera exécutoire à partir de sa promulgation.

## LOI SUR LES WAKOUFS

*concernant l'extension de la transmission des terres Moussakafat et Moustaghellat.*

(Le 4 Redjeb 1292. — 24 Juillet 1291 (4 Août 1875).)

Art 1er. — La succession des biens wakoufs dits : Moussakafat (litt. couverts de toit) et Moustaghellat (litt. productif de revenus) acquis par Igaretein (location à double paiement) est dévolue :

1° Aux enfants de l'un ou de l'autre sexe comme par le passé, par portions égales, si les héritiers sont plusieurs, ou en totalité à l'enfant unique ;

2° A défaut d'enfants de l'un ou de l'autre sexe, aux petits-enfants, c'est-à-dire aux fils et aux filles des héritiers du premier degré de l'un ou de l'autre sexe, par portions égales ou en totalité à l'enfant unique ;

3° Au père et à la mère ;

4° Aux frères germains et aux sœurs germaines ;

5° Aux frères consanguins et aux sœurs consanguines ;

6° Aux frères utérins et aux sœurs utérines, par portions égales ;

7° A l'époux survivant et à l'épouse survivante ; le père survivant, ou la mère survivante, aura droit à la part entière revenant à tous les deux.

sition appartient à Sa Majesté le Sultan, représenté en cette matière par le Metoualli (administrateur des wakoufs). Cependant les particuliers fondateurs des wakoufs et jouissant de la capacité légale pour modifier les conditions de la fondation sont également autorisés à le faire conformément à la présente loi.

Art. 8. — Les biens moussakafat et moustaghellat dont le sol est possédé sous forme de moukataa et sur lesquels sont élevées des constructions moulk, resteront soumis aux règles qui leur sont actuellement applicables.

Le droit de moukataa perçu sur l'achat, la vente et la transmission par voie héréditaire des immeubles moussakafat et moustaghellat sera augmenté dans une juste mesure.

Art. 9. — La présente loi sera exécutoire à partir de sa promulgation.

## LOI SUR LES WAKOUFS

*concernant l'extension de la transmission des terres Moussakafat et Moustaghellat.*

(Le 4 Redjeb 1292. — 24 Juillet 1291 (4 Août 1875).)

Art 1er. — La succession des biens wakoufs dits : Moussakafat (litt. couverts de toit) et Moustaghellat (litt. productif de revenus) acquis par Igaretein (location à double paiement) est dévolue :

1° Aux enfants de l'un ou de l'autre sexe comme par le passé, par portions égales, si les héritiers sont plusieurs, ou en totalité à l'enfant unique ;

2° A défaut d'enfants de l'un ou de l'autre sexe, aux petits-enfants, c'est-à-dire aux fils et aux filles des héritiers du premier degré de l'un ou de l'autre sexe, par portions égales ou en totalité à l'enfant unique ;

3° Au père et à la mère ;

4° Aux frères germains et aux sœurs germaines ;

5° Aux frères consanguins et aux sœurs consanguines ;

6° Aux frères utérins et aux sœurs utérines, par portions égales ;

7° A l'époux survivant et à l'épouse survivante ; le père survivant, ou la mère survivante, aura droit à la part entière revenant à tous les deux.

Cette disposition est également applicable aux frères et aux sœurs.

Art. 2. — L'héritier appartenant à l'un des sept degrés spécifiés plus haut exclut tous les héritiers des degrés inférieurs. Par exemple, les petits-enfants ne pourront hériter s'il existe des enfants; le père et la mère seront également exclus de l'hérédité par les petits-enfants existants.

Toutefois, les enfants des fils et filles prédécédés se substituant aux fils et aux filles, hériteront par droit de représentation, la part revenant à leurs père et mère prédécédés, dans la succession de leur grand-père et de leur grand'mère.

Ainsi la part qui serait échue à un enfant prédécédé de la succession de son père ou de sa mère, en supposant qu'il fût encore en vie, sera dévolue par portions égales à ses enfants de l'un ou de l'autre sexe, et en totalité à son enfant unique.

En outre, l'époux survivant, ou l'épouse survivante, aura droit à un quart de l'héritage sur les biens wakoufs moussakafat et moustaghellat, transmis par succession aux héritiers des quatre degrés à partir de la succession des père et mère inclusivement jusqu'à la succession des frères utérins et des sœurs utérines inclusivement. A défaut des frères utérins et des sœurs utérines appartenant au sixième degré d'hérédité, les biens moussakafat et moustaghellat seront dévolus en totalité à l'époux survivant ou à l'épouse survivante. A défaut de ceux-ci, les dits immeubles reviendront à l'État (makhloul).

Art. 3. — Le régime de Féragh bel wefa (hypothèque) usité pour affecter l'immeuble en garantie d'une dette subsistera comme par le passé. Les conditions de ce régime et la procédure y relative seront déterminées par des règlements spéciaux.

Art. 4. — En compensation des avantages dont sera privé l'awkaf par suite de l'extension du droit d'hérédité, une redevance annuelle (Idjarei Muedjelé de 1 pour 1000 est établie sur la valeur des immeubles wakoufs moussakafat et moustaghellat suivant le nouveau relevé cadastral, à l'exclusion de toutes autres redevances anciennes qui sont abolies.

Quant aux biens de cette nature, tenus par Igaretein et dédiés à plusieurs fondations pieuses, il sera procédé à l'arpentage et à la délimitation du lot afférent à chacune de ces fondations ; et la part de redevance revenant à chacune d'elles sera fixée séparément sur la valeur actuelle de l'immeuble consigné dans le relevé cadastral.

Dans le cas qu'un immeuble moussakafat et moustaghellat serait de la catégorie des wakoufs tenus sous forme de moukataa (redevance fixe) ou bien si cet immeuble comprend en partie une propriété moulk, la redevance annuelle de 1 pour 1000 ne sera établie que sur la part revenant à la partie tenue par Igaretein, de la totalité de la valeur estimative de l'immeuble portée dans le registre cadastral.

ART. 5. — Les héritiers du premier degré payeront un droit de 15 pour 1000 sur les immeubles moussakafat et moustaghellat.

Les héritiers de deuxième degré acquitteront un droit de 30 pour 1000 et ceux de troisième degré 40 pour 1000. Quant aux héritiers des degrés subséquents, ils payeront un droit de 50 pour 1000.

En cas de vente, le droit à payer reste, comme par le passé, à 30 pour 1000 et celui d'hypothèque et de libération à 5 pour 1000.

ART. 6. — Le quart du droit perçu des frais des transmissions des biens wakoufs moussakafat et moustaghellat aux héritiers du premier degré, revient, comme par le passé, aux katibs du wakouf et aux gabis (employés des wakfs ou fondations pieuses). A l'exception du premier degré, les droits de transmission perçus des héritiers des degrés subséquents seront versés au Trésor impérial pour être intégralement portés au crédit du wakouf.

ART. 7. — Les conditions et formalités ci-dessus mentionnées seront aussi applicables à l'égard des Guédeks possédés par Igaretein, c'est-à-dire, qu'une redevance de 1 pour 1000 sera établie suivant l'estimation du relevé cadastral, tant sur la valeur des Guédeks que sur celle de la propriété moulk à laquelle le Guédek se rapporte.

ART. 8. — Les terrains des constructions wakoufs seront assujettis à une redevance annuelle proportionnelle à leur valeur estimative, lorsque les constructions élevées sur ces terrains viendraient à être incendiées ou détruites après la fixation de la location ou redevance annuelle suivant le mode ci-dessus énoncé, déduction faite de la partie afférente à la construction incendiée ou détruite.

Art. 9. — Les bâtisses élevées sur des terrains vagues ou incendiées, après la fixation de la redevance annuelle suivant le nouveau système, seront l'objet d'une nouvelle estimation et la redevance de 1 pour 1000 sera établie sur la valeur actuelle des susdits immeubles d'après l'estimation qui en sera faite par des experts.

Art. 10. — Pendant une période de cinq ans à partir de la fixation de la redevance annuelle des biens wakoufs, moussakafat et moustaghellat, suivant le nouveau système, aucune augmentation ou diminution basée sur la plus ou la moins-value de ces immeubles ne sera faite sur le montant de la redevance. Toutefois, à chaque période de cinq ans, il sera procédé à une nouvelle estimation des biens wakoufs et la redevance sera établie en conséquence.

Art. 11. — Les titres délivrés suivant le nouveau système ne porteront désormais aucune apostille. En cas de vente, de succession, de séparation et de partage, de nouveaux titres seront délivrés en échange des anciens. Ceux-ci seront restitués à leurs détenteurs avec l'apostille Batal (nul et non avenu).

Art. 12. — Les biens wakoufs, moussakafat et moustaghellat dont le sol est tenu sous forme de moukataa et sur lequel se trouvent des constructions ou des plantations moulk, seront soumis au régime déjà établi. En cas d'aliénation ou de transmission de ces biens, l'ancien moukataa (redevance fixe) sera élevé au taux convenable.

Art. 13. — La loi relative à l'extension du droit d'hérédité sur les biens moussakafat et moustaghellat promulguée le 17 moharrem 1284 (21 mai 1867), ainsi que le règlement publié le 2 zilkadé 1285, concernant la mise à exécution, de la loi précitée, sont abrogés par la présente loi qui entre en vigueur à partir de la date de sa promulgation.

Les anciennes redevances sont et restent abolies à partir de la fin du mois de février 1290 (février 1874), et les nouvelles redevances de 1 pour 1000 seront perçues à partir du 1er mars 1291 (mars 1875).

## DÉCRETS ET DÉLIBÉRATIONS.

*Décret khédivial du 22 Chaaban 1282.*

Les terres kharadjis peuvent être l'objet d'un legs, mais elles ne peuvent être constituées en wakf, cette constitution dépendant de la volonté khédiviale seule.

*Délibération du Conseil privé datée du 1ᵉʳ Gamad Akher 1283.*

Si des terres kharadjis appartenant à des wakfs, payant les contributions, et dont les conditions de possession prescrites à l'art. 4 de la loi sur la propriété territoriale se sont accomplies en faveur du dit wakf, étaient portées au rôle des contributions au nom du Nazir actuel, du wakf ou de son prédécesseur, cette inscription ne donnera à ce dernier aucun droit sur ces terres, quelque longue que soit la durée de l'inscription en son nom, et sera considéré comme étant faite au nom du wakf et pour son compte.

De même si le Nazir faisait inscrire les terres au nom d'un parent, d'un domestique ou d'un employé du dit wakf, l'inscription serait considérée faite au nom du Nazir.

Si le Nazir les cédait à un parent, à un domestique ou à un employé du wakf, ladite cession serait de nulle valeur, quelque durée qu'elle ait eue.

Les terres appartenant au wakf qui se trouveraient en possession d'un Nazir qui a cessé ses fonctions, et dont la possession aura eu pour cause sa qualité de Nazir, seront reprises à ce dernier et rendues au wakf, au nom duquel elles seront portées sur le rôle des contributions.

Ceci, en dehors de ce qui aurait été jugé, antérieurement à la loi sur la propriété territoriale suivant ce qui s'y trouve dit à l'art. 5.

*Délibération du Conseil privé en date du 1ᵉʳ Zilkadé 1283, sanctionnée par un décret de S. A. le Khédive du 6 Zilheggé de la même année.*

Tout individu qui désirerait constituer en wakf tout ou partie de ses biens ou en disposer par testament, doit se présenter devant la moudirieh, où se trouvent les immeubles qu'il possède, et lui adresser une demande à cet effet, qui sera confirmée par une déclaration consignée dans le livre tenu à la moudirieh, et destiné à l'enregistrement des actes de vente ou de cession des terres ouchoury ou kharadjis.

La confirmation de ladite demande aura lieu en présence du moudir ou du sous-moudir, du kadi de la moudirieh et de qui de droit et sera cachetée par tous.

La moudirieh demandera ensuite des renseignements, à l'effet de constater si le susdit individu a la propriété de ce qu'il désire constituer en wakf, ou en faire l'objet du legs; dans les cas où la légitime propriété du bien serait reconnue audit déclarant, le hodjeh de wakf ou de testament légal sera, à moins d'empêchement, passé dans les formes requises.

Si l'individu qui désire constituer en wakf ou disposer par testament réside au Caire ou à Alexandrie, ou dans une moudirieh autre que celle où se trouvent situés les biens qu'il entend léguer, et qu'il lui soit impossible de se rendre à cette dernière moudirieh, il s'adressera à la moudirieh la plus proche du lieu de sa résidence, et là sa déclaration sera consignée dans le livre qui y est tenu et une copie en sera transmise à la moudirieh où se trouvent les immeubles, pour qu'il y soit procédé conformément à ce qui a été énoncé.

En cas où la personne qui, n'ayant pas des terres, posséderait d'autres biens immeubles qu'elle désire constituer en wakf ou léguer en tout ou en partie, si ces immeubles se trouvent au Caire ou dans une ville de port qui ne relève d'aucune moudirieh, la demande sera adressée au gouverneur du lieu où se trouvent situés les immeubles. Le gouverneur, après avoir pris connaissance de l'objet de la demande, prendra les mesures nécessaires pour faire dresser l'acte de wakf ou le testament et faire enregistrer ce qu'il jugera à propos pour plus de sécurité en présence du kadi et de qui de droit.

Les femmes qui désireraient constituer en wakf ou léguer une partie des immeubles qu'elles possèdent dans une moudirieh quelconque, aussi bien que les hommes hors d'état de se présenter devant l'autorité à qui la demande doit être adressée, pourront s'adresser au gouverneur de la ville où ils ont leur résidence, lequel gouverneur donnera suite à la demande qui lui sera adressée en adoptant la mesure qu'il croira la plus régulière et plus sûre.

On peut constituer en wakf toutes plantations ou constructions ou sakias (Norias), existant dans les terres kharadjis conformément à l'article 11 de la loi sur la propriété territoriale, tout en ayant soin de ne pas comprendre les terres kharadjis dans le wakf, en conformité du décret émané le 12 Chaaban 1282.

*Délibération du Conseil privé du 13 Rabi Akher 1289.*

Les terres kharadjis données en fermage annuellement par les administrateurs du wakf y ayant droit, avec autorisation aux fermiers d'y élever des constructions, et qui seraient inscrites au rôle des contribuables au nom du fermier, demeureront, bien que la moukabala ait été payée par le fermier, soumises à la constitution du wakf dont elles font l'objet, en échange du dégrèvement de la moitié des contributions qui les frappent.

*Délibération du Conseil privé en date du 24 Safar 1292, sanctionnée par décret de S. A. le Khédive du 8 Rabi Awel de la même année.*

Il est facultatif aux ayants-droit des terres Ouassieh constituées en wakf, de payer la moukabala pour lesdites terres, contre dégrèvement de la moitié des contributions dont elles sont frappées et de la non-classification ultérieure.

En outre, les rentes constituées en wakf en même temps que les terres sus-désignées et qui sont devenues des accessoires du wakf, continueront à être servies comme par le passé.

*Règlement sur les Mehkemehs.*

Art. 8 — Lors de leur nomination les Kadis, à l'exception de ceux des Merkez et Kisms, seront autorisés par S. A. le Khédive à rendre la justice et de plus à nommer des tuteurs, des nazirs, des curateurs, etc. Les Kadis des Merkez et Kisms seront aussi autorisés à marier les orphelins et à constituer, s'il y a lieu, lors de l'introduction de l'instance, une personne quelconque, partie en cause dans les procès et les contestations concernant les wakfs.

Art. 14. — Les actions se prescrivent par 15 ans, sauf en matière de successions et de wakf où elles ne se prescrivent que par 33 ans, pourvu, dans tous les cas, que le demandeur n'ait été légitimement empêché d'agir et que les droits réclamés aient été déniés pendant ces délais.

Cependant est recevable toute action ayant pour objet un droit précédemment établi par un Sened Charaï ou titre légal en due forme délivré par le Mehkémé compétent, régulièrement transcrit sur le registre du Mehkémé et dûment conforme audit registre.

Par contre, est irrecevable toute action précédemment jugée par une sentence qui, quoique légalement rendue et régulièrement transcrite sur le registre du Mehkémé est déniée par la partie condamnée ou ses ayants-droit.

Art. 15. — En cas de contestation entre les ayants-droit sur leurs quotes-parts dans un wakf dont l'origine est établie et non contestée par eux, il en sera référé aux dispositions prescrites par le titre constitutif de ce wakf dûment transcrit sur le registre du Mehkémé et faisant pleine foi en justice, ou à ce même registre en cas de perte dudit titre et ce, dans le cas où à la suite de l'ancienneté du wakf ou de la mort des témoins instrumentaires de ce wakf, la preuve testimoniale deviendrait impossible, mais en cas de perte du registre précité il en sera référé aux opérations des anciens gérants et aux usages par eux suivis.

Art. 16. — Est irrecevable toute contestation relative au changement légalement apporté à une constitution de wakf en conformité des conditions prescrites par le constituant et reconnues par le contestant lorsque ce changement est constaté par un hodjet régulièrement transcrit sur le registre du Mehkémé et faisant pleine foi en justice. Ce hodjet sortira son plein et entier effet et en cas de perte de ce titre, la transcription qui en aura été faite sur le registre du Mehkémé en tiendra lieu.

Art. 19. — Si une personne se présente devant un Mehkémé, soit pour vendre, donner en gage, constituer en wakf, faire donation ou disposer autrement d'un immeuble quelconque situé dans le ressort de sa juridiction, soit pour s'en faire délivrer un hodjet Eloula (dévolution d'héritage) sans exhiber le hodjet établissant sa propriété ou la propriété de celui dont il a hérité, le Mehkémé devra, après vérification de la propriété et de la possession, lui en délivrer un hodjet sans qu'il y ait besoin d'autorisation et en aviser immédiatement l'administration des wakfs et celle du Bet-el-Mal.

Art. 36. — Les Kadis et leurs suppléants et tous les autres employés des Mehkémés ne pourront être mandataires pour plaider ou présenter la défense des parties dans les procès portés devant les Mehkémés auxquels ils sont attachés.

Toutefois les Kadis ou leurs suppléants ont le droit, en se conformant aux dispositions de la Charïa, d'autoriser un employé à se constituer partie en cause soit pour défendre les intérêts d'un mineur dépourvu de tuteur contre un tiers ou contre son tuteur même, soit dans une contestation concernant un wakf, etc.

Art. 49. — Le Kadi suppléant remplacera le Kadi pendant son absence dans toutes les affaires qui sont de sa compétence.

Toutefois lorsqu'il s'agira de marier les orphelins dépourvus de walis ou tuteurs en mariage ; de nommer des tuteurs, des nazirs et des curateurs ; de disposer des biens wakfs, d'autoriser quelqu'un à se constituer partie en cause, dans les cas prévus ; le Kadi suppléant ne pourra remplacer le Kadi pendant son absence, que moyennant l'autorisation de celui-ci, et en tant que la faculté de donner cette autorisation lui ait été conférée par le décret de sa nomination.

Art. 65. — A moins d'autorisation spéciale par le ministère des wakfs, les Mehkémés ne peuvent, pour les biens wakfs, Ahli (de famille) ou Khayri (de bienfaisance), ni dresser des hodjets d'échange, de Hecr avec Taadjor, de Khoulou el Intifâ, ni de vente des décombres desdits biens.

Art. 66. — A moins d'une autorisation écrite du ministère des wakfs, les Mehkémés ne peuvent, pour les wakfs Ahli ou Khayri, décider la nomination de nazirs non prévus par le constituant, même ceux qui viennent par voie de substitution.

Art. 81. — Tous les hodjets à délivrer par les Mehkémés et dont l'objet ne comporte pas une contrevaleur tel que la constitution de wakfs, la dévolution d'héritage (Eloula) seront dressés sur du papier timbré de la valeur qui serait en rapport avec l'estimation de l'objet à dire d'expert. Il sera fait mention de cette estimation à la fin des hodjets.

Art. 118. — Il sera tenu aux mehkémés du Caire, d'Alexandrie et des autres gouvernorats et aux Mehkémés des moudiriehs cinq registres Sighell de transcription, revêtus du sceau du ministère de la justice, numérotés à chaque page, et à la dernière page de chaque registre, le dernier numéro devant être indiqué en toutes lettres.

Ces registres serviront aux transcriptions ainsi qu'il suit... : Un registre pour les hodjets de constitution de wakf, de Taghür (changement apporté aux conditions d'un wakf), etc..... enfin un registre pour les Takrires (décisions prises par le Kadi pour nomination de nazirs ou autres); mais il sera tenu aux Mehkémés des Merkez et Kism un seul registre de transcription pour les hodjets et Elams charüs délivrés par chacun de ces Mehkémés.

# TABLE DES MATIÈRES.

## PREMIÈRE PARTIE.
### STATUT PERSONNEL.

## LIVRE PREMIER.
### Du mariage.

| | Pages. |
|---|---|
| CHAP. I<sup>er</sup>. Demande en mariage..................................... | 263 |
| CHAP. II. Des conditions requises pour la validité du mariage et de ses effets................................................................. | 263 |
| CHAP. III. Des empêchements au mariage............................ | 266 |
| CHAP. IV. De la vilaïat ou tutelle en mariage..................... | 269 |
|     Section 1. Des qualités requises pour exercer les fonctions de tuteur en mariage........................................................ | 269 |
|     Section 2. Mariage des personnes capables et des incapables..... | 271 |
| CHAP. V. Du mandat en mariage......................................... | 275 |
| CHAP. VI. Du mariage assorti............................................ | 276 |
| CHAP. VII. De la dot....................................................... | 278 |
|     Section 1. De la valeur dotale et des choses susceptibles d'être constituées en dot........................................................... | 278 |
|     Section 2. Droit de la femme à la dot................................... | 278 |
|     Section 3. Des circonstances qui confirment les droits de la femme sur la totalité de la dot, et de celles qui font perdre la moitié de la dot, ou la dot tout entière.......................................... | 280 |
|     Section 4. De la dot conditionnelle....................................... | 284 |
|     Section 5. Perception de la dot, et droits de la femme sur les biens dotaux.................................................................. | 285 |
|     Section 6. Garantie, perte, consommation et revendication de la dot..................................................................... | 286 |
|     Section 7. Des contestations relatives à la dot........................ | 287 |
|     Section 8. Du trousseau, des meubles garnissant le domicile conjugal, et des contestations y relatives................................ | 291 |

CHAP. VIII. De l'union des musulmans avec des femmes chrétiennes ou des juives, et de la nature du mariage des non-musulmans lorsqu'ils embrassent l'islamisme.................................. 293

    Section 1. Du mariage des musulmans avec des chrétiennes et des juives................................................ 293

    Section 2. De la nature du mariage des non-musulmans, en cas où les deux conjoints ou l'un d'eux embrassent l'islamisme......... 294

CHAP. IX. Des nullités absolues et relatives du mariage............. 296

    Section 1. Des nullités absolues.................................. 296

    Section 2. Des nullités relatives qui sont couvertes par la ratification................................................... 298

CHAP. X. Preuves du mariage........................................ 300

# LIVRE DEUXIÈME.

### Droits et devoirs des époux.

CHAP. I<sup>er</sup>. Obligations du mari relativement à la femme............. 302

CHAP. II. Obligations du mari envers ses femmes relativement à leur entretien........................................................ 304

    Section 1. Des femmes ayant droit à l'entretien................... 304

    Section 2. Des femmes n'ayant pas droit à l'entretien............. 305

    Section 3. Fixation de la pension alimentaire de la femme......... 306

    Section 4. De l'habillement et de l'habitation..................... 308

    Section 5. Entretien de la femme dont le mari est absent.......... 310

    Section 6. Des créances de l'entretien............................ 311

CHAP. III. De la puissance maritale................................. 313

CHAP. IV. Droits et devoirs de la femme............................. 315

    Section 1. Devoirs de la femme envers son mari................... 315

    Section 2. Droits de la femme..................................... 315

# LIVRE TROISIÈME.

### De la dissolution du mariage par voie répudiaire et par divorce.

CHAP. I<sup>er</sup>. De la répudiation....................................... 317

    Section 1. De la capacité de prononcer la répudiation; des femmes pouvant être répudiées; du nombre de répudiations............ 317

    Section 2. Des différentes divisions de la répudiation............ 319

        § I. De la répudiation radjii et de ses effets civils, et du retour. 319

        § II. De la répudiation baïn parfaite, ou imparfaite........... 322

SECTION 3. De la répudiation conditionnelle...................... 325
SECTION 4. De la répudiation soumise à la volonté de la femme... 327
SECTION 5. De la répudiation en état de maladie................ 329
CHAP. II. Du divorce par consentement mutuel des époux.......... 331
CHAP. III. De la séparation pour cause d'impuissance............ 336
CHAP. IV. De la séparation pour cause d'apostasie.............. 337
CHAP. V. De l'iddat ou retraite légale et de l'entretien de la femme à qui elle est imposée..............
    SECTION 1. Des femmes assujetties à la retraite................ 339
    SECTION 2. Des femmes ayant droit aux frais d'entretien pendant la retraite................ 342

# LIVRE QUATRIÈME.
## DES ENFANTS.

CHAP. Ier. De la paternité et de la filiation..................... 345
    SECTION 1. Des enfants issus pendant le mariage valable.......... 345
    SECTION 2. Des enfants issus d'un mariage entaché de nullité radicale ou d'une cohabitation par erreur...................... 347
    SECTION 3. Des enfants issus des femmes répudiées ou veuves..... 348
    SECTION 4. De la preuve de la naissance ; de la reconnaissance de la paternité; de la filiation et de la fraternité................ 350
    SECTION 5. Des enfants trouvés.............................. 352
CHAP. II. Devoirs des parents envers leurs enfants................ 354
    SECTION 1. De l'allaitement................................ 355
    SECTION 2. De l'allaitement produisant la parenté du lait et l'empêchement au mariage, et des femmes prohibées par la parenté du lait.................................... 356
    SECTION 3. De la hadanah, droit de maternité................ 358
    SECTION 4. Obligations du père envers ses enfants relativement à l'entretien................ 362
CHAP. III. De la pension due aux parents par leurs enfants........ 366
CHAP. IV. De la pension due aux parents zaouil-arham ou utérins... 368
CHAP. V. De la puissance paternelle........................... 369

# LIVRE CINQUIÈME.
## DU TUTEUR TESTAMENTAIRE ; — DE L'INTERDICTION ; — DE LA DONATION ENTRE-VIFS ET DES LEGS.

CHAP. Ier. Du tuteur testamentaire et de ses actes................ 374
    SECTION 1. Du tuteur..................................... 374
    SECTION 2. Des actes du tuteur............................ 377

|  | Pages. |
|---|---|
| CHAP. II. De l'interdiction, de l'adolescence et de la majorité........ | 384 |
|    Section 1. De l'interdiction................................ | 384 |
|    Section 2. De l'âge de raison, de l'adolescence, et de la majorité.. | 386 |
| CHAP. III. Des donations entre-vifs............................. | 387 |
|    Section 1. Conditions requises pour la validité d'une donation.... | 387 |
|    Section 2. Des choses qui peuvent être données............... | 388 |
|    Section 3. Des personnes capables de recevoir une donation..... | 390 |
|    Section 4. De la révocation des donations.................... | 390 |
| CHAP. IV. Des dispositions testamentaires....................... | 393 |
|    Section 1. De la nature du testament; des conditions requises pour la validité du testament, et des personnes capables de disposer par testament................................................ | 393 |
|    Section 2. Du droit du légataire............................. | 397 |
|    Section 3. Du legs d'usufruit................................ | 398 |
|    Section 4. Des actes de disposition consentis par un malade...... | 400 |
| CHAP. V. De l'absent......................................... | 403 |

# DEUXIÈME PARTIE.

## DES SUCCESSIONS.

| | |
|---|---|
| CHAP. Ier. Dispositions préliminaires............................ | 407 |
| CHAP. II. Des cas d'indignité et d'incapacité de succéder.......... | 408 |
| CHAP. III. Des héritiers légitimaires et de la légitime de chacun d'eux. | 409 |
| CHAP. IV. Des cas où d'autres héritiers concourent avec les légitimaires................................................... | 411 |
| CHAP. V. Des héritiers universels (Acëb.)....................... | 414 |
|    Section 1. Des héritiers universels par eux-mêmes............. | 414 |
|    Section 2. Des héritiers universels par un autre parent.......... | 415 |
|    Section 3. Des héritiers universels avec un autre parent......... | 416 |
|    Section 4. Des droits du patron sur la succession de l'affranchi... | 416 |
| CHAP. VI. De l'exclusion de l'héritage........................... | 417 |
| CHAP. VII. Des divers cas qui peuvent se présenter dans les successions..................................................... | 419 |
| CHAP. VIII. De la réduction ou du partage supplémentaire.......... | 421 |

CHAP. IX. Des parents héritiers zaouil-arham et de leur position dans l'héritage.................................................................. 421
    § I. Des zaouil-arham de la première classe............... 422
    § II. Des zaouil-arham de la deuxième classe............... 422
    § III. Des zaouil-arham de la troisième classe............... 423
    § IV. Des zaouil-arham de la quatrième classe............... 423

## ANNEXES.

Loi sur la propriété territoriale..................................... 425
Loi sur la Moukabalah.............................................. 426
Loi sur les Wakoufs................................................ 426
Loi sur les Wakoufs concernant l'extension de la transmission des terres Moussakafat et Moustaghellat........................... 428

### Décrets et Délibérations.

Décret khédivial du 22 Chaaban 1282............................... 432
Délibération du Conseil privé datée du 1er Gamad Akher 1283........ 432
Délibération du Conseil privé en date du 1er Zilkadé 1283, sanctionnée par un décret de S. A. le Khédive du 6 Zilheggé de la même année............................................................. 432
Délibération du Conseil privé du 13 Rabi Akher 1289............... 434
Délibération du Conseil privé en date du 24 Safar 1292, sanctionnée par décret de S. A. le Khédive du 8 Rabi Awel de la même année.. 434
Règlement sur les Mehkemehs....................................... 434

FIN DE LA TABLE DU STATUT PERSONNEL ET DES SUCCESSIONS.

ERRATA.

Page 224, ligne 13, au lieu de : *koranniques,* lire : koraniques.
» 347, » 14 de la 2ᵉ col., au lieu de : *Les é oux,* lire : Les époux.

*Tous droits de reproduction et de traduction du présent ouvrage sont formellement réservés, en tous pays.*

BAR-LE-DUC, IMPRIMERIE CONTANT-LAGUERRE.

www.ingramcontent.com/pod-product-compliance
Lightning Source LLC
Chambersburg PA
CBHW051823230426
43671CB00008B/816